ARNO SCHMIDT

DAS
ERZÄHLERISCHE WERK
IN 8 BÄNDEN

BAND 8

EINE EDITION DER
ARNO SCHMIDT STIFTUNG
IM HAFFMANS VERLAG

ARNO SCHMIDT
KÜHE
IN HALBTRAUER

UMSCHLAGFOTO VON BRIGITTE FRIEDRICH

1.–10. TAUSEND, MÄRZ 1985
11.–20. TAUSEND, APRIL 1985

ALLE RECHTE AN DIESER WERKAUSGABE VORBEHALTEN
COPYRIGHT © 1985 BY
ARNO SCHMIDT STIFTUNG BARGFELD
GESTALTUNG UND PRODUKTION:
URS JAKOB, HAFFMANS VERLAG AG, ZÜRICH
GESAMTHERSTELLUNG: ZOBRIST & HOF AG, LIESTAL
ISBN 3 251 80000 0

Inhalt

KÜHE IN HALBTRAUER
7

DIE WASSERSTRASSE
23

WINDMÜHLEN
55

GROSSER KAIN
69

SCHWÄNZE
87

DER SONN' ENTGEGEN ...
109

KUNDISCHES GESCHIRR
129

DIE ABENTEUER DER SYLVESTERNACHT
159

CALIBAN ÜBER SETEBOS
179

‹PIPORAKEMES !›
243

KÜHE IN HALBTRAUER

I

Früher, als junger Mensch, hab'ich mir wohl auch eingebildet, die
Mienen- und Gebärden-Sprache sei von Liebenden erfunden worden –
so ‹Nachbarskinder›, von ‹harten Eltern› vorsichtshalber auf Armlänge
auseinander gehalten; (obschon mir dunkel schwante, daß die sich nach
& nach nachdenkliche Sachen telegrafiert, gewinkt, hinundhergezeigt
haben würden; a-part a-part.) Später dacht'ich, es könnten kluge Diebe
gewesen sein, nachts, in behelfsmäßig erleuchteten Juwelierläden; oder
auch abhörgerätumstellte Politiker, in den Sieben Bergen, ruhend auf
Rasengrund, zur Koalition bereit. Heute weiß ich, daß es zwei ältere
Männer an der Kreissäge gewesen sein müssen; nach ungefähr 40
Minuten.

2

: »Komm; unser Morgen sei weiß !«. Otje lud mit erkünstelter Rüstig-
keit zum Milchfrühstück; und wir, obwohl es erst das zweite seiner Art
war, betrachteten die Gläser mit der perlmutternen Flüssigkeit so
zögernd ..... (‹Im Freien› noch zusätzlich : hinten ein schütterer Wald,
(in dem es aber tapfer zwizerte); vorn kurios dürre Büsche; dann
Graben-Geradheit in Grüne.) / Fern u-bootete eine lange Limousine
durch Getreidemeere. – »So früh ?« : »'n Jäger vielleicht,« proponierte
Otje lustlos. Ich griff gleich zum Fernrohr, das, armlang, immer neben
uns zu liegen hatte, (Städtebewohner eben; die jede Krähe für 1 Natur-
schauspiel ästimieren); und spähte streng hindurch : – – Wolkeniglus
überall, (vermutlich standen uns weitere ‹gewittrige Schauer› bevor).
Am Hintern schmerzte das feinsinnige ‹Birkenbänckchen› .... : »Ah-
Ha !«. Denn eben spaltete sich drüben lautlos die glatt-bunte Blech-
wand, und gebar einen ganzen Wurf farbiger Schnitterinnen. »Was ? :
Schnitterinnen ? !«; jetzt heischte er sein Teleskop. – »Die Gelbe –« hörte
ich ihn nach einiger Zeit murmeln; (auch mir war die Dicke gleich auf-
gefallen; ‹Nachbarskinder›; auf 300 Meter Entfernung.)

9

Denn wer sich kein Haus kaufen kann – und Wer vermag das schon; es sei denn, er wäre kühn wie Cäsar im Schuldenmachen; überdem wird man, nach begangener Tat, ja sofort steuerlich bestraft, wegen ‹Vermögensbildung› : neenee; fleißig & sparsam sein ist Bei-Uns völlig fehl am Platz ! – der mietet sich 1 Baräckchen in der Heide. »Auf 99 Jahre; wie weiland Kiau-Tschou.« Schon winkte Otje ab; er wußte zur Genüge, wo ich das Licht der Welt undsoweiter; (je nun, mein Vater war zufällig Sergeant dort gewesen; und ich, mit 2 Jahren, ganz gutbürgerlich, wieder brav nach Germanien übergesiedelt. Beziehungsweise worden. Trotzdem hatte ich doch wohl ein organisches Verhältnis zum Reich der Mitte; und ein Recht – oder war es eine Pflicht ? – im Du Halde zu blättern. Auch schöne Erfolge bei Damen, früher; wenn ich im Gespräch einflechten konnte, daß ich eigentlich Chinese sei.)

Folglich hatten wir gemeinsam, für Uns & unsre Frauen, (erfreulich-kinderlos verheiratet; aber das bedeutete wiederum mehr Steuern : ich sag'ja, wer sich Bei-Uns, verantwortungsbewußt, aufpaßt, ist immer der Dumme !), 2 hannoversche Morgen in diesem Sinne dauergepachtet. Für einen Spottpreis übrigens, da es sich um ‹Ödland› handelte – Bauern verstehen ja nichts von Natur & deren Schönheit. Ich hatte noch zusätzlich 50 Mark pro Jahr dazugelegt, unter der Bedingung, daß ‹die Kulisse› nicht verändert werden dürfte; (die würden sich noch mal wundern, die Herren Landwirte, was sie, die ganze ‹Realgemeinde›, damit so unterschrieben hatten ! Der Advokat hatte, bei der Verlesung des betreffenden Paragrafen, auch verkniffen gelächelt, und sich langsam die Spinnenfinger gerieben.) / Dann also das Hüttlein drauf, 4 mal 6; (‹second-hand›; auch hatte es zuvor entwanzt werden müssen; man merkte aber nichts mehr). / Und nun hieß es eben ‹wohnlich machen›; eine Aufgabe, die hauptsächlich uns Männern obzuliegen schien; die Damen hatten lediglich auf einem Birkenbänkchen ‹bestanden›, und ein paar Tannenzapfen gesammelt – wir hatten nämlich, unter anderem, auch vor, ein paar Winterwochen bei lodernden knispernden knackend-knallenden Feuern zu verbringen : allein der Einbau des erforderlichen ‹Kamins› hatte, (obwohl vom Dorfmaurer ‹schwarz› durchgeführt : die 40-Stundenwoche ist ja nichts für einen denkenden Menschen; und für einen Nicht-Denkenden muß sie platterdings unerträglich sein !) ein kleines Vermögen gekostet. / Ob aber der Hag seines Lohnes wert war ? – Otje hatte billig 200 alte Militär-Bettstellen gekauft; und wir daraus die benötigte Anzahl eiserner Zaunpfähle ‹gewonnen›, einfach aber geschmacklos. (Und die

Erinnerungen ‹Militär› und ‹Bettstellen› hatten wir noch gratis : jede
einzelne davon hätte genügt, uns Halb-Greise bis an unser Lebensende zu
beschäftigen !).

Und wir ergo, ganz ‹im Zuge der Aktion›, jetzt hier, um das
erforderliche Holz zu ‹machen›. (Die Damen noch in Hannover; die
kamen, mit einer Taxe voller Kissen & Decken, vorsichtshalber erst
nach 3 Tagen : »Die ‹opfern› ja mit nichten ihre Mädchennamen; nee :
nehm'm uns-unsre weg !«. Otje, wütend; aber Recht hatte er.) / Mittag-
essen diese 3 Tage beim Gastwirt; meist ‹Zarte Leber›, auf Reis mit
Tomatenfarbenem. Pro Tag 9–50 für uns Zwei; (einerseits teuer bei der
sehenswürdigkeitslosen Gegend. Aber wenn sie reizvoller wäre, wär'sie
wiederum längst überlaufen, und gar keine ‹Oase› mehr; was ja aasig
gesund sein soll. Also eher merkwürdig klug von dem Wirt-hier, diese
9–50.) / Nach dem Essen das wanken wollende Gleichgewicht etwas
aufs Feldbett legen – 4 der oben erwähnten, je 2 übereinander, hatten wir
aufgestellt. Erstaunlich wie Jeder von uns, schier synchron, unmittelbar
nach 14 Uhr, auf einmal dem Anderen mitteilte : der Arzt habe ihm
täglich mindestens 1 Stunde Dösen verschrieben. (Ab & zu zum Andern
hinüber blinzen; kontrollieren, ob dessen Augen auch derb geschlossen
sind, und männiglich sich im erquickenden Heilschlaf befindet : ?
Nuschön; befinden wir uns. Soweit ist die Fantasie, unberufen, noch
intakt, daß man 60 Minuten hinter'nander die Augen zulassen und 1
Gedankenspiel anstellen kann. Manche schreien immer gleich auf :
»Eingesperrt ? ! Oh das muß furchtbar sein; das ertrüg ich keine 3 Tage !« :
können demnach keine großen Geister sein, (vorausgesetzt, daß sie
wirklich so denken; was man nie weiß); da wäre man in der Kriegsgefangenschaft weit gekommen, mit solchen läppischen Maximen !). /
Und dann eben, kurz nach 15 Uhr, ‹erwachen›. Und, leuchtend-erholten
Blicks, die Schultern bewegen.

Rasch 'n paar Postkarten versenden; auch Kurzbriefe (selbst der
Dorfkrämer hier hatte bereits ‹Stücklens Verdruß› feil : dies neue, ganz
dünne-zähe Briefpapier, von dem 14 Seiten DIN A 4 auf den 20-
Gramm-Brief gehen : wie soll man sonst wohl mit den periodischen
Portoerhöhungen Schritt halten ? Neenee; 's ganz richtig so. Obwohl
die Ansichtspostkarten anscheinend noch aus den zwanziger Jahren
stammten – so sah's im ganzen Ort doch nirgendwo mehr aus !).
Und an die neidischen Kollegen im Werk adressieren : ‹Gruß.›; und
‹Gruß !›. Hier, dem Bachmeyer zusätzlich noch 'ne Spritze verpassen.....
mmm-ä: ‹Es gibt ja *zu schöne* Fleckchen Erde !› : »Unterschreib ma
mit, Otje.«

Die Stämme ließen wir natürlich anfahren. Ebenso die Eisenbahn-schwellen, (irgend ein ‹Bahnkörper› in der Nähe wurde gerade erneuert; und wir, allzeit attent, wie es guten Kaufleuten wohl ansteht, hatten uns flugs eingeschaltet : *massiv Eiche* !). Die Damen freilich hatten sich eingebildet, wir würden die nötigen Hügelketten von Scheitern irgend-wie ‹sammeln›, fällen herbeiwälzen mit der Hand sägen; dann, siegfrie-dig am ganzen Leibe, am Hackklotz stehen, breitbeinig, den Bihänder weit rückwärts über die Schulter gezogen, ‹Notungs Trümmer zertrotzt er mir nicht !›. (Und die zahllosen Ergebnisse anschließend noch ‹schlichten›, und in entzückend ländliche ‹Feimen› aufbauen, daß Einem gleich ganz eichhörnchen- und holzwurmmäßig im Gemüt würde. Auch sollten wir, ‹nebenbei-mit›, einige Hüte voller Kastanien & Eicheln zusammentragen – SIE gedachten ‹Futterstellen› anzulegen, ‹HELFT DEN ARMEN VÖGELN IM WINTER›.)

Die Verhandlungen mit den Bauern bezüglich des Transportes waren gar nicht so einfach gewesen – sie Alle hatten auf einmal angeb-lich ‹mit der Ernte› zu tun gehabt; (obwohl wir uns vorher genau erkundigt hatten, wann & wo man was fächset : alles lediglich Schwin-del, preisdrückerischer !). Als sie erkennen mußten, daß das gute Baare nun gleich ins Nachbardorf abfließen würde, nahmen sie auch relativ rasch Vernunftähnliches an. / Also die Stämme stapelten hoch und schwarz, die Schwellen höher & noch-schwärzer. Auch ‹Wurzelholz› lagerte im Geländ', tatzig, von Menschen nimmermehr zu zerkleinernd – da selbst Otje, total frappiert ob der bestialischen Formen, vom ‹grafischen Element im Winter› gefaselt hatte, enthielt ich mich, jeg-licher Überstimmung gewiß, des hier zuständigen Ausdrucks : mit *der* Nervenkraft kann man Besseres anfangen. Noch bedeckte ein ‹abgebro-chener› Feldschuppen den Boden; Bretter, Latten, Ständer; alles, (wie hätte HOMER sich sehr richtig ausgedrückt ?) ‹reichgenagelt› : »Sag bloß davon nichts dem Sägenbesitzer !«

Denn die Beschaffung der Kreissäge hatte erneut die ländliche Menschheit at its worst gezeigt ! / Erst, leeren Blicks, endlose Rüben-felder durchschreiten; Kartoffeln (Marke ‹SASKIA› : sic !) Lupinen Graminosen; alles Dinge, wovon man den Teufel etwas verstand, (eigentlich abscheulich. Die Unwissenheit, mein'ich.) Mit wütend-fla-chen Händen die Bremsen an sich breitklatschen : Arme, Bauch, Brust, »Ach-Scheiß ‹frisches Oberhemd› !«, (die Hoden kloppt man sich noch platt wegen den Mistviechern ! Na egal; taugten ohnehin nicht mehr viel.) / Einziger Trost : dann & wann hinter die Weg-begleitende Hecke treten. Dort jedoch, statt seiner, das Fläschchen mit KIRSCH ziehen : $\sim$.

$\sim$ . . . . : ! : sofort wurde's heller; sofort lagen die trefflichst gesprenkelten Steine in ganzen Wällen da, alle Farben tolle Muster; diese Bauern wußten wahrlich nicht, was sie besaßen. (Thema für Farbfilm-Amateure : ‹FEUERSTEINE 61 UND EINIGE IHRER ZEITGENOSSEN›. So'ne Liebhaberei sollte man sich tatsächlich zulegen : 'ne gute Spiegelreflex-Kamera; mit Vorsatzlinse. 'n Projektor hinge freilich auch noch dran; also rund Tausend, hm hm. Allerdings setzte das eine Gegend voraus, wo's von Feuersteinen wimmelt. : Aber da waren wir ja; oder ?).

Und bloß nicht den Namen dieses Nachbardorfes einprägen; jetzt noch nicht; mit 55 muß man das Gedächtnis für's Notwendigste reservieren. / Farbelos & grau der Mechanikus. Unangenehm langes Gesicht, (ein sogenanntes ‹sachliches›; das ist : wie Gay-Lussac & Fischer-Tropsch zusammen – das lernen die ja schon in der Aufbauschule. Wir aber auch jeder Zoll 1 inch.) Und als in Otjes Brieftasche, auf schwarz-samtigem Wildleder, der Fächer von 6 Hundertmarkscheinen sichtbar wurde, widerstand Tropsch nicht länger : er versprach, mit unnötigem Handschlag, Säge und 300 Meter Starkstromkabel für übermorgen-Freitag. / Und wieder zurück über sehr sandige Wege. Die dicke-fette Landluft inhalieren. Kühe in Halbtrauer; zwischen ‹Porst› und verdorr-ten Sumpf-Birken. (Gegen Abend gab es an 1 gewissen Stelle, gar nicht so weit von uns, wieder jene Nebeldecke, aus der eine kohlschwarze Stier-Stirn lautlos auf Einen losfuhr : !. (Und nachher doch auch ‹sounds› wie bei THOREAU's; brrr !).).

: »Wollen wir noch mal kurz in's Gasthaus ?«.

4

: Das Leben des Menschen ist kurz; wer sich betrinken will, hat keine Zeit zu verlieren ! / Und die Abende in ‹ZIEBIG's Gasthof› waren ja gar nicht unlebhaft. (Wir am Ecktisch für die vornehmen Personen; dem einzigen, der etwas wie 'ne Decke drauf hatte. Und Bier & seriöse Stumpen.)

Holen Knechtlein sich ‹Zie-eretten›. Pralle Dorfmädchen stampfen keck nach Flaschenbier herein. (Desgleichen geplagte Eheweiber; schlampig-schürzig, mit tiefliegendem Metazentrum, wüste Zitzen mit buntem Zitz überspannt.) / Im Fernseher das Bild irgendeines ‹hamburger Hafens›; endlos lange; (mal seh'n, wer's länger aushält : alle Minuten

1 Mal bösartig hinüber lächeln .....). Dann beginnt's aber schon gefällig, das graublaue Geflimmere; regt tausend Gelenke zugleich; und die Maschine gibt die bekannten ‹halben Wahrheiten› von sich. : Wer ein schwarz eingebundenes Buch ‹schwarz› nennt, ist im FREIEN WESTEN ein ausgesprochen ehrlicher Kerl. (Wer ‹rot› behauptete, wäre 1 Lügner, klar.) Was aber ist Derjenige, der uns ständig einzureden versucht : es sei ‹nicht-grün› ?! / Lächelte & florierte also Bonn. Bei ‹Burr-Gieba & Bieserrta› war anscheinend noch keine Sprachregelung erfolgt. (Ist ja auch nicht ganz einfach : Wer in diesem speziellen Fall für ‹die Freiheit› ist, verdirbt's mit ‹de Gohl›; und umgekehrt.) ‹Gagga-rien› kurz & leichtverächtlich behandelt; (dafür desto ausgiebiger der neueste, prompt wieder zu 50% verunglückte, amerikanische ‹Ecks-Plohrer›.) Hie evangelisch-halkyonische Laien-Kirchentage; wenn man auf die unerwünschte Taste drückt, blüht sofort die Kolchose und duftet der Komsomolz : ‹Em Barras de rieche Se›.

Und immerfort das Gemurmle der Herren Landwirte. / Manches vielleicht gar nicht dumm; (obwohl sie natürlich andauernd her guckten, wie wir unser Bier verzehrten : vom ‹Grünen Plan› verstanden sie ungefähr so viel, wie EINSTEIN von der Atombombe; nämlich einerseits sehr viel, andererseits überhaupt nichts !). / Zufällig sich ergebende Lokalinformationen zum Teil recht interessant : daß die auffällige, kleinrunde Schanze hinten im Sumpf, ihre Entstehung dem einzigen (wohl versehentlichen) Luftminen-Abwurf des Krieges verdankte. Plus Details : wie damals Gras & Buschwerk ‹im Umkreis wie rasiert› gewesen war. Rehe mit ‹rausgerissenen Lungen› sollten dekorativ dagelegen haben; (und die entsprechenden, kannibalisch-breitziehenden Handbewegungen dazu : das hab'ich im Kriege bei *Menschen* mehrfach gesehen, amigo ! Du kannst noch nicht weit gereist sein !). Der Eine beteuerte sogar, er habe das Dings, nachts gegen 1 Uhr, an seinem Dachkammerfenster vorbeirauschen sehen-hören – da der, gleichfalls anwesende, Ortsbulle uns an dieser Stelle überdeutlich (und unnötig vertraulich) zublinzelte, ja, -zwinkerte, wußten wir, daß die Mitteilungen des Betreffenden jetzt & künftig mit Vorsicht aufzunehmen seien. (So war es auch : 2 Gläser weiter behauptete er schon, mit ‹dem Bruder Karl MAY's zur See gefahren› zu sein. – »Hat der überhaupt Geschwister gehabt ?«; Otje wußte es nicht.) / »Diese Hula-Reifen –« dozierte ein hochgradig Untersetzter seinem Nebenmännlein hin (dessen Gesicht sich einer, für seinen Stand ganz ungehörigen, kritischen Unterlippe erfreute) : »– die verführen zu Bewegungen des Beckens ...! : Die Kleine von Thieß'ensnebenan ..... : ? – : Zum Wohl !«. »Zum Wohl –« erwiderte das

Nebenmännlein buchstabengetreu (und ihre Augen glinzten wie die Scheiben von Puffs in der Dämm'rung).

Einiges zum bevorstehenden ‹20. Juli› : da hatte *der* ‹Staatsmann› einen unverbindlichen Vortrag gehalten; (à la ‹nicht-grün›, siehe oben). Und *Jener,* der Klügere, schweigend ‹1 Kranz niedergelegt›. *Der* das ‹Nachdenken des Soldaten› gepriesen; (der nächste Redner dieses freilich sogleich präzisiert : für den Fall einer ‹unsittlichen Obrigkeit› ! Sogar 1 General sollte, mit gewissen Einschränkungen, für's Nachdenken gewesen sein – da hätte BEN AKIBA doch wohl mal Augen gemacht.) / Und gesegnet sei der Musikautomat, dem man bloß 10 Pfennig in die Seite preßt, und schon kommt aus dem Schlitz ‹HOCH-HEIDECKSBURG› raus; (oder auch, man hat da angeblich die Wahl, ‹ONWARD, CHRISTIAN SOLDIERS !› – der Unterschied ist zur Zeit ja auch nur mit bewaffnetem Ohre hörbar.) / Bei einem anderen, noch bunteren Gerät drehte dann & wann 1 Kühner roulettierend an 3 Knöpfen : auch hier sollte man, theoretisch, falls man ‹Glück› hatte, oh Glück oh Glück, etwas gewinnen können. (Merkwürdig ungewordne Nation : fleißig & stillfriedlich arbeiten mochte bei uns kaum noch Jemand; die wollten Allealle bloß irgendwie ‹gewinnen›, Toto Lotto Kwiss & Krieg, wobei man ja notorisch nur verlieren kann – ‹Wahrscheinlichkeitsrechnung› nennt sich die betreffende Wissenschaft.) / Da waren, traun, die Mitteilungen über die Potenz der Dorfhure noch interessanter. (Frage : ob man sich die glühende Zuneigung der eigenen Gattin wohl dadurch wieder zu erobern vermöchte, daß man ihr, morgens, 1 Rose in die Badewanne legt ? Vielleicht würde sie ja gleich mit 1 kleinen ASBACH erwidern. Oder ihn gar nackt kredenzen … ? : »Otje !«. Und auch er nickte schwer und langsam; und stellte sich's vor – liebenswürdige greise Träumer wir, alle-Beide. Aber : »Anschreien bei Tage ergibt Impotenz bei Nacht.« Ja; sicher. Gewiß.) / Und zwischendurch schimpfte die Kunststoffkiste schwer auf ‹den Osten›. Man legte *mehr* Kränze nieder. (Und nicht Einer hatte für ‹Kasernen› ‹Soldatenställe› gesagt – zugegeben; wir kannten lediglich die der Hitlerzeit; die-heute sollten freilich, ich hatte es erst jüngst wieder in der SPD-Presse gelesen, ganz anders sein, und gar nicht zu vergleichen. Immerhin hatte mich ‹Das Reich› 70 Monate, gleich 2000 beste Tage, meines Lebens gekostet – zum Ausgleich hatte ich mein gesamtes Hab & Gut, bis auf 1 abgebrochenen Aluminiumlöffel, verloren : nicht daß ich irgendwie darauf stolz wäre, au contraire; aber falls ‹Andersdenkende› gar so flink mit ihrem ‹Meckerer› bei der Hand sein sollten !) / »Prost, Otje.« : »Proos-Carloß !«.

Die Stimmung der Fast-Vierfüßler wurde ausgelassener. / Der

Altbauer (mit silbernem Haupt und goldenem Schnurrbart; mit wolle-
nem Leib und ledernen Füßen – und ‹Altbauer› : was die sich gegenseitig
so für Titel erfinden !) nahm einen Messerstiel in den, noch leidlich
festen, Mund; stellte 1 Schnapsgläschen auf die Klinge : – ! – : – und
balancierte es so quer durch die Gaststube – : »Braawoo !«. (Auch er
‹gewann› dafür sogleich wieder etwas : was'n Volk !). / Der Tagelöhner,
in schlappem fahlem Leinenanzug, kriegte noch 1 letztes Glas Fusel
eingeplumpt; und machte dann den ‹Preußischen Parademarsch von
1910› vor : ‹Da-Búffa Búffa Búffa Búff !› – Bei dem Anblick winkten
wir doch lieber den Wirt herbei; zahlten kompliziert; und gingen. (Noch
lange vernahmen wir hinter uns eyn schön new liet : ‹Ü berDei neHö
henfeift der Winnt. Sokallt.›)

5

Und heut um 9, ich erwähnte es wohl bereits, sollte nun besagte–
gemietete Säge erscheinen. / Wir waren, vorsichtshalber, um 6 aufgestanden. Hatten ‹weiß› gefrühstückt, (um, sportlich trainiert, sämtliche Kräfte beisammen zu haben). Und warteten nun eben – Tropsch
ließ uns den Begriff der ‹Ewigkeit› baß erkennen lernen ! / Griffen wir
also dann & wann zum Sehrohr, und spähten den fernen Schnitterinnen
unter die Röcke. Erkiesten uns Jeder Eine; führten sie in die betreffende
‹Fichtenlaube›; und taten ihr dies & das, vor allem das. (Natürlich nur
noch in der Fantasie; wir hatten schließlich allerhand zu sägen – wenn
ich mir so diese grauen, zernagelten Bretter besah . . . . .). / Warum
verzog Otje sich ständig hinter's ‹HAUS› – wir hatten vereinbart, das
Dings so zu nennen – und murmelte währenddessen was von ‹Ma sehn
ob er kommt› ? Da war doch nichts als Wald : von da her erschien
Tropsch doch bestimmt nicht. Kam zurück. Und roch, wie wenn er
‹fündig› geworden wäre; (gleich anzüglich schnüffeln : hff-hff. – Freilich; die Morgenluft war rauh. Hm.) / Gespräch über die ‹Wechseljahre
der Frauen›: »Sollte man nicht auch das genaue Gegenteil erwarten
können ?«; (nämlich, daß sie besser ‹ließen› : sicherer freier weniger
prüde würden ? Schade um all die freislichen Hüften, mit Zubehör; alles
noch fast wie neu.) / »Halb Neun erst.«
      Anderes Thema : »Meinst Du, wir könnten Schwierigkeiten haben ?
Wenn wir heute, so nahe dem 20. Juli, sägen ?«. Und ich, nach keinem
Zögern : »Achwas ! Einmal mitten-hier im Walde. Und überdem : wann
sonst hätten wir denn wohl Zeit zu sowas ? Neenee; da soll uns Einer

komm'm !«. (Und 'ne merkwürdige Ecke ist das ja : heute früh lag hinten, mitten im Waldgras – wo gestern Abend noch nichts gewesen war ! – eine Kugel von einem Fuß Durchmesser. Gelb; pampig– schuppig; als Otje mit'm Stock darauf schlug, wuppte es büchsen, und stieß dann eine flache, matt-gift-grüne Rundum-Staubwolke aus : »'n Bovist ! – Jung sollen sie eßbar sein.« Aber Otje, massiv-verächtlich : »‹Eßbar› bist letzten Endes auch-Du. – Falls De nich zu sehr nach Bock schmeckst.«

6

: »Da !« –
Gay-Lussac erschien mit seinem beräderten Apparat. / : »Na end- lich !« (Weil der Kerl noch zu murmeln wagte ! Während ich seine Pferdefratze so betrachtete, entstand in mir tief-innen irgendwie der Wunsch nach ‹Sauerbraten› & Kartoffelklößen ‹auf thüringische Art› – was man denkt, ist tatsächlich völlig irrelevant : »Gib ihm'n Stump'm, Carlos.« : »Du so'ss mich nich immer ‹Carlos› nenn'n !«).

Der-hier also zum einschalten. / Das der Knopp, falls mal der Stamm zu dick sein sollte; die Säge stecken bleibt, und die Sicherung raus springt; bong. / Dies die Kipp-Führung. / : »Und ja nich durch Nägel durchsägen ! – Oder gar –« (und wie mißbilligend der Houynym auf unser scharmantes Wurzelholz zu blicken wagte !) : »– S-teine. Die sich häufich in solchn S-tubbm findn.« (Hau schon ab, Freund !). –

Allein mit dem Untier – : sollten nicht überhaupt & grundsätzlich *drei* Mann zum Sägen sein ? ! Wir sahen uns an. Versichert waren wir nicht. Gegen sowas nicht. / Die Morgenluft wurde stärker; auch bunter. Ich schob verwildert den Unterkiefer vor; schritt hinum zum Hebel; und ruckte machtvoll – (voll Macht; voll macht schrumm) – : ?. / – – : ? ? – / : !

: sss-SSS-SSSIII – und der naja‹Klang› durchpfiff derart bös die feuchte Stille, der Apparat vibrierte derart heftig, daß wir doch erst erneut unsern Mut zusammennehmen mußten. / : »Erst die dünnsten Stangen, ja ? –« –

: – –. / : – – ! / : – – – : – : ! ! ! –
Ei das ging ja scharmant ! / Schon hob ich, leicht ächzend, ein gewichtigeres Rundholz auf die (ungewohnten) Unterarme – : »Vor- sicht !« – (und den Oberstschenkel mit drunter, und, keuchend, am dicken-unteren Ende ausharren. Während der Schuft, oben, den ‹Zopf›

17

gleichsam mühelos, (und eingebildet lächelnd, ob ‹seiner Kraft› was ?!), in Scheiben schnitt : Nu warte; wir wechseln auch mal ab! / Sst, Sst, Sst : das waren läppisch-dünne Brettchen, no match for us! / Es sprühte & schrillte & fiff, im treibriemigen Zug-Wind. – : »Mensch; das'ss doch noch *Eiche* ! !« (Denn die Eisenbahnschwellen wunderkerzten förmlich ! »Ob das aber Tropsch-Lüssack recht sein wird ?« : »Scheiß Gay-Fischer!«). Meinethalben. Obwohl man unser Geschrei sicher bis über's Flüßchen vernahm – schon schienen einige Nümfm herüber zu schauen; (und *was* die eigentlich dort machten, daraus wurde man auch nicht schlau – konnte das sein, daß die den Rand des Getreidefeldes-dort sauber gerade putzten ?).

Ein Krach wie im Kriege ? Oh ja ! / : »Sag ma, Otje – hast Du, Deinerzeit, als Artillerist, nennenswert ‹nachgedacht› ?«. (Mir fiel nur eben wieder dieser ‹20. Juli› ein. Auch kam eben ein ganzer Haufen dünner-kürzerer Stücke; wir standen ergo dicht beieinander, und konnten brüllend quatschen.) »Na ja,« erwiderte er unschlüssig; machte dilatorisch ein paar ‹Sst–Sst› : »– aber wir hatten mal 'n Rechentrupp-führer dabei, der dachte ständig. Der hat mir, dann in belgischer Kriegsgefangenschaft, folgendes erzählt« : Sst–Sst ! : »Anfang April 45, im Rückzugsgebiet Oldenburg, hört er am Feldfernsprecher – ich glaub', VECHTA hieß das Nest – daß das zur ‹Lazarettstadt› erklärt sei, und Freund wie Feind ihre Verwundeten dort rein schafften. 1 Stunde später aber ruft auf einmal irgend'n ‹Oberst› – der Befehlshaber des betreffenden Frontabschnitz – durch : ‹Befehl ! : sofort 200 Schuß auf Vechta legen !›. Auf die Rückfrage hin, plus submissestem Bedenken, daß doch just Verwundete ... ? heißt es, ebenso einfach wie brutal : ‹Halten Se'n Mund ! In'ner Viertelstunde erwart' ich Vollzugsmeldung ! – : Ende !›. – Nu sag, Carlos : was hätt'st Du gemacht ?«. Und wandte sich tatsächlich zu mir, als wäre er's selbst gewesen, dem die Anekdote passiert war. : »Paß Du lieber auf Nägel auf. – Oder überhaupt : Laß mich ma ran !«. –

Und die breite santosbraune Schwelle fachmännisch mustern – auf Eiseneinschlüsse hin; auf eingewachsenen Schotter – und schon grollte die Maschine auf, bärenhaft-gereizt; und fraß sich, schrillend & stäubend zugleich, durch die Materie : hindurch ! (Und 'ne kaptiose Frage war es natürlich; denn ‹Befehl war seinerzeit Befehl›. Und Verweigerung Verweigerung. / Und ich war seit eh & je 1 Feigling gewesen. Und das Alter soll zwar im allgemeinen ‹unfehlbarer› machen, oh leck; aber zusätzlich-mutiger wohl doch nicht. Entschloß ich mich also, nach der dritten Schwelle) : »Tcha. Mir wär' sicher ‹schlecht geworden›.« Und, da ein Blinder den verächtlichen Ausdruck auf Otje's Gesicht hätte wahrnehmen können, rasch & heftig hinzugesetzt : »Sag bloß, Du wärst hochgeschnellt; und hättest heroisch gerufen : ‹Nie, Sie unsittliche Obristenhaftigkeit !›. – Oder vielmehr Dein ‹denkender Rechner› : bring Du lieber die paar letzten Schwellen ran; dann machen wir 'ne kleine Pause.«

:? – : »'ne Pause !!« kreischte ich; denn der Kerl hielt, nein reckte, mir ein derart verständnisloses Ohr her – kurze-weiße Härchen wuchsen ihm in der Fleischtute; auch das noch ! – und verzog den Mund so abscheulich fragend, daß Einem nur die arme Frau leid tun konnte, die dergleichen flämisches Antlitz allmorgendlich auf dem Kopfkissen neben sich erblicken mußte.

– Pause. – / Erst als ich mich dabei ertappte, wie ich ihm, (der ganz merkwürdig leis' heute zu sprechen schien !), angestrengt auf die Lippen schaute, wurde mir bewußt, wie auch mir die Ohren klangen, präziser wimmerten, (wenn nicht gar gellten). Und buchstäblich weh taten : ich hatte das unabweisbare Gefühl, als sei mir das linke, länger der Säge zugekehrt gewesene, leicht geschwollen, und schmerze gar nicht undeutlich : konnte das sein ?! – / : »Nee; Der hat folgendes gemacht : 1 Minute lang mit sich gerungen. À la ‹heroisch ablehnen› ? : wird er erschossen. ‹Schlecht werden› ? : dann machts der nächste Stellvertreter. Neenee : keine Lösung ! / Also über die Karte gebeugt – ‹Zeit gewinnen›, klar – dann Koordinaten abgegriffen; den Geschützführern draußen ‹Seite & Höhe› gegeben. Und dann, als die ‹200 Schuß wie befohlen› raus waren, hat er ‹Vollzug› gemeldet.« – Witzlos; ich zuckte auch gleich abfällig die breiten Hängeschultern. Aber Otje ergänzte : »Freilich hatte er sich, wie er mir nach der Kapitulation, vor Brüssel, anvertraute, ‹vermessen›. Den Planzeiger versehentlich an eine leere Straßengabel, 500 Meter vor dem Städtchen, gelegt. Kann ja dem Besten unter uns passieren, wie ?«. Nicht schlecht. »Eichmann würde sagen : ‹Kein Wunder, daß wir'n Krieg verloren haben›. – Kuck mal, da drüben !«

Denn da schwankte 1 Riesengerät durch die Felder. Und wendete schnarchend. Kam gefräßig wieder in unsere Richtung her – – : »'n Mähdrescher !«; Otje, fachmännisch, mit dem Kieker am unfehlbaren Auge. (Dann durfte auch ich es sehen : auf der Kommandobrücke allerlei buntes Volk. Vierschrötige Roggenmuhmen; Kerle aus Blauleinen gepustet; Säcke große-schöne-pralle-trockene-viel). – »Hübsch.« –

– : »Komm, weiter : in'ner guten Stunde treffen die Damen ein !«. / Die langen Stämme überschwer; aber sie (die Säge) fraß sie (die Stämme) doch. Schon hielten wir, nervös, die Köpfe zur Seite vor dem

Gebrälle. Schon riß sich Keiner mehr von uns um die Sägelust. (Sonnen-angestrahlt 1 Hochspannungsmast. : Was röhrst Du mir tiefsinnig ins schöne Ohr ?) Otje :»Und erst im *nächsten* Krieg! Ich hab'ne Schwester in Görlitz : wenn ich mir vorstelle, ich kriegte den ‹Befehl›, auf die 200 Schuß zu ‹legen› ? ! – : Wie gut, daß wir nicht mehr Soldat zu spielen brauchen! Da werden sich dann täglich diverse solche häkligen Fragen ergeben. – : Kuck ma!« (denn eben kam die Dicke-Gelbe freiwillig vorbei : gleich hoben wir die Stämme müheloser. Lächelten (obwohl's vermutlich ausgesehen haben wird, wie auf Illustrationen zum 1. Teil DANTE); und hinterher gaffen, mit verschwitzten Leidensmasken. Ich bemerkte etwas. Otje erwiderte. : ? – Wir wiesen einander die leeren Handflächen : wir hörten kein Wort mehr. / : »WAS : IST : DENN ? ! !«. / Bis er endlich Gebärden zu Hülfe nahm. Die Spitzen der kleinen Finger in die Mundwinkel hakte, und ihn mehrfach-schnell damit breit zog : ! (Auch noch zusätzlich hinter der ockern-Entschwindenden her zeigte : !). – Achso. Ja; garantiert. Aber – und ich hob die linke Faust, an der ich den kleinen Finger schlapp abstehen ließ; und schnepperte mehrmals-betrübt mit dem Zeigefinger der Rechten daran : ...... Und noch, überdeutlich-resigniert, den Kopf dazu schütteln : »Wir nich mehr, Otje.« – Auch er begriff; und senkte die breite Stirn schwermütig über's Sägeblatt. (Das vielviel leiser zu werkeln schien, denn zu Anfang : vielleicht wäre ‹taub sein› ja gar kein so großes Unglück ?). / Und fuhr doch auf, bei dem Todeston, als er den Baracken-Fensterrahmen klein schnitt; und anschließend-betroffen, mir den zerteilten ‹Stuhlwinkel› her zeigte : ! Oben drüber sein dämliches Gesicht. : »Jetzt kostet's 3 Mark mehr, Freund : es ist erreicht!«. (Aber er verstand mich ja doch nicht. Und überhaupt ging es erfreulichst dem Ende entgegen – ich tippte mich nur noch angewidert-bezeichnend an die eigene Schläfe; machte die Gebärde des Geldzählens; (und 3 Finger dazu heben : 1 1 1 ? ! – Er zuckte schwächlich die Achseln; und faßte's wieder mal nicht : »Laß gut sein.«). / Und ordentlich auf den Moment freuen, wo man in sich zusammenfallen könnte!).

7

: ‹ENDE ! ! !› – / (Und, alles hängen lassend, da stehen; wie benaut.) –

: 1 Hand auf meiner Schulter ? ! –

Auch Otje fuhr dito herum . . . . . : Jeder stand der Seinen von Angesicht zu Angesicht gegenüber ! / Wir hatten nichts, gar-nichts, gehört. : »Ja, seid Ihr denn taub ?«; und amüsierten sich köstlich über unsere dreckigen, ängstlich-lauschenden Gesichter. Und streichelten uns idiotisch; und nickten sich zu, über uns arme Luder.

(Schienen & blieben jedoch guter Laune; denn sie hatten unterwegs irgend'ne besondere Vogelsorte angetroffen – nach dem zu urteilen, was sie uns vor-flatterten und -schrien, »Dix-Huit : Dix-Huit !«, konnten's Kiebitze gewesen sein ? – Else kenterte beim Vormachen der Wildleder-hut; sie duckte sich (wobei ihr Hintern breit wurde, wie ein Waschkessel : schön !) und fing ihn wieder – also bestimmt Kiebitze. / Wir zeigten ihnen im Fernrohr noch jene Archenoah, lautlos treibend in Roggen-seen. (Und Beide gleich, beanstandend : »Na, ‹lautlos› ? – Das knattert doch ganz anständig.« – Wir hörten nichts, wir Beide. Legten aber indessen den Grundriß zu jenen befohlenen 2 Holzfeimen – : so etwa würde das-dann-demnächst aussehen. : »Schön.«). / Schnuppern – : »Sagt mal ? – : Habt Ihr was getrunken ? !« – (Und gleich die bekannten angewiderten Gesichter dazu geschnitten : das ist der Dank.)

DIE WASSERSTRASSE

I

Nicht, daß ich meinen Vater nicht gekannt hätte : die Hälfte von ihm, die untere Hälfte, hab'ich peinlich gut gekannt – sie roch mir fast immer zu stark. (Oben drüber dann ein geräucherter hoher Bariton; von der Sorte, wie ich sie folglich heute noch nicht mag); unwillkürlich mußte ich nach oben peilen, astigmatischen Adlerblix : – ? –
– 1 verschleierte, sehr hitzige Nachmittagssonne; (‹Die Verschleiertn sind die Schlimmstn›). Und doch auch schon die erste Wolke; die es so eilig über den Himmel hatte, daß sie ein Stück verlor; (immerhin, ‹des jares tiurste quarte›; bis zum Abend müßte sich's eigentlich halten –). Ergo den Wanderstab fester fassen, (der sieht bloß so mächtig aus; ist in Wahrheit aus Wacholderholz : ganz leicht, aber natür'ch zähe, ‹zähe müßt ma noch ma sein›) : »Halt den Dam'm die Karte etwas gefälliger hin, Felix.« Er grunzte, und gehorsamte. Und die Damen, die bisher, befremdet & gerührt, die sie geschäftig umgebende Ländlichkeit gewürdigt hatten – die beredsamen Gänse; die grasende Pferdesilhouette, ganz ‹Spielbein›, aus schmutzigem Kupferblech; das Hundewägelchen, mit dem Eine, die Oberarme breit wie die Beine von Städterinnen, in Wiesenweiten steuerte; die weißgrau-schweigende Katze auf dem Erlenstumpf : »Ich schätze diese Tiere – doch : Pflanzen auch – fast über Gebühr; allein schon deshalb, weil sie sämtlich Nicht-Kristn sind«. Die Damen also traten näher.
Ruth, Vollebüste-Füllebauch, (ein Wüstenscheich hätte 2 Oasen für sie geboten), griff mit nach dem Rand des Meßtischblattes; (und ihr Nirosta-Ring, mit dem Stein aus der Berliner Mauer, glinste doch schon verdammt ‹angelaufen› : einerseits muß man ja froh sein, daß man Junggeselle ist !). Auch Hel tat 1 Schritt (von völlig unglaubwürdiger Weite) herzu, alle ihre Teens bei sich; und ich sah wieder einmal mehr an ihren 80 Zoll hinauf : 16½, und ein Knochengespinst, das mühelos auf meine 1–83 herabschaute ! (Aber das hatte sie vom Vater; der war auch 'six feet eleven', oben drauf den zu kleinen, lächerlich bebaretteten Kopf. / ‹Gewachsen› war sie im letzten Jahr anscheinend nicht – was ja auch völlig unnötig gewesen wäre; sie würde's sowieso schwer haben : wenn

25

man wenigstens die *Andeutung* eines Busens gesehen hätte ! Aber nichts, garnichts, nich'die Spur jener Äppi-Cycl; was Die-dort im düsteren Bikini barg, war garantiert nichts als ein Werk der Kunst. Dafür um den Hals, auf mitteldünne Schnur gefädelt, ein Zodiakuß aus Haselnüssen : ‹Kein Schmeerbauch, der im mächtigen Armstuhl dampft, wird Dich beleidigen›; oder auch : ‹Abgeleget die Glieder, ausgezogen den Körperbau, ward ich Schatte. – Noch des Staubes 1 wenig : und ich glüh wie ein Funk empor !›; Überschrift ‹Mein Patchen›.) Frau Ruth jedoch, in hochschwarzen Gummistiefeln & rotbraunen Shorts – wie 2 Mandolinenfutterale, nebeneinander, sahen die prallen Buxen aus – stach den (zum Ausgleich überschlanken) Schirm bereits ungeduldig in den leichten Alluvialboden. Und ich sprach's hagestolzig, aus :

» ‹Da noch kein Gold nicht war, : da war die Goldne Zeit !› – « (und, nach Kräften feierlich, mit der freien Linken in die Runde weisen : – ! –). »Läidies änd Dschennts : Wir befinden uns an der Mündung des Schmalen Wassers; auf 10 Grad, 20 Minuten, 50 Sekunden östlicher Länge; dagegen 52 Grad, 42 Minuten, 30 Sekunden nördlicher Breite. « (Und kleinste Pause : mein, zugegeben, idiotisches ‹dagegen› beanstandete Keiner ! Sehr merkwürdig. Folglich desto kühner fürderfahren) : »In rund 62 Meter Höhe, *über* dem Meeresspiegel – in ausgesprochenem Gegensatz zu ‹Kapitän Nemo›, : kwott wiede !«. Da tat, nur Felix hatte sofort genickt, der bereits erwähnte Kupfergaul im Sehr-Grünen ein paar geile Sprünge auf der Vorderhand : ! : ! ! : ! ! ! : (und forzte dabei, daß es gellte : GOtt bewahre uns vor einer starken Regierung ! Eine schwache aber kunstsinnige wäre mir weit lieber – – wieso aber mir das gerade jetzt einfiel ? – Ich knaupelte mir an der linken Zeigefingerspitze herum. Ich wußte es dennoch nicht.)

: »Seine Länge : beträgt nicht mehr & nicht weniger, als 10 – in Worten : Zehn ! – Kilometer; vom griechischen ‹Chilios›, das ist ‹Tausend›. Die Damen werden sie ja jetztgleich abschreiten : eine ‹Wasserstraße›.« (Die Herren nebenher gehen; wir hatten's so vereinbart.) / »Die innenpolitische Situation ist ebenfalls nicht ganz uninteressant : das Uns vorliegende, vermutlich immerhin einige zehntausend Jahre alte Wesen, entspringt nahe dem Dorfe Blickwedel, im Kreise Gifhorn. – Der übrigens einst ein selbständiges Herzogtum war : Felix, erinnere mich, daß wir uns demnächst ma Schloß Gifhorn ansehen, ja ? – : Was bleckst Du mich so an ? !«. Denn sein Gesicht, oben, zeigte einen irgendwie ‹wütenden› Ausdruck; (hatte er etwa Hunger ? Dabei waren die Pellkartoffeln heut Mittag ausgesprochen gut gewesen; und die sie ‹begleitende› Sülze-in-Essig reichlich & leidlich-wohlschmeckend, ja saftig.

(‹Heiß & mehlig› fiel mir zu den Erdäpfeln noch ein.) Na, nachher ma erkundigen; wenn wir allein sind.) : »Ich wiederhole : die Quelle auf 10°25′ öh-Lambda; 52°40′ Enn-Phi; Höhe 90 Komma zwo Meter. Mit anderen, einprägsameren Worten : ein Gefälle von über 28 Metern auf den Gesamt-Lauf, wie ?« Sie schienen nicht übermäßig begeistert. (Demnach rasch-weiter; Details häufen; überwältigen durch ‹Wonnen der Aufzählung›, durch Ritt-mick.)

: »Weite, um nicht direkt zu sagen ‹endlose› Waldungen : Tannen- & Föhrenfräulein, zackenröckig mannshoch grünhaarig« – nun noch etwas für die Damen – : »Eichenbengel, knorrig, ebenso hart wie lang, nicht zu umspannen. Trigonometrische Punkte säumen seinen friedlichen Lauf : speist Teiche ...« : »Möch'sDú ein' komplettn Teich speisen?«, erkundigte sich Ruth, (und schüttelte sich, als Antwort, bereits : Brrr !). »Kinder, verdreht Ei'm die Worte nich schon im Broca'schen Centrum !«. / Zuflüsse ? : »Oh doch, Hel ! – Von links, diesmal also von Osten her, den ‹Räderloh-Bach›; ein ebenfalls nicht uninteressantes – und auch noch viel zu wenig erforschtes – Gewässer, von, schlecht gerechnet, 4 Kilometern Länge. Mehrere Rinnsale, die ich Euch demnächst vielleicht auch noch einmal vorführe – ?«. Sie machten hübsche-dikke Unter-Lippm, und wiegten in wohlwollender Neutralität die Köpfe. / –. / : »Bildet's Inseln ?«, erkundigte sich Hel, und sah mich, unter ihren schwarzen Ponyzotteln hervor, hinreißend finster an. (Wenn sie bloß'n halben Zentner mehr gewogen hätte ! Und an dies Vonobenherabanschauen durch eine Frau konnt' & konnte ich mich nich gewöhnen. Auch galt es ihrer kaptios-herabsetzenden Frage auszuweichen) : »Inseln –«, (ich wußte eigentlich keine ...); »woll'n Wir erst ma die Geografie-im-Großen, als unerläßliches Fundament, weiter überschauen, ja ?« sagte ich strenge. »Es ergießt sich also in die Lutter : hier : an eben dieser Stelle : jawohl ! –«; und lang den Arm gemacht; (und noch den spitzen Finger vorn dran; sie wandten folgsam die Köpfe). »Könnten Wir unsern Standpunkt« (und dekorativ aufstampfen, schtammfnd schteixDu wieder) »demnach füglich ‹Co-Blenz› nennen; ‹Conz›, ja ‹Cunfluns›.« / Wohin diese ‹Lutter› ? : »In die Lachte.« Und die ? : »In die Aller. – Die; bei Verden, in die Weser. Diese wiederum in die Nordsee. : Und so geht es fort.«, schloß ich getragen, (ja, erhaben. Oder wäre ‹fürder› doch noch ergreifender gewesen ? Felix fuhr sich mit der Hand um sein Kinn; eine Geste, die, es war mir bekannt, ein fruchtbares Gemisch aus Ungeduld plus Unentschlossenheit anzudeuten pflegte. Es konnte aber auch ‹selbstredend› nur der Bart sein.) Ich nickte ihm ermutigend zu. Legte den Arm um Hel, sie heran zu ziehen; (ans

Meßtischblatt natürlich nur, m'lastisch bett, und es war wiederum, wie wenn man ein breites Brett umarme, die Arme); und tippte mit 1 ihrer Finger, (ohnehin die geborenen Zeigestöckchen), nacheinander, wie ich sie herzählte, auf die diversen Ortschaften-ringsum :

»Das betriebsame ELDINGEN – schlechte Gegend für Regenbogen,« mußte ich allerdings hinzusetzen; (und ein bedenkliches Scharlatans-gesicht erzeugen). Frau Ruth sah mir auch gleich verblüfft hinein. Kopf-schüttelte kurz; und fragte : »Wieso d'nn *das* ?«. Auch Felix hatte sein Kinnreiben eingestellt; er hielt das Dings nur noch, und sah mich an; (Zweifel + Unsicherheit bei Ihnen-Allen : heute gelingt mir's !) Die einzige, die überlegte, war wiederum Hel. Fixierte erst das Confluentes-Örtchen neben uns. Dann mich; dann die Karte. Und begann, langsam, das Warum meines So abzuleiten. : »Im Südn –«, sagte sie, gezogen & knurrig : »Und da die Sonne sich überwiegend im Südn aufhält. Und Regnbogn grundsätzlich *gegenüber* der Sonne . . .«. Schon unterbrach ich sie; schon tätschelte ich lobend den weißen Stab ihres Unterarmes : »Sofort 1 Platz rauf, Hel ! – Beziehungsweise, falls Dir das lieber sein *sollte,* 1 meteorologischen Weihekuß Deines Paten – ?«. Sie zog den Mund breit; und schniefte frech; und äußerte durchtrieben : »*Das* will natür'ch überlegt sein.« (Dann *noch* verbuhltere Schultergestik + Grin-sen wie bei Bietnick's : »Gipp ma lieber 'ne Mark.«).

»HEESE – : wo Wir vor'jes Jahr den schweren Hagelschlag erlebten. Ihr erinnert Euch, wir saßen im Auto, wie in einer Blechtrommel !«. Sie erinnerten sich. »Heißt übrigens eigentlich ‹Spitz-Heese›; zur Unter-scheidung von einem ‹Breiten-Hees›, auf Ülzen zu. Von dem hier beziehen wir meist unsern Schnee.« / Die mächtige Gemeinde ENDE-HOLZ. / Das waldreiche MARWEDE : »Zwischen beiden auffällig viele Hasen ! – *Und* Fasanen,« gab ich noch zu, da sie mir nicht begeistert genug zu folgen schienen. (Also weiter.) / : »WEYHAUSEN, weyland ein churfürstlich Jagdschloß. Man merkt das selbst heutzutage noch, an einzelnen, herrlichen, Einzelbäumen.« : »Was soll das zweimal ‹einzel› ?« fragte Felix ungehalten, (ganz Buchhändler & re-Printen-Freund); was jedoch Ruth dadurch kompensierte, daß sie hauchte : »Du, hängt das mit ‹Weyrauch› zusamm'm ? Das Sägemehl vom Wacholder neulich roch ja so ähnlich –«; sie bemächtigte sich, ohne vorherige Anfrage, meines Wanderstabes, und beschnupperte süchtig dessen Knauf; (hielt ihn auch genau so. Ich schlug mich nur rasch ins Mittel) : »Nach Norden und Osten zu, dann die herrlich-einsamen« – (wieso nickten Beide, Ruth wie Hel, denn schon wieder so finster-verträumt ? ‹samen ?› : ‹herrlich Herr & ein-samen› ?) – «die mehreren Fischteiche von RÄDERLOH,

trefflich zum drin-Schwimmen. / Dann kommen große Moore, und die
ZONE ist nåh –« (geheimnisvoll dies; mit lauter langen ‹ooo›. Sie lieferte
uns aber auch täglich die Sonne; und åbends den Mooond) – »unschätzbar verödete Gegenden, zumal bei Gewitterluft, ganz heiß & schwarzgrau : riedhohes Gras; stiere Kühe, von Bremsen geplagt, wie Autoren
von Rezensenten : in den einen Baum war eine *Kette* eingewachsen ! –«,
hier ging Hel's Mund nun doch langsam auf; (es war aber auch
tatsächlich ein toller Hunds-Tag gewesen : erst die ganz schmalen,
tiefgrünen Schneisen, in dem einen Waldstück, vor STEINHORST da. Ein
Sandgruben-Halbmondswall dessen Rand oben qualmte; mußte irgendein Gannef geschmökt haben. Und der Weg zerfingerte sich bald in
dreie. Und jedweder davon, ich war ihn verbissen abgeschritten, endete
blind in Sumpf- & Bogfenflat – darüber ließe sich noch berichten. Aber
ich rückte mir lieber die Kartentasche zurecht; das führte im Augenblick
entschieden zu weit. Die Damen rükkten an ihren Brotbeuteln, (wie das
ansteckt); und auch Felix legte fühlend die Hand auf den Schnappsack –
‹Schnaps-Sack› : ich hatte sehr wohl bemerkt, wie er sich vorhin das
Kwan-Tum abfüllte !).). –
  Also : »Darf ich die Damen bitten, einzusteigen ? –« –

2

  : »Moment ! – Noch nicht.« –
  Ruth. Leckte sich die Lefzen. (Zeigte sogar das Gebiß.) Und
kommandierte auf einmal derart kommißmäßig, daß wir, ‹alte Kriegs-
teilnehmer›, sofort mechanisch gehorchten.
  : "HANDS UP ! !" –
  Da standen wir, wie nur je in jener Ehrenkleid-Epoche. Ich hätte
meine ja sofort wieder runter genommen; aber Felix, der Poltron, ragte
weiter, ein ehekrüpplichtes ‹Victoire›-Signalement, (und da tat ich
gewissermaßen zur Gesellschaft noch mit). Ruth trat, grimmig lächelnd,
auf ihn zu. Was mich anbelangt, ließ sie lediglich ihren Daumen schulter-
über tikken – : »Hel – –«.
  Und tasteten uns doch tatsächlich ab, die TAMPAX-Typen ! Ja,
‹klopften›, mit sinistrer Dexterität. / – / – : ! Schon zog Frau Ruth ihm
das Fläschchen. Hob rüstig das Lid der Gesäßtasche – / Und Hel
befingerte indessen mich, mit nornischem Freimut. Ging tiefer. (Aber
das hatt'ich mir, aufgrund von Felix' neuesten Andeutungen, längst
gedacht : woll'n doch ma sehn, was hier siegt; Mannesmuth gegen

Weibestükke !). Aber sie entdeckte bereits *meinen* Labetrunk. Und knaupelte derart fürder !, daß ich leise mahnte : »Hel –« – und griente zwar; ging aber etwas sachlicher bis dahin, wo mir die Socken in die hohen Schuhe mündeten. (Zum schwachen Ersatz wenigstens Frau Ruth in den Ausschnitt des einteiligen Badeanzugs linsen : links 1 Gäspe; rechts 1 Gäspe. Arme Hel.)

Richteten sich auf. Traten hinter sich; und bargen währenddessen das uns abbeschlagnahmte Gut im Brotbeutel. Dann Ruth's silberbräutig Grinsen : »So *jetz'* kann's losgehen. – 'n hübscher Bauplatz übrigens –« fügte sie stirnrunzelnd & sachlich um sich blickend, hinzu. / Aber nun war doch wohl die Reihe an mir. Grollend : »Moment ! – Woll'n zumindest noch die Breite messen.« Schon stieg Hel, das eine Ende des Bandmaßes in der Rechten, (gleich übernahm's die Linke), gewendig hinein – (was'n Bild : die ganz flachen grünen Sandalen; ein winziges Höschen, ein noch schmaleres Büstenband !) – todtentanzte ans ‹andere Ufer› : ?. Und ich las's, gewittrig, ab – : »Drei. – Zehn.«

Dann stellten sie sich, frogemut & fixebrud anzuschauen, auf. Und Wir setzten uns, Alle Vier, bachauf, in Marsch. (: 'Cop you late !') : . . . . .

3

Vor allem sein Barett hatte heut noch zusätzlich ein so plattes und brandgelbes Wesen ! Und er frottierte, gewohntermaßen, den Ohrlappen, (der ohnehin schon wie ein halbes Hörnchen nach vorn stand); zischte : »Mensch ! – hättn wir Den'n *nich* ein Pároli biegen können ? – Jetz sind wir ohne jeglichen Tropfm : Du wirst aber ooch immer weniger !«. : »Kümmer Dich um Du !« gab ich empört zurück : »Wenn Ruth *meine* wäre . . .« : »Da gingsDe längst am Schtokk-Du !« ergänste er giftig.

Und bösartiges Schweigen. Dahinschreiten auf der Halb-Straße. (Während drüben, in Wiesengrünheiten, 1 schtramme und eine vielgrätige UNDINE langsam entlang, lang-tapertn. / Zuweilen durch Erlen-Vorhänge parziell verdeckt, windows into Eden, mazes of delight.) Aber noch waren wir in ‹bewohnten Gegenden›; noch fummelten mehrfach die Herren Landwirte um uns rum. / (Frage : *muß* es Leute geben, die 1 vorbildlich gewachsene Einzel-Birke lediglich deswegen um-hakken, weil die nächst-brennbare 10 Traktor-Sekunden weiter steht ? Von Erlen-Gruppen ganz zu schweigen; Meisn in den grünen Haaren, ‹Schulen› von Fischchen mäusehuschen drunter-weck. Am

Uferrand dürfen sich die Bauern-Menschen meinetwegn ‹in den Haaren liegen› : ‹nichtz Tierisches soll mir fremd sein : HOMO-SUMM !›).

: »‹So verstreichet dem Landmann der noon in schuldlosn Freudn› : ZACHARIAE.«, begann ich versöhnlich; wies auch auf den, von einem ‹Krümler› sexfach perforiertn, Sand-Weg : ?. / Aber Felix schüttelte immer noch ablehnend den Kopf. Tiefin-Gedankn : »Du. – Ruth hat sich, zur Silberhochzeit-neu-lich, 'n Schwebe-Reck, schprich ‹Trappeez›, gewünscht. : Was soll Mann dazu sag'n ?«. / : »Vielleicht ‹vital› ?«. Aber er, kurz angebundn, »FinzDe ?«. / Und wurde, anscheinend, wieder *noch* wütender; und betrachtete bösartiger diese, ganz leicht zu vereidigen-den, Typen auf den Feldern neben Uns. – : »Kuck ma ! –«; denn 1 Knechtlein schlich, unter dem Vorwande des Unkraut-Jätens, tiefer durch Shamrock & Reënklee. Legte die Pratze statt dessn aber ans nächste Mägde-Gesäß – ! – ! ! –

: »Das Geschrei einer Gekniffenen ist noch kein Maßstab für einen, etwa dabei empfundenen, Schmerz,« sagte Felix strenge; nachdem er doch kurz hatte grienen müssen; : »Wie groß ist eigentlich die Bevölke-rungsdichte bei Euch ?«. 21 pro Quadratkilometer. »Erfreulich wenich,« sagte er : »Warum Du-Dich mit *dem* Vieh-da schleppst – ? !« – er warf 1 giftigen Seitenblick auf das Fern-Rohr, im dikkn-braun'n Ledercylinder, der mir (zugegebm, schwerfällich) vor der (breitn) Brust penn-dlte : schwarz sah die hart-gummiene Okularmuschschl, und fingerbreit, daraus hervor. / Während wir, freislich, neben den Ebereschen dahin wandelten : die Beeren noch in frühem Stadium, gelb, oder ganz hellbraun; (eigentlich schöner als die spätere, fast zu energische, Feuer-farbe). / : »So ein Kerl ist capabel, und beneidet Einen womöglich –«; Felix war, in Gedanken, noch immer bei jenem Kneifenden. (Und andere, sich irgendwie ‹logisch› daraus ergebende Themen kurz abhan-deln : ‹Ob es 1 Zeichen von Gutmütigkeit wäre, wenn man den hiesigen Bäuerinnen gratis Kinder zeugte ?›. Einiges über ‹Graupen›; die, auch mir fiel es jetzt erst auf, seit unserer Kindheit – so um die 1920 herum – vielviel seltener geworden waren; komisch.»Kann man mit abgeschnit-tener Nase Bundestagsabgeordneter werden ?«).

: »Plagt Dich die Güldene Ader ? !« –. / »Nee. : goldwässern tut mich«; entgegnete er trübe. / Um ihn heilsam abzulenken, erzählte ich ihm mein jüngstes Erleidnis : wie ich bei der rheinischen Papierfabrik, um bevorzugte Belieferung zu bewirken, mich als ‹Schriftsteller› aus-gegeben hatte – ich, der arme Registermacher in der Osthaide – schon begann Felix, ahnend & unfroh, zu mekkern : »Na ? Und was ha'm se geantwortet ?« : »‹Bitte, Vorkasse› !«. Und trübe mekkern. / : »Dallalla-

Hû-Hüh !« – kam es gans von färrn & süs & runnt herangejodlt. Sirenenpack. (Entenflott. Zitterpappelnd hinter schwarzgrünen Gardinen. »Backfeigen könnt'ich mich !«, knirschte er, in gut ausgebildetem Selbst-Haß. Wir antworteten nicht.) – Wieso rechts ab ? : »Na, zum erstn Rendezvous-Platz doch.« / Durch ein Wäldchen; das aber, kaum betreten, auch schon wieder lichter wurde; gleich senkte sich der Weg ein bißchen. Und ein langes-langes–flaches Thalmüldchen, mit Gras fast zu hoch gefüllt. An dessen Rand wir standen. / »'ch weeß nich,« gestand er, weit glimpflicher denn zuvor : »Wenn ich sonne große-summfije Wiese betreten soll, bedarf ich immer erst 'ner gewissen kuonheit.« Ich bewegte nur kühl die Mundspitze : normale Erscheinung bei Großstädtern : »Komm man; wirst nich ertrinkn. Du kuckst aus jedem Teich-hier noch mit'n Kopp raus.« Und voran-hinein ins wuschelköpfige Gras. An Geilstellen vorbei; (»Von Kuhfladen verursacht«). Auf dem Dorn einer Distel eine Florfliege ? : »Der issdas so wenig ‹spitz›, wie Dir'n Küchenhokker.« »Maffoá –« machte er betroffen.

Und sprach doch erfreut sein »Ach –«, als wir am Bächlein standen. (Diese Städter merken ja wirklich nichts : Unsereins hätte, wenn nicht schon am bloßen Urstromtälchen, so doch mindestens an den begleitenden Büschen, unfehlbar, gleichsam a priori, erkannt, daß hier der Aufenthalt eines dezidierten Gewässerleins sein müsse.) Schön die Erlen, oh ja; schöner der einfältige Steg. Schön das Wasser über'm Sand; schöner die langsam wehenden Flannzn darinn. Und hin & her den Blick; und das gläserne Wesen betrachtet. (»Potz Bach & As-Bach« murmelte er nachdenklich.) / Aber da kamen sie bereits an : 1 schwarz-weiß gestreifte Hopfenstange; eine Derbe-Runde : Undine Melusine Anna Dyomene Anna Livia Russalka. »Och, ich liebe sie schon,« sprach er gleichmütig; »hätte aber trotzdem nicht übel Lust, anständig ein'n zu nehm'm.« Dann, indem die Damen, aufgeräumt mit den knie- bzw. wadenhohen Fluten kämpfend, näher kamen – »SiehsDu : ‹Frau Fluth›«, unterbrach mich Felix anerkennend; wieder trüber : »‹mit den Fluthen kämpfen› : so man in Flaschen heget; achja.« (‹Und vergib uns-unsre Wortspiele› : »Du bist ein Asot.« stellte ich rasch noch fest. Dann waren sie, für Diavologe unserer Art, zu nahe. – ‹Naila› kam noch.)

4

Wir *auf* dem Steg; (2 lange Rundhölzer; dicht drüber genagelt Brettchen, 80 mal 20). Die Damen, schräg unterhalb von uns, im Wasser. Frau Ruth legte die Hände dran, (und rieb wohlig die Oberschenkel aneinander); Hel lümmelte sich ellbogig eins, (Waden wie ein Kondor hatte das Ding). Ehe ich noch eingreifen konnte, fing Felix bereits aufs unseligste an, zu kwattschn à la »ein Schlukk-plies !« – aber Die lächelten nur kalt ob des Schwächlings, (mit vollem Recht übrigens); während ich gelassen dozierte : von Sand wegen, von Reh tränken, von Weißfisch sorten, von Wasser pflanzen : »‹Vingt Mille Lieues sous les Mers›; ich les'Euch gern heut Abend das ein- oder andre Kapitel daraus vor. – Aber zuvor noch die Breite hier messen, ja ?« : Zwo-zwanzich naja. (Aber das schwankte mächtig. Gerade an dieser Stelle. Hel mußte mehrfach mit mir 1 Entchen am Wasserlauf hinauf & hinab – die Steinhorster Seite ihres Brust-Corps war auffallend heller, als die gegenüberliegende; reine Frage des Sonnenstandes wohl; ich notierte in mein Schreibbüchlein.) Felix indessen versetzte mehreren Erlenruten Stipse, (‹Rechtsausleger mit Berührungszwang›). Ruth watitte geduldig auf der Stelle. Hel legte sich, (nach getaner Arbeit ißt Gudrun), auf den eigenen Rükken, bên ze bêna; (‹Soße Gelimida› : ich kenne Dich, Du, sous les mères. Sie lächelte auch gleich, traurig und gelüstig, nach oben, etwas-links an mir vorüber.) Ich sprach immerfort, wie es einem Wirte Wundermild geziemt. Während sie auf dem Rücken lag und sich kühlte. Sich auch rasch & völlig ungegründet wieder erhob. Und triefend stand; (‹bezwang ihn, daß er triefend stand› – oder ‹zitternd stand› ? Ich wußte's im Augenblick tatsächlich nich).

Was dies hier sei ? – : »Porst. Aus den Blättern bereiteten sich die hiesigen Erdentsprossenen in unerleuchteteren Säkuln Tee, ‹Labradortee›. – Oder auch *grade* nich; denn das Zeux wirkt gegebenenfalls scharf narkotisch, ja offizinell. Deshalb pflegten es kluge Brauer ihrerzeit dem Biere zuzusetzen, um es sieghafter zu machen.« Schon wollte Felix sich unauffällig 1 Reis brechen, mit der offenkundigen Absicht, es zum breiten Munde zu führen; aber Ruth's Schirm scorpionte (cor-spionte, ja stachelrochte) von unten herauf, und piekste leichthin sein (wahrlich nicht pieksenswertes) Unterbein : !. »Nimm lieber 'n Blättchen Beyfuß; wirsDe nich müde beim Laufen. – : ‹Fouk-Lor›«, gab ich höhnisch noch zu; und er blickte wieder giftiger.

Und wir Alle anschließend auf Hel : die hatte, während Wir rüstig den Baum der Erkenntnis bestiegen, (bzw. den der m'Alice), stumm die

33

Lange-Rechte in den eigenen Busen versenkt. Und daraus, nach beträchtlichem Grabbln, das Biest, einen *Korken* hervorgezogen. (Wieso das ? Soff sie etwa heimlich ? ! Biologisch war sie genau–mittn in jener Periode, wenn nicht gar Epoche; und Keiner, der ihr zu Hülfe, mit ü, kam; weder theoretisch durch FREUD, weder praktisch durch groß-mögende Gaben von Penis vulgaris. ‹DIE AUFGABE DER ONKEL› schon recht; aber da hätt'ich zehn lange Jahre jünger sein müssen.) / Dennoch wurde es, wie schier immer im Leben, wieder mal *noch* etwas anders. Sie drehte den oberen Rand jenes Korkens – : und hob ihn drehend ab ? – : da war der hohl ! Sie stülpte den Hohlen um, auf eines der vielen Steg-Brettchen : !. (Sah erst noch einmal zu Uns auf – : irrte ich mich; oder ruhte ihr Blick tatsächlich in meiner Leistengegend ? ‹Leistenwein›, bocksbeutlijer : ‹an sich› war sie genau in dem Alter !). / Und also 3 winzige Würfel. Die hier, zu meinen Füßen, in einem (gedachten) Periferiekreise von 5 Centimetern Durchmesser ruhten. (Ruten. Marschrouten.) : eine schwarze 5; eine weiße 5 : eine rote 6 ! – (: »'n Apotheker, aus Brem'm; 'n Kunde, « wisperte Felix, »hat das zu Neujahr an *seine* Kundn verschickt : ‹DAS BREMISCHE WÜRFELFASS›. Das hat sie sich sofort geschnappt. Warum ?, weiß ich nich. « : »Ich erstaune mit Deiner Erlaubnis –«; denn es sah wirklich wie'n ganz gewöhnlicher Korkn aus ! Immerhin behielt ich so viel Besinnung)

: »Ich möchte sagen, diese rote SEX-Hel gibt den Ausschlag. – HasDu ein'tlich ma festgestellt – durch Versuchsreihen; also statistisch – was *mehr* ‹Gewicht› hat : eine weiße 6, oder eine rote ?« . Sie beschaute erneut (& grüblerisch) erst die 3 vertracktn Würfel. (Jedweder 216 Cubicmillimeter, möcht'ich schätzn). Dann wieder mich. Und schüt-telte schließlich den langen, schwarz-gesäumten Schädel. (Das hab'ich mir aber nich verdient, Du !).

Also besser weiter. / : »Mesdames ! – Nach rund-ä 7, achthundert Metern, sehen wir uns, nahe der Kreisgrenze, wieder.« / Sie ducktn (vom englischen 'duck') unter dem, nunmehr zu den bewürfelten gehörenden, Steg hindurch. Wir-dagegen schritten barsch, durch eine kleine farnige Ecke rechtsab, davon: ‹Sotte bollen !› –

5

Ich gab 1 Bühnen-Lauschen von mir : ? – »HörsDu das ? Das Wässer-chen ?«. Legte auch, ihm zur Hülfe, (wiedermit–ü !), die Hände hinter seine haarigen Ohrmuscheln. (Vorn ging ihm da der Mund auf; vermittelst solcher Vorrichtung vernahm er's dann anscheinend.) Nickte leicht; oberflächlich ‹gefesselt›, (oder nur schon verwirrt, wie Städter so sind, die nach dem 100. Baum keinen mehr unterscheiden können ? Möglich ist bei diesen Asfaltbolden ja Alles.) Sagte aber doch endlich :»Hübsch. – So'ne Art Gewischel, nich.« Aber eben auch die Stimmen der Damen zuweilen-dazwischen. / Er grübelte eine zeitlang in der Nase. Fuhr dann auf :»Wieso hab'ich heute eig'ntlich so wenig Selbstbewußtsein ?!«. Ich zukkte lediglich die schönen Axeln : man kann schließlich nich Alles wissn. (Fühlte jedoch ein Lächeln um meine Lippm. Ließ ihn ein Stück voraus. Vorbey am Großn Ameisnhaufn; (daneben der Wacholder; der aussieht, wie der doppelspitzige gekonterte Bart eines Spielkartenkönix : Ahhhh !).) / Hörte ihn, wie von weither, hadern :»Was hasDn Du andauernd durchs Fernrohr zu kukkn ?«; auch, hämischer :»Weg'n dem Bissel Hel ....« Ich musterte ihn dafür kalt : ein Mensch, dessen eines Auge kleiner war, als das andere-pff ! / Und weiter pilgern. Erect im Grünen. Den zähen-schteiffn. Schtab im Handknauf. Er begann, unlustig zu lachen.

: »Du – kennsDe das ? : ‹EIN STRÄUSSLEIN AM HUTE› ? –«. Da ich schüttelköpfte, verlangte er mein'n Stock; und ich, ausgesprochen über-rascht, ließ ihm denselben; erstaunt. Er wandte sich kurz von mir. (Entfernte sich dabei auch 4,5 Meter.) Kam bereits wieder auf mich zu; und sang dazu, tönend & einförmig :

»‹EIN SCHTRÄUSSLEIN AM HUTE DEN SCHTABINDERHÁND› –« er schwenkte ihn derart, daß man hinsehen *mußte* : (‹weitgebärdig› wäre der dichterisch-forcierte Ausdruck für sein Verhalten gewesen) :

»‹ZIEHT EINSAM I WANDERER VON LANDÉ-ZU-LANT› –« er blickte, wegmüde-lebenssatt, ins Weite zur Seite; die Hand, die bisher so deko-rativ den Knüttl geführt hatte, wurde irgendwie ‹frei› – :

»‹SEIN HAAR IST BESCHTAU-HAUPT, SEIN ANT-LÍTZ VERBRANNT› –« sang Felix. Mein Blick wurde immer starrer : wieso hielt sich der Stock denn so ? Schräg vor seinem Körper ! Im Hosenschlitz : jaaberdaswar-doch ! Der Kerl hatte doch keinen Greif-Schwanz !! – :

»‹VO-HONN WEM WIRD DER BÚRSCHWOHL, ZU-E-HÉERST ERKANNT ?›« (Und irgendwo, waid lynx drübm, lachte es leise, aus grasigster Öde, fraulichst im bechlein k'anal.) Auch mir zerrte's den Mund sehr breit – : »Ein capitaler Bog –«, flüsterte ich, unwillkürlich-bewundernd. Er verneigte sich 1 erstes Mal dankend. Wieder übernahm die Hand; (während der durch den Schlitz gesteckte Zeigefinger sich, höllen-breuchlich, krümmte & ringelte); Felix schrumpfte ein, er alterte (‹to alter›) sichtlich :

35

»‹DA WANKET AM SCHTABE I MÜTTERLEIN HEHR› –«
: er sah mich, über meinen eigenen Wacholder gekrümmt, so
greisinnenmäßig-prüfend an, eisgrau gebückt star-äugig : ? – / Richtete
sich, gefaßter, zu seinen vollen 2 Meter 10 auf. Lüftete gemessen am
Barett; (während der Pint-Krake den Prügel schon wieder schräghielt) :
»‹GRÜSS GO-HOTT ! SO SCHPRICHT-EER. UND SO-HÓNNST NICHTS
MEER› –«
und da konnte ich ja wohl schwerlich anders : ich lehnte mich an die
nächste haltbar-stammhafte Fichte; und wieherte in Richtung Kreisgrenze : »‹PITTSCHAFT der Unaufhaltsame !› – Wenn Dein Pech bloß nich
immer so stark nach Fosfor schwefelte, Du !«. Auch, da er gar so
frustriert fletschte: »Na komm her : kuck auch ma durchs Perspektiv !«.
Und dem, ungläubig herannahenden, Ferkel Stille gebieten : »Die
basseuse Deines mauvais goût ist mir zur Genüge bekannt : wert
bissDe's nich, aber sehr bedürftig ...«. / Erst besah er die, leicht hervor-
ragende, Okularmuschel noch angewidert. Die ich, dito leicht, anhob –
noch höher ? – : ! Dann erst erkannte er die Flasche darunter; die Luft
blieb ihm förmlich weg : ! »Aber erst über ein ‹unpraktisches Gerät›
langelästern, gelt ja ? – : Ruhema ! –«. (Denn, ganz von fern, kam es.
Wie 1 süßes Gelächter; 1 süßes Plattschn. Wendungen wie ‹biß an den
Gürtl› fielen Einem ein) : »‹Ydor oder der Wanderer aus dem Wasser-
reich›. Von Josef All-Wies GLEICH.« Und : »RAIMUND's Schwiegervater,«
ergänzte er, »na wenn schon. – : Großer Frans !« : dô huob er ûf unde
tranc. (‹Setzt das Fernrohr an den Mund : In den Rosen. Ihr trinket den
Heiligen Geist zur Stund›) : »Mensch, lächle mir Beifall oder ... !«. Aber
er lächelte schon freiwillig, erkwikkt & süchtich; ein freier Säufer in
zylindrischen Zeitläufen : der Farn-hier wucherte selbst-ihm bis an den
hohen Gürtel. Und 1 anmuthiger Geruch hatte sich, traun, in dem
betreffenden Nadelholzwinkel verbreitet : »NimmsDu Alles zurück ? !« :
»Ich nehme *alles* zurück –« sagte er hastig.
    Ich hatte ihn tiefer in Zweigjurten geführt; ‹noch einmal, Robert,
eh' Wir scheiden müssen›; und er erschrak dennoch. : »Wenn aber
zufällig Eine reinkommt ?« : »Die geht rückwärts wieder raus.«,
beschwichtigte ich ihn : »TusD, als wenn De Dich löst.« Und sah doch
so gierig ins Gewölk, daß ich ihm das Okular vom Munde riß – ! – /
Aachchch –. : »Kost'nn das Zeuk ?«. ALTE KANZLEI : »Halb so viel wie
Asbach.« Er wiegte dennoch anerkennend den hohen Kopf: gärättätt ! / :
»Komm weiter, Felix. Wir müssen sie zumindest vom Hohen Rand
herab an-grüßn.« –
    – : »SiehsDu ? ! –«

denn die beiden Nelkenkräuslerinnen waren schon rechtrecht nahe. / »: Gattung ‹fünfzehige Patschfüße› !« rief ich ihnen durchs Handmeckerfon entgegen; und, leiser, zu Felix-neben-mir, hin : »Los. Sursum cauda : tu auch ein'n Zu-Ruf.« Der Alte Herr Kanzlei-Rat überlegte. (Forzte statt dessen, als wolle er mit Gewalt seinen Aggregatzustand verändern; erfreulicherweise stand ich ihm über'm Winde : »Das wird nich ganz genügn, Felix.«). »Lust hätt'ich zugákeem,« versetzte er bedächtig. (Ergänze ‹Zuruf›. Während das Gedam, rundherum Seesandmandelkleie (oder wie die Schmirakel neuerdings heißen), mit 4 Beinen auf uns zu stapfte : 2 schtramme kegelförmige, darauf 1 Danaidenbauch : RUTH. Und Felix sprach dazu, mit seltsam bauschiger Zunge) :

: »Unsre sogenannten ‹Alt-Vordern› waren aber ooch doof wie Mist. : Daß 1 Mann ein Frauenzimmer ‹schwäche› ! –« (da hatte er ja Recht : umgekehrt wird'n Schuh draus) – : »Schtell Dir ma vor-Du : ich komme neulich, es ist wahrlich seltn gewordn, ganz Lust & Liebe angehüpft, alla ‹Wolln Wa ? !›« – (‹Bang fleht ein liebkranker Mann›, und dann diese störrischen Adamsrippchen; oh, ich konnte mir's schon vorstellen !) – »Nehm se uff'n Schoß. Häkl ihr hintn-geschefftich die Hafte auf –« (ich nickte nur, bitter & sexstarved : ‹Langlang ist's her, lang ist'er› !) – »fang-an, ihr sämmtliche r-o-gähnen Zonen zu streicheln« – (seine Hände bildeten's, Eidu Dikketitte, nach; ich bat ihn, durch Gebärden, rascher fortzuschreiten, war doch auch ich sexuelles Brachland. / Und sie kamen unterdessen näher herangetreten : 2 langedürre Beine, Hel hob das 1 gar noch, & besah sich die eigene Sole – : »Grünfüßl : Grünfüßl !«, schrie ich ihr da ins 50-Meta-ferne Gesicht. Sie vermerkte's sehr wohl, und ernsthaft. Felix, der Unaufhaltsame, indessen weiter) – : »gerate in Oberschenklichkeiten – : ! und, anstatt mir wollüstige Lippm entgegen zu wöllbm, bibbert Die doch auf : !, und muß angeblich sofort auf'n Topp : Meine Hände wären so kalt gewesn ! – Ausnatürlich !«. (‹Studie für die rechte Hand› : ‹Sie ist für Lou-Mumba; weil Er, europäischdenkend, für Tschomm-Bey ist›. Dennoch lag, wieder mal, alles weitere mir allein ob) :

: »Geht, bitte, noch rund fünf Hundertmeter weiter –« schrie ich, verbindlich lächelnd, zu Ruths falbem Bauch hinunter; (ein unangenehm breitgezogener Nabel eigentlich; der Einen förmlich an-feixte. / Und wieder mal 1 Ziel, das von Uns-Vieren ich-allein sehe : ist das nun beneidenswert oder aber 1 Fluch ? (Schon daraus, daß es sich als Frage formulieren ließ, ergab sich mir genug.) Aber weiter meinen instruierenden Lootsenruf : »– da kommt, inmitten Wiesenweiten, ein dreiviertels verfallener Steg : da ahfternunen Wir ! –«. Schon biegte Hel sich

– nicht simpel ‹bog›; dazu waren's viel zu viele Gliedmaßen (und diese
vielen alle zu lang) – über's steinerne Stau-Stüfchen; ‹Das Gebieg einer
Jungfrau›. Felix nickte kopfschüttelnd hinterdrein; dann : »Es ist Dir
bekannt, daß Du nich der erste Onkel-Typ wärst, den es jückt, mit
seinem Niftel eine Lanze zu brechen ?«. Und ich, sofort-entrüstet : »Ich
stehe nur noch an, ob ich Dir bloß die Lästerzunge zwicke, oder gleich
E 605 –«. Er winkte lässig-wissend ab; und wir kletterten, uns dennoch
gegenseitig unterstützend, über den Grenzgraben & seinen Stacheldraht-
verhau : 'm Arsch der Spanischen Reiterei ! –

»Diese Pantomine vom ‹SCHTRÄUSSLEIN› übrigens –«, (und ich
spannte doch neugierig das Gesicht auf : ?), – »sowas ist das *einzige*
Mittel, daß ‹breite Kreise› diesen speziellen Kitsch & Schmalz nicht mehr
hören können, ohne sofort vor Lachen wiehern zu müssen.«Hob auch
den endlosen Zeigefinger; bedeutend : »Verlaß Dich drauf : *nurso*!, kannst
Du dem Normalpöbel seinen Tinnef aus den Gehirnwindungen spotten.« Ein Gesichtspunkt, aus dem ich das Genrebildchen ... demnach
nicht nur ein Narr in foolio ? ... oder halt : »Durch was aber ersetzestu
ihn mit Deiner Methode ? !«. Worauf er verdrießlich wieder das
Telescop anforderte, und hindurchsah, daß ihm die Flächsen am Halse
hervortraten – »Vorsicht, Felix : wir müssen nachher doch bestimmt
unsern Mundgeruch rechtfertigen ! Daß Du ja sofort zur Tarnung
1 Schluck aus den beschlagnahmten Hüftfläschchen anforderst, zum
Rachenausschwenken.«

»HasDu als junger Mensch eig'ntlich auch ma dran gedacht, Dich
zu kastrier'n ?«, erkundigte er sich, (anscheinend noch bei einem anderen Thema; sagte allerdings von selber »Arschloch« zu einem derben
Ast, der ihm quer den Weg verlegte : wer hätte als junger Edelmensch
wohl *nich* ma daran gedacht ?). Ich dissentierte auch nur gans plapprich
& kurz; dann : »Felix – könnzDe Dir nich lieber ma'n paar Bücher-
wünsche notiern ?«. Er squarte die (kärglichen) Schultern; und trat mir
dann, mit aufgepflanztem Kugelschreiber, herausfordernd gegenüber : ?
/ Also was mich zur Zeit int'ressierte ... : »Worte, Felix, die *nich* in der
BIBEL vorkomm'm.« Sogleich zog sich sein Gesicht fachmännisch
zusammen (ein Walnuß-Teint) – : »Das mußDe umgekehrt angreifen;
mit Hülfe einer BIBEL-Konkordanz : die gibt Dir die Worte an, die *in-der-*
BIBEL vorkomm'm. – CALWER –« hörte ich ihn noch murmeln; auch :
»Viel willsDe nich dran wenden.« »Wie immer : Nein !«sagte ich
entrüstet; (worauf ich ihn das ‹Calwer› unterstreichen sah). / »Von der
alten Knabenzeitschrift, ‹DER GUTE KAMERAD›, den zweiten Jahrgang von
1888; wo KARL MAY's ‹Geist der Llano› drin steht. – Stempel' die Sachen

aber möglichst nich wieder uff'm Schnitt.« Und er reagierte wie immer :
»Meingott; weil ich das 1 Mal aus Versehen ! Oder vielmehr Gewohnheit : das mußDe mit Leihbüchern einfach machen; sonst hasDe se am
längsten im Laden gehabt ! Und's gibt trotzdem ganz Eiskalte.« Während wir uns durch grün & braune Pieksigkeiten drängelten.

Und doch wieder, irgendwie auf's Neue ‹ergriffen›, in die teils
lockige, mehr aber strähnige, Wiese schauten. –
– : »Ississ hier ? Das Rendezvous ?« –

6

Und endlich sitzen, und ruhen, (sogar entspannt; man hatte uns 1
winzigen Schluck genehmigt; nun war jedweder unserer Dunstkreise,
ob Schweiß ob Kanzlei, gerechtfertigt : »Ihr freilich habt gut überall
feucht & kühlig sein !«. Sie nickten selbstgerecht; und tranken aus
bachgekühlter Flasche dieses nervöse Zeugs, ‹Schprudl› oder wie das
heißt.)

: »Es ist für Euch getischet –« / – : wohlbebutterter Pumpernickel,
und ‹kalter Kasseler›. Er eine Schmalzstulle, zusätzlich mit FONDOR
geschwefelt; Sklave der Gewürze.»Hand hoch, Wer noch nie an der
MAGGI-Flasche geleckt hat,« parierte er gleichmütig. Und ich, (Beken-
nermut ist nie meine Force gewesen; aber im Ablenken war ich immer
geschickt), wie in plötzlicher Erleuchtung : »Wie wäre's eig'ntlich :
wenn wir uns, zur Feier des Lunch, mit Doppelnamen anreden würden ?
Bloß für ein paar Minutn jetz.« Sie strahlten angeregt; auch sie, ihrer
Stadt entnommen, trugen der seltenen Gelegenheit gerne Rechnung;
(Ruth ruckte bereits, in schwer-gewichtiger Koketterie, mit Schultern &
Hüftn. Also die Bahn brechen)

ä – : »Helene-Franziska ? – : KönntesDu mir mal den Salzstreuer
rüberreichn ?«; (und fäustig langen, nach der fäustig dargebotenen
langen Büxe, im Penis-Format, mit porträtähnlich feuerrotem Dick-
kopf, SUPERCHIC : die war'n ja raffiniert, diese Fabrikantn;»Danke Dir.« :
»Nichts zu dankn. Frans-Friedrich.« versetzte sie langsam, und sehr
unpatenkindlich.) / »Ist Euch übrigens bekannt, daß es in einigen
Bächen der Lüneburger Haide – zum Beispiel auch in eben diesem
Schmalen Wasser hier – Perlmuscheln gibt ? Im Kloster Isenhagen kann
man großebreite Altardecken damit bestikkt erblicken. Bräunliche Hai-
dinnen trugen ganze Kettchen davon : MARGARITANA MARGARITIFERA !«.
(Groß wie Taubeneier nicht grade; ‹taube Eier›). »Ä – Felix-Oswald,«

hob Frau Ruth auch gleich an : »Gib ma-ma 1 von den hartgekochtn
Eiern –«; wickelte auch eine neue Brotscheibe aus dem Rhabarberblatt,
in welches man sie (mein Rat !) zum Frischbleiben ländlich geschlagen
hatte; uralte Sitte. Aber ‹Eier das sauberste Essen› ? : »Ich hab schon ma
1 gehabt, da war ein wriggel-lebendijer Ohrwurm drin ! – Und wenn
ich nicht irre, berichtet eine ‹Bremische Naturforschende Gesellschaft›
noch ganz andere Sachen : Neenee !«. / Überhaupt schien die Luft voller
Fehlleistungen : Felix bezeichnete die Rippelmarken, unten im Bach-
sand, mit dem angeblich-englischen Ausdruck dafür als ‹nipples›, (eine
Behauptung, die, seltsam nichtzuhören, unberichtigt blieb). Nur Ruth-
Susanna rückte versonnen am Trägerband, daß es götterspeisig wakkelte. Und Hel räkelte ein Bein bis ans jenseitige Ufer; hielt es eine
zeitlang in der Luft, (wie überlegend : wo nun hin damit ?); und stellte es
dann, in einen polizeiwidrig spitzen Winkel geknickt, neben sich.
Seufzte auch, nach jenem Mann, ‹der ihr dazu sey gemeß, an der gepurt
& dem geseß›. (Was nicht ganz einfach sein würde; THEUERDANCK
freilich meint dort nur die Ahnenzahl & die der Hecktare.) / »Was däust
& deutesDu, Felix-Oswald ? !« – : ! –
      : ‹2 Hasen treten auf !› / Und wir erstarrtn; die Unterkieferschüssel-
chen voller Kau-Pamms – : wie Die-da Männchen machtn ! Und halb–
kopfstandn : Hoppeldipopp. Und überhaupt rechte Lust-Kerlchen
waren. Bis Ruth hikkte, (ein Böswilliger hätte's als ‹Rülpssn› bezeichnet) : worauf jene Herren stutzten. Sehr geschickt mit den Ohren
figuriertn : ? : ! Und sich koppheister dem nächstn Tännchen in den
Petticoat stürzten. / Da durften wir wieder atmen; (erst schlukkn; und
tatn beides auch ausgiebich). »Die BIBEL erklärt den Hasen für ‹unrein› :
weil wir vorhin davon sprachn«; (Felix). »Total vernagelt« knurrte Hel;
(an der war ja bestimmt noch einiges zu retten. Eine ‹Aufgabe›, der ich
aber doch lieber feige auswich; und dafür über die notorische Gewitter-
furcht der Hasn & Rehe sprach) : »Der Donner schallt aber auch
wirklich unangenehm in den Wäldern ! – Übrigens ‹Salat aus den
Hörnchenstumpen von Hirschen› : das gab's im 18. Jahrhundert !«.
(Wogegen wir uns mit Mortadella begnügtn; Felix sogar mit Fischkon-
serven) : »Wenn die Heringe Namen hätten, äße keen Mensch mehr
Rollmops«, sagte er, ebenso ablehnend wie filosofisch; kaute, (fair ißt
fowl & foul ißt fair) : und verneinte nochmals mit der ‹Freien Linken›.
»Wie wenn der Affe Kleister kaut«, merkte die Gattin an; wundersam
unbarmherzig, wie Gattinnen pflegen; schüttelte auch noch den Kopf ob
des so rüstigen Spiels seiner Kinnlade. Und bot dann, ‹zum Ausgleich›,
mir, mit dem hin-reißendsten Mons-Veneris-Löchln, die von Jenem

40

verschmähte Johannisbrottüte : –. Nun hätte zwar auch ich lieber auf unser gemeinsames Wohl ... mußte aber, in dieser Form aufgefordert, ja doch wohl ‹besser› sein, als er ? ... also verbindlich zulangen (‹zu langen›; wenn möglich die kleinste der Schoten. Hel mampfte schon, kindlich & gedankenlos). »Ist Euch bekannt, daß es sich bei jenen berühmten ‹Trebern, von denen die Säue fraßen› lediglich wieder mal um 1 von Luther's 18000 Übersetzungsfehlern handelt ? Im Heiligen Original steht schlicht was ? – : ‹Johannisbrot›.«

Und lehnen. Dösen-verdauen. / Selbst mit zuen Augen wäre immer noch der Wind in den Wäldern. (Int'ressant, wie ich das Wörtlein ‹blind› vermied; guck an.) Die Schnalzlaute des Schmalen Wassers hier. Gras begehrte hauchend auf; (und wieder ab. / 1 Mal Gebelle ? – Gar nicht so weit weg; oder doch ? / Da paßte, trown, (‹Konzert schien heute angesagt›), der überferne, subleise in sich hineinrammelnde Traktor, he just keeps Rohling a long, schätzungsweise von WSW her, besser zu Ruths Raschelgriffen, mit denen sie die Felleisen packte : das war für mich schon als Kind immer an- & aufregend (es ist wohl auch dasselbe ?) gewesen, wenn da so, im frühen Rundfunk der Jahre ab 1924, nachts ein halb Dutzend Sender durcheinander maccaronisirten; (und wenn man sich *sehr* zusammennahm, konnte man sie durchaus noch von-einander ‹trennen› : wie der Eine von ‹Tscherna-gorra› räuberwischelte, und sofort das Nebenmännlein hellstimmig widerspruchte : ‹Neenee monnte Näggro !›; (und windsig-unerschütterlich unterstammelten die ganze Scala die Nurzweiwortigen mit ‹Diddidd-dáa-didd : ditt-dáa-dáa-ditt !›). Welcher Verarmung unterwerfen wir uns heutzutage dadurch, daß wir ‹Die Regierungen› samt ihren UKW- oder Fernsehprogrammen so hammelburgisch gewähren lassen, ja, den Dreck ‹hin-nehmen› ! Vor 1930 hätte man dem Radiohändler, der Einem nicht das Umfassendste in Kurz- & Langwelle vorlegte, eine Rechtsverkehrte offeriert. Ich meine doch, wenn ich Englisch kann : dann will ich die Sender Groß-Britanniens aber auch hören. (Und die des Größeren Britannien erst recht : nischt wie 'Ottawa' und 'Melbourne speaking'.) Und wer sich wirklich auf Deutsch beschränken will, sollte auf jeden abgehörten Bundessender 1 von der DDR setzen; und anschließend noch 1 Österreicher und 1 Schweizer : dann wird er wenigstens ungefähr 20% von der ‹Wahrheit› wissen. (Wir sind ja Alle furch-bar dämlich; und die Bonner Bassen haben Recht, wenn sie ihr Volk à la ‹Zweites Programm› traktieren.) Es gibt aber noch Firmen, die schöne Export-Apparate, mit trefflichen Kurz- & Langwellen-Bereichen herstellen, zumal für Südamerika, SÜDFUNK CONSOLE TANGO; so ein'n müßte man haben, Potz

Kalundborg & Motala.) / Und immer noch das Rascheln von Butter-
brotpapier über der Haide.

Wieso blutete Hel da am Bein ? : »Gib ma her, Du : Dich werd'ich
pädiküren, daß Du's bis an Dein selig Ende spüren sollst.« Sie lag lank
über dehn verfallenen Steg : unten moquant schnipsende Zehen; oben
schlang sich die schlaksije Zunge um einen süß-breiigen Rest Johannisbrot, (und weg damit, in die Maultasche). Sie tat sich gleichmütig
auseinander, und legte mir das grüne feuchte Ende ihres Gliedes, Färse
Enkel, mittn in den Schoß; (wogegen schier *mein* selig Ende rebellieren
wollte. Klebte ihr aber den Hansaplaststreifen mit fester Hand um den
Wadenansatz.) : »‹Hasn unrein› –« sagte sie in ihrer langsamen Art, und
schüttelte faul & mißbilligend den Kopf : »So ‹Krist› – : ich glaub', das
iss was sehr Dummes, nich ?«. Ließ ihr Bein wie einen Schlagbaum
hochgehen, bis in die Vertikale; begutachtete meine Klebearbeit, legte
den Kopf wohlgefällig schiefer, und nickte mehrmals hintereinander.
(Künste des Unglaubens eben. Und es bellte doch wohl irgendwie
‹näher› ?). »Gar kein schlechter Bau-Platz eig'ntlich. Dieser Hohe
Rand«, murmelte Ruth kritisch; und richtete sich endgültig auf. – »*Mein*
Vorschlag –«, Felix brach energisch die Bahn : »ich verschwinde ma.«
Auch Ruth stemmte sich auf der Stelle hoch; in einer so zügigen
Bewegung, daß sie kein ‹Ei tu› mehr benötigte; Hel folgte dem Beispiel
der Mutter. / Ich wartete erst noch höflich, bis alle Drei in der Lärchen-
schonung unsichtbar geworden waren – wie schnell das doch im Wald
so ging – und tat dann, am Fuß einer remarkablen Fichte, (‹es ist ein
Douglas doch› ?; jawohl, es war eine), desgleichen. (Aber wieder eine
dieser modischen Unterhosen, mit dreifach-sittiger Schlitzsicherung !
Ich trampelte vor Verzweiflung, und fluchte, gefletschten Gebrächs, auf
die betreffende Firma, sie sei, wer sie auch immer sei : zu Tode sucht
man sich ! – endlich …) … : revolving many mem'ries : ob Felix wieder
den rechten Fuß dabei vorgesetzt haben mochte ?; er war der Einzige,
bei dem ich das je erblickt hatte; (wie er denn überhaupt in vielem eigen
war. Und Hel war seine Tochter.) Nahe-fern hörte ich Ruth sich durch
die buschgroßen Lärchen drängeln, bereiz wieder zum Steg hinunter;
(Frauen könn' ja viel schneller ping-kölln). / Aber hübsche-gesunde
Bäumchen alles, beide Sorten,(die mit gelbgrünem, und solche mit dem
blaugrünen Nadel-Laub – ich hatte doch unwillkürlich ein paar Schritte
vor mich hin getan. Und erstarrte folglich vor dem langen, schneeweiß–
bretternen Rükken, der dort aus Moos & Rasen ragte ! Inmitten
bärenmütziger Leibwachen von Wach-Holdern : eine kurze Kupfer-
stange schob sich langsam aus Hel heraus. Legte sich untn-um; (riß

dafür obm-app). Dann entstand noch ein schmächtiger aber sehr langer Thon – wie wenn Einer nachdenklich durch die Zähne feift – und ich ent-fernte mich hastigst wieder. Auch unentdeckt : entschuldicht, belauschte Lärchn : verzeih mir, überraschelte Hel ! – Das Wort ‹BITU-MEN› hatte ich, schon vom ersten Hören & Sehen an, nie leidn können : bloß zurükk !).

Und blieb doch stehen : *so plump* hatte die fremde Stimme gefragt »Was mach'n *Sie* d'nn hier ? !«. / Kuck an : 'n winziges Hündchn; mit 'ner halbm Portion Jung-Förster an der Leine hintn dran. (Das Gewehr trug er natürlich ganz à la ‹Herr über Leebm & Tot› – woll'n wa doch gleich ma etwas auf ihn zu schreitn. (Obschon Ruth Frau's genug war, um von *der* Sorte 6 Stück zu sich zu nehmen, noch vor'm Lunch.) Er hörte mich auch komm'm.) / Und stehen bleibm; die Hände (verächt-lich !) auf dem Rükkn. (Sogar *ich* war'n halbm Kopp größer als das Grüne Bürschl : Du wirsDich noch wundern !). Er wurde auch sofort etwas höflicher, (aber eben nur ‹etwas›). : »Was-äh – : ha'm Sie hier abgekocht ? !«. – (Würde ma 'n ‹guten Soldatn› abgeben); ich bückte mich lediglich, und nahm meinen Stab vom Boden auf. Sah mit Befriedigung, wie sich unmittelbar hinter-ihm, und lautlos, die ‹Büsche teiltn› ... – : »Wie heiß'n Sie ?«, rief er unwillkürlich, als er das stille-kallte Gesicht hoch über sich am Himmel hängen sah. / (Du Arschloch ! Alles was freiwillig ‹Uniform trägt› ... aber ‹schweig stille, mein Herze !›; denn ich lebe in einem Rechts-Staat.) Und, oh, der herrlichen, jung-knochigen Hülfe ! ... / : »Ich bin die Prinzessin Ilse. – Und wohne im Ilsenstein« : Hel kam seiner, voraussichtlich nächsten Frage, nach ihrem ‹ständigen Wohnsitz›, freiwillig & traurig zuvor – so jung sie war : wozu ‹Behörden› fähig sind, wußte sie anscheinend-bereits. Der ‹Holzfürst› (NEHEMIA ZWO-acht : wieder so'n LUTHER'scher Übersetzerscherz !), suchte immer noch verwirrt nach dem Stuhl-untn, (auf dem das Schöne Kind ja zweifellos stehen mußte). Als ihn, von einer andern Seite her, ein mißtönend-verbindliches »Hah-Lalí !« grüßte : ! – : Gelt ? : Der war *noch* größer ? !. (Auch entstand ein langsamer, dumpfiger Ton hinter Felix – *was* es war, erhellte unmittelbar darauf aus dem Geruch.) / Es sah aber auch, rein bildmäßig betrachtet, ‹gefressen› aus : die kleene, für ihr Alter viel zu großschnauzige, feiste-Tüpe von Jagdgehülfe, rundum Loden plus Jägerhemd. Zwischen den beiden Gespensteraspranntn, Schpierietuß-Asbach. / : »Geh'n Se man weiter,« sagte ich, versöhnlich; ja, mitleidich. / Und Der gink tatsächlich ! Ließ sich von seinem Pinscherchen, (dem anschein-nd ooch nich ganz wohl war !), den schön gewundenen Weg hier-davon führen : –, –; –. –

43

Ruth (amüsiert-strafend) : »Also Felix – –.« Wogegen ich, ernsthaft
ungehalten ob des fün'schen Trottels : »Wißt Ihr, was man in Deutschland unbedingt wieder einführen müßte ? : DIE NOBILITIERUNG. Ich
würde sagen, wir sind reif dafür : kuckt ihm doch bloß ma hinterher ! –
Und von der Sorte gibt's ja Mülljohn'n. Wie könnte man nich ‹treue
Beamte›, ‹verdiente Officiers›, ja ‹Abgeordnete aller Parteien› damit
belohnen : die würden sich zu Tode dienen für die bloße Aussicht. Die
Regierung könnte sich 1 Drittel der Gehälter & Bezüge sparen; beziehungsweise wir Steuerzahler würden um ebensoviel entlastet.« »Dies
Letztere nun wohl schwerlich,« sagte Felix sinnend; »da müßte ja sogleich ein neues Adelsministerium ‹errichtet› werden, sampt Troßbuben
& Heh-Rolden, ‹Le Noir Fainéant›. – Aber Recht hasDe selbstrednd;
das würde dem Jroßn Janzn die letzte 5-, 7- oder auch 9-zackije Krone
aufsetzen. Apropos ‹Krone› : könntn wir nich auf unsern Sieg über das
hiesige Oberforstamt ? 1 ganzn klein'n Lüttn, Ruth ? –«; (und sank
bittend-anbetend ins Knie; da waren ihre Gesichter endlich mal wieder
in gleicher Höhe – sofort zog sich Ruth-ihres mißtrauisch zusamm'm;
ob des ungewohntn Anblix). / »Also Felix. – Wieviel iss d'nn das bei
Dir, ‹1 Lütter› ?«, erkundigte sie sich, nicht ohne Schärfe. (Asperität
Aspermont Aspermatismus.) Woraufhin mir natürlich »‹Crater Helenae›«
einfallen mußte; und mir die Erläuterung abgepreßt wurde, Felix'
entsetzt drohendem Gesicht zum Tort : »Wir würden selbstverständlich
das Maß von *Dir* nehmen, Ruth«, schmeichelte ich. Aber sie, hämisch :
»Dein Mund iss wie'n Portemonnaie, in dem sich lauter falsche Fuffzijer
befinden : nich'doch : hier : Ihr sollt Euern ‹Crater Helenae› habm –«;
wies dabei auf ihre eigene Tochter, die, schwermütig & schwarzbebän-
dert, neben ihr aus dem Urstromtal ragte. Und dann bekamen wir eben
diesen ungewollt bestellten Fingerhut. »Dein Wohl !« sagte Felix giftig,
als ich betrübt in den Borkenmeier schaute – kaum der Boden des
Birkenrindenbecherchens war bedeckt ! – (und er würde in Zukunft,
weit korrekter, den Doppelnamen ‹Also-Felix› führen). / »So, mein
Kind –«, Ruth, geschäftsmäßig : »jetzt werden auch wir uns gütlich
tun –«. Und schenkte ein – immer noch ‹ein› – : das Vielfache von unserm Deputat – : »Ruuuth !«. Doch sie : »Neenee«; und, härter : »Deine
Nase sieht sowieso schon aus wie – wie'n Weinpilz.« : »Hättz-De mir
das doch vor 25 Jahren gesagt : als ich um Dich warp-Du !«, knirschte
Felix; und erhielt die sachliche Antwort : »Da sah se noch nich so aus. –
Komm, meine Tochter : hier –«. Und Hel verlängerte ihren Arm, ohne
Müh', um ein'n Meter. Setzte den Becher an ihr stilles Gesicht; (und
verzog keine Ikonenmiene : dabei hatte ich mir, mit klugem Bedacht,

50%igen eingefüllt gehabt ! – »Dein Trank war gut, Mutter.«, äußerte sie nach einer Weile.) Dann Ruth desgleichen; kwott lie-zett Juno; (und mein armes Buddelchen glinzte mich, beim Weggestecktwerden, gläsern & trübe an : seinen getreuen Herrn). Da legte ich aber nun doch, unauffällig viel sagend, die Hand um's Fernrohr –; (und Felix nickte, entschlossner denn der grimme Hagen : !).

»Die Brotkrümchen aber bitte, als Lectisternium, hier : auf dies Sandfleckchen : Die Meisen wollen auch leben !« –
: »Wir dagegen trennen uns jetzt für eine Viertelstunde – *müssen* uns trennen –«, fügte ich gleisnerisch-bedauernd hinzu. Wir verneigten uns leicht & gehässig, wie auf Verabredung. Und entfernten uns, fast unmittelbar darauf, mitten durch die Coniferen-Armeen. / (»Vielleicht finden wir jetzt welche,« hörten wir Hel noch sagen. Umsehen : ? Sie befanden sich be-reiz wieder auf der Wasserstraße. Fühlten jedoch – man erkannte's an der leicht-unnatürlich zurückgelehnten Haltung der Ober-Körper – unauffällig mit den Füßen vor sich her. Aha ! Zu Felix : »Ergänze ‹Perlmuscheln›.«).

7

‹No hay atajo sin trabajo.› –
»Immerhin sind se endlich ma außer Sicht,« erwiderte Felix gierig : »Komm; gib'm Ehrentrünklein.« : »Du übst woll schonn für's ‹Heroldsamt›, was ?«; gab auch anstandshalber zu bedenken : »Du, *weit* weg sind Die uns nie : und das Tanzn geht verdammt schnell durch den Wald. – Na; tobäffl de ihwl tschaans –«. / : !. – : ! ! »Ahhh –«. / »Eig'ntlich ne herrliche Gegend !«; Felix, während wir aufgekratzter durchs spitze Gestrüpp lustwandelten : ein Rundtrüppchen Pilze; 1 Blitzbaum, die Rinde spiralig geschält, auch den Splint : ‹Das Land der Feuersteine›. / Dort freilich auch die Spuren von Panzerfahrzeugen, (die jedoch erfreulicherweise bald wieder von uns ab-bogen, nach Westen zu, wo die Sonne schon ziemlich dicht über gewissen Wipfeln schwebte.) : »Na, was sind's für Bäume ?«. Aber er, Ruth-Susannas be-Weinter, wich geschickt aus : »Ich lehne es von mir ab, Bäume zu kennen, die habituell Panzer auf sich zu fahren lassen.« Nicht ohne Würde; war was dran. Dennoch : »'Ash, when green, is fire for a queen'«. : »Wieso das ?«, erkundigt er sich nach einem Päuschen; (schon über 50, und immer noch lernbegierig : aber so soll es sein !). Und ich schilderte ihm den Wohlgeruch brennender Esche, (soweit man 1

45

neuen-fremden Geruch mit Worten malen kann) : »Aber ja keine extra deswegen fällen ! Nur für den Fall, daß Klütnpedder schon mit dem Beil mist-schief gemacht hättn: dann giepßtn'ne Mark, und nimms'das Bündl mit.« –

– : »FinzDenich daß es kühler wird ?«. »Nich übermäßich« entgegnete ich spitzschnutich-leichthin; »Übrigens ehrt Dich Deine Besorgnis natürlich : werden wir uns also beim nächsten Übergang erlaub'm, die Oberkörper der Damen 'n büschn einzuhüllen : *das meintesDu doch* ? !«. Und hatte ihn, ehe er noch schmollend das Gegenteil versichern konnte, bereits streng zum Rand-hin geführt; leiser auch drohender : »Da; kuck ma *da* hin – !« – / Denn da, keine 30 Urstrom-Meter von uns, standen sie, auf einem Damm zwischen 2 Teichen; sie kraulten sich denkend am Damm. – »Interlaken« flüsterte Felix betroffen; ich, strafender : »Sehr wohl : ‹Inverlochy›. Wenn Du das man einsiehst. – Komm. Wir gehn hin.« –

»Ohne Uns würdet Ihr die 80-Meter-Schichtlinie schwerlich je überwindn,« verkündete ich barsch; zeigte sie ihnen auch, auf dem Kartnblatt, dick & drohend-schwarz-gezogen : mittn über ihren Weg ! (Und sie waren lieb; und spieltn mit; und verschränktn sich – hinreißend unterstützungsbedürftig; ganz ‹schwächeres Geschlecht› – um unsere Stahlarme : ‹unverzagget mannes muot, als agelstern varwe tuot› ! (‹Der mac dennoch wesen geil›.) Wir also ganz Heldentrotz; ganz schwarzes (fekete) Regiment des Hunyadi Matyjas; (1 Auge freilich stets in der-ihre konvexen oder auch konkaven Wunder gerichtet, wie Heldn flegn – Ruth's beleibter Schatte war aber auch sehens würdig; selbst Felix, der doch ihrer Attraktionen, gelinde formuliert, gewohnt sein mußte, drückte sich ihren Unterarm heißhungrig unter die Nase.) / : »Und 1 Jäckchen zieht Ihr Euch jetzt auch Jede an !«. Wir zerrten das leichte-bunte Krämchen (sicher ungeschickt genug) ihnen heraus. Und ging'n dann ran : diesmal hieß es für sie 'hands up !'. Sie hielten sie aber auch so gerührt & lächelnd nach oben, ob unserer Fürsorge; (und wir ließen die unseren aber auch *sooo* an ihnen herabgleiten, ja -rutschn. Felix, das Ferkl, benützte die Gelegenheit, da ich Hel den Kopf verhüllte, um Ruth auf eine Art ‹unter die Arme zu greifn›, die FREUD höchlichst gebilligt hätte, 'The Man who Touched'. »Also-felix-tz –«, Ruth-verträumt. Dann allerdings mußte ich Hel ja wohl auch, zwangsläufig, etwas dilatorisch be-handeln; so eck-statisch steiff reckte sie die Arme, die Arme. Ein etwas sehr langes Schtückglück. Während der Hämmling nebenan, die Nüsternhaare beeptn ihm lüstern, immer noch hand-gemein war. Da streifte ich das bunte Dinx – früher, zu meiner Zeit, hätte man die Pranghadern ‹Kasack› genannt; wie es heute heißt, will ich nicht wissen – an ihr hinab, hinapper – (so wenig Knöpfe waren daran, als sei sie die strengste Wiedertäuferin : ihr hohler Magen) – : »Felix : Beeilunk. «). –

»Kommt : Wir stützen Euch an dem so glummen Teich vorbey – 'gloomy' ist'as englische Äquivalent. – Habt Ihr nun Perlen gefundn ? Oder gar Aale ?« : »Ach, Aale gibt's *auch* hier ?«; und ich mußte der hausfraulich-genäschigen Ruth gleich Näheres vom nächtlichen Fang– derselbm berichtn : bey Fakkelschein; in der Lutter; mit Wasserstiefln angetan; »fürchterliche Ge-legen-heitn für Pärchen, Du ! : 10% der Ein- heimischen verdanken eben-dieser Belustigung ihr Da-Sein.« Aber sie bewegte nur vorurteilslos den hüpschn-dikkn Kopf : »Pfann-tastische Ekke,« sagte sie nüchtern. Und, im Fürder-Schreitn, (mit schier-genau den gleichn Wortn, wie Felix-vorhin) : »WeißDu –« vertraute sie mir an; »wir überlegn immer : opp wir nich doch-auch 'n Stück Land kaufn solltn ? Zuerst hab'm wir an die SCHWEIZ gedacht –«; hier unter-brach ich sie schon : »Als GOtt die Schweiz schuf, hat ER alle seine Gabm so gans an die Natur verschwendet, daß sie schon nicht mehr schön ist – und für die Menschn-dort ist gleich gar nichts übrig gebliebm : nee-nee-Ruth ! ‹Flachland & Nachschlagwerke› ! : *mein* CREDO.« (Und 1 schön'n Haidekraut verantwortlich ausweichn; 1 Re-Schpur nich-zertretn; 1 Fifferlinks-Gelb würdijin.) / »*Sehr* richtich« versetzte sie mit Nach-Druck : »Mit Dir kann man sich doch noch unter-haltn : HEL & die Schule ! : was aus DER ma werdn soll –«– und schüttelte erneut das Haupt, immer am Teiche entlang. »Na, 'ne Buchhändlerin doch; gans-orga-nisch«; (das ‹braucht nie'ne Leiter, auch für die höchsten Regale nich›, konnt' ich mir gerade noch verkneifn). »Ach, Ihr mit Euern verdammtn Büchern !« fuhr sie beherrscht auf : »Hel iss so schon schwierig genug : richtig herzhaft lachen hab'ich sie seit Monatn nich mehr gehört.« / Und immer am Teich' entlang. (‹1 auf dem See Genezareth kreuzendes israelitisches Schnellboot› war neulich die nett-debunkende Rundfunk-meldung gekommen. Hinter uns das maulfaule Gemähre von Vater und Tochter; neben mir, in Ruth's Brotbeutel, das Geklipper ihrer Strumpf-haltergürtelschnallen, 'Phoebus, what a word !'). Aber der Wind drehte immer unverkennbarer auf allmählich-Nord, (ein abergläubischer Mül-ler würde's bestimmt ‹all-mehlich› schreiben); und der Himmel, obwohl noch halb-klar, hatte sich zu bewegen angefangen.

: Schwrrr ! ! ! so fuhren die Drei zurück ! (Hel ‹instinktiv› gegen mich; und ich legte ihr beruhigend die Hände an beide Hüften, (als wollte ich sie aushosen, (was ich ja vielleicht auch wollte) : wie gut, daß

mein, nennen wir's ‹Arm›, schon zu schwach war, um auch nur 1
Bruchteil meiner Einfälle ausführen zu können !). Und was'n a-do, die
Dreie !) : »Arme Entchen, Herrschaftn. In diesen versumpftn Teich-
enden, da landn da lebm da laichn die : laßt ihn'n das bißchen Sterbens-
standard.« Und flogen da-hin, ins Purpurloch der Sonne. / Mystische
Gegend ? : »Ihr seid das bloß nich gewohnt, Schichtlinien mit Wildenten
drüber. Und, ‹Mystik›, Hel ? : Wir *sind* hier nich für Miß-Tick; wir sind
auf dem Lande.« Sie klimperte finster eins auf dem eigenen Magen; und
drehte dann meine Sentenz, wie zur Probe, um : »‹Realismus› ? Wir *sind*
hier nich für Realismus : wir sind auf dem Lande.« (Klang auch gar nicht
uneben.) –
         : »So. Das wäre geschafft«. (Jene gefährliche-gedachte Linie näm-
lich.) Ruth sagte sachlich ihr »Gerettet.« Und auch Hel bedankte sich bei
mir, vermittelst Handschlacks & Knicks – »Verlorne; Du spottest
Deines greisen Paten ? !« – aber sie machte Winkeräugen, (zu jeder Seite
ihres langen Gesichts 1); und erkundigte sich mit arger List : »Möch-
tesDu mir die Rute geben ?«. (Und ließ den Blick auf mir ruhen,
weiteren tongue-works genäschig-gewärtig : ‹Verführung älterer Herren durch Minderjährige› : *das* müßte bestraft werden !).
    »Also Ihr steigt hier noch mal – zum letzten Mal – ein : *viel* kann
Euch jetz nich mehr passieren. Es sei denn, Ihr Nixn legtet es darauf an,
ge-Nöckt zu werdn !«; und leicht den Knüttl anheben, den wach–
holdernen, drohend. Hel nikkte, (‹Ei nou !›); trat gehorsam in den Bach,
und neikte sich über die steinerne Querbande; (Fräulein Bandaraneike.
Aber das Wasser um ihre Stearinhaut sah schon ganz bleyfarbig drein.
Und wieder jrrte & fiff unsichtbares Fittichschlagen über uns weg : es
‹wurde Zeit›; in jeglichem Sinne des Wortes.) »Wir tun indessen mutig
unsern Querpaß. Und in 1 Viertelstunde ...«, was hatte Ruth ? Daß sie
so zeigte ? (*Noch'n* Bauplatz ? – Aber nein; es war viel schlimmer) :
    : »Kinder seht doch ma – : diese Baumwurzel ! Wibizarr ! –«. Wir
schauten uns um uns um. Dann einander an : außer einem bank'rottn
Kieferstumpen, wie heut schon hundertmal gehabt, schwarzbraun mit
weißgrünem Flechtengefleck (Fleckengeflecht) konnten wir eigentlich
nichts ..... : »Ja, genau; DEN !«. / Schon trug Felix den Gezackten galant
herzu. Dekorierte ihn auf's Nadel-Kammgarn; (und dann gingen wir
Drei bewundernd um ihn herum; wie die Hanswürste. Hel sah uns, mit
dem Fünfsextlleib aus dem Wasser ragend, in ihrer gesetzten Art zu. –
Ihn aus Gefälligkeit mit irgendwas vergleichen; aber mit was schnell ?;
oh, Vorsicht : da konnte man ganz leicht was falsch machen !; lieber bloß
ergriffen nikkn ...).

– : »Herrlich –«; Ruth, versunken flüsternd; dann, aufgeregter :
»Wie'n Roche, was ? !« – –
: »Du den nehm' wir mit. – Legen ihn im Laden auf eines der
Tischchen. Und lauter STIFTER-Ausgaben vom STEFL drumrum : die
Leute wer'n verrückt, Felix !«; sie machte begeisterte Fäustchen, und
strahlte von Einem zum Andern. (Die Ersten, die hätten verrückt
werden mögen, waren zweifellos Wir. Noch versuchte Felix das Letzte;
er sagte leichthin) : »Vielleicht gar nich ma schlecht – das heißt : *bestimmt*
sogar !«, verbesserte er hastig, unter der Einwirkung von Ruths befremdet werden wollendem Auge. Wandte sich auch lieber zu mir, und sagte
voll Falschheit & vertraulich-geschäftig : »Ä-merken wir uns die Stelle,
Franz – morgen fährt dann Einer von Uns hin – mit'n Wagn – – «. (Dies
‹Einer von Uns› gefiel mir schon recht ! Ich brauchte den Punkt aber
nicht zu verfolgen; denn Ruth griff bereits ein) : »Damit uns in der
Zwischenzeit Jemand zuvorkommt, gelt ? Neinein : hebt ma an; so
schwer iss der gar nich.« Schon mit unverhohlener Schärfe : »Ihr seid
doch Männer !«. (Kaum noch; 2, 3 Mal im Jahr.) Aber sie ließ sich auf
nichts mehr ein, und schritt zur Wasserstraße; der beliebten Kürze
halber. Über die Achsel : »Notfalls faßt Ihr eben *Beide* an.« (Und dann
nur noch die kalltn Schuldtern.) –
: ? – ? ?. : »Neenee, Felix ! *Ihr* wollt Euer Losa- beziehungsweise
Etablissement entscheidend damit auszieren : *al-lenfalls,* nachher, mal
abwechselnd. Aber im Prinzip nicht.« Er schien immer noch völlig
unschlüssig; (das heißt, er wußte natürlich genau, was ihm oblag). »Da
möchte man doch gleich mit dem ganzen Hintereck gegen den Eichen-
hag hinausfahren !« : »Mensch tadellos, Felix : wo hasDu *die Verwün-*
schung her ? Stell' Dir das ma illustriert vor !«; ich setzte die Hände in die
Seiten, and made a lusty din; (GOtt segne mir bei dieser Gelegenheit
doch einmal mehr das Coelibat !). »Aus eben jenem STIFTER«, sagte er
giftig, »die ‹Mappe› oder wie der Tinnef heißt. – Oh, wenn sie doch
bloß endlich der Deuwl ...«. (At this curse the sun went down, and the
heaven gave a frown : »Muß nich, Felix.« Auch, beruhigender) : »In 10
Minuten sind wir am Ort. Machen 'ne schöne Pause. – Und von da bis
ins Dorf sind's bloß noch'n paar Schritte.« (Er hatte den ‹Rochen›
sowieso schon in der Hand. Wir schritten langbeinig.) –
: »Iss Dir was für mein reprint-Unternehm'm eingefalln ?«; er,
knurrig. Und ich, (froh, daß ich ihn ablenken konnte) : »FOUQUÉ's
‹Parcival› also nich ?«. »Nee ; nie.« erwiderte er bissig. / »Wie wär's mit
JEAN PAUL, ‹Der Papierdrache› ? Kennt kein Mensch; weil in keiner
Werksausgabe mit enthalten.« – »SiehsDu; das stünde zu überlegen –«,

49

lobte er. / »Vom alten LAFONTAINE der ‹Quinctius Heymeran von
Flaming› ?« : »Nie gehört.« (Als ob das'n Grund wäre !). »Müßt'ich erst
ma lesen.« / Ein Auswahlband LEOPOLD SCHEFER ? : »HasDe nich'n paar
unbekanntere Namen ?«, erkundigte er sich spöttisch. Dann unwirsch :
»Wär'n die Kerle frei ?«. Alles frei. / »Apropos ‹frei› –« sagte er nervös :
»Iss denn tatsächlich schon Alles leer ?« Bitte : er durfte eigenhändig die
Fernrohrscheide rütteln – ? : nich der schwächlichste Schlenkerklang
linkerschlang schwenkte ihm plauschige Antwort. »Wir sind ja sofort
da. Kuckma : da'ss schon das erste Dach in Sicht.« / : »Bloß noch hier
den Weg linksrunter : das iss schon die Wiese; da müssen sie jeden
Augenblick ankomm'm. – Na, gib mir'n auch ma her, Felix –«. (Und der
dumme Mensch gab ihn mir tatsächlich, auf den letzten 100 Metern !
Schon würden Ruth & Hel von weitem erkennen, wie ich ihren
geschätzten Stachelrochen trug; ‹voilà un homme› würden sie unfehlbar
denken müssen. Ihm dagegen fiel beim Anblick der schönwatenden
Füße nur ein : »Stell Dir ma'n Druckfehlerteufel vor : der statt ‹Fuß›
‹Fut› setzte –«; und probierte allbereits : »Fußbad; Fußpuder, Fuß–
waschung.« »Fußwerk,« sagte ich züchtig. Aber er fuhr schon, begeistert, fort : »Fußdienst : Fußkuß ! – Na ? !«. »Fi donc« äußerte ich;
(obwohl mehr mechanisch : sollte man sie irgendeinem plumpm Dick-
häuter von ‹Lehrherrn› überlassen ? ...) –

: »Läidies änd Dschennts : Ihr seht vor Euch den Quellgrund ...« :
»Laß uns erst ma raus,« sagte Ruth; obschon nich im geringsten
ungeduldig, (oder gar ‹böse› : so hoch ragte Felix neben dem neuen,
barbarisch sich spreizenden Möbelstück. Ich schürte sie aber auch an :
»Du, das Holz iss noch *ganz* hart & fest : mit'm bißchen Pflege hält sich
das *ee-wich* ! – Ich hab's beim Tragen gemerkt,« fügte ich unauffällig
hinzu : bescheidn-eben.)

Kammer-dienern zureichen. : Felix seiner Ruth – : irrte ich mich ?
(Ich mußte mich doch zu ihnen wenden : ?). »Ou nine,« erwiderte Ruth :
»Du irrsDich mit Nichtn. – Hör ma .....«; und zog das Stoffdreieck
gefällig-hurtig auf & nieder : ...... : es knisterte tatsächlich-elektrisch !
DIE FRAU MIT DEN FUNKENSPRÜHENDEN SCHLÜPFERN : was mußte Die für
eine Stärke haben ! / Hel hatte indes, geduldig, überm Quellgraben
gegrätschelt. »Komm doch gleich ma her, Du : zu mir !«. Ich griff ihr
unter die dünne Gewölbe der Achseln, unfathomed caverns; half ihr
ans sichere Ufer; (und zofte dann, Stück um Stück, bei ihr. – »Ich hab
mein' angenehmstn Wuschelrock mit. Für alle Felle.«, vertraute sie mir
pomadig.) / Und waren doch so dorf-nah, daß oben, vom hohen Rain
her, Waue klafften. Der gestutzte Mond sich traute. Von unfern 1 Kind

uns anblickte; (das Kunstdüngersäcke angezündet hatte : da wedelten gleich rote Bartzottln aus dem Erdreich. Ich daumte, unangenehm berührt, die meinigen-silbergrauen : Silber-Grauen, ein anderer Ausdruck für Prä-Nocturno : Es wird bald Alles alle seyn ! –).

8

: »Für *wann* iss die Taxe bestellt ?« : »Einundzwanzigdreißig,« auskunftete Felix; und ich konzentrierte das, unwillig, auf »Halbzehn also.« (Hel merkte's gleich, daß hier 2 ältliche Sylben gegen 6 hypermoderne standen; und drückte mir begeistert den Ellenbogen – ich zog mir die 5 langen (unlackierten) Krallen einzeln wieder heraus : war also prinzipiell ‹in der Opposition› ?). Was das hier wäre ? : »Na, ein Traktoren-Tanzplatz; unverkennbar.« Denn die grobgeperlten, geriffelten, profilierten, conti-gesohlten Spuren überschnitten, kreuzten, ringelwurmten, walzten, derart um- & durcheinander, daß es rational-rationell schwerlich mehr zu erklären war : »Gleich hinter Mitternacht, wenn sich der träge Nordbär umgekehret, machen sie sich los : brummldieknubbldiebrapp. Ehe sich ihre be-Sitzer, aus dem Rausch des Schlafs wie aus einem Pfuhl der Doofheit herauffahrend, erbauern können. Steuern, selbsttätig, hierher. Circln umeinander, un-tiring, auf dem GRÜNEN PLAN : dun lop man ! 1 feuerroter schwerer KONNTI, um eine Kleine gelbgrün-Abgewetzte vom Typ Miesche-Läng. – Wie Frauen eben so sind.«, schloß ich bitter : »Die ‹Ergebnisse› dürften etwa ‹Elektrische Kreiselpumpen› sein, ‹Motorfräsen›, wenn's hoch kommt 1 Moped.« Sie nikktn gedankenvoll. (Durchaus glaubhaft, wie ? And the clouds ran a race across the bright moon.)

»Ach –« sagte Ruth, angenehm berührt : »Ich seh schon, wir müssen uns tatsächlich noch hier anbauen, Felix : das Haus-selbst ruhig ganz klein« – (worunter sie wahrscheinlich ein Minimum von 8 Zimmern begreifen würde) – »dafür das Grundstück so groß wie möglich; mit Birken drauf & Haide. Ganz einsam : Du, die würden verrückt, wenn die das sähen !«. Mit andern Worten : dreimal Besuch im Monat; Devise GANZ EINSAM; ‹Bund der Einsamen›. Felix wehrte denn auch schon von ganz alleine ab) : »Daran könn' wir denken, wenn Hel ma's Geschäft übernomm'habm wird. – Übrigens : wird's nich allmählich Zeit, uns ins Dorf, zur Bundeswehrstraße hin, zu verfügen ? Franz ?«.
Ich sekundierte ernsthaft; und wir setzten uns, paarweise, nach Osten zu

in Bewegung. / Vor uns Ruth & Felix eingehakt. (Der Letztere mit dem unedlen Gang eines Mannes, dem der Bundgummi der Unterhose geborsten ist : wer so tiefe Wälder wagt, muß sich auch darauf gefaßt halten. Ruth stramm & elastisch.) Ihre Schatten hatten sich vereint, und zogen schweigend, nordwestlich neben ihnen, her. (In dieser Richtung auch ein paar Sternschanzen am Himmel. Dagegenüber, auf blaugrauem Grund, nur der Semi-Hemi-Demi-Mond.) Der uns ziemlich unverschemt betrachtete. So auf die Art, die ich ganz besonders schätze : den Eierkopf etwas schief gelegt, das Kinn kritisch auf mich zu; (auch Hel griff weiter aus, beharnischt, um in die struppigen Schatten zu gelangen). In denen sofort ein Hund zu krachen begann (ergo ein ‹Großer›); wir hielten aber auch alle Viere gefällig an, und gaben ihm Gelegenheit, seine Wachsamkeit ausgiebig unter Beweis zu stellen. / »Singt's da nich auch ? –«; Ruth, das Haupt gedrehbaßt, die volle Wange silbrig gefirnißt. – Doch; ein Kor. Sogar ausgesprochen ‹getragen›. ‹Jauchzet mit, Ihr Sehraffim ! Dankt dem Großen Über-Winder !› : ähä; KNAPP's ‹Geistlicher Liederschatz›, Nummer 582 oder so; in ßünnägoug ä ßingäßong. Wir dagegen stumme Windfinder, unterm ge-stir der Gestirne. (Unsre Schatten allerdings schienen, gerade in diesem beweisenden Augenblick, arg gebrochene Beine zu haben) : ‹Denn mein Herz fliegt ohne Ruh, seinem Uhr-Magnete zu.› – »Vielleicht 'ne Uhrmacher-Tagung ?«, fragte Felix angeregt : »‹Unruhe› und ‹Uhr› – ich glaub' nich, daß ich mich verhört hab'.« »Schwätzer. – Säufer !«, (Ruth, nach einigem Besinnen; mit Entschiedenheit) : »Ich find's romantisch.«; und hielt mir eine auffordernde Handfläche hin : ?. »Das *Ganze* Jaruth«; (inclusive Nachtlandschaft nämlich : da nimmt man einiges mit in Kauf. Wenn nicht gar mehreres.) / Noch im Stehen : »Ihr macht Euch sicher kein' Begriff davon, *wie schnell* das manchmal geht ! In der Nacht vom 1. zum 2. November 1960 erfolgte schlagartig ein *Blätterfall* : weite Gebiete müssen damals sofort rostrot gewirkt haben.« – »Wie manchmal Oberflächenteile des Mars im Fernrohr,« bemerkte Felix, als langjähriger CHAOS-Mitleser / Ebenfalls noch im Stehen : das feine Sekundn-Tikkn ? »Die Batterie eines Elektro-Zauns. Zählt die Nacht durch vor sich hin.« (‹Die ganze Nacht›. Wir wandelten ehrbar weiter; Reihenfolge wie zuvor.)

Sie benahm sich schon wieder dornsträuchiger, (spornte mich auch mit der Schulter; aber ich war so tief wie der Polarstern) : »Mutti behauptet –« hörte ich sie, während ich mich selbstbesiegte, kokett grollen : »in meinem Alter brauche man nichts als Kernseife & NIVEA-Creme.« (Da hatte Mutti ausnahmsweise ma Recht. Wir blieben, Alle-

Fünf, vor dem, übertrieben schlecht beleuchteten, mit Hühnerdraht gesicherten, Aushängekasten stehen.) :

1000.

MORD !

Am 28. Oktober des Jahres ist bei Radenbeck, Amts Lüneburg, die Leiche einer unbekannten Frauensperson, anscheinend Dienstmagd, etwa 20 Jahre alt, gefunden, mit Spuren einer gewaltsamen Tötung. / Beschreibung der Verstorbenen :

Größe 4 Fuß, 4½ Zoll (preuß. Maß); Körper : gut genährt; Gesicht : rund; Nase : klein; Lippen : aufgeworfen; Augen : hellbraun; Haar : dunkelblond oder braun; Augenbrauen und Augenwimpern : desgleichen. / DIE VERSTORBENE WAR ETWA IM FÜNFTEN MONAT SCHWANGER. / Kleidung : Jacke von schwarzem Orleans, besetzt mit schwarz-weißer baumwollener Litze, gefüttert mit grauem Parchent; Kleid von weißgrauem Lüster, gefüttert mit grauem Shirting, vorn zuzuhaken; Brustleibchen von Leinen mit weißen Punkten, vorn zuzuhaken, gefüttert mit weißem Parchent; grobes leinenes Hemd, mehrfach geflickt, ohne Zeichen; Strümpfe unten blau, in der Mitte schwarz, oben graubraun, in gutem Zustande; als Strumpfbänder 2 Stücke Zeug, anscheinend von einem Tuche gerissen, weiß mit blau punktiert; alte fahllederne Schnürstiefel, 10 Hann. Zoll lang, an den Seiten in der Naht geflickt, mit Holzflicken unter den Ballen und einer Reihe Nägel unter den Hacken, Schnürlöcher mit Messing eingefaßt; Kopfnetz von schwarzer Seide mit schwarzen Perlen und ¼ Zoll breiter Gummilitze; kleiner Hut von schwarzer Seide, unten-vorn mit schwarzer Tüllspitze eingefaßt, oben mit künstlichen roten Rosen besetzt, mit schwarz-seidenen Zubindebändern und breiten schwarz-seidenen herunterhängenden Bändern mit grünen Punkten, kleinen weißen Punkten, weißen und grünen Streifen; weiß-leinenes Taschentuch ohne Zeichen; Umschlagetuch hellgrau oder -lila, mit brauner Kante und grauen Fransen; Gürtel mit einer Rose, von demselben Stoffe wie das Kleid; Unterrock von Beiderwand mit drei roten Streifen und einem Queder von blau und weiß gestreiftem Leinen; ferner Unterrock von schwarzem Beiderwand mit Queder von blauem Leinen, noch gut; ein eben solcher, schon abgetragen; ein sehr alter Watteunterrock, oben blau und weißgestreift, unten rot und schwarz, unten eingefaßt mit blauem Leinen. / Bei der Leiche ist 1 Schlüssel und 1 Fünfgroschenstück gefunden. / Die Verstorbene ist am Montag, 24. Oktober abends, in Bavendorf, Amts Lüneburg, gesehen; in Begleitung eines Mannes, welcher angegeben hat, daß er mit Jener aus der Gegend von Hitzacker komme, und nach Gifhorn wolle. In Betreff dieses Mannes ist nur ermittelt, daß er plattdeutsch sprach, von mittlerer

*Größe war, einen blonden Schnurrbart trug, und einen Ring an der linken Hand
hatte.* / ANTRAG : *Nachforschungen nach der Persönlichkeit der Verstorbenen
und ihres Begleiters, sowie nach dem Aufenthaltsorte des Letzteren, eventuell
Festnahme Desselben, und Benachrichtigung der unterzeichneten Behörde von
dem Ermittelten.* / LÜNEBURG, *den 1. November.*

(Demnach vom vor'jen Jahr noch. Und alles handgeschrieben; in
einer Tinte, wie aus Haidelbeersaft. / Also doch lieber nicht.) Ich gab
Hel's Unterarm, möglichst unauffällig, frei; (‹Mein Vater, der Schelm,
der mich gessen hat› : neenee. Ohne mich.) Sie war auch schon ganz
undeutlich geworden.

9

Und stehen. Und warten. Samt Rochen. / Während's uns von der
Chaussee her raschwachsend an-, und blitzschnell vorüberglottsde. /
»Fußgänger sinkt,« schlug Felix vor, »verwirrt, vorm Auto auf die
Knie : 'SPARE ME !' –«. Und möglichst laut & rüstig lachen : ! (Auch Ihr
rannen dunkle Tränen über das Schattengesicht : ich konnte sie Ihr
abwischen helfen; aber helfen konnte ich Ihr nicht.)

WINDMÜHLEN

I

»Wie häufig mögen im Bundesgebiet die Orte sein, wo es kein Coca-
Cola gibt ?« fragte er; ohne Groll, obgleich er bereits zum zweitenmal
auf die Bremse treten mußte, weil das fantastische Lastauto vor uns
erneut langsamer fuhr : groß wie die Wand eines 1-Familien-Fertig-
hauses war das Reklameschild am Heck geworden, (ganz abgesehen von
dem Rot !).

»Nach einer Berechnung von Gauß so häufig,« antwortete ich,
»wie 5 Fönixe, 10 Einhörner, oder 22 Bedeckungen des Jupiter vom
Mars.«»Kommt das überhaupt jemals vor ?«, erkundigte er sich. »Zum
Beispiel am 5. 1. 1591.« entgegnete ich, geübt & kalt; und er schnob
mißtrauischer.

Ölbohrtürme ringsum. Frau Technik regte ihre mit Recht sogenannten Tausendgelenkezugleich. Dazwischen nochnichtsahnende
Äcker; (um den 1 Zaunpfahl aber auch schon der Totenkranz aus
rostigem Stacheldraht – nun kam auch noch unsre Staubfahne als
Witwenschleier hinzu).

FRIMMERSEN 2 km ? Und ich breitete Richard 1 fragenden Hand-
teller hin, da er abbog. »Brief an'n Bademeister abgeben,« erklärte
er; »hab's'm Ortsbullen versprochen.« –

Also Frimmersen. / Zuerst zeichnete es sich wohlthuend durch
seinen absoluten Mangel an Sehenswürdigkeiten aus; (mir fiel, so
unvorbereitet, auch niemand Namhaftes ein, der hier geboren wäre);
aber dann kam's : die verzwickten Janus-Züge des Niedersachsendorfes,
wo zu böser Stunde Einer ‹fündig› geworden war. »Du meinst, zu
‹guter›« berichtigte er mich. Andrerseits ja. / Aber kurios sah es immer
aus : zur Linken ein ruhiges altes Fachwerkhaus; zur Rechten der Neue
Brunnen, wo 1 steinerner Prospector seine Öltonne auskippte : aus
deren Spundloch schoß der Wasserstrahl dahin, wo Mutter Erde 1
zementenes Schnutchen machte – weg war er.

Und mehr böse Träume aus Zement & Glas, und Nickel &
Schwarzbakelit. (»Du meinst ‹gute›« mahnte er. Andrerseits ja.) / Das
Rathaus. (Ob die Blumen davor ‹Gremien› hießen ?). / Eine sehr Neue

57

Kirche. / Den Vogel schoß, meiner geringen Einsicht nach, die Kreissparkasse ab : entweder waren diese Architekten uns Allen so weit voraus ? (Und der Mund schnappte mir vor dem ‹oder› von alleine zu; denn ich bin, wie jeder anständige Mensch, meiner Ansichten oftmals müde.) »Austern-Stew & Leberkäse & Krabben & Wiegebraten-in-Scheiben?« »Geh ruhig rein, hier kriegs'De Alles,« versicherte er; »Die hab'm sogar 'n Theater ! Du wirst noch Knopplöcher machen.« (Sollte es möglich sein, daß ausgerechnet mein considerabler Blick ihm Anlaß zu dem vulgären Vergleich geworden war ? He's so terribly unfein.)

Also steifbeinig raus, Richtung Schlachter-Fleischer-Metzger. Erst noch das ‹Knallert› vorbei lassen, (so nennen die Dänen ein Moped; bei uns wäre der Name ‹unmöglich›, denn wir besitzen weder Erfindungsgabe noch Humor. Unter anderem.) / Und auch noch die Beiden vorbeilassen – tcha, durfte Einem, bei solcher ‹Lage der Dinge›, überhaupt ‹Dörflerinnen› einfallen ? : Gesichter aus umstrubeltem Braun; Oberleiber von buntem Zitz; um die Hüften wippte ein Lampenschirm; Beine aus Kräuselkrepp; sie klatschten in ganz platte Kunststoffsohlen.

Dann rinn in' Laden; (sogar die Decke war hierzulande gekachelt !); und die Bitten hergestammelt. Den langen, mondän–dürren Armen der Verkäuferin zugesehen. (An der Wand der ‹Meisterbrief›; ‹geboren 16. 6. 1900›). – »Ich hab'allerdings nur 'n 50-Markschein ... ?« : »Oh, das macht nichts.« (Natürlich nicht; wie dumm von mir; wir waren schließlich in Frimmersen.) / Und wieder raus, zu Richard, die Päckchen im Ellenbogen; auf den ‹Todessitz›. –

Und da, kaum daß er recht Gas gegeben hatte, kam der Sprungturm in Sicht. Wir bogen ein, den scharmanten ältlichen Graspfad entlang. Und dann natürlich, es ist wohl unser Kismet, die Wagenburg eines Parkplatzes; (aber hinter der Hecke huschte es doch auch gleichzeitig nahe-bunt wie Gestaltchen und Gestalten, wie Gelächter und Geschreie.)

Hinter mir warf Richards Meisterhand die Autotür ins Schloß. Hinter dem begleitenden Maschendraht hantierte es, wie 1 weißer Spitz. (Hinter dem wiederum Malven, die ich sehr schätze : schlank & hoch & mit Rüschen besetzt.)

»Zweimal; für Nicht-Badende, bitte.« Die glühschwarz Bescheitelte am Schalter schob mir den Bettel her, ohne die Augen von ihrem Buch zu erheben; (müßte man der Verfasser sein wollen ? Ich störte sie also absichtlich noch einmal, durch den Ankauf dieser Postkarte-da, der Luftaufnahme vom Schwimmbad; nun mußte sie zwangsläufig den

Kopf hoch nehmen – und sah doch, ja wie soll ich sagen, recht ‹zeitlos› aus; mir fiel gleich die Sparkasse von vorhin ein.)

Richard war mir längst auf den Fersen, sich am Staunen von armes Nigger zu weiden; und da hatte er ja Recht : viel zu sehen für wenig Wampum.

Bürstenkurz geschorener Rasen. Mit Blumen-Rabatten. / Jazz aus Lautsprecher-Laternen. / 3 Becken : Planschkinder; Nichtschwimmer; und erhöht, ganz ‹am Hang›, das für die Ausgelernten. (Und die davorgeschalteten ‹Durchgangsbecken›; zum erst Füßesauberspülen; sehr gut !). / Der weiße, sinnvoll hagere, Turmriese neigte sich liebevoll– zehnarmig. / Und das bekannte Rundum–Gewimmele : zum blauen Badeanzug die hellgelbe Kappe; zum dunkelroten gar keine. Hier der federnde Gang der erfolgreichen Buhlerin; dort ein dicker Zopf in verlegener Hand; Alle jedoch hatten sie zu kleine Augen vor Sonne. Wir griffen uns über den schmalen Rand dieses Durchgangsbeckens entlang, zum Bademeisterhaus.

Der lehnte schon, in einer Rauchwolke, über sein Geländer her : blockschokoladenfarbene Schultern, ein Bauch aus altem Kupferblech, Füße wie die selige Königin Luise – sie war berühmt für deren Größe. (Etwas kleiner als ich ? Vielleicht um die Dicke einer Straßenbahnfahr-karte.) Die rechte Augenbraue martialisch gezwirbelt; ein hochgerutsch-ter Kaiser-Wilhelm-Bart – war der Mann etwa Hohenzollern-fan ? Aber sein Haar hing unfürstlich-einfältig, und der Mund maulte & murmelte angenehm plebejisch.

»Freut mich –«; (hieß er Fritz Bartels? Der Nachname war schwer zu verstehen gewesen.) Der gelb und schwarz längsgestreifte Bade-mantel, auf dem Stuhl zur Seite, enthielt einen ‹Eugen Soundso› : war dessen Rücken nicht aus kohlschwarzer Seide; und darauf ein Drache abgebildet, den Rachen in Popo-Höhe, die Schwanzspitze bis auf die Fersen ? Er entließ 1 eleganten großen Rauchring aus seinem Inneren, und besah mich prüfend durch denselben. Bis ich mich umdrehte.

2

Hei : hier von oben konnte man freilich nur ‹Ozean, Du Ungeheuer› murmeln ! –

: Das Wasser metallisch-giftblau, (Kugeln an Kristbäumen hatte ich in der Art, als Kind, wohl gesehen; nachher erfuhr ich, daß der Grund absichtlich so emailliert sei). / Das Becken, in das feuerrote Leitern führten, das übliche Rechteck, 50 mal 20; der einen Längsseite jedoch eine breite Spitze angesetzt : an der dergestalt neugewonnenen fünften Kurzseite der Hekatoncheir von Springturm; sodaß man gleichzeitig Kobolz schießen, und, daneben, auf 8 Bahnen wettstrampeln konnte : handbreit sahen aus dem blautaumelnden Grund die Trennungslinien herauf, von der Farbe des getrockneten Bluts; sie wakkltn. (Also doch nich ‹das übliche›.)

Auf jedem Startklotz hockte seine Undine, riemenschmale Arme um stockdünne Beine gewunden; oder auch machtvolles Rückenfett, schwer zu umklafterndes; die Trägerbänder, falls überhaupt noch vorhanden, waren schmal wie Finger geworden, (im Vergleich zu meiner Jugendzeit.) Und Allealle hielten sie fakiren die glatten Felle ins brüllende Licht, ob weiß ob gelb ob rot ob braun, bis es Blasen zog.

: »Im Innern der Gestirne sollen Temperaturen von Millionen Graden ‹herrschen›.« sagte ich, um die Befangenheit galant zu überbrükken. »Das muß sehr unangenehm sein,« murmelte der Gestreifte träge; (und die beiden Andern kicherten; geschieht mir recht. – Oder auch nicht : Einer muß schließlich in solchen Fällen das Opfer des Intellekts bringen.) Immerhin hatte ich den Bann, beziehungsweise die Bahn, gebrochen. »Was macht die Frau ?« wandte Richard sich an den Bademeister. »Sie betet mich an,« versetzte Der düster : »sobald sie mich zu sehen kriegt, ruft sie ‹Oh mein GOtt, mein GOtt !›«. Nachdem wir uns erneut ausgefeixt hatten, bemerkte der Gestreifte mit liebenswürdiger, unangenehm leiser, Stimme : »Ein Säckchen aus einem alten Perlon-Strumpf; etwas E-605-Pulver hinein – dies Dir in die Teetasse gehängt, wird Dich bald aller Sorgen quitt sein lassen.« Er schlug sowohl den Wespenmantel auseinander, als auch 1 rankes Bein über das andere ..... : trug der Kerl nicht die Badehose aus *Brokat* ? ! (Aber Richard, der meine Verstörtheit bemerkte, drehte gleich die Augen *so* hoch; und telegrafierte mit dem ganzen Gesicht, daß ich relativ rasch begriff, I can take a hint.)

Man hatte uns auch gar nicht beachtet; sondern, und mit vollem Recht, nur den – in jedem Sinne des Wortes – ‹abgebrühten› Backfisch, der sich anschickte, die Treppe zu forcieren, wie auch der große Zeigefinger des Bademeisters majestätisch sichelte; es breitete die Ärmchen zu uns auf, und brüllte heischend. Ich begriff sie nicht. Jener aber bat uns mit der Hand um Urlaub; tat 3 Schritte zurück in sein Gehäus; hantierte dort – und gleich darauf entstand Musik über'm Gelände, Tä-Tä & Bumm-Bumm (Bhumibhol & Sirikit); und dann dröhnte ein jovialer Baß : »Der rote Reiter von Texas macht wieder mal Ordnung im Land.«

Aber so laut er auch ab & zu wurde, man verstand die Worte des Gestreiften doch :

»Deine Gestik eben, Fritz, erinnerte mich an Italien; dort hat man sie zu einer wirklichen Kunst entwickelt; und zwar wird sie umso ausdrucksstärker, je weiter man nach Süden kommt – sehr interessant. In Padua-etwa schüttelt man erst nur verneinend den Kopf. In Bologna fächert man, wie Du eben, mit dem Zeigefinger. In Florenz desgleichen; fügt jedoch, staccato, noch ein ‹via !› hinzu. Ab Neapel aber macht man *so* –«, er richtete sich überraschend auf und nach vorn; machte aus seiner Hand eine breite massive Klinge; legte sie sich, den Handrücken nach oben, unters Kinn, (den Daumen am Kehlkopf); funkelte uns erst giftig an, krötenhaft gebläht – und zog sie dann unversehens nach vorn weg, auf uns zu, wobei die Finger dramatisch auseinanderflogen : !. Sank dann erschöpft zurück, und merkte nur noch an : »Vielleicht kannst Du, oder willst Du, zu guter Stunde Gebrauch davon machen. – Ich stelle es Dir jedenfalls zur Verfügung.«

»Ihr wart wieder in Italien?« fragte der Bademeister argwöhnisch. Und der Gestreifte nickte: »Ich & Geert-Wilhelm. Und Sebastian, und Bübchen-Pauli; und Ernst-August –«. »Was ? Die ‹Königin-Mutter› auch?« fragte der Bademeister interessiert; und Jener nickte gemessen.

»Wir haben uns dann, oberhalb Udine, an einem entzückenden kleinen See eine einsame Jagdhütte gemietet,« – (hier kniff Richard, ohne ansonsten sein Gesicht zu verändern, das auf meiner Seite befindliche Auge zu; und ich machte, gleich unauffällig, pollice verso, einen Mundwinkel) – »Es war wirklich ganzganz herrlich,« der Gestreifte legte die Hand wie zum Schwur ans Gesäß : »Immer der frische Fisch – ich esse die *Augen* so gern – und diese Erlebnisse ....«; er bewegte einmal den hohen Kopf hin & her; biß sich auf die lächelnde Unterlippe (was ich nicht hätte tun mögen), und sann.

»Einmal gehen wir, untergehakt, einen Waldweg entlang – da hören wir Schreien : 1 Mann irrt einher; blinzelnd und tastend. Wir nahmen seine Hände – die Finger tiefgelb, ja braun; aber nicht vom Rauchen, sondern vom Pilzesammeln, es gibt da gewisse Kremplinge, solche lederfarbenen. Kurzum, ein Zweig hatte ihm, beim Botanisieren im Unterholz, die Brille abgestreift, und er sie nicht mehr wiederfinden können. – Nun, wir haben uns seiner angenommen; ein Nobile übrigens, ein sehr kultivierter Mann, der Beiträge in historische Fachzeitschriften lieferte. Was war gleich seine letzte Arbeit gewesen ? – : der Nachweis, daß ein Papst, ich glaube Alexander der Siebente, mit dem gleichzeitigen türkischen Sultan, Mohammed dem Soundsovielten, ver-

wandt gewesen sei.« Die Aufnahme dieser gelehrten Notiz war eine
geteilte; ich beschloß, im Stillen, nachzusehen; Richard zuckte bedenk-
lich die Achseln; nur der Bademeister nickte bitter, und bemerkte, er
zweifele nicht daran. (Immerhin : gab es nicht in Frankfurt glaub'ich,
noch heut die Firma TÜRK & PABST ? Schon fielen mir Sardellenpasten
ein, samt Krabben in Gelée, und lauter so'che sem'jen Sachen.) Wieder
wurde der Blick des Gestreiften starrer; er fuhr fort:

»Ein anderes Mal – die Nacht war schön gewesen, und der Mond
voll – fiel uns ein, ‹Frühsport› zu treiben. Wir behielten unsere gestreiften Pyjamas gleich an, und tollten durch den Wald. Kommen auf ein
Feld hinaus – : und der pflügende Bauer, sobald er unsrer ansichtig wird,
schleudert sein Gerät von sich, und rennt, was er rennen kann, in
Richtung Dorf ! – Der Gendarm, der uns nachher vernahm – der Nobile
kannte ihn, und beschwichtigte ihn unschwer – klärte uns auf : der
Mann sei vor den auf ihn zustürmenden gestreiften ‹Zuchthäuslern›
geflüchtet.« Er vereinnahmte, graziös-abwesenden Maskengesichts,
Beifall & Gelächter; sein Blick mäanderte ja längst wieder übers
Gelände; einmal hob er das teure Doppelglas vor's Augenpaar.

Nun habe ich mich schon von kleinauf für optische Instrumente
interessiert. Er hielt es mir gleich gefällig hin; und ich sah mich
ausgiebig um, nach dicht-rechts, nach den kleineren Becken hinüber.

: bunt-bunt-bunt; geblümt gestreift gepunktet & kariert. Orion-
spreizige Gebärden : Juhu ! Auch auf dem sanften Rasenhang Sternbilder
aus Stoffhäufchen & Menschenfleisch. Still schwitzende Geduckte.
(Und polizeifromme Gesinnungsheuchler schlichen überall grauhaarig
umher; und machten, sub specie professoritatis, Farbaufnahmen mit der
Rolleicord.)

1 Walküre ? : Wo ? ! – (Tatsächlich; das war das schwächste Wort für
die Figur !). Wir sahen Alle längere Zeit zu, wie sie heranschritt, im
altertümlich weit & breiten Badeanzug; schon jetzt hörte man ihre Brust
vor Anstrengung kochen. Der Bademeister sah gleich betroffen nach,
welches Maximum an Gewandung in der Badeanstalt Frimmersen noch
erlaubt sei; (verglich auch mehrfach, von drinnen, den Zeigefinger auf
der betreffenden Zeile seiner Dienstanweisung an der Wand); und kam,
achselzuckend, zurück : »Vielleicht will Se'n Rettungsschein machen ?«.
Sie schritt königlich zu einer der Feuerleitern. Mit jeder Stufe nahm ihr
Gewicht ab. (Und gleich darauf hatte ihr Kopf – nein : Haupt ! – die
Anzahl der im Wasser treibenden vermehrt.)

Da Richard die Anekdote zu erzählen begann, die ich bereits kannte
– von den beiden, zu Haus allein gelassenen, Kindern : die ältere

Schwester hatte angeblich das lustig-lallende Brüderchen aus Spaaß in die Wäschezentrifuge gesteckt, und dann, wie Mutti, am Schalter geknipst – hob ich neuerlich das Glas. / –. –. – / : Drüben, an den Restaurant-Tischchen, eroberte eine geübte Sekundanerin einen wehrlosen älteren Herrn dadurch, daß sie ihm gegenüber fleißig Schularbeiten zu machen anhub; (zweifellos stöhnte sie dazu auch diskret; und sah ihn aus großen, süß-abwesenden Augen an . . . . . : ?) : Aha; schon ‹half› er ihr. Schon steckten sie die Köpfe zusammen. Schon kam sie, der fruchtbareren Zusammenarbeit wegen, zu ihm herum, auf seine Seite. : Schon erschienen 2 Eisbecher! (Und wie dergleichen Trockenschikurse eben weiterzugehen pflegen.» . . . als der Vater nach Hause kam, lief schon das Blut raus.« hörte ich Richard dumpf schließen; jetzt also noch die leicht-undulatorischen Handbewegungen, die jenes Fließen veranschaulichten.)

»Luther hat übrigens auch ma befohlen, ein zweijähriges Kind in die Zwickauer Mulde zu werfen; weil er es für ein ‹Teufelskind› hielt.« sagte der Bademeister nachdenklich; (hatte sich also auch theoretisch mit seinem Beruf beschäftigt, nachgelesen, zweifellos in den Wintermonaten, ‹wenn Bad & Turm mir eingeschneit›.) »Tcha; das Baden ist noch gar nicht so alt,« bestätigte der Gestreifte, und nahm, Dank nickend, sein Fernglas wieder entgegen; (ließ es auch eine Weile lüften, ehe er es, mit einer gewissen Überwindung, die ihm sehr gut stand, wieder benützte).

Wolken frech und groß im Pappellaub? Der Bademeister spähte gleich mißtrauisch hin, durchs Brauengestrüpp, aus Augenteichen. Dann wanderte sein Blick wieder zurück, über Wasserrutsche, Restaurant, Umkleidekabinen, Freischwimmerbecken, und Sprungturm, ‹An Bord Alles wohl›. (Einen Nordpfeil könnt'ich mir eigentlich auf meine Luftaufnahme noch einzeichnen.) Dann riß er endlich den Brief auf, den Richard ihm mitgebracht hatte.

3

Und begann sogleich mit heller Stimme zu fluchen: »Mensch, am Ersten muß ich wieder nach Urningsleben! Den dortigen Bademeister für 4 Wochen ablösen : auch das noch !«. Und besah sich wütender die Spinneweben der betreffenden Handschrift. Schüttelte, rat- und hülflos, den Athletenkopf. (Und wieder »Tz !«; und mehr Flüche im engsten Vertrauen.)

»Warum bist Du bloß so gegen Urningsleben, Fritz?« erkundigte
sich tadelnd der Gestreifte : »Kann Einsamkeit denn nicht auch schön
sein ?«. Und wir wollten die Antwort doch noch abwarten – wir hatten
ja auch weiter nichts zu tun.

»Nee; nie.« sagte der Bademeister wild, und warf einen leuchten-
den Blick über sein Rummelparadies hier; dann, schmerzlich, zu uns :
»Kennt Ihr's ? – Nee ?«.

»Also stellt Euch 'n großen Teich vor –« (»Ein kleiner See,« mahnte
der Gestreifte zart) – »Schilf, Entengrütze, Moorboden; am Ufer Wei-
den- und Erlendickichte. Die ‹Liegewiese› muß der Bademeister
‹instand halten› : uff Deutsch also ‹gratis mähen›. Und Abends die
Frösche ! 'n vernünftiger Mensch kommt die ganze Säsong nicht hin.«

»Vor 2 Jahren hatte sich'n ganzes Sanatorium eingemietet; ‹mit
interessantem Krankengut›, wie mir der greise Scheffarzt allmorgendlich beteuerte : *Sachen* gab's da zu sehen, die jeden Casanova bekehrt
hätten; ich hab' allen Ernstes erwogen, Buddhist zu werden. Wenn die
eine Krankenschwester nich gewesen wäre : groß, weißblond; Pastoren-
tochter, ganz strenges Gesicht; Jungfrau war se auch noch.« Ich sah
unwillkürlich auf das mannshohe Thermometer neben mir : 31° im
Schatten ? ! Der Gestreifte tastete nach der Anstecknadel an seinem
Mantelaufschlag. Macht das Tor auf ! Richard nickte langsam & stark,
und stellte sich's vor.

»Untergebracht hatten se mich natürlich in 'ner Dachkammer : ganz
finster; nur 1 staubige sehr schräge Luke. Überall diese Riesenspinnen,
wie man sie in Badewannen antrifft; in der Tasse jeden Morgen 'n
Ohrwurm. Einmal wach'ich früh auf; fühl was im Mund, kaue schlaf-
trunken – da war mir 'ne Wanze reingefallen !«

Der Gestreifte beugte sich vor : »Wie schmecken Wanzen ?« fragte
er mit ungekünsteltem Interesse. – »Ochgottso – stinkig, gallstrig,«
sagte der Bademeister verwirrt; »jedenfalls abscheulich !«. Aber der
Andere bewegte ablehnend das Gesicht, à la Das verstehst Du nicht.

»Und erst der verrückte Wirt von dieser ‹Waldschenke› ! Wenn
nichts zu tun war, saß er in seiner Holunderlaube; der Weg dahin war
mit Bierflaschen eingefaßt : *aber die Etiketten mußten noch dran sein; andre*
nahm er nich ! – Als ich ihn zuerst sah, hatte er anstatt des linken Auges
ein hartgekochtes Ei : mit'm Leukoplaststreifen drüber; von der Stirn
bis zum Mundwinkel.« »Das'ss doch 'n uraltes Hausmittel,« sagte
Richard ruhig : »Der Kerl hat'n Gerstenkorn gehabt, weiter nichts.«
Aber der Bademeister wehrte energisch ab : »Neenee. Der'ss total
molum.«

64

»Voriges Jahr komm'ich mit mei'm Koffer in die Gaststube rein –
da sitzen an den Tischen 10 Herren in schwarzen Anzügen, still wie
Geister. Ich hab' auf die Uhr gekuckt : in der Viertelstunde, wo ich mit
dem Wirt verhandelte, hat Keiner auch nur 1 Sterbenswörtchen gesprochen; kein Laut nichts; ich dachte, ich wär' schon tot !« »Schach-
spieler ?«, erkundigte der Gestreifte sich träge.

»Ich rauf in die Wanzenkammer; umziehen, Badehose an; und bloß
schnell wieder runter, ins Freie, in den Wirtshausgarten. Selbstverständlich nur diese uralt-widerlichen Klappstühle von 1900, Eisengestell &
dürrer Lattensitz; aber ich setz' mich doch drauf, so daß ich mit 1 Auge
den kleinen Bootssteg immer pflichtgemäß kontrollieren kann – auf'n
Körper kann man im Beruf eben keine Rücksicht nehmen.«

»Und da sitz'ich so. Im Wasser natürlich nicht 1 Mensch. Aus der
Geisterstube kommt der Wirt geschlürft, mittelgroß, fleischig, pomadig, ganz Mijnheer; geht stumm vorbei, und setzt sich in seine Laube.
Und Stille wieder. Und ich gaff' in mein'n Zitronensprudel, bis sich's
bei mir langsam anfängt zu drehen. Die Erlen rascheln unerfreulich. Einmal regt sich's unter der Entengrütze – so ganz merkwürdig hoch, wie
wenn Einer mit'm Kopp durchkommen will; ich hab' direkt 'n Augenblick geschwankt, ob ich nich reinspringen soll ? Und mir wird immer
wirbliger im Gemüt, ganz komisch, so ist mir doch noch *nie* gewesen !«

»War's denn auch wirklich reiner Zitronensprudel ?«, Richard,
ungläubig. Aber der Bademeister wehrte unwillig ab : »Ich bin meist
Anti-Alkoholiker. 'n Sommer-über.« sagte er hastig, während seine
Hand nach der Trillerpfeife tastete : fast unter unserm Balkon, dicht am
Beckenrand, zauderte ein Zwölfjähriger, nur halb noch ‹Mittelstürmer›
und Hans-kick-in-die-Welt. Neben ihm seine gleichaltrige Mätresse, die
Lutschstange im Mundwinkel; der dünne lange Arm, vorn drohend
zugespitzt, wies weit ins Blauwasser; die grelle Stimme verkündete
unverhohlen : »LiepsDe mich, denn liepsDe auch mein'n Ball : hol'n
raus.« Und wir schoben die Unterlippen vor, und nickten uns anerkennend zu : Die würde ma gut werden ! (Wenn wir längst am Stock
gingen; ‹Es wird a Wein-sein›.) Der Knabe hechtete todesverachtend;
(‹Von der Freiheit eines Kristenmenschen›; jaja); und kraulte doch
immerhin schon so erklecklich, daß der Bademeister die Hand von der
Pfeife ließ, und schwermütig fortfuhr :

»2 Stunden also ohne jedwede Kundschaft. – Und auf einmal gibt
mir's doch den Ruck : *DIE WINDMÜHLEN* !«.

»Zuerst dacht' ich noch, ich träume; es ist ja ganz seltsam, wie lange
das manchmal dauert, ehe Ei'm sowas bewußt wird. Diesmal waren's

also Windmühlenmodelle. 6 Stück hatte der Wirt bis jetzt fertig; alle genau-gleich : anderthalb Meter hoch; grün angestrichen; die Haube dachschindelrot; die Flügel schneeweiß. Wo man hinsah, stand auf einmal, auf ihrem mannshohen Pfahl, so eine Windmühle. Drehte sich; fixierte Einen; und machte wieder aus ihren Flügeln die langsam-grauliche Scheibe. Ich hab' natürlich sofort den Blick auf meine Tisch-platte geheftet; die war wenigstens rechteckig und fest – allerdings auch hier die Farbe meist runter, und das Ganze doch verdammt-ä – ‹abstrakt›, ja ?«. »Kann man denn anders sein, als abstrakt ?« fragte der Gestreifte höflich-erstaunt.

»Ich konnte jedenfalls anstellen, was ich wollte – zählen; schnitzeln; an Jutta denken –«, (»Heißt Deine Frau nich ‹Hilde› ?« wandte Richard verdutzt ein. Aber es achtete Niemand auf ihn.) »ich mußte doch immer wieder, in immer kürzeren Abständen, auf die Windmühlen hinstarren. Und –«, (hier drehte er sich, den Zeigefinger einprägsam vorm Kinn, zu uns), – »behaltet immer die zusätzliche Dachkammer im Auge. Und die Wanzen. Und die Ohrwürmer. – Als die Dämmerung einbrach, ging ich sofort zu Bett; mein Vertrag lautete schließlich nur auf ‹Tageslicht›.« Er unterbrach sich; denn eben ging unten die nun–erfrischte Walküre, von vorhin, vorbei : alte Hände, und hochgeschlos-sen; aber durch den Stoff-vorn trat es, wie 2 Wallnüsse. Wir atmeten diszipliniert hinterher; und er fuhr fort :

»Am nächsten Morgen ein Erwachen aus wüsten Träumen – so ‹Krieg›, wißt Ihr : Menschengekreisle auf Bahnhöfen; ‹Jabos› fliegen oben Karussel, man feuerte auf mich, daß die Steine spritzten; 'n Arzt hat mir ma gesagt, der hier baden war, ich hätte'n ‹Labyrinth-Kom-plex›.« (»Wer hätte den nicht ?« fragte der Gestreifte erstaunt.) »Jeden-falls fängt genau dasselbe Theater wieder an : von rechts-drinnen alle halben Stunden 1 intensiv-leises ‹au roi !›; hinter mir rauschen die Erlen; links nickelmannt die Entengrütze; und vorne eben die Windmühlen – : ‹eingekreist›, ja ? ‹umzingelt›.«

»Nachmittags, gegen 15 Uhr, –« (endlich mal Einer, der nicht ‹3› sagte; wie schwer so eine ‹ältere Generation› doch ausstirbt) – »ein Paddelboot, mit 2 jungen Leuten. Da kam Leben rein. Landeten; rissen Witze : nischt war ‹heilig›; weder der Wirt noch Botwinnik; weder der Papst noch Süng-man-ree. Ließen sofort 'ne Flasche CHANTRÉ anfahren. Setzten sich zu mir an den Tisch; erzählten Witze; wir blühten auf – erinner' mich nachher ma, Eugen : den einen, von dem Kutscher, der sich bei seinem Herren wieder einschmeicheln wollte, muß ich Dir erzählen.« (Und der Gestreifte nickte gemessen.)

66

»Anfangs sind wir also recht munter; ich wie erlöst. Aber so gegen 16 Uhr 30 merke ich, wie sie stiller werden. Die Stimmen tapriger; die Mienen hängen ihnen seltsam schlaff; die Finger fangen auf der Tischplatte zu zupfen an; die Augen irren, und in ihnen spiegelt sich's. Erst wird der Blick des Einen starr; dann der des Anderen – ich folge der Richtung . . . . . ?«. »Die Windmühlen.« sprach der Gestreifte sorgfältig den betonenen Balkonfußboden vor sich an.

»Da spring'ich auf – so ging das ja, schon um ‹des Geschäftes› willen, nicht weiter – und rücke dem Wirt auf den Leib; bis ich das Weißei in seinem Auge, das Schwarze unter seinem Fingernagel erblicke : ‹Schaffen Sie die Windmühlen ab !›.« (»Geben Sie Gedankenfreiheit, Sire.« murmelte der Gestreifte, genüßlich-versunken, wespenschlank.) »Er regt sich nicht. Kehre ich also an unsern Klapptisch zurück; wir warten stundenlang, und sammeln unsern Zorn. Jene gehen zur Ruhe; wir trinken noch Mut. Der Vollmond, groß & blaßgolden, beginnt aus den Erlen –« (und den Satz-Schluß sprachen Zweie gleichzeitig; der Gestreifte : ». . . und dennoch sagt der viel, der ‹Abend› sagt.«; der Bademeister) : »Wir brechen, kurz vor Mitternacht, die Windmühlen ab, und werfen sie in den Teich !«. (Beide wurden im selben Moment fertig.)

»Aber diese Nacht dann anschließend – ?« stöhnte der Bademeister; (auch 115 Zentimeter Brustumfang schützen demnach nicht vor Gewissensbissen). – »Gegen 4 Uhr werde ich wach. Gehe, willenlos, wie gezogen, nach unten. Finde dort schon die beiden reuigen Paddler über die Liegewiese irren; ratlos : auf dem Taich treiben die Windmühlen ! Gesicht nach oben.« (Also die ‹Flügel› : sehr int'ressant, daß Der die als ‹Gesicht› empfunden hatte. Ob man es verantworten kann, und einen solchen ‹Brocken› als ‹sensibel› bezeichnen ? Hm.)

»Also Doppelglas her : eins, zwo, drei; vier, fümf, sex. Die Andern wie gelähmt; ich, als Mann der Tat, rein in die Pfütze; und hole sie raus : eins, zwo, drei. Vier, fümf, sex.« Ein beneidenswerter Atemzug dehnte seine kakaonen Rippen. Die Sonne heizte aber auch, daß die Schulterblätter selbst der feuerfestesten Puppen, unten, einmal schauderten.

»Wenn das Einer, schräg von oben, so gesehen hätte : uns Drei in Badehosen; wie wir die Dinger wieder sauber wuschen !« »Mit was ? !« fragte der Gestreifte begierig; »Mit PRIL,« entgegnete der Bademeister trübe. »Dann ha'm wir sie wieder auf ihre Pfähle genagelt. – Gemerkt hat's der Wirt sicher; gesagt aber kein Wort.« (Desto unheimlicher; zugegeben; das Wasser machte auch gleich Halskrausen um die

Enthaupteten unten – richtiger natürlich ‹Ent-Körperten›; nur die Köpfe trieben ja senkrecht auf der giftigen, wasser-ähnlichen Flüssigkeit dahin.)

4

»Und da soll ich jetzt wieder hin müssen?« fragte der Bademeister den Horizont mit klein-ankläglicher, völlig nichtpassender Stimme. »Wir besuchen Dich da ma.« versprach Richard ihm; (gab mir jedoch gleichzeitig den Wink zum Abmarsch). »Ach, das wär' wunderbar –« sagte Jener hoffnungsvoll; und auch der Gestreifte nickte einmal, hoheitsvoll, zum Abschied. –

Rechts die Kachelmuster der Planschbecken : Arm- und Bein-Salat in azurener Schüssel; si jeunesse savait. (Oben Himmelsschale mit immer mehr Wolkenklößchen.) Man spritzte einander aus rot-roten Gummischläuchen, nur ripples & nipples. / An der Walküre vorbei : sie hatte jetzt noch mehr an; saß am Tisch jenes älteren Herrn, (Ei, sieh da); aß ebenfalls Eis, löffelte und umsah-sich. / Durchs Drehkreuz, am Schalter vorbei; (sie las immer noch). Im zementenen Durchgang das Plakat: nächste Woche, am soundsovielten, gesperrt wegen Austragung der Vorschlußrunde der Deutschen Wasserball-Meisterschaft ? Und wir nickten uns ehrerbietig-betroffen an : das war schon 1 Ding, dieses Frimmersen hier !). –

Draußen : der schneeweiße Spitz rannte hinterm Maschendraht, und boll sehr. (Ich schürte ihn aber auch entsprechend an; indem ich, im Bühnenflüsterton, 60 Meter weit hörbar, »Meister Péter : Mei-sterpé–ter !« deklamierte – er warf gleich den Kopf ekstatisch, die Schwanzfeder wippte; er schimpfte noch, während wir einstiegen.) ‹Wrumm : Wrumm !›; (fast genau unter'm Popo; peinlich.) Langsames Weggleiten. (Und wir sahen uns auch nicht um; der Brief war ja abgegeben.) / (Wieso aber nickte mir der Kopf so kurios ? – Ah : Richard trat wieder, auf dem Gaspedal, ‹Nun Adé, Du mein lieb Heimatland›.)

GROSSER KAIN

I

Ella schwärmte immer noch von ‹Schloß Berlepsch›, machte Puppen-
augen zum Puppenmäulchen, gedachte ausführlicher der Gartenterras-
sen, und bewegte auf einmal versonnen den Puppenkopf : »Es ist irr–
ratio–nal.« (Ihr Uhrarmband vielringelig wie ein Plattwurm. Ich sah
gleich zu Ernst hinüber – ?; und er bejahte, nur mir erkennbar, daß
dies die neueste Redewendung sei. Jenun, wir müssen uns ab & zu
Besuch halten, damit wir wissen, wie schön wir's sonst haben; und
morgen fahren sie ja wieder weiter.)

Und lässig Aug & Ohr um- beziehungsweise hoch-schweifen
lassen . . . . . : / Die stark behaarte Leine mit Handtüchern dran, und
gekreuzigten Hemden; (und ganz viele leere Klammern : eigentlich
rührend, diese schlichten, jahrelang treuen, Kleinstgeräte; ‹stumm› fiel
mir noch ein, ‹gut-hölzern› –, – : na, wollte noch was Feinsinniges
kommen ? – Nee; kam nischt mehr.) / Dattern von Gänsen ? – Aha; die
Kleine von Brauer's trieb aus. (das heißt, *so* klein war die gar nich mehr –.)
/ An allen Hauswänden strebten Raupen in die Höhe, zwecks Verpup-
pens; und ich, sofort zu Ernst gewandt : »Wer hat eigentlich als Erster
erkannt, daß 1 Raupe & 1 Schmetterling dasselbe sein könnten ? Buffon ?«.
»'ch weiß nich –« erwiderte er hastig, über seinen Eisenmenger, ‹ENT-
DECKTES JÜDENTHUM›, die zweite Auflage von 1711, hinweg; »– das
heißt : *zur Zeit* nicht. Nachsehen kann man . . . . . immer . . . . .«; (das
letzte Wort sehr gemurmelt; Notizenklau war wieder nur halb an-
wesend.) / Also weiter die Gas-Pantomime des nahenden Tiefausläufers
bekochlöffeln : lange weiße Wolkenbüsche, dilldoldig und schierlings-
blütlerisch, Wimpern Fasern Gekämmtes, im Abflug hinten über Steinhorst; von Westen her wollten bereits grauliche Lumpen hasten; (‹nachmittags drückend› war als Parole ausgegeben worden. Sei's drum.) /
Fragen müßte man Ella boshafterweise : wer ihr Berlepsch denn nun
gewesen sei; da würde ihr der rote Querschlitz ganz schön offen stehen.
(Wie sagt Pythagoras ? : ‹Keine Kinder mit einem Weibe zeugen, das
Gold an sich trägt !›; und sie hatte mehrere solcher Zähne. (Allerdings
hatte Der anscheinend lauter solche Dinger behauptet : ‹Nicht gegen die

71

Sonne pinkeln !›; ‹Sich vor Allem hüten, was'n schwarzen Schwanz hat !›; ‹Beim Donner die Erde berühren !›; undsoweiter : undiskutabler Tinnef, diese ganze Antike !).).

Als Tisch-Fuß der Ersatzreifen ! Wahrlich, so ein VW-CAMPER hatte's ‹in sich›. / Naja; Ernst verdiente seit ein paar Jahren gut; und der ‹Lückenbüßer› an 'ner großen Zeitung hat's ja auch nicht leicht – ich hob gleich (gewissermaßen huldigend : ‹Auf dem Spiritus, Rektor !›) den blaßtrüben Becher gegen ihn (bchch : ‹Grapefruitsaft›, oh rocks !). Aber dann legte er doch auch wieder die weiche graue Brotscheibe am braunglasigen Rand so griffig vor sich hin; und preßte die Butter so fest in deren Poren, als gehöre sie dazu; strich vom braunen starkduftenden Mus immer dicker drauf –, – (und da wurde mein Blick doch entspannter : Du wirst Dich noch wundern, Freund, wie das abführt. Und schweißtreibt : streiche Du nur.). / Kekse ringsum, ‹GOLD MARIE› & ‹PECH MARIE›, (die letzteren mit Schokolade; deshalb). Zigaretten & Tabak; (‹Tabaretten & Ziegack›). Die Kastanie auf Ellas Hand (darüber Ellas wild'undwollige Achselhöhle). : »Wie eine glimmende Kohle.«; (ich meinte die Kastanie; Paula jedoch, sofort neidisch : »Ihr müßt aber noch mähen, heute.«).

Und weiter frühstücklicher Austausch der Nachrichten des vergangenen Vierteljahrs, wo wir uns nicht gesehen hatten. / Wir von unserem Igelpärchen im Schuppen. – : "He still alive ?"; Ernst, englisch & leise, (wie wenn er fürchte, der Igel könne ihn hören; oder Deutsch verstehen.) / Dann vom ‹Vogel im Schornstein›. Erst das, ganz auffällig laute, Gepiepse; stundenlang. Dann die schwierige Lokalisierung : ? – : nur in der Küche gut hörbar; draußen ums Haus überhaupt nicht; (Paula machte das ganz ausgezeichnet, Flatterherz & Rußangst.) Dann hatte er sich endlich durch die geöffnete Klappe heraus getraut : häps-häps – und ‹burr !› zum (selbstverständlich vorsorglich offenen) Küchenfenster hinaus, in das ihm zustehende Gemisch aus Blättern & Landluft. (Dann noch, nunmehr ins Bedeutend-Allgemeine übergehend, die später mit dem Schornsteinfeger gepflogenen Gespräche : wie man dort öfters tote Vögel fände, zumal Eulchen merkwürdigerweise. Ernst notierte; Ella bildete das erforderliche gerührte Schnutchen.)

Und vergalten's durch die aufregende Schilderung jener irischen Neumond-Nacht; als durch das, der Schwüle halber offen gelassene, Busserlfenster die Ganovenhand getastet gekommen war : – : erst ihm zweimal auf die Nase. Dann Ella auf die so gut wie entblößte linke. Und sie, die resolute Dirne, hatte sich doch, ohne 1 Wort zu verlieren, aus dem Werkzeugkasten die Kneifzange ertastet – gelauscht – richtig : es nestelte zum vierten Mal. Da hatte sie, mit dem erwähnten Gerät, 1 Finger des Betreffenden gepackt : !. – Alles ganz still; Niemand nichts gesagt. – Nur von draußen war es wie härtere Atemzüge gekommen. Trampeln. Und ein zuchthäusig Röcheln dann & wann. (Und sie immer gedrückt! Scharmant. Aber ein Puppengewissen muß man zu dergleichen doch wohl haben. – Immerhin besah ich den raffinierten Wohnwagen mit zugegebenermaßen größerem Int'resse : daß der mit seinen 2 Meter 15 Höhe überhaupt durch unsere Tor-Einfahrt gegangen war ! ?).

2

: »Ach kucktma !« –

– ? – ! : tatsächlich; ein kleiner Reklame-Zeppelin trieb recht lustig und silberfischmäßig überm fernsten Dunstwaldrand. »‹DUJARDIN› oder TRUMPF›, aut-aut !« (Aber man konnt' es selbst im Doppelglas nicht erkennen. Dafür jedoch Einzelbäume, wie aus Rauch gepustet : mit hutförmigen Köpfen, auch solche wie Sektkelche, Pinsel truppweise; sie standen vermutlich am Grunde des Luftozeans, und schwankten synkron hin & her. Und sehr schlecht konnte das ‹Zwischentief› nicht werden : sonst wären Die ja nie & nimmer aufgestiegen mit dem Ding.) / Auch der große Fernsehmast, ein dürrer-roter Strich war gut zu sehen. Ernst wollte's zuerst für'n bloßen unschuldigen Fabrikschornstein halten : ? : »Das höchste Bauwerk Mittel- & West-Europas, Mensch !«; ich, empört. Und er, beeindruckt: »Wo genau?«. Ich zeigte Allen den Punkt auf der Hundertausender-Karte : »Östlich der Bundesstraße 4; bei Bokel.« / ? / Und, autopedisch flink, das Projekt eines Hin-Fahrens entwickeln. / ? / Bis die Damen genehmigten; und schneller den Tisch abräumten. (Ein Autoreifen als Sockel; wat säi all'ns maket, de Härrn S-tudentn !)

Zwischendurch Ernst & Ich allein; rauchend. / Er hat es tatsächlich *nicht* leicht ! Als ‹Lückenbüßer› an einer der größten Zeitungen ? Da muß er periodisch versorgen

a) die Spalte ‹VOR FÜNFZIG JAHREN› (da springt der ‹Panther› nach Agadir. / ‹VOR ZWANZIG JAHREN› nach Stalingrad. / ‹VOR ZEHN JAHREN› ? : Sch-sch-sch schon reingetreten). (Setzt aber umgehend wieder zu neuen Sprüngen an; unbesorgt.)

b) den ‹Briefkasten›; zu 90% fingiert, zu 10% wirklich-idiotische Erkundigungen von ‹Lesern›, (übrigens immer dieselben ‹Schichten› : querulantische Rentner, Stammtischbrüder, Primaner, die

schon daran verzweifeln, sich jemals anders gedruckt zu sehen) :
‹Warum heißt das TANTAL Tantal?› / : ‹Ist es wirksam, gegen diebische
Elstern in die Kirschbäume Salzheringe zu hängen ?› / : ‹Woher
stammt das Wort MONDAMIN ?› (Und die stoisch-irrsinnige Ant-
wort : »E. Kr. in D. – Aus dem Indianischen; ‹Korn des Großen
Geistes›, gleich Mais. Ihr Freund hat also seine Wette gewonnen.«).

c) Oder eben auch, durchschnittlich ein halb Dutzend mal am Tage,
der Anruf des Chefredaktors : »Schnell 'n Füllsel von 6 Zeilen :
flott !« (Daher die vielen erbaulichen Tataren-Enten, à la ‹Kind
vom Kamel gebissen›; ‹HOLOFERNES, Erfinder der Moskitonetze›,
vgl. Jud. 13,9; ‹Willi Brandt für den Friedens-Nobelpreis vorgeschlagen ?›).

Infolgedessen war Ernst dazu verdammt, sich der allerscheckigsten
Lektur zu befleißigen; mußte grundsätzlich mit dem Bleistift in der
Hand lesen, jegliche Narretei auf einem Zettelchen befestigen, und es
dann in die betreffende Vorrats-Mappe schieben. (Die führten seltsame
Aufschriften : ‹GELEHRTER WIND; a) schmalzig, b) antik, c) leicht anstößig – CAVE !› / ‹ADJEKTIVE CONTRA GENTILES› – er war nu mal an
einem ‹unabhängigen› Blatt, also CDU; (und *wie* war Der um 1930,
als wir zusammen in die Schule gingen, SPD gewesen ! Naja; damals
gab's noch SPD.) / Wie gesagt auch ‹5-ZEILER; 6-ZEILER; 7-ZEILER› –
ich hatt'ihn einmal in seiner ‹Höhle der Winde› besuchen dürfen : *Nie
wieder* !). Alle näheren Bekannten waren von ihm dazu erzogen, gleichfalls Einschlägiges zu sammeln, und ihm, dem stets an Stoffmangel
Laborierenden, davon mitzuteilen; also konnte ich seine nächste Frage
voraussagen. : »Has'De was ?« (Ich holte schon den Zettel mit meinen
Fündlein.)

: »‹MASAK›, Rückgängigmachung der Beschneidung.« – »Geht
das ?« fragte der Lüstling erst erfreut; wiegte dann aber gleich bedenk-
lich das Haupt : »‹GELEHRTER WIND, leicht anstößig›« hörte ich ihn
murmelnd erwägen; »Hm. – Na, gib her.« / »2 Sorten fremder Geister
konnten nach Ansicht der Rabbinen in die Leiber lebendiger Menschen
eindringen; entweder die der babylonischen Turmerbauer, oder die von
in der Sintflut umgekommenen Bösen.« – »Naja.« / Aber jetzt hatte ich
sein steinern' Herz doch endlich gerührt; und es war ja auch was Feines,
‹DER TODESZUG DES AUTOS IM JAHRE 1908› : »Im vergangenen Jahre
wurden im gesamten Deutschen Reich 141 Personen durch das Automobil getötet; hiervon 12 Führer, 22 Personen, die in den Wagen fuhren,
und 107 dritte Personen. Man ersieht hieraus, daß es weniger gefährlich
ist, im Auto zu fahren, als die von Autos bevölkerten Straßen zu

passieren.« (41 727 Pkw plus Lkw im Verkehr damals. Und wir gaben
1 lächelnde Schweigesekunde für die Gutealtezeit zu, als der Großvater
die Großmutter überfuhr : 141, tz–tz !).
: »Ist Maggi am Freitag zulässig ?« – »Bis'Du verrückt ? !« fragte er
befremdet. Ich schwieg lediglich erhaben; und da wurde auch er schon
ernst, er hatte das Gordische der scheinbar harmlosen Frage erkannt.
Und bewegte die Schultern immer unbehaglicher : »Oh–oh. – Fffff :
Mensch, laß die Finger davon !«. Er machte eine Rednerklaue, sah hinein,
und bildete die Sentenz – : »Wenn ein Feiger heutzutage seinen Mut
beweisen will, dann protestiert er gegen die Atombombe-allgemein.
Das ist so schick & gefahrlos, daß De im unverbindlichsten Causeur-
Ton fragen kannst : ‹Ach, sind Sie auch so gegen die Bombe ?›. Aber
über ‹Die Religion› sags'De am besten gar nischt – über's Kristentum,
heißt das« präzisierte er. Auch, nun voll mißmutig : »Außerdem gibt's
an Unabhängigen Blättern besondere Kapläne für so was : Neenee.«
Erhob sich schwerfällig, (fing etwa das Katelbeermus zu wirken an ?
Schwerlich schon.); räkelte unschön die Ellenbogen, und wies mit
einem Kinn, über dem's gähnte, zur Hausecke hin, um die eben . . . . .
»Kinder, so könnt Ihr aber nich gehen –«, Ernst & ich, in besorgtem
Kor. »Nehmt Euch wenigst'ns 'n Pullover mit, wir kriegen trübes
Wetter.« (Ma ganz abgesehen davon, daß sie wirklich etwas reichlich
viel zeigten : wenn Paula sich nachher erkältete, konnte ich wieder Tee
kochen.) Sie guckten betroffen nach oben. Dann sich an. Und hatten uns
schon durchschaut. Paula erwiderte schlicht: »Ihr müßt dann noch
mähen.« –

3

Dieser Ernst fuhr wieder derartig schnell ! – ich hatte das Gefühl, als
würde ich telegrafiert. »95« ; er, gleichmütig. / Und es saß sich ja putzig
in dem Ding : wir Beiden vorn; die Damen lässig & mondän (‹Korn des
grossen Geistes›, müßt' man 'ne Flasche davon mithaben) in dem
blechernen Stübchen hinter uns; (auf der Rückfahrt muß ich unbedingt
auch ma drin rumschnökern).
: »Links oder rechts jetzt? Bundesstraße kommt.« Ich sah zwar
noch nichts von derselben; aber diese Autofahrer haben ja ihre geheimen
Inzichten, wenn sie sich Kreuzwegen nähern, oder sonstigen Hexen-
tanzplätzen : »Vom Grossen Kain aus nach links.« »Merkwürdiger
Name« sagte er abfällig, (und mußte erfreulicherweise beträchtlich

langsamer werden). »Es kann schließlich nicht jeder ‹Ernst› heißen.«
»Das nicht,« gab er zu; wurde auch heiterer, und machte die Bemerkung, die ich des öfteren an dieser Abzweigung vernahm : »Unweit des
Paradieses demnach, wie ? Der Ort, wo jene bekannte Tat geschehen
ist.« Und ich, gemessen & spitzig (ebenfalls mehrfach geübt : an sich
selbst begeht man kein Plagiat) : »Ganz recht. Wo Chauffeur Kain seinen
Fußgänger-Bruder Abel noch heute-ä . . .«, (und, allegorisch, ein paarmal schnell die Hand ‹umlegen›)´. »Kain war der mit Abstand interessan-
tere Typ.« entschied er unwirsch, (unter hoffentlich bewußter Verwen-
dung einer bundesdeutschen Formel : ‹mit Abstand›; ‹sich bekennen zu›;
‹ein echtes Anliegen›; jaja). Wir rasten (mit langem ‹a›) bereits wieder
derart, daß die Blätter am Straßenrand neben uns nur so wakkelten &
tunkten ! : »Has’De sonst noch was ? !« erkundigte er sich, nicht ohne
Schärfe; auch : »Du müßt’st ma mit unserm Lokalreporter fahren;
da würd’s’De Dich ganz schön verinnerlichen.« Und nach einer Weile,
nun voll verächtlich : »Mensch, seid Ihr zurückgeblieben, hier auf’m
Lande !« Und weiter, immer flotter, wir, Nobodaddy’s Kinder, mit
Geist & Feuerschritten, ‹DER TODESZUG DES AUTOS IM JAHRE 1961› ! – ? :
Auch das noch ! Hinter uns hatte Musik begonnen : Schön-Ella erklärte
den neuen Portable. (Fehlte bloß noch, daß sie ‹Näher, mein GOtt, zu
Dir› gespielt hätten. Damit Ei’m so richtig Titanic-mäßig im Gemüt
würde.)

»Und jetzt rechts.« vergewisserte er sich, hinter Sprackensehl :
»Das ist doch übrigens von Robert Kraft, die ‹ABENTEUER DES DETEK-
TIVS NOBODY› ?«. Während die letzte Ortschaft, sinnig langsam, zu
beiden Seiten dahinströmte. Das letzte Haus : graue Holzschwerter
darum gestellt, die Spitzen nach oben. ‹HEIDEEIS› ! / "I’ll beat your barge
into a pram !" kreischte ich ihm ins Judasohr, als er auf dem schmalen
leeren Teerband, dem ersichtlich frisch angelegten, schon wieder ‹Gas›
(oder so was) geben wollte : »Wir müssen doch Ausschau halten, wo
rechts der Feldweg abgeht !«. Er murrte gehorchend; (bzw. gehorchte
murrend : es muß *zu* schwer sein, so mit 34 Ps zu Füßen.) / : »Stop !
Da !«. (Und immer rechts ran an den Rain, mein Sohn ich rate Dir gut.)
/ Aussteigen. / : »Dreht bitte die Scheiben hoch, ja ? Seid so gut. – Ihr
lernt es nie.« (Und wichtigtuerisch ‹selbst nachsehen›. Und ab-
schließen.)

Den Feldweg hoch : so weit ging der Kopf gar nicht in den Nacken zu legen, wie hier nötig gewesen wäre ! (Da man dabei zwangsläufig das graublau gekräuselte Himmelszelt mit prüfte, auch : »Na ? Könnt Ihr Eure Pullower nicht vertragen ? !«. Die jedoch ließen, es ist wohl Frauenweis', nur ein einstimmig-verächtliches »Pffff –«; und dann durfte der Windsbräutigam sie ‹grade !› einhaken.)

Die Zementblöcke, an denen man die Drahttaue verankert hatte, waren groß, wie in die Erde gesunkene Schuppen. Um jeden herum sein halber Morgen Sandfläche, 2 m hoch umzäunt. »Na, *viel* niedriger ist Deiner ja wohl auch nicht.« (Ernst; es klang ausgesprochen nach Beanstandung.) / Technische Flachdachhäuschen aus klinkerfarbenen Klinkern; sehr nett und streng, so auf dem sauberen sandbestreuten Boden, hie & da, geschmackvoll sparsam, die mageren Zwillingspärchen von Jungbirken – nur daran, daß es an mancher Wand wie große Blechtornister hing, merkte man, daß was nicht stimmte. Abwehrender Maschendraht natürlich auch hier; (und zwar von der dickst-teuersten Sorte; ich wußte Bescheid; hatte ich doch, Ernst deutete es ja bereits an, jüngst meinen Zaun erneuern müssen.)

Aber der Schlager war & blieb ja immer er, ER : DER GROSSE MAST ! ! ! –

Ganz unten, der knappe runde Zementsockel : »Kaum 1 Hand hoch raus ? !«. »Du, der wird tief genug gehen,« warnte Ernst aus der Fülle seiner Gazettenkenntnisse : »Bei dem Gewicht, was da drauf ruht, hat der gut & gern seine 20 Meter ! Und Kegelform vermutlich auch noch : unten breiter werdend.« (‹Manchmal auch gestunken habend›; aber daß der Mast-selbst unten so spitz zugehen mußte, wie ein Zimmermannsbleistift, dafür wußte er ausnahmsweise auch keine Erklärung.) / Die 3 sichtbaren babylonischen Turmerbauer was zu fragen war sinnlos : als sie merkten, daß fotografiert wurde, gebärdeten sie sich sofort wie größenwahnsinnig mit ihrem langen Weißblechkanister. (Einer hatte sogar die Stirn, kam ans Gitter, und ‹warnte› : im Augenblick ja keine Aufnahmen machen; es handele sich um allergeheimste Einzelteile ! Mehrere Warzen, gesellig lebend, auf seiner Backe. Und die beiden hasenschartigen Gespenster von Bankerten drüben, trugen den Dreck auch gleich unter so flügelmännischen Gesten von dannen, als seien sie bestallte Priester des TELEVISIUS. – »Der Gannef –« knurrte Ernst wohlgefällig; und klickte & knipste rüstig; er goutierte das, wenn Einer von seinem Beruf was hielt. Ich nicht : wenn ich schon ‹GEHEIM !› hören muß, da wird mir immer gleich wie unter Hitler-selig : Je bank'rotter der Staat, desto mehr muß ‹geheim› sein !).

»Na – : 2 Meter; 2 Zwanzig –«; der Durchmesser des Mastes nämlich. (Und sehr hohl mußte er sein : man sah 2 verdammt verließmäßige Türchen darin, oben der Halbrundbogen, dick umnietet, in Drei- und Vierfachreihen. Wie man denn die Nieten überhaupt nicht gespart hatte. Und die dürren, frech-gerenkten Stiegen, die zu jenen Türchen hoch kletterten ! In die feuerrote Röhre : Hinein !). / Wir sahen einander an, Ernst & ich; (was die Frauen dachten, wußten wir ja nicht; vielleicht an das naja ‹Pendant› ? – Rothäutig & hohl : ob man nicht richtiger von einer TELEVISIA denken sollte ? Im Innern zweifellos die Wendeltreppe, raffiniert ausgemergelt, zum 350 Meter auf- und abirren, wie bei Piranesi's : Einer der den Schlüssel hatte, konnte bestimmt, vorausgesetzt, es stand ihm das Herz danach, auch auf eine der 4 Rundumkanzeln hinaustreten, (zum Runterspringen war's eh zu hoch), und, muezzinmäßig, ganz ABU LAHAB, ganz ‹Vater der Lohe›, das Volk des Bundes aufrufen : ‹Auf zum Kwiss, oh Ihr Gläubigen; eilt an den Bildschirm !›). / DAS ZWEITE PROGRAMM : »Kenns'Du das Triptychon von Eberhard Schlotter ? Mit dem Text von Dr. Mac Intosh ?«. »Ich kenne dergleichen Namen grundsätzlich nicht.«, versetzte er erst, offiziell-borniert; dann jedoch, inoffiziell leiser : »Klar hab'ich die Mappe.« –

Das Verrückteste war ja immer noch die unzerstörte Landschaft ! (‹Verrückt› in Verbindung mit dem Monstrum hier.) Wenn man ihm einmal den Rücken kehrte, liefen gleich Sandwege vor Einem weg; so einsam, daß, wenn man einen ‹beginge›, man garantiert 3 Tage später noch die eigene Fußspur wiederfände. Lustig-ärmliche Bauernwäldchen zu beiden Seiten : (die ließen ja nie was hochkommen, die Herren Landwirte; gab es doch auch bei uns im Dorf noch mehr als genug, die nie 1 Gramm Kohle erstanden – »'n Fernseher haben se natürlich !« – vielmehr auf's unpflanzlich-barbarischste den Winter über einen halben Hain durch den rußigen Ofen jagten. »Die andre Hälfte dann im Sommer : Axt & Säge müßte's tatsächlich nur auf ‹Waffenschein› geben !«.) Felder (wie sagt man bei Binding's ?) ‹leicht hinauswellend in blaue Ferne›. (Und, noch blauer, ganz weit hinten, östlich wohl, irgendein ‹Elm›.)

: Was schnurrte denn derart impertinent ? ! – Schon drehte Ernst sich strafend wieder zu mir : »Siehs'Du : man darf doch mit dem Auto bis ran fahren.« Aber ich, kopfschüttelnd : »Nee, Du. Das' Einer von ‹Hinter dem Vorhang›. Bestimmt 'n Techniker. – Ah : siehs'Du ? !«. Denn der Betreffende hatte den Schlüssel zu einem der feuerverzinkten

Gehege; er fummelte, blickte flüchtig-intensiv herüber; (und schloß dann dekorativ noch längere Zeit : auch Du, mein Freund. Sie waren Alle sichtlich dankbar für uns Abwechslung.) / Und sahen uns doch, abrutschenden Blicks, flink-verworfen an. Und spielten uns näher – ; –.

Denn hinter jenem Bevorrechteten war's ausgestiegen, ein schickes Kuriosum, (auch unsre Frauen schlenderten unauffällig herzu) : ein weiß-violetter Burnus, ein dito Schal, (denn hier, auf der nackten Anhöhe, am Fuße des Mastes, zog es im Augenblick wie Hechtsuppe !).

»Odaliske« hörte ich Ernst murmeln : die Haut blaßrötlich & rauh; eine weitriechende Nase; Perlmutterknöpfe, die aus ihren Handgelenken zu wachsen schienen; sie machte die Augen fern & schneeig, und ließ sich begutachten. (Und immer *mehr* Runzeln, je näher man kam ! Auch Ernst zitierte schon enttäuscht : »‹Je nun; im Harnisch ist die Puppe schön.›«.) Und dann kam noch der kleine Junge aus dem Auto geklettert, machte ein paarmal den go-between, und krähte dann : »Du mußt warten, Mutti; Dein Ehemann iss' noch nich so weit.« (»Irrational –« hörte ich Ella kritisch murren.)

Und zurück zum Camperl. / Ella, vom Aufschließen erwachend : »Wie spät, Ernst ?« : »12; genau.« (‹Pan schläft›. Und wir quatschen.) / Und wulstige (anscheinend hohle) Wolken, unter denen wir rasch hindurchfuhren.

5

: »Bei *der Schwüle* ? !« –

Aber Paula war unerbittlich sanft; Ella leise belustigt; (und sadistisch besehen wurden wir von Beiden, wie wir so, abgestülpten Hemds, mit unwürdig-kleinen Bäuchen und mißmutigen Schafsgesichtern angetreten waren – hilflos, wie einst vor der ‹Musterungskommission› : auf den Tisch hätte Mann hauen müssen !). »Ach komm, Ernst; hatt keen'n Sinn.« Aber wir durften noch längst nicht; erst hielten uns die Zanktippen noch diverse dieser kleinen beliebten Vorträge.

: »Ein *guter* Mäher schafft 2 Morgen am Tage.« (Paula. Da es sich hier um einen halben handelte, und wir 2 Mann waren, machte sich die Nutzanwendung von selbst; wir schwiegen verstockt, und popelten lediglich im Nabel.)

: »Und bitte-bitte den lachsfarbenen Dahlien nichts tun ! : Die sind *so* süß.« (Ella : als ob wir das vorgehabt hätten. (Das heißt, wenn Die uns noch *lange* hier zwiebelten ... !). Mal rasch den Spieß umkehren.)

: »Und was gedenkt *Ihr* derweilen zu tun ? !«. Aber sie waren völlig ironiefest. »Wir ? Legen uns in'n Liegestuhl.« (Ella, unschuldig; so ganz selbstverständlich.) »Wir kochen Euch 'n Pudding.« Paula; um 1 entscheidende Spur – ich kann auch Bundesdeutsch ! – verständnisvoller.

Endlich allein. / : »'n Pudding ?«. Ernst, genäschig; aber ich bewegte nur wehmütig das Haupt : »Preßrückstände von Fliederbeeren mit Sago zusammengekocht : wird gegessen, aber nicht geschätzt. – Das heißt, der Geschmack ist ja verschieden.« fügte ich hastig hinzu, um seine ohnehin nicht übermäßig scheinende Arbeitslust nicht jetzt schon zu ersticken : »Hol ma die Sense aus'm rechten Schuppen.« (Und Der ging tatsächlich ! – Ich wartete erst noch, bis er halb drinnen war; und rief ihm dann, in einer unangebrachten Anwandlung von Barmherzigkeit, nach : »Stoß aber nicht das Wespennest mit dem Stiel runter ! Erstens legt Paula größten Wert darauf. Und das zweitens weißt Du ja wohl allein.« Er fluchte zwar den Fluch Cromwells; war aber, womit ich gerechnet hatte, doch zu feige, um entschlossen wieder umzudrehen. Und brachte das Wesen denn auch glücklich ans mulmige Tageslicht.)

Nun war er, als Asfaltpflanze, gottlob so morbide, daß das Gerät ihn schwer faszinierte : der Eschenstiel; das Wetzholz (ich befiedelte die mörderisch lange Klinge aber auch *so* verführerisch-geschmeidig, daß er sofort speckbachern aufstrahlte, WIR SENSENMÄNNER !, und atavistisch breitbeinig voranstakte.) / Den Rechen (aus Ellernholz !) ? : »Neenee, Ernst. Das Heu zusammenharken überlaß ma den schönen Schnitterinnen, 'from August weary'.«; (und es zwizerte gleich schwalbig und bestätigend aus dem Holunder. »Weißt Du, daß Schwalben nie an Bismarckdenkmälern nisten ?«. Er wußte es nicht. »Ihr wißt auch gar wenig südlich der Mainlinie.«)

»Erst rund-herum einen Rand schneiden –«; das machte ich vor, (und er ging vergnügt nebenher : Warte nur, Dein Stündlein schlägt demnächst !). Ich unterhielt ihn nach Kräften mit Bucolica : »Weißt Du, daß auch Ferkelchen Sonnenbrand kriegen können ? : An die Ohren !« : »Brauch'ich nich zu wissen,« versetzte er abweisend; »wozu hab'm wir 'ne Landwirtschaftsspalte ? Setzt ohnehin genügend Zank wegen ‹Zuständigkeit› in der Redaktion. – Was bedeuten denn die vielen Holzpflöcke hier im Gelände ?«. »Och. Paula hat wohl was gepflanzt dort –«; ich versuchte meine Stimme so ausdruckslos wie möglich zu halten, (während ich gleichzeitig den Eiertanz um die betreffenden Stellen vollführte; mit gebissensten Lippen, und kochender

80

Brust, aus allen Schweißlöchern wollte's drippen; einmal hieb ich an einen ‹Schönen Stein›, daß man es 3 Werst weit hörte : ! (und konnte natürlich anschließend 5 Minuten lang die entstandene Scharte auswetzen.).)

Sooo. / Stehen & jappen; (und die Hand vor'n Mund, daß die Zunge nicht raushängen kann : wenn ich das noch einmal überlebe, will ich's loben !). Flehend zu Ernst : »Has'Du nich was im Auto ? Du weißt schon : ‹Es erfrischt den Mund, macht wohlriechenden Atem, und heitert auf› – ?«. Er spitzte vorurteilsfrei die Lippen, und holte was. / Aber : »Auch Du, Ernst ?«. Ja; er auch. / »Hoffentlich sind die Aufnahmen geraten,« sagte er besorgt; »es könnte doch – theoretisch – sein, daß der Mast irgendwie ‹strahlt›, eh ?«. Theoretisch ja. Und das Getränk hatte mir doch den Mund dergestalt erfrischt, daß ich herrscherlicher mit der Sense um mich streichen konnte : DER TOD ALS FREUND !; (Ernst sprach auch den angemessenen Nachruf über jeden drittenvierten Schwaden.) / Und wieder die Pause nach einem Hin- und Hergang. – »Wieviel derartiger ‹Kehren› wären erforderlich, sag'sDu ?«.

25. Er wollte ein nachdenkliches Gesicht erzeugen; mußte jedoch nach einer nach Redakteursblut dürstenden Regenbremse schlagen (und titschte sich dabei dergestalt die Testikel, daß er, unbeherrscht wie stets, aufbrüllte ! »Ist auch 'ne Portion Leben, so'n Insekt« mahnte ich buddhisch-assisisch; aber vergeblich, der dumpfe Schmerz war wohl zu groß gewesen.)

»Neenee, Ernst : mähen kanns'De deswegen. Nur immer hin & her; ‹boustrophedon›, ganz einfach.« / Nun ging *ich* nebenher, nun quatschte *ich* dämlich. / Lachte auch vor Wonne wie ein Frosch, als der Roßkamm – wieso fiel mir grade das pampige Wort ein ? – prompt einen halben Dahlienbuschen absäbelte : »Ernst, Du mußt Alles auf *Dich* nehmen ! : Du fährst morgen wieder davon; ich muß Katz' aushalten.« Was er einerseits einsah; andererseits freilich, und nicht mit Unrecht, Paula fürchtete. Mit hochschlagender Brust schon nach dem ersten Durchgang. (Als ich sah, wie er heimlich nach den bunten Kopftüchern, drüben auf dem Kartoffelfeld, visierte, holte ich ihm-uns rasch das Doppelglas, um ihn-uns bei Laune zu erhalten.)

Erst das rotierend rodende Riesen-Rad; daneben der Duodez-Kuhfürst : fuchsrotes Gesicht mit weißlichen Borsten; eine Haut, an der sich der Stachel einer Hornisse verbogen hätte; hob auch die Arme in einer, ihm gar nicht zustehenden, priesterlichen Gebärde, (das zweifellos begleitende Röhrenbellenkommandieren hörte man erfreulicherweise nicht bis hierher. Zwerchfelliges Pack. – »Den'n kanns'De erzählen :

‹Mittwochs 'n neuen Bleistift anspitzen brächte Ärger ins Haus› : die sind so dämlich, daß dann, in 300 Jahren, 'n Volkskundler ankommen, und das ehrfürchtig als ‹Weistum› einsammeln kann.« / Und hin. Und her.).

: »Pause !«. Er schrie bereits hemmungslos; richtete sein Hinterteil gen Orient und ließ einer Gasbildung freien Abzug; (das viele Fliederbeermus, gelt ?).

: »Wie'n Kriegsgefangenenlager, Mensch!« (Er meinte zwar meinen hübschen neuen Zaun; ich reichte ihm aber, um ihn in Stimmung zu erhalten, erst die Flasche. Dann das Glas; (und er richtete es auch gleich wüst auf die 6 Kartoffelroderinnen in den Furchen, Nudipedalia mit Melkerinnenarmen). / »‹Hat keyne Larven für, ist schwartzbraun von der Sonnen.› ?« Er nickte Einverständnis, und nivellierte tiefsinnig weiter in die farbig bespannten Gesäße. / »Du, die führen vielleicht manchmal Gespräche mit'nander ! Ich hab ein Mal, hinter einem Busch verborgen, 5 Minuten lang zugehört – : Militär is'n Nonnenkloster dagegen!«. (Hier erhob sich, als hätte sie uns verstanden, eine junge bräunliche Gazelle aus den fruchtbaren hiesigen Ebenen; entpuppte sich als, höchstens 14-jähriger frecher Balg, der herübersah – und sich sofort, entschlossen, den Rock noch höher zog, geplagt vom eigenen Geschlecht. Je mehr Ernst hingaffte; (‹durch Verführtsein von dem Zeitgeist waldursprünglich Sansculotte›); »Wie wär's, Ernst ? : 'TO THE WOODS, TO THE WOODS' !«. Ihm fiel natürlich gleich morbid-briefkastiges ein : »Die Französische Republik erließ am 20. 9. 1792 ein Gesetz, nach dem jeder Junge von 15, jedes Mädel von 13, zur Ehe befähigt ist.« ‹Befähigt› schon. Ich jedoch, altersweise, (da er gar so flüsterte) : »Komm lieber hin & her.«). / Dann konnte ich aber doch auch dem Einfall nicht länger widerstehen. – »Wollen wir heute Nacht tauschen, Ernst ? : Ihr schlaft bei uns im Haus; wir im Busserl ? !« (Und er würdigte's nickend; und kannte die Schwächen des ‹Fleisches›. Gedachte auch der Wonnen der Abwechslung; und bejahte endgültig-gültig : »Abgemacht.«) –

»Komm, aushalten : sexmal noch hin und her !«. / Da Helios uns bereits die Hinterräder wies. Die Kartoffelmädchen, total verstaubten Chassis, heimstapften. Und Ernst lauter Dämmerungs-Lesefrüchte einzufallen anfingen : »‹AVALON› : ein ewiger Sonnenuntergang hinter blühenden Apfelbäumen. Inmitten einer Wiese dort, IDISTAVISO, der ‹Springbrunnen des Vergessens›. ‹Heldengeister› lümmeln, glasgeblasenleer, dort im englischen Raygras.« – : »Schön wär's –«; ich, keuchend kreuzlahm schweißüberflossen gebückt staräugig betäubt halbkreisförmig sektorensichelnd autochthon . . . . .

. . . . . und zuckte hoch ! So weibern kreischte's hinter mir : »Vor-

sicht-doch ! Der Schlehdorn-Carl ! !« – / Und das mörderische Gerät
zurückreißen : ! : ! !. / Und erst ma dumm hin gaffen; wo's dunkelrot aus
den Zehenspitzen des rechten Fußes lief. : alle Fümmwe sauber ange-
schlitzt ! (Und dann erst kam ein feiner, sehr skalpierender Schmerz. Die
Neilonn-Socke war auch im – ä-futsch.). / Eine Meinungsumfrage
ergab folgendes. – ELLA : »– perdü. – : Irrational ! –«. PAULA : »Siehs'Du;
1 Zweigel iss ab ! – Ich tu Dir SAGROTAN ins Wasser.«. ERNST : »Der
Rumpf eines Geköpften erbricht sich zuweilen noch.« – (Ich wollte erst
was sagen. Stellte mir dann aber den betreffenden Sprudel von Blut &
Kotze aus dem Enthaupteten vor. – Und, dekorativ von dannen hin-
kend, ab; ins Badezimmer.)

6

(Gewiß, es sah doll aus, die hellrote Badezimmer-Linie, die die 5 Zehen
nunmehr vorne verband. (Und noch längere Zeit verbinden würde !).
Und der LYSOL-Ersatz biß : na, da beiß doch ! / Aber es hatte ja auch
seine guten Seiten : zu Ende mähen mußte Ernst. Ich gepflegt-geschont-
bemitleidet. (Und das unvermeidliche Ringel-Werfen und Federball-
Spielen abends, würde mir für die nächsten 14 Tage auch erspart bleiben
– ich klebte das HANSAPLAST, grimmig-erfreut, dicker. (Obwohl mir
natürlich auch ‹Blutvergiftung› einfiel, Potz Amputation & Rente ! –
Och : wär' gar nich schlecht, wenn man den Scheiß-Beruf an'n Nagel
hängen könnte !) – Gar-kleb. Nicht-kleb. Schlecht-kleb !). –
    Und ‹leidend› im Liegestuhl ruhen. (Während die andern Drei, im
Trigon, hüpften & federballten – Ernst mit so muskelkatriger Ungrazie,
daß mir die Augen vor kraller Bosheit hätten hervortreten mögen :
serves him right !). / Dann – wie bei zunehmender Hochdrucklage wohl
unvermeidlich – trat noch das große Rad der Sterne hervor, ('MISTER
ORRERY'; Leiter des hiesigen Planetensystems – unwillkürlich fiel mir
der Fernsehmast wieder ein : ob da Zusammenhänge bestehen ? / Und
Die-da hupften & sprangen. Auf einer frisch-gemähten Wiese, ‹über die
eben der kühle Abend lief›, und dalberten miteinander.)
    Versammelten sich, tiefdurchatmend, um den Liegestuhl des
bedeutend-Kranken (und es duftete heimlich, Gemisch-panaromatisch,
nach Frauenschweiß & beginnendem Heu : hügelhand, talein, bauch-
nieder, ein krauser Steig zum Schweifen : schön.) / Und fernes Grollen ?
– Ich auskunftete ungehalten : »Strauß & einige seiner Zeitgenossen. Die
Artillerieschießplätze Munsterlager und Unterlüß.« (Und hörte Ernst

83

vor sich hin probieren: »‹Sie irren sich. ‹CANONICUS› entspricht mit
nichten dem einstigen Obergefreiten der Schweren Artillerie; sondern
ist überhaupt kein Dienstgrad der neuen Deutschen Bundeswehr.›« –
Idiotisch; & lukrativ : unser-Aller Signalement !). –
        Und bot den drei Jungen – ich war schließlich & leider-leider
der Älteste ! – das Doppelglas : ! / : »Das könnt Ihr jeden Abend hier
sehen.« – : »Nicht'och : über der Pferdeweide drüben ! – Kinder,
visiert ma etwas.« – Und da erblickten sie es denn endlich auch : die
2 roten Lichter übereinander; fern in Ost-Nord-Ost. / – : ?. – : ! :
»Der Fernsehmast natürlich ! Von heute Vormittag. –. – Wegen Flug-
zeugen wohl.« (Und sie spähten, 3 Junge, erinnerungsergriffen, mnemo-
technischer in die alrunische Dämmerung.) –
        Rasch noch jenen ‹Pudding› essen. / Ernst & Ich gaben einander
mehrfach verstohlene Tausch-Zeichen : !. (Anscheinend hatte Jeder
‹SEINE› in 1 verstohlenen Minute bereits informiert – sie waren seltsam
widerstandslos, ‹puddingen› eben.) / Die ergo ins Haus. / Und wir in
den Fau-Weh-Kämper : gleich bewegte sich der Vorhang grüßend-
untertänig; (als wir die Tür öffneten. – Oder war's nur die Zugluft ?›). /
»Hör ma. – Kuck ma. –« Paula befühlte gierig die ausgebreiteten
Lederlaken; und überhaupt ALLES ! (Lag auch die Zange bereit ?). /
(Lauter grünes Gras mit Klee sah man, wenn man die Augen zu-
machte – : – –).

                                      7

Weißer Nebelbogen überspannt. Den Arsch im Bette. (Verdammt
schmal dieses, als besonders ‹geräumig› angepriesene Gestell hier ! Paula
freilich war's egal; die bereitete sich sofort danach ein weiches Lager aus
mir, und schlief ein.)
        Das KÄUZCHEN DAS ALL'ABEND KAM flog auch um die Blech-
schmiede hier, mit dünnem ‹Juhu!›; (und ‹Hoho !› und ‹Bassa Manelka !›
und ‹Sieht er wohl, Herr Wirt ? !› und ‹Adjes !› und ‹Auf Widersehn,
Herr Wirt !›). Und im Haus die Beiden benützten Klo & Badezimmer
ärger als der Verlorene Sohn; (Und ab & zu sagte 1 Stimmchen süß &
sachlich auf »Es ist irrational«. – ‹Sie sahen von weiten, den Großherzog
reiten›; ich mußte ein bißchen feixen; und als davon meine Rippen
schnepperten, murrte Paula im Traum, (die Frau vom Eisenbahner-
nebenan, die immer zu gut bohnert, ist gestern selber ma ausgerutscht;
und hat sich am Fußende des Ehebettes 2 Rippen eingedrückt ! : gleich

schnepperten meine wieder; und Paula murrte länger (endlos fern das
klagende Drachengejohle eines Güterzuges : rothäutig, lang & steif, der
Mast-heute : Drahtseile, die sich, käfigförmig, von oben her über
Einen spannen, (ein ehemaliger ‹Gesinnungsgenosse›, jetzt ‹Ernst›
genannt, wollte mich durchaus vor ‹Verfolgern› verstecken ! (und
Zeichen der Gefahr waren ja unleugbar vorhanden : richtete nicht
1 Warzengesicht etwas herüber ? ! Schlich es nicht weiß & total ver-
schleierkauzt um-mich-rumm ? (ich schrieb erst noch hastig meinen
Namen in den Schnee daneben : daß wenigstens Etwas von mir auf
Erden zurückbliebe ! (Dann stieß Ernst mich aber schon vor sich her
in die heimtückisch-niedrige Tür, (die sofort noch enger wurde ! Packte
mich nicht schon Einer von der Koalition am Fuß ? ! : ‹MIR IST, ALS OB
ETWAS DEN FUSS MIR VERSEHRTE ! !› : ROLAND DÄUBLER ! (aber Ernst
schlug sie schollernd hinter mir zu. Der dachte nicht daran, & folgte
mir ! Und ich begann, mühsam, das Wendelgespinst der Hohltreppe
hinauf zu klimmen, (und die Drahtfalle wurde immer blecherner &
enger – keine Luft – : ‹JUGURTHA : JUGURTHA ! !« .....))))))). –

8

(Am nächsten Morgen mußte ich Paula als Allererstes den gedruckten
Nachweis bringen, daß es sich um *keinen Frauennamen* handele. / Ernst,
hämisch : »Altmodisches Nervenbündel ! – Aus Dir wird nie'n richtiger
Autoreisender.« Ella, neckisch : »Tschü-üs !«. / Ich wollte erst auf-
begehren : ICH ? : altmodisch ? ! – Sparte mir dann aber doch lieber
die Nervenkraft; möglich ist schließlich Alles !).

SCHWÄNZE

Zugegeben, es war etwas beengt : wenn man in den Schrank wollte, mußte man erst die Schlafcouch beiseite rücken, (und dann wiederum ging das Fenster nicht mehr auf; je nun, das ergab genau die kleinen Spannungen, die man als Künstler benötigt; wir waren ja schließlich keine Erz-Seifenfabrikanten, die nur noch inmitten elektrischer Ottomanen und laufender Diktiergeräte existieren können.) Und von außen sah das Fertighäuschen doch teufelsmäßig respektabel aus; umgeben von seinen 2585 Quadratmetern – das war der Schlager damals gewesen, und ganz merkwürdig klug von Caspar, wie der dem doowen Erben des reichen Bauern die große Familiengruft suggeriert hatte; und, was mehr ist, auch ausgeführt : Honorar eben dieses unser Grundstück. (Der Betreffende war zwar daraufhin von den wütenden Angehörigen prompt entmündigt worden; aber speziell in unserm Fall war nichts »zu machen« gewesen; da es sich, nach Ansicht des, wie üblich weltfremden, Richters um einen »Akt kindlicher Pietät und sippenhafter Gesinnung, wie sie unser Landvolk erfreulicherweise noch auszeichnet« gehandelt hatte – die Siegrunen & Sonnenräder waren von Caspar aber auch nicht gespart worden !). Jedenfalls konnte Einem zuweilen, wenn man so stand & sich umsah, (und des Amortisierens mal nicht gedachte), doch unversehens verdammt polykratesmäßig zumute werden.

»Asyl« ? Hm, gewiß; wir waren sämtlich dichte-derbe an den Sechzig; und ich persönlich merkte seit langem schon, wie mir, im eigentlichsten Sinne des Wortes, »Hören & Sehen zu vergehen« anfing, (den beiden Andern garantiert ebenso ! Aber die sagten's nicht; sie waren nicht ehrlich genug.) / »Essen« ? Na, beim benachbarten Bauern natürlich. Dem war's egal, ob da für 15 oder 18 gekocht wurde; wir zahlten Jeder unsre 100 Mark pro Monat, (und die wunderten sich noch ehrerbietig, wie wir »soviel Geld« hätten; die liebe Unschuld.) / Zweimal in der Woche kam die Reinmachefrau; (wodurch gleichzeitig das Kapitel »Liebe« erledigt war; die reichte massenhaft für uns Drei; im Alter handelt sich's sowieso nur noch um eine Art pornografischen Lachkabinetts. Der Schlimmste war, wie immer so auch hier, Caspar; ein gröblich sensueller Bursche, mit ebenso starken wie ungeläuterten Trieben. Achja.)

89

Am Tor also das wuchtige Schild :

CASPAR SCHMEDES, Bildhauer
JACOB MOHR, Komponist
J. B. LINDEMANN

Dies letztere ich; ich hatte das nicht nötig. Ich meine, Jott Bee Linde-
mann war schließlich in den Redaktionen der Provinzzeitungen ein
Begriff; die brachten gern jeden Monat einmal einen meiner Menagerie-
Artikel : von Dichtern, die sich ungern wuschen; Dichter beim Bauern;
Dichter und Geräuschempfindlichkeit; »Dichter fälschen Geschichte«;
»Manuskriptverlust durch Brand«. (Freilich, 7 Mark 50 pro Artikel ist
nicht überwältigend; aber wenn das Stück dann im Laufe der Jahre 20
Mal gedruckt wurde, kommen eben auch 150 zusammen. Wovon
allerdings 4 Mark Porto abgehen; Unkosten für Papier; das immer
wieder Neu-Abschreiben darf man nicht rechnen. – An die großen
Blätter kommt man nich ran; deren Aufgabe ist es ja anscheinend, die
»Experimentellen« zu finanzieren.)
    Immerhin hatte *ich* noch den großen Vorzug, daß ich keinerlei
»Aufwand« zu treiben brauchte; bei mir kam & ging Alles durch die
Post, God bless her. Wogegen Jakob, der Arme, dessen einzige Revenüen nunmehr darin bestanden, Klavierunterricht und solchen auf der
Geige zu erteilen, ständig an seinen schwarzen Anzügen herumzubür-
sten hatte – das Radfahren auf den staubigen Landstraßen und Bauern-
wegen griff ihn allmählich auch über Gebühr an. Das einzige, was ihn
aufrecht hielt und gleichsam entschädigte, war, daß er behaupten
konnte, er hielte die Verbindung mit der Umgebung aufrecht, und
unsern guten Ruf in derselben. Und wenn er so die Büchsen mit
Bauernleberwurst als Honorar anbrachte, die ‹Topfsülzen› und »Nagel-
holz«-Pfunde, dann war das ja ein unverächtlicher Beitrag zu unseren
frugalen Abendbroten. (Frühstück kannten wir seit 20 Jahren nicht
mehr; nicht etwa nur, weil es so billiger und bequemer war; aber als
geistig Arbeitender wird man von einer dicken Frühstückung ja dumm,
und mir war zu guter Stunde das schlechthin unwiderstehliche Schlag-
wort eingefallen, wie das »Morgenfasten der Gelehrten« etwas ganz
verehrt-geläufiges sei : ergo.)
    Das mit Abstand meiste Geld verdiente ja Caspar – der hatte seit
diesen 2 Jahren einen Schnitt gemacht! Aufträge wie neulich den großen
Satz Keksformen für Konditor Greinert, nach denen er sich früher, in
der schlechten Zeit, die Finger geleckt hätte, behandelte er schon ganz en

bagatelle; was hatten wir ihm nicht zusetzen müssen, daß er ihn überhaupt in Erwägung zog : 's ist doch nun mal 1 Zweig der Ornamentik ! (Den Ausschlag hatte schließlich gegeben, daß ich Giambattista VICO zitieren konnte : »Heraldik die Sprache der Heroenzeit !«. Sind wir doch umgeben von Reklameschildern mit Wappen & Devisen, »Haus Neuerburg«, »Sprengel«, "Second to none", »Mach mal Pause !«. Er hatte es dann doch, obzwar murrend, übernommen – gegen richtige solide Gründe sind die Kerls ja wehrlos – aber erst hatte ich ihm die Stelle noch gedruckt zeigen müssen; Caspar mit seinen 2 Metern ist sehr für »Heroen«.)

Im großen & ganzen krabbelten wir also, im Verhältnis zu so manch Anderen, immer noch behaglich durch die gelatinenen Flachmeere unserer Zeiten. Wenn Caspar mit seinem Motorrad in die Kreisstadt fuhr, brachte er getreulich mit, was wir ihm an Wünschen aufgegeben hatten : Senf & Einlegesohlen; Gips für sich; für Jakob einen neuen Taschenkamm; mir ein braunes Farbband, (und, aus der Stadtbibliothek, das, mit dem »auswärtigen Leihverkehr« eingegangene verschollene, und folglich ungestraft bestehlbare, alte Buch.)

Abends sitzen wir dann auf der Veranda. Er schildert das aufgeregte Treiben in der Stadt : die Häuser aus hellgrauem Zement und schwarzem Glas; die Backfische, in dem entzückenden Alter, wo die Zunge noch der einzige Lippenstift ist; (gleich kommt ein Windstoß und dreht der alten Weide sämtliche Blätter um). Jakob steuert Familienanekdoten aus der Umgebung bei, meist von reichen Gutsbesitzern; (im Holzstall schnarcht & kegelt unser Igelpärchen, dem wir einen BlumentopfUntersetzer mit den Abfällen hinstellen.) Ich referiere dann wohl über WITTGENSTEIN : »Das abstoßendste an den PHILOSOPHISCHEN UNTERSUCHUNGEN ist das unablässig-freche ‹Du› der Anrede«; und wir nicken alle Drei : das darf man mit uns nicht machen ! Bauer Lüders fährt mit einem Augiasfuder Mist vorbei, und grüßt freundlich : »Schöne reine Luft heute.«, (und das ist, obwohl man vor Gestank kaum Odem kriegt, keine Ironie; den Herren Landwirten ist ihre Nase völlig entbehrlich. Vielleicht sogar hinderlich.)

Und die Buddel, Sieben-Zehntel für 6,50 höchstens 7,75, kreist. –

*

Bis dann eben, so nach 3, 4, neuerdings auch 6 Monaten, diese bewußten Tage kommen.

(Ein »Gesetz« hab'ich noch nicht erkannt. Ob's irgend ein »biologischer Rhythmus« sein mag, (womit wir aber nicht mehr viel zu schaffen haben; ich sagte's bereits); oder ob es mit dem Wetter zusammenhängt ? Vielleicht ist der Mond schuld; so ein 14tägiges Dauer-Hoch, wo der Himmel klar bleibt, und man den spindelförmigen Unbestand immerfort genau verfolgen kann, bald Dolchstern bald Aschenkugel; man– selbst sitzt auf einem Stuhl mit geschientem Bein, vor der Brust tarantelt die Schreibmaschine; unwillkürlich macht man Notizen über die »Stimmen der Tür« : die kann flüstern und knarren, grollen und knallen, zischen (zumal im Winter, die Haustür, wenn sie draußen– davorgewehten Schnee wegschiebt, beim Ersten, der öffnet), ratschen kann sie; und, wenn Caspar schlechte Laune hat, donnern, er soll sich ma etwas beherrschen lernen !)

Und sofort merkt man's an den beiden Andern auch : die Blicke werden finsterer; die Gebärden abgehackter, verwilderter (Caspar ist imstande, und verbeugt, beim Grüßen der Nachbarin, dem jungen Mirabellenbäumchen den untersten Ast ab !). Die Ausdrücke werden drohender : »Wir-Künstler können, jeder Einzelne, mühelos das sogenannte Vaterland entbehren; nicht aber das Vaterland Uns : seht, wie schnell es, wenn wir, *trotz ihm*, groß geworden sind, Uns dann vereinnahmen will !«. Jakob hört man in seinem Zimmer stehen und seinen Namen murmeln, immer wieder; falls er heraus kommt, geht er schief und wütend an uns vorbei; und wenn er dann vermittelst der Leiter, die sonst immer der Schornsteinfeger benützt, auf den obersten Boden steigt, in den schrägen Dreiecksraum, in dem man praktisch nur kriechen kann – also dann wissen wir ja Bescheid. (10 Minuten später sitzt er hinter dem größten Stachelbeerbusch, mit einem verstaubten unförmigen Riesenband; und was auf dessen Deckel steht, weiß ich – speziell ich ! – ohne hin zu sehen :

DAS WALDRÖSCHEN, oder die Verfolgung rund um die Erde. / Opera seria in 5 Akten.

Und ich, der ich ihm einst, vor nunmehr 30 Jahren, das Libretto schrieb, kann auf die gleiche Distanz in Metern angeben, ob er bei der großen Skalp-Arie Doktor Sternau's ist; oder dem Terzett der über den Alligatoren-Teichen Zappelnden – the fog follow you all !).

Und wenn man am Schuppen, mit dem Dach aus Glasschindeln, dem »Atelier«, vorbei geht, steht drinnen der fette Gargantua an der Hobelbank, die Handflächen aufgestützt, vor sich ausgebreitet eine Mandel Handzeichnungen & Entwürfe – alle zum RIO JUAREZ, dem Sinnbild Mexikos, wo er in seiner Jugend mal 8 Monde lang weilte; und, sehr richtig, in der ersten überschäumenden Gesamt-Erinnerung den Plan entwarf, die antike Gruppe des NIL entscheidend zu schlagen, indem er jenen exotischen Gegenden »ihr Symbol« liefern wollte : BENITO JUAREZ, (»Portrait; der größte Indianer, den die Rasse hervorgebracht hat« kam an dieser Stelle unweigerlich), nackt gelagert; den angewinkelten Kopf an einen schwellenden Berg gelehnt, von der Gestalt einer Frauenbrust, darauf eine Art Gesicht angedeutet; das straffe Haar wasserflüssig-glatt; in der lässigen Rechten ein Macquahuitl, das alte aztekische Sägeschwert; über die geöffneten Finger der Linken üben zentaurische Indianer Reiterkünste; neben einem Teocalli, (einer Stufenpyramide; aber das weiß ja seit CERAM jedes Kind); in seinem Schamhaar mähen fleißige Schnitter; darumherum ringelreihen Frauen in Fruchtbarkeitstänzen; seine rechte Ferse zertritt gleichmütig einen maschinenbewehrten Weißen, während ein anderer ihm den großen Zehennagel zu polieren sucht. (Alles aus Buntsandstein übrigens gedacht; Caspar arbeitete, wenn irgend möglich, in Naturgestein; er hatte die Muskeln dazu – und wir den Krach, für den Jakobs Klavier auch hingereicht hätte. Na, vielleicht freu' ich mich ja noch mal, und sehr fern schien der Zeitpunkt nicht mehr, über jeden Laut, den ich überhaupt noch höre.)

Dabei – : Was soll denn das Alles ? ! Ich meine, man ist schließlich auch kein Gimpel ! Man hat auch seinerzeit an Teichen gestanden, und losgelegt :

»Narfen merren / Klöder drahlen, Flappe zullen / schwiedeln klinnen gullen flangen / Zasel tufen Mocke dusen / Wäppel elsen plinten lieschen ...«

also *mir* soll Keiner von »Avantgarde« vorprahlen, und wenn er *so* lange Haare dran hat ! Oder wenn ich an meine komische Epopöe denke, »DER DAMMRISS, oder die Pfarrerstochter zu Weidau«, (achja, meinethalben SCHÖN-SUSCHEN plus PRÄTZEL, ich gebe ja alles zu; dennoch würd'ich's nicht für einen ganzen Wald voller Eichkatzen missen mögen ! – »Otto Wegerich« übrigens damals mein Pseudonym. Naja. Jetzt machte ich moquante Glossen über Dichter, die in ihren historischen Romanen den Mond hatten scheinen lassen, wenn er weder im Kalender noch am Himmel stand.)

Dann sitzen wir natürlich, nach dem schnöden Mittagsfraß – irgendsoeine Kaldaunerei – ziemlich gefährlich auf der Veranda-umeinanda. (Ach, was heißt »gefährlich«; man sollte noch viel nüchterner sein !). Helle Trübe. Hitze. Zähnegefletsche und dünne Bäumchen (dicke erleben wir nicht mehr; Freund Hain kann jeglichen Augenblick Einen von uns vereinnahmen.)

Scheußlich, dieses so-Sitzen ! Weißlockige Wolken in brüllender

Bläue. Diverse Laubwände, aus vielerlei Grünen geflickt. (Ledernes Schraffiertes Zugespitztes Einzelnesschongelb ? Wenn man einem Mädchen proponierte, mit ihr mal PÄPSTIN JOHANNA zu spielen, würde sie sich vermutlich maßlos aufregen; dabei ist »Pope Joan« was ganz Ziviles.)

Jedenfalls muß man an solchen Tagen mit uns Kahlmündern einigermaßen vorsichtig sein. Jakob kann ausgesprochen »generalbassen« werden, (was ihm gar nicht steht; nicht mal zu-steht; HÄNDEL freilich konnte eine Sängerin mit steifem Arm zum Fenster hinaus halten.) Ich träume von einer »Royal Electric«, die rund 16 Hundert kostet: man könnte dann derart flink schreiben, »aber das Tanzen geht so schnell durch den Wald«, und vielleicht doch noch einmal den SATASPES (Herodot, iv, 43) erledigen – ich kann über dem typewriter-Prospekt sitzen, und dösen, stundenlang ...

Man redet uns jedenfalls in jenen Tagen besser nicht an, (Und am Tage darauf noch viel weniger !).

*

An eben solch einem »Tage darauf« war es, daß Jakob zu schräger Stunde heimkam. Ich vernahm das beinerne Geschepper; freute mich des Vernehmens; und verwünschte dann den unzeitigen Bicycleten, (es konnte ja nur Unangenehmes sein; »besondere Vorkommnisse« sind in unserm Alter ein andrer Ausdruck für Todesstreiche); und ging öffnen, immer quer durch die wahnwitzige Mittagsglut. Am »Atelier« vorbei – : Der meißelte drinnen wie ein Verrückter ! Bei der Hitze; der Kerl war tatsächlich unanständig gesund; (und senkte den Kopf doch wieder tiefer : es war halt der »Tag darauf«; stör'n wir'n am besten nich.)

Und auch Jakob schwenkte die tuchenen Arme wie der Verrückte, der er zur Zeit war : »Schneller schneller !«. »Geh vom Stacheldraht zurück« erwiderte ich stumpf; (und wir unterhielten uns noch eine Minute auf solcher Basis, bis ich das Vorhängeschloß ab hatte.) : »Was's'nn los ?«

: »Sie kommt ! Sie kommt ! Sie kann jeden Augenblick hier sein !«

Und allmählich kriegte er's raus aus der pfeifenden Greisenbrust (Der war tatsächlich weit weiter »hin« als ich; einerseits bedauerlich, andrerseits sollte man vielleicht doch noch nicht ganz so resigniert sein ?) : das Fräulein von Kriegk, die reichste Erbin im Dorf – was heißt hier »Erbin« ? Besitzerin war sie seit 2 Jahren, und elternlose Waise. Ach was »Waise« : ein 24jähriges Frauenzimmer, »selbständig«, »studiert«, »Fräulein Doktor«, »Germanistin«; (und folglich zur Zeit Lokalreporterin am Kreisblatt) – Fräulein Brigitta von Kriegk also hatte längst schon, (via Jakob, der mit ihr »Kompositionslehre« trieb), ankündigen lassen, daß sie uns Drei früher oder später zu interviewen, und anschließend, nach der Melodie »Klein–Worpswede«, den entsprechend-sinnigen Bericht abzufassen gedächte. (Ablehnung unmöglich; sie war die Einzige, die zugleich in Baar & Schinken zahlte.)

Mir fiel das Innere unseres Heimes ein. Dann das unserer Seelen. – »In 'ner Viertelstunde wollt' sie mit'm Auto nachkomm', sag's Du?« – und schon hasteten wir stöckelbeinig hinein; (»Tor offen lassen, Mensch! Wie sieht'nn das sonst aus!«); vorbei am Schuppen, wo die Rüstkammer sämtlicher Gewitter dieses Jahres zu sein schien –?. »Ach, laß'n. Stör'n nich. Du weißt, wie er an solchen Tagen ist.« (heuchlerisch. Einerseits unfair; andererseits konnten wir uns das ausschlaggebende make up anlegen.)

Dekorieren : die dreck'jen Teller in'n Schrank. Die dito Wäsche in die Bank–Truhen; (hätten Caspar doch informieren sollen; alleine schafften wir das ja gar nicht mehr!). Wir gaben's auch sehr bald auf; und verschwanden lieber Jeglicher in seinem Zimmer.

Die modernen Sandalen anlegen? (Dabei waren die steifen Holzsohlen eine Folter für ältere Menschenfüße; aber modern wirkte's natürlich; »aufgeschlossen«; wir durften ja keinesfalls den Anschluß verloren ... laudator temporis acti ...) / Nochmal rasch nachrasieren; (elektrisch; Caspar hatte dem Fabrikanten ein »Wappen« an die Einfahrt zur Villa liefern müssen : eine Saftschleuder und ein Blitz gekreuzt; das Motto CAVENDO TUTUS, »Secure in caution«, von mir gegeben. Der Mann hatte, wie die meisten seines Gelichters, nur »in Ware« gezahlt; naja, er hätte inzwischen schließlich auch pleite machen können.) / Im Zettelkasten, fliegenden Gefingers, unter »SENTENZEN« nachsehen – 3 Stück, vorübergehend auswendig gelernt und impressiv »abgebrannt«, würden ja wohl genügen. Aber welche? (Germanistin 24 einfluß- und auch sonst reich ... das hier eventuell. Oder war das zu »frei«? Ich kannte sie ja lediglich aus Jakobs verwaschenen Nicht-Berichten; der Bursche war einfach nicht fähig, den kleinsten Tatbestand objektiv zu schildern; sein Zeugnis war völlig irrelevant!). / Falls sie nach »Veröffentlichungen in Buchform« fragen sollte – und sie tat es bestimmt; sie *mußte* es tun – dann wurde es unangenehm. Erhabenes Lächeln verfing dann nicht; dann mußte die eine englische Kriminalschwarte ran, die ich zu Olims Zeiten mal übersetzt hatte; und der HADSCHI BABA des James Morier; der einzige Leinenband, den ich vorzuzeigen hatte. (Ob ich das Manuskript des DAMMRISSES vor mich hin drapiere? Da lag's noch, von

gestern, vom »Tage« her. Wie wenn ich's just »unter der Feder« hätte ?).
/ »Rundfunksendungen« konnte man, geheimnisvoll, erwähnen; das
war unüberprüfbar. Schon hob ich leicht die Aderhand, und äußerte
erhaben-leichthin zur Wand : »Sie (– eine Reportage) dient doch immer
zur Sichtbarmachung des schöpferischen Vorgangs, zur Unterrichtung
über unsere buch-stabile Existenz . . .« (bitterer werden) : »inmitten des
Volkes des ‹dicht er› & ‹denk er› ! –«
: ? . . . : »Tut. – Tut-Tut-Tut !«
(Und mir wurde doch ziemlich übel : Jakob hatte ja bestimmt das
gleiche Theater mit sich aufgeführt. Der sogar bestimmt vor'm Rasier-
spiegel; Opernheld eben. – Und beneidenswerter Caspar !)
: »Tuuut !« – direkt drohend, wie?

*

Und auf der Veranda sitzen. Und Stille (Sie war also, gottlob, auch ein
bißchen verlegen.) / Diese Gluuut ! Im Holunder schrie auch gleich
wieder der Vogel, wie eine Fahrradklingel älteren Stils; wie er heißt,
weiß ich nich. Unter einem Heufuder arbeiteten sich 4 hagere Räder
durch Staubkräusel hindurch.
(Und was'n Kind, Die-hier ! Fast 2 Meter groß. Dürr; aber schön-
dürr. Apart. Die Riesenschuhe noch hoch mit Holz & Kork besohlt.
Ganz glatter sandiger Bubikopf; der Wind hob ihr jedes Haar einzeln an.
(Augendotter & Nüsternhaare). / Sie hatte gleich Block & Bleistift aus
ihrem Ledertäschchen gezogen, und vor sich hin gelegt. Daneben die
Uhr : aber was für'ne Uhr ! Hinten & vorne aus Glas, (man sah's
drinnen hantieren und »unruhen«; mich würde der Besitz eines solchen
Dinges nervös machen); das Ganze in einer Art Miniatur-Autoreifen,
der leicht überstand, so daß sie absolut fallsicher war; naja, Die haben's
dazu. Aber der Aufbau einer solchen »Schutzwehr« war ja auch 1
Zeichlein der Unsicherheit; das genügte einem alten Psychologen wie
mir.)
»Ja. Leider noch ein ‹Monte Testaccio›.« (Der DAMMRISS; sie hatte's
gleich gesehen, und, Ehrerbietung in der kleinen Stimme, danach
gefragt – das hatte mir den Mut gegeben, Nummer 1, eben den
»Scherbenberg«, herzusagen.) / Die zarten Klüfte ihrer Zehen. Ganz
hauchleicht angeschmutzt : zum Küssen ! / Und die Schwüle, die
Schwüle. Da sie gestand : »Oh, ich hab' Gewitter gern.« fiel mir ein –
Triumph : mir fällt manchmal noch was ein ! – »Dann wohnen Sie
gewiß zur Miete ? – Wir, mit unsern Beständen an Kunstwerken im
Hause, verspüren zwangsläufig etwas Unbehagen, wenn's übertrieben

wetterleuchtet.« (Lächeln : allgemeine Entspannung; sie notierte erfreut.)

Jakob, den kannte sie ausreichend; mit dem machte sie nicht viel
her. (Nannte ihn wohl mal »Maestro«, gewiß; aber daran erkannte
man ja hinreichend, daß sie ihn als Opa betrachtete. War er doch auch
der Mann, der unsere Wäscheklammern durch Kerbschnitt zeichnete;
sie periodisch nachzählte; und sich immer wieder neu ärgern konnte,
wenn ihm 1 fehlte, an der ganzen-großen Zahl. Dabei ist es unvermeidlich.) / Perlgrau & nelkenbraun ihr langes Kleid. Auch Weißgrün
mit Violblau hätte ihr bestimmt gut gestanden. (Ach, man hätte herunter-
stürmen können müssen, athletischen Sprungs; einen Doppelband
der BRITANNICA gleich einem Falken auf der Faust; den Zimmermannsbleistift quer im Mund, wie eine glühend gemachte Machete ... : was
wollte sie wissen ?)

»Was ich gerade unter der Feder habe ?« – (hatte sich also mit
nichten geschämt, und genau den, von mir vorgeahnten Ausdruck
gebraucht. Etwas ernüchternd.) »DIE ‹KÖNIGSMÖRDER›«

»DIE ‹KÖNIGSMÖRDER›«

auskunftete ich würdig; »ich hab' da früher einmal« – (sprich
1930; oh, bloß den Finger auf den Mund !) – »eine umfangreiche
Sendung über die Richter Karls des Ersten, von Engelland, gemacht.
Wie sie hingerichtet wurden; emigrierten; flüchteten – kuriose Fata.
Auch mehrfach in der großen Dichtung behandelt : SCOTT; COOPER;
PAULDING. Undsoweiter.« Und sie machte doch interessierte Germani-
stinnen-Augen; (leider stützten eben 2 dunkelgrün gekleidete Coca-
Cola-Fahrer einen Besoffenen an unserem Hüttlein vorüber; sodaß
mein nonchalantes, »Es ist auch eine Ehre, jahraus-jahrein den worst-
seller zu liefern« wirkungslos verpuffte – jetzt wußte ich nichts mehr.)
Und es wurde auch gleich langweiliger; Mißgeburten von Worten,
unaufhörlich aus nassen-roten Mündern geboren, über dicke und dünne
Lippen; (das Gesicht zerkratzen sollte man sich : daß man sich nicht
mehr erkennt im Spiegel. Jetzt war sie noch ein hübscher Käfer; der
jedoch, seinem Knochenbau nach, lange leben würde, um danach
beträchtlich reizloser zu sein.) Wer ‹Verbindungen› hätte, erklärte sie
uns, könnte seine Autonummer gleich der Telefonnummer bekommen. (Hatte also Verbindungen; es wurde von Minute zu Minute
einfältiger !)

»Sie haben doch auch noch einen Bildhauer hier ? – bei Uns sind
ja alle Künste vertreten, wie ?« sie, erfreut. Und wir geleiteten sie
geflissentlich zum ‹Schuppen›; (geschieht Caspar recht ! Sie blieb zwi-

97

schendurch einmal stehen, und unterhielt sich graziös mit einer jungen Eberesche – von mir gepflanzt. Ihre Kehle glätter denn Öl.)

Vorsichtshalber, zu ihrer Vorbereitung – wußten wir doch selbst nicht, was wir jetzt Alles zu sehen bekommen würden; es war immerhin der ‹Tag darauf› ! – »Schließen Sie wenigstens aus der Beschaffenheit aller Dinge auf den hohen Grad der Unschuld & Einfalt unseres Lebens hier.«

*

(Und es blitzte und donnerte. Je näher wir kamen.) Und auf die Tür – : da stand der Riese ! Die großen (schwammigen !) Muskeln zuckten und otterten; den Meißel hatte er genau zwischen einen Pferdepopo gesetzt, und trieb ihn da-hinein, wie wenn es sich um Lehm handele und nicht um Königshainer Granit : ! : ! ! : ! ! !. – Das sah vielleicht aus, als er sich umwandte, und die dünn-blaue Qualm-Arabeske gleich einer Jugend-stillinie zu seinem drohenden Gesicht hochschwelte : die Zigarre im Nabel ! (Ihre Augen, zuerst gekocht-erstarrt, begannen gleich zu leuchten, wie faules Holz. So ein Biest !).

»Das donnert ja ordentlich bei Ihnen ! Wenn man näher kommt.« Also Fräulein v. Kriegk. Und Caspar zurück, nach neanderthalisch-kurzer Musterung : »Wenn ich ein Blitz wäre, würde ich immer nur in Sie schlagen !« (Mit gedunsenem Mund und geschwollenen Augen; sie wich dem Schatten seiner Faust schon nicht mehr aus.)

»Darf ich fragen was Sie zur Zeit-ä .... ?« (»unter dem Meißel !« getraute sie sich diesmal nicht; bei mir hatte sie's ohne weiteres getan.) Und Caspar tat den üblichen unverschämten Blasebalg-Zug aus der Brasil; stopfte sie sich wieder mitten in den Bauch; und grölte thoren :

»SCHWÄNZE !« –

Sie bebte; mirabellenäugig; hielt's aus. Und genehmigte, mit leicht geöffneten Lippen auch noch, Caspars Erklärungen : jegliche deutsche Stadt hatte sich, »vor dem Kriege«, mindestens 1 Reiterdenkmales erfreut. Sämtliche Rosse hochgebäumt; oben drauf der Betreffende, im metallenen Frack und Federhut; die Rechte mit dem Zeigestock zum Beschauer hingestreckt, wie wenn er sagen wollte : »Sie, mein Lieber, qualifizieren sich auch täglich schlechter !«. Nun waren aber die kur-fürstlich-großlockigen Roßschweife meist nur an einer, höchstens zwei, punktförmigen Stellen befestigt, die also prädestiniert waren, bei der ersten Luftmine nachzugeben. Resultat : nach 45 standen so gut wie sämtliche Standbilder ohne Schwänze da !

Und Caspar war nicht nur Spezialist für Tierplastik; sondern kannte vor allem den zuständigen Regierungsrat von der Schule her; und machte folglich, disons le mot, seit geschlagenen 2 Jahren *nichts als Schwänze*! Pferdeschwänze, Bisonschwänze, Drachenschwänze, Pfauenschwänze, Alles-was-einen-Schwanz-besitzt, wurde durch ihn neu beschwänzt. (Und was hatten sich da nicht schon für Finessen ergeben – da er grundsätzlich Säuger-Hintern fotografierte (mußte er es nicht ?), hatten ihn Beamte der Sittenpolizei verfolgt : § 176; »Unzucht mit Tieren«! Im Zoo war man dem Unseligen auf den Fersen geblieben, wie er den Bestien da pausenlos in die Gesäße spähte; »Sodomie« ist ja kein Kleines. Am Ende hatte er grundsätzlich mehrere Bescheinigungen von Behörden bei sich geführt, eben des Sinnes, daß er Derjenige-Welcher sei, der die lädierten Denkmäler; und überhaupt zu solchem Tun berechtigt.)

Sie sahen einander an : die dürre Ziege im Sommerkleid; der Polyphem mit Eisernem in jeder Faust; ihre Münder waren praktisch auf gleicher Höhe. Der seine begann sich frech zu verzerren : »Wollen Sie die Entwürfe zum RIO JUAREZ sehen ?!« kommandierte er (der lag ja auch »von gestern« noch drinnen.) : »Nackt. In der Rechten ein Macquahuitl. Den Kopf an einen Berg gelehnt : in Gestalt einer Frauenbrust!«; und brüllte derart brutal, der Kerl, daß wir uns ganz erschrocken umsahen – !

Er hielt ihr die Tür offen. Mit bemeißelter Faust. Noch einmal wulstete es (widerlich !) in seinem Muskelfleisch. »Mejia« – sagte auf einmal ihr fadenförmiger Mund die Schulkenntnisse auf : »Miramon; Bazaine; Kaiser Maximilian : MIRAMAR!« Er gleich, verheißungsvoll grollend : »Miramar.«

Sie verschwand im sich weiter öffnenden Türmaul. Sie wußte eben zu viel : widerstandslos durch Überbildung. (Der Lump zwinkerte uns noch hämisch & majestätisch her. Und der Cotopaxi seines Wanstes qualmte. Umschlingwallt von Obscurridaden.)

*

Und wieder auf der Veranda sitzen. – Ich, unbeweglich, vor'm DAMMRISS. Jakob umarmte seine Leibkatze; (ging auch einmal hinein, »Ordnung machen«; ich hörte ihn, seiner grauslichen Gewohnheit nach, bei jedem Handgriff zählen – 1 Hemd wegzustauen benötigte er ungefähr 25; Himmel-ein-Bär !)

30 Minuten. Die Sonne begann zu bluten; unten lief's ihr rot raus; da half keine graue Wolkenbinde. Ein Knabe, das ovalgestutzte ‹4711›-Schild vor der dünnen Brust, galoppierte dröhnend, mit Birkenlanze, gegen den Nachbarssohn vor – vielleicht ein Artikel : ‹Über die Anregung moderner Dichter durch Prospekte & Reklameplakate› ? Jakob erschien wieder, und berichtete, mit kurios-veralteter Stimme, von dem Beamten-Ehepaar in der Kreisstadt, deren Sprößlingen er Guitarre beibrachte : Er hatte neulich, hinter den kümmerlichen Beständen seines Bücherregals das wasserhelle Fläschchen hervorgeholt; darin der Embryo; stolz : ‹Mein Sohn›.»Dann wird Sie ja demnächst mit Gallensteinen ankommen.« Armer Jakopp. (Kollerte & narrte es nicht im ‹Wirtschaftsgebäude› drüben ? Aber er – der ja schließlich ‹vom Ohre› lebt – bewegte nur verneinend das hohe-graue Haupt:»Nur die Igel.« / Also wieder sich selbst in den Arm nehmen. In Ermangelung eines Besseren. / Und schweigen; hutzelseelig.)

Nach 90 Minuten dann ein »Gitta –«; (unverkennbar Caspars Stimme; wer hätt's wohl auch sonst sein können ? Idiotisch.) »Ich bring' Dich zum Tor.« (Hinterherlugen : Rock zerknittert; an der Bluse fehlten mindestens 2 Knöpfe; das Haar bezeichnend zerstrubelt. Und Jakobs Hand schlug unwillkürlich den Takt seines ‹Hochzeitsmarsches› aus dem WALDRÖSCHEN; wenn dann der Großherzog von Hessen-Darmstadt in den Festsaal geschritten kommt. Daneben der Herzog von Olsunna.)

*

Unnütz zu sagen, daß 8 Wochen später geheiratet wurde. (Wir blieben selbstverständlich in unserem Häuschen wohnen; ich hab' keine Lust, ‹junges Glück› zu stören.) / (Lieber auf der Veranda sitzen; vor'm DAMMRISS : einmal kommt der Vermummte Herr ja doch.)

Haben auch weit mehr Platz jetzt. Und weniger Krach. (Essen wird uns allerdings gereicht; aus der überdimensionalen Gesindeküche. Ich ‹wende› jedesmal sofort danach 1 Lied – GAUDY, oder sonstwer komplett Unbekanntes – Jakob vertont's umgehend; und ‹Gitta› singt's kühnlich ‹vom Blatt›. Ich bin dafür, zu bezahlen, was man kriegt.)

(‹Das Gnadenbrot essen›, gelt : so weit ist Jott Bee Lindemann noch lange nich !).

*

Chr. M. Stadion :
J. B. LINDEMANN EIN PLAGIATOR !

Ich glaube mich zum Sprecher des gesamten gutbürgerlichen Lesepublikums zu machen, indem ich gegen das vorstehende Produkt schärfsten Protest einlege ! Und zwar nicht nur der unglaublichen »Geisteshaltung« wegen, die vor den widerlichsten Obszönitäten nicht zurückscheut, wenn es einen billigen Effekt gilt – diese wird ihre Abfertigung an anderer Stelle erfahren; in meiner »Geschichte des Niedergangs der deutschen Literatur seit 1945«, Abteilung 4, »Niedergang der Kurzgeschichte«, II, S. 743 ff. des (leider noch ungedruckten) Manuskriptes – sondern vor allem des sogenannten »expressionistischen Gedichtes« wegen, dessen Herr Lindemann anscheinend einmal mehr die Stirn gehabt hat, sich zu rühmen. Ich beobachte das Treiben dieses, ich wage das Wort : SCHARLATANS !, seit Jahren; und habe mir, unter anderem, eine beglaubigte Abschrift auch jenes »Gedichtes« zu verschaffen gewußt. Hier ist es zunächst, in Lebensgröße (die Marginalien, und ich sehe nachträglich, ich nahm wahrlich unverantwortlich viel guten Willen zusammen, entstammen meiner Feder) :

LÄNDLICHER SPAZIERGANG

I
Klöder drahlen
Flappe zullen
Fäsen schleipen schlinken söllen   am Teichufer
schwiedeln klinnen gullen flangen
Sieve plumpen Rölsen schwieken
(Nixen mummeln ?)   Unsinn ! Nixen gibt es
Zasel tufen   nicht.
Kausche schlutten uchten flahnen
Schwerdel glitzen Mocke dusen
Wäppel elsen pinten lieschen   Wasser-Ober-Fläche,
Schilfe binsen Teische tageln   von Fischen gebuckelt ?
(oken ?)
Narfen merren.   also Froschgequarre

2
Sprehnen wirteln Osen laschen
Flatten spaunen Beischen brusen
kinschen preußen Rengen dendeln

anscheinend Beginn
eines Wald-Saums mit
Moosen und Heideln

3
Muche modern Fiste buffen
Kunze trüffeln bolzen killen
Morcheln bregen rimpeln hirnen
Reische nollen Brande matzen
Pöhle nippeln Schwämme stuppen

Aha ! : »Pilze suchen«. –
Der Verfasser ist
bekannt für dies Motiv.

4
Dingel margen Rodel lingen
Hilpen flurren Nemnich ill'gen
Rahlen raspen relken granten
Dratteln schraden grampen sporkeln
Fratten-Flassen-Schroben-Dören
Zauken tacken Saaren sprätzen
Spricken ocheln reschen ramseln
Bromen spieren sicken muhren
Haden rinsen
Sungen eiben
Pappeln Hessen Linden müllen
lahnen jäcken pattel jugeln.

English "margin"
Farnfeld ? Schwer festzustellen.

Also das ist ja nun
unverkennbar Dornen-
Gedränge & Unter-Holz –
aber warum muß er auch
durch sowas durch ? !

»Brombeeren« ! – Man
kommt ihm schon auf
die Spur !
Ergo Laub-Bäume; mit
anderen Worten : wieder
1 Waldrand. – Da ohne
»r« : Frage : Plagiat von
Brockes ? ! Zuzutrauen
ist's ihm !

5
Roggen schwaden simsen schnöten
Senden schmielen Riesche seggen
Tremsen disteln strallen Zetten
Krappe effern Wutten jocken
Malche gadeln kleppeln kossen
Hiefen schwadeln Hirse jossen
wolcke streppen Klissen bucken

Felder; anscheinend
stark verunkrautet

ja; ziehen nun Cumuli
auf, oder nicht ? !

6
Foben lienen Otten limmen
Näven putten glahnen bralen
Redern küren Flieder gumpeln
Flitten wullen ? Rauten tringeln.

Dem ist alles – pff !
»prahlen« ?

wohl das Hin- und Her-
Schwappen der Blüten-Dolden

Locke loren wippen alben
Mohne naden Glumen nielen
Merke holdern Elpen gindeln   Erst »Steingarten«; dann
Frehmen girren Zeideln felben   wieder weicher
Lorschen grischen brahnen questen   vom englischen
Kruppen kuhnen   "question"?
Schelfe käfen   Käfer? Schädlinge?
Winden myrthen hinten nach.

7
Kürbse nallen toppen böllen   fast zu leicht! –
Zwieren noden   Natürlich der sich
                                               anschließende Obst-
Klammen zöden   Garten des Bekannten!
Schruben zwetschen
Spillen pimpeln
Schwallen prummeln Gohren wispeln   Vom englischen "plum"
Wauden druten Rullen hulken   oder vom französischen
                                               »prune«? – Bitte in
Holste humpen Kneyen zumpen   Zukunft präziser!
Heppen wären Burren wersen   »ump-ump« wie plump!
Kohle knoppen Knecke möhren
Knippen lennen Wilche spargeln
Melden kressen Brensel schnoppen
Schirken drumpen? Knöre irgeln?   Spargel? – Es kann
was – : sogar Sparke rampen?!   kaum sein!

*

Risum teneatis, amici! Und nicht nur dieses; sondern es sei ausgesprochen, das Ungeheure: *jedes einzelne der betreffenden »Worte« findet sich in*
OKEN's *»Naturgeschichte«,* wo es als (sinnlos verdeutschter) Gattungs-
name von Pflanzenoderwasweißich figurieren muß! Oken sei's verziehen; im Donnerton aber ruft die Volksstimme: Quousque tandem,
Lindemann?!

*

J. B. Lindemann :
NOTWENDIGE ERKLÄRUNG

Zu dem, ohne mein Wissen & Willen veröffentlichten – also widerrecht-
lich : wir sprechen uns noch, Herr Stadion ! – unverächtlichen Versuch
meines ‹LÄNDLICHEN SPAZIERGANGS« wäre, nachdem die gutgespielte
Fach-Entrüstung ob des »Plagiats« oder »abgestandenen Expressionis-
mus« rascher als jener berufene Querulant sich erhoffte, abgeklungen,
ist, Folgendes nachzutragen – und ich möchte betonen, daß es sich, um
mich exakt-bundesdeutsch auszudrücken, dabei um »ein echtes Anliegen« handelt; denn demnächst werden der Menschheit ganze Gestirne,
MONDVENUSMARS, sich vorlegen; Gesteine aller gemusterten Arten,
kuriose Landschaften, Lebewesen wenig comme-il-faut, von den Erleb-
nissen der Raumschiffahrt (»Liebe bei Schwerelosigkeit« : wir-hier, und
nicht nur Freund Schmedes, bejahen, mit Maßen, die Sinne, Herr
Stadion !), noch ganz zu schweigen.

In Erkenntnis dieser Tatsache – obschon nicht viel »Erkenntnis« zu
so was gehört; simpler gesunder Menschenverstand tut's vollkommen –
hat sich, wohl in unbewußter Nach-Vollziehung dieser-meiner Einsicht
(ich bin mit dem Vorwurf des »Plagiats« nicht so schnell bei der tintigen
Hand), ein neuerer junger Autor in seinem Buch vom »KAFF, auch Mare
Crisium« den nachdenklichen Scherz geleistet, und einen »Benenner«
mit auf den Mond verfrachten lassen; der natürlich, »ein echter Dichter«
und ergo ebenso stinkfaul wie anti-technoid, entscheidend versagt. Und
ob ich auch die leichtfertige Behandlungsweise des Erwähnten nicht
billigen kann, bleibt das Problem-selbst deswegen ernst und dringend.
(Obwohl unser Deutsch schwermütigerweise hierfür schwerlich noch
benötigt werden wird; Russisch & Englisch dürften als kommende
Sonnensystem-Sprachen zuständiger sein.)

*

Was not täte, wäre eine Voll-Biegsamkeit der Sprache; die, sei es von der
Orthografie, vom Fonetischen, oder auch von den Wort-Wurzeln und
-kernen her, imstande wäre, z. B. in einer Flüssigkeitsfläche hin- und
herschwappende Lebewesen rasch und bildhaft-überzeugend à la Neu-
Adam zu inventarisieren; ja, noch brutal-fähiger, zu »vereinnahmen«.

Infolgedessen – und, ich hebe es noch einmal hervor : von dem
Ernst der Lage vermutlich durchdrungener als die meisten meiner
Zeitgenossen – habe ich mir mit dem verehrt-unwissenden Leser diesen
Nicht-Spaß erlaubt :

es gab nämlich bereits einmal, in lieben Deutschlands Mitten, eine »Schule«, die über die notwendige Sprachgewalt verfügt hätte; ich will sie, nach dem mir geläufigsten ihrer Führer, die OKENsche nennen. Lorenz Oken (eigentlich »Ockenfuß«) wurde in Bohlsbach, Schwaben, am 1. 8. 1779 geboren. Studierte die Medizin in Würzburg; noch mehr in Göttingen; und wurde sehr bald Privat-Dozent. Ging 1807 auf Anregung Goethes als Professor nach Jena – legte allerdings, auf Anregung Desselben, 1819 diese-seine Professur wieder-nieder (auf die Gründe komme ich gleich zurück). Anschließend lebte er als Privatgelehrter am gleichen Ort; wo er 1822 die bekannten großen »Naturforscher-Versammlungen« ins Leben rief. Ging 1827 nach München. Von dort jedoch, durch gewisse »Kreise«, die zu nennen heute wenig opportun ist, bald verdrängt, folgte er einem Ruf an die Universität Zürich; wo er dann auch, fleißig & frugal bis ans Ende, am 11. 8. 1851 – also eben 72 Jahre alt – gestorben ist.

Dieser Lorenz Oken war nichts weniger als ein flacher Kopf!

Ganz abgesehen von seinem, ziemlich bekannten, Streit bezüglich der Priorität der Entdeckung des »Zwischenkiefer-Knochens« mit Goethe – die »im allgemeinen gut unterrichtete« ENCYCLOPAEDIA BRITANNICA (ein Beiwort, das, ich weiß es wohl, eigentlich nur dem RHEINISCHEN MERKUR zusteht) nimmt übrigens eindeutig Oken's Partei! – hat er eine große Anzahl sehr anregender Schriften veröffentlicht; und Wendungen wie die vom »Rotierenden Gott« oder dem »Universum als Fortsetzung des Sinnensystems« dürften unseren schick-modernen Mystikern gar lieblich in die feinen Ohren klingen.

Seine absolut bedeutendste Leistung jedoch war seine Zeitschrift »Isis«; die von 1817 bis 1848 einschließlich erschienen ist, und die nicht nur (wie böswillige Rezensenten, bzw. die Verfasser abgelehnter Beiträge sich gern ausdrückten) von »Freßwerkzeugen der Insekten« gehandelt hat; sondern in mehrerer Hinsicht eine führende Rolle spielte. Ich will hier nur die Literatur anführen – etwa den berühmten Streit mit FOUQUÉ; die erste Übersetzung des KALEWALA; oder aparteste sprachliche Neuerer wie K. Fr. Wildenhayn. Aber auch die Politik wurde nicht vernachlässigt – insofern handelte es sich freilich um eine durchaus »undeutsche« Publikation. Dies übrigens auch die Handhabe für das ekel-tatkräftige Eingreifen des dickbesagten Herrn Goethe; der Oken – imgrunde wohl verärgert über jenen »Zwischenkiefer« – auf dem Umweg über das großherzoglich-weimar'sche Kabinett vor die »Wahl« stellen ließ, ob er seine »ISIS« oder aber seine Professur aufgeben wolle?

Nur, daß Lorenz Oken – wahrscheinlich der Seltenheit halber; nur die »Göttinger Sieben« waren ähnlich »Männer« – unerwartet-anders »wählte« : er verzichtete auf die Scheiß-Jenaer-Professur; und führte lieber seine herrlich-berüchtigte »Isis« in Rudolstadt weiter ! (Hier wäre übrigens Stoffs genug für einige Dutzend Doktor-Dissertationen; denn das in den 30 Jahrgängen enthaltene Material ist wirklich unerschöpflich : re-printer, herhören !)

Nun war Oken aber erfreulicherweise nicht nur »Natur-Filosof«; sondern gab auch, etwa ab 1802, wichtige und an Umfang immer zunehmende Groß-Nachschlagewerke über Biologie heraus. Das zeitlich letzte war die »ALLGEMEINE NATURGESCHICHTE FÜR ALLE STÄNDE; Stuttgart 1839–42; 14 Bände«; (und wer ein Spezial-Interesse daran haben sollte, Dem sei empfohlen zu vergleichen, was der mit Recht so genannte »GROSSE BREHM« daraus gespickt hat – die 5%-Klausel ist garantiert übersprungen !).

Hier nun, wie auch in früheren Veröffentlichungen schon, gab Oken eine umfangreiche neue »Deutsche Terminologie« der Pflanzen- und Tierwelt, die so vorzüglich war, daß sie sich schon deshalb nie bei uns eingebürgert hat; obwohl die Namen, zum weitaus größten Teil, in ihrer Bildhaftigkeit schlechthin entzückend sind ! (Angelehnt an Vorgänger wie NEMNICH / ILLIGEN / WOLCKE; die ich deshalb in mein »Gedicht« prompt eingearbeitet habe.)

Da es sich bei solchem Versuch um eine Anregung handelt, dem denkenden – nicht nur »Leser«, sondern auch präsumtiven »Fachmann« – unentbehrlich & anregend, habe ich mir schalkische Freiheit genommen, die im Bande 3 b, auf den Seiten römisch III–VII, vorkommenden »Ordnungen und Zünfte« am Leitfaden eines »Ländlichen Spaziergangs« vorzuführen. (Und möchte ausdrücklich festgehalten wissen, daß ich der Okenschen Namengebung mit nichten Gewalt angetan; vielmehr die Teichflora dem Teich, die Pilznamen den Pilzen, gelassen habe.) –

»Narfen merren« – : kennen Sie ein schöneres »Röcheln im Röhricht« (um es Vossisch-Louisen-haft auszudrücken) ? Kann etwas schöner Joyce-mäßig gleichzeitig von »Larven« und »Narren« (gleich »Narretei der Frosch-Herren« !), von »quärren« und »marxen« herkommen ? –

: Was Uns fehlt, sind nicht Berufs-Offiziere, -diplomaten, -theologen, -juristen : »Benenner« brauchen wir ! ! ! –

So etwa, Herr Chr. M. Stadion, hätten die Anmerkungen eines denkenden und ehrlichen Mannes zu meinem »LÄNDLICHEN SPAZIER-

GANG« gelautet – beides freilich Eigenschaften, deren der Verfasser eines »Niederganges«, der Übersetzer einer »Gelehrtenrepublik«, entraten können mag.

DER SONN' ENTGEGEN ...

Es war natürlich schon weit später ‹an der Uhr›, und, obwohl noch
voller Tag, würde uns binnen 10 und etlichen Minuten ein Mondauf-
gang vorgeführt werden – wir wölbten angeregte Brauen und lächelten
dementsprechend : das hatten wir in der Stadt lange nicht mehr zu sehen
bekommen ! Auch die Wolken waren hier längst nicht so geschniegelt,
wie bei uns. Beleibte Gänse (mit der dazugehörigen beleibten Zwölf-
jährigen dahinter). Ein Junge, der mit einem Strickende das Coca-Cola-
Schild am Lattenzaun des Dorfkrämers geißelte : auf dem Rasen dahinter, wie zufällig stehen geblieben, die mit Blumen bepflanzte Schieb-
karre (sic ! und der Affe in mir amüsierte sich großartig – so ein
Landaufenthalt im Herbst hatte mir gleichsam noch gefehlt.) »Schnell ! –
Drauf schlagen !« brüllte Friedrich ô Feral; und ich rannte gehorsam
hinter dem glühend gaukelnden Papierleichlein drein, und knüppelte es
mit der Mistgabelbreite nieder : !

Die Damen immer noch im Bad ? Bei kunstlos-ländlicher Toilette,
(um unsere armen Sinne völlig zu verwirren, was ? : ‹âne mâzen
schône›.) Wir visierten über die Schraubverschlüsse unserer Taschen-
Flaschen hinweg, türhin … ? Anscheinend waren die noch lange dabei;
gut; sogar sehr gut. Peter trug eben den Karton mit den Stachelbeerdor-
nen herzu; bebte auf – er hatte vor lauter Dichterneugier nachsehen
müssen, was darinnen sein könnte, und sich prompt in die Finger
gestochen, (Gewimmere & Gemere : ich sage ja, so ein Landaufenthalt !
Kühe, mit Ketten um die schwarzen Gesichter treten Einen unversehens
hinter einem Holunderbusch hervor an. Ledum palustre weicht kokett
zurück und lockt den unschuldigen Wandrer ins Seichte – wer wäre
schon nicht anfällig für so viele ‹u› ?). Dennoch proponierte Peter,
im Kommen, über den belutschten Finger hinweg : »Nicht ‹Kühe› :
FRAUEN ! – Frauen mit Ketten, Goldkettchen, um die weißen Gesichter;
stellt Euch das ma vor – na ?«. Wir stellten es uns kurz vor.

Fritz Voß – (wieso wir für ihn auf ‹ô Feral› gekommen waren,
wußte selbst ich nicht mehr; er ärgerte sich auch immer wieder genug-
sam über das feinsinnige ‹o-mit-Dächel›; wohl aus irgendeinem Goethe-
Jahrbuch. Demnach konnte es aber auf keinen Fall von Peter stammen;
der las, ein echter Dichter, ja nur Krimis.) – Fritz also winkte als Erster

ab; war er doch auch als Erster von uns über die 50 gekommen, und schätzte seine rötlich blickende Barbara vermutlich nur noch theoretisch : klein & hager, dürre weiße Zöpfe neben frechen Augen, (die übrigen Teile des Gesichtes ziemlich einfältig) – und da Goldkettchen drum wickeln ? ! »Laßt bloß kein Wort von sowas fallen.« mahnte er auch gleich besorgt. Dann wieder, feldherren, wie es dem Versicherungsmathematiker, ‹Du grinsest gelassen über das Schicksal von Tausenden hin›, so wohl ansteht : »Jetzt 2 große Gabeln Heu drauf !« –
– : erst ein feines Knistern und Knackern. Dann viele spitze Zünglein unter'm Nessus-Netz aus Halmen. Eine dicke gelbweiße Qualmdecke bauschte sich auf; waberte unentschlossen 1 Handbreit überm Feuerhaufen ..... : und warf sich dann direkt über Peter; (weg war er; man hörte nur noch sein Husten, und wie er protestierend trampelte. Da 1 Schleierlein auch zu uns herwehte, faßte Fritz, vornehm angewidert, den Grützbeutel oben auf seinem Scheitel, und bog daran seinen Kopf zur Seite.)

*

: »Da !«. –
Tatsächlich. Ganz blaß, wie durchsichtig, sah die große leere Miene über die Kiefernborte. (Und die rotgläserne Sonne, nur noch bonbonenharmlos, empfahl sich eben auf der entgegengesetzten Seite.)
»Hagedorn soll auch so gesoffen haben –«; weil Peter schon wieder sein Fläschchen an die, für einen Lyriker bestimmt zu dicken, Lippen setzte. »Na-und ? ! –« fragte er herausfordernd zurück; dachte dann aber wohl doch an sein Gretchen, und erkundigte sich, wesentlich gesitteter : »Ein'n könn' wir doch noch – oder ?«. Fritz ließ die Mundwinkel tiefer sinken, und überlegte ('ne Krawatte hatte der Arme um, wie der Rand eines Luftpostbriefes ! Aber er konnte ja nichts dafür; die suchte die Frau aus; er sah gar nicht weiter hin) : »Naja –« begann er zögernd, (und wurde auch gleich wieder ‹systematisch›) : »– das hängt ab von a) wie lange unsre Schönen noch ihren Leib schmücken. Und b) kommt heute Abend noch Dr. Feger plus Frau.« »Ochmann; 'n Tierarzt.« sagte Peter verächtlich : »Gedichte kann ich überhaupt erst richtig vorlesen, wenn ich so ganz leicht – ä – illuminiert bin : Ihr wißt, ich saufe strategisch ...« es verschlug ihm das Wort; denn er sah, wie Fritz seinen Stumpen derart zwischen den Fingern preßte, daß der Rauch an mindestens 5 Stellen hervorquoll – Gefahr im Verzuge ?
Atmete aber wieder erleichterter; denn es war nur Frau Barbaras Stimme, die hinter ihm grillte : »Na, mein Kücken ? Wie weit seid Ihr

denn ?«. Auch gleich wieder der unvermeidliche, unnötig durchbohrende Rundumblick, (und die Blue Jeans schlotterten ihr um die Beinstöcke – naja, wenn sie nicht immer so sparsam gewesen wäre, hätten sie jetzt bestimmt noch kein eigenes Haus. Dennoch.) »Wenn ich Amor's Flügel hätte,« begann Fritz höflich zu versetzen, (und der Witz dabei ist ja der, daß man das auch plattdeutsch, ‹am Mors›, prononcieren kann : wenn doch jetzt bloß ma der Wind von der richtigen Seite käme; so'ne ganz kleine Bö . . . . . schon hörte ich es im Eichenkamp, hinter uns, aufrauschen; schon in den jungen Birnbäumchen, im ‹Celler Dickstiel›; auch Peters Antlitz leuchtete diszipliniert). Sie richtete sich von dem riesigen Rhabarberblatt auf, das sie dekorativ breiter gezogen hatte; noch immer ruhte ihr Blick auf uns, angewidert, als müsse sie ein Binnenmeer von Alkohol überschauen – ich fuhr gleich, wie spielerisch, (zusätzlich schürend !), mit meiner Forke in Flammenwolle und Gestripp – – : da ! Sie war verschwunden. Aus dem Nebel zirpte nur noch ein sich entfernendes Organ : »Laßt Euch getrost Zeit. Gretchen ist in der Wanne. Und dann geht Gerda erst noch.«

Und wie schön still wieder. Der Mond hatte sich höher aufgerichtet; sei's drum.

»Ich hab' vorhin die Zahl 2000 gesehen,« sagte Peter versonnen : »in weißen Ziegelsteinen. – Man müßte viel mehr zu Fuß gehen.« »Du ja,« bestätigte Fritz roh; dann aber, in Jenes Gedankengänge eingehend : »Du meinst, man *sieht* viel mehr, als wenn man im Auto fährt.« Das war so ‹wahr› (und gleichzeitig so einfältig : die Wahrheit ist eigentlich was verdammt gewöhnliches, wie ?), daß wir von einer weiteren Ventilierung des Themas absahen. Peter hatte schon wieder den Buddel in der Hand. »Was hast Du heute denn bloß drin ?«, wollte Fritz, ganz nervös, wissen. Aber Jener ging nicht darauf ein; fragte vielmehr : »Trinken wir nachher, den ganzen Abend, wieder Kanariensekt ?« (Frau Barbara verstand es, aus weißen Holunderblüten, Zitrone und Zucker ein dörperliches Getränk zu bereiten. Das heißt : so übel schmeckte es eigentlich gar nicht; mit Selter sogar recht apart; wenn man in der richtigen Stimmung dazu war. Aber waren wir das heut ? – Da selbst Fritz'ens weit vorgeschobenes Untergelipp daran zweifelte, zog doch auch ich stumm das Fläschchen. Und ‹Ick säih Di !›. (Wadengucker wir; in Honigmondtracht und Gesellschaft von Bäumen. Der Folle moant auf's äthernelligste.)

Die matten Reize der Dämmerung. Die bunten Großbommeln der Astern waren stumpfer, stoffener, geworden. Zierliches Cosmeenlaub. Auch die Dahlien waren noch nicht sämtlich erfroren; (obwohl das schwarze schlappe Laub dann ‹hinterher› auch nicht ohne ist !). Das interessanteste war diesmal der Akanthus am Hause : die daumesdicken schwarzen Stengel; (die blaßblauen Blütentrompeten waren uns brieflich beschrieben worden; auch die Säulenkapitäle sollten stimmen); zur Zeit saßen in allen Stengelgabeln, wie kleine Kakteen, die stachligen Samenkapseln. »Wie Kastanienschalen. Würd'ich eher sagen.« hatte Peter einzuwenden : »Und ist tatsächlich durch reinen Zufall dort entstanden ? – Ich hätte nie gedacht, daß das in unserm Klima überhaupt fortkommt : mediterran –« gab er im Flüsterton zu, (er konnte die dicken Worte nicht lassen; je nun, 's war halt sein Beruf; die Leute wollen's ja auch so.) »Durch reinen Zufall,« bestätigte Fritz, »wir hatten Besuch aus Spanien; das Auto hat, an eben der Stelle, ein paar Tage geparkt – und muß es wohl irgendwie am Chassis mitgebracht haben, das betreffende Samenkorn.« (Der Eine ‹betreffend›, der Andere ‹mediterran› – die Wahrheit würde also irgendwo in der Mitte liegen.)

»Jetzt müßte man'n Mondscheinspaziergang machen.« »Mit den Damen ?«. »Nicht doch,« sagte Peter hastig, »ich betone ‹jetzt› – also wir Drei allein. Denkt doch ma : immer das sanfte Geleucht so vor sich …«. Aber ich schüttelte nur den Kopf : »Im Finstern Freund ? Und in so gut wie unbekanntem Teräng ? – Dann schon lieber bei Tage : ‹Der Sonn' entgegen›.« »Legt erstma weiter nach,« kommandierte Hausherr Fritz ungehalten : »Du nimmst vom Komposthaufen, den obersten Dreck. Und Du, Peter, den nächsten Heuberg in Angriff. – Man weiß wirklich nicht, wo man mit dem andauernd anfallenden Gras hin soll,« vertraute er mir kopfschüttelnd an : »Manchmal wird's Ei'm zuviel auf dem Lande; dies ewige Abmähen, und Zusammenkratzen, und ‹Wenden› und … Sag übrigens bitte kein Wort gegen den Tierarzt, Peter,« fiel ihm ein, als der Dicke neptunen herankeuchte : »Meine Frau schwört auf ihn, seit er ihr die Katzen gegen Staupe geimpft hat. – Das war aber auch süß : die Kleine vom Nachbarn, die auch von ‹Seuche› gehört hatte, und die sorgenvollen Gesichter sah, brachte ihren Teddybär an, und ruhte nicht eher, bis der Doktor ihm, mit ernsthaftem Gesicht, gleichfalls 'ne ‹Einspritzung› gegeben hatte.« »‹Süß› vielleicht; freilich auch etwas kostspielig, eh ?« wandte ich ein; aber Fritz verzog den dünnen Mund : »Achnaja,« sagte er hastig : »ich hab' eben meine Logarithmentafeln, und Bärbel ..... : Jedem sein Steckenpferd, nich ?«.

Peter rüttelte herrscherlich sein Gabelszepter über die Flämmchen, die sogleich gefällig zischelnd höher wucherten; stieß die Zinken in den Boden; drapierte die verschränkten Arme dicker auf den Stiel, und erkundigte sich tiefsinnig : »Wo käm' man da eigentlich hin ? Wenn man immerfort ‹Der Sonn' entgegen› ginge ?«

*

»Von morgens an ? – Na, da würd's'De Abends wieder am Ausgangspunkt sein.« entschied ich, voreilig wie immer; (oder, richtiger wohl, ‹überdrüssig› – was'n nichtswürdiges ‹Problem› aber auch wieder ! Unsereins muß rennen und sich mühen, daß man'n Auftrag über Wehrmachtsuniformen kriegt, und Der-hier ...) : »Beim Mond würdest Du am besten 'n Laternenanzünder fragen.« fiel mir spöttisch ein. (Diebe, Polizisten, Mondsüchtige wurden noch, der Reihe nach, vorgeschlagen; auch ‹Dichter›; aber empfindlich war Peter nicht mehr : das machten die vielen schlechten Rezensionen.)

Monsignore ô Feral (– oder hatten wir's damals aus ‹Venezianischen Gesandtschaftsberichten› genommen ? Man liest ja die dollsten Sachen im Laufe des Lebens –) bewegte aber bereits sehr stark den Kopf : »Nein. – Neinein,« sagte er : »Davon kann gar keine Rede sein, daß man Abends wieder am Ausgangspunkt wäre. Das ist sogar ... eine ziemlich komplizierte Angelegenheit ..... Geh ma in'n Schuppen; da stehen noch 3 oder 4 Pappkartons mit Altmaterial; Bärbel bildet sich immer ein, ich könnte im Winter mit alten Bücklingspapieren und Wurstpellen Feuer anmachen – das hauen wir gleich noch mit drauf.« Schritt ich also, quer über'n Rasen, an der ‹Ebereschengruppe› vorbei, (in Anführungsstrichen deswegen, weil sämtliche 3 Rütchen erst hüfthoch, und als reizendrotbeerige, graziös im Winde sich gebärdende Großstrauchgruppe lediglich in Frau Barbaras Fantasie vorhanden waren : und die war überall nicht dicker; ich hatte sie, in früheren Jahren, ein paarmal im Badeanzug gesehen – Fritz mußte, seinerzeit, wahrlich übelberaten gewesen sein : ob er die Schwiegermutter nicht mehr gekannt hatte ?). (Und doch wirklich schon verdammt duster hier in dem Schuppen ! Es sah seltsam ‹nicht›-aus. Blecherne Geräusche hingen an allen Wänden; von unten fächelte's schwer nach Katzendreck; ein Kratziges tentakelte – 'n Strick also. – Aha-hier : klamme Pappwürfel. Und bloß raus aus dem Waggon aus Finsternis !).

»M-m; nicht nur vom Datum,« hörte ich Fritz schon dozieren; seine Stimme war direkt lebhaft geworden, wie stets bei dergleichen mathematisch-brotlosen Possen : »auch von der Breite Phi des Ausgangspunktes – ein bißchen sogar von Lambda, der Länge. Entscheidend käme es auf die *Marschgeschwindigkeit* an.« Ich stieß den ersten der nicht unschmierigen Kartons in die Glut, (über die Peter zuvor noch

115

rasch, unnötig priesterlicher Gebärde, Heu gesät hatte; drüber dann
auch noch etwas). Fritz grüßte unterdessen über den nahen Zaun
hinweg, und wir gafften dem Herrn Nachbarn, wie immer – wir
konnten nicht anders ! – in das alte gütige Gesicht : also tatsächlich, der
Kerl sah genau aus, wie Karl May ! Die gleiche verruchte Bonhommie
wie vor Band 34 !»Den hätte Der ohne weiteres als Double verwenden
können.« Peter, hingerissen; und, verwildert-begeistert :»Sowas müßte
man haben.«
      »Was wolltest denn Du mit'm ‹Double›?« erkundigte ich mich
erstaunt. Dann fielen mir allerdings einige geschäftliche Möglichkeiten
ein; wenn auch längst nicht so viele (und raffinierte) wie Peter sogleich
skizzierte – je nun, er war schließlich Dichter, und hatte mehr Fantasie
als wir Anderen zu haben.
      :»Man könnte an 2 Stellen zugleich ‹aus eigenen Werken› lesen;
stellt Euch das vor : doppelte Einnahmen ! / Im Kampf mit Verlegern,
wenn man um günstige Verträge säuft : man könnte sich ablösen dabei;
und auf die Art vielleicht doch ma obsiegen. / Die dollsten Dinger
könnte man drehen : immer hätte ja das ‹Alibi› friedlich daheim gesessen; Nachbar May könnte's notfalls beschwören. / Falls man, wegen
irgend 'ner ‹Majestätsbeleidigung›, ma eingezogen würde, könnte ‹der
Andere› für Ein'n sitzen gehen ... wie ?«
      Aber Fritz schüttelte stochernd den Kopf :»So einfach wäre die
Kurve gar nicht.« entschied er grimmig :»Selbst bei Ansatz diverser
Vereinfachungen – zuerst ginge man nach Osten. Dann nach Süden
ausholend.« »Mittags genau südwärts,« wagte ich einzuschalten; aber er
kräuselte nur die hohe Stirn, er war längst weiter :»Dann, im Laufe des
Nachmittags, Süd-West ...« (»Deutsch-Südwest : Lettow-Vorbeck«
witzelte Peter hinein, ersichtlich in seinem Double-Traum gekränkt) ...
»und schließlich nach Westen : immer der Sonn' entgegen.«
      Die graue Himmelsleinwand; die gelbe Maske schief drauf gepappt.
»Wie bei Joyce's, was, Peter ?« versuchte ich, ihn wieder in gute
Stimmung zu bringen; aber er schüttelte hoheitsvoll das Meisterbrand-
Haupt (man roch es jetzt) :»Ich glaube an die Seligmachung durch
Dichtung : ich glaube *nicht* an die Allein-Seligmachung durch 1
bestimmten Schriftsteller !«. (Dabei glaubte er alle 14 Tage daran;
freilich war es jedesmal 'n anderer; neulich ein STANLEY ELLIN – den
Namen hatt'ich in meinem Leben noch nicht gehört ! Na, es war ja
schließlich auch nicht meines Amtes.) »Am Äquator, mittags, müßte
man quasi auf der Stelle treten. Vom Pol aus in einer sich sommerlich
immer-erweiternden Spirale südwärts irren, wie ?«

»Wir sind hier nicht am Äquator !« lehnte Fritz unwirsch ab : »Nein :
man müßte – meiner vorläufigen Schätzung nach – sich bei Sonnunter-
gang *südlich* des Startplatzes befinden ...«. »Wie weit südlich ?« fragte
ich unvorsichtigerweise; (im Grunde war es ja aber wohl total schnuppe,
womit wir unsere Heizerzeit hier verquatschten. Oder doch nicht ?).
Fritz zuckte die Achseln : »Das käme auf die Jahreszeit an. – Am
einfachsten wäre's, man führte das, immer interessante, Experiment
einmal *praktisch* durch. : Hol ma Einer die bankerotte Matratze. Aber
erst noch Heu herbei !«

*

»Ah–Heu : Ahoi !« sagte es süß und kraftvoll hinter uns; wie man eben,
6 Fuß groß und 2 Zentner schwer, es zu sagen vermag. Mit andern
Worten : Gretchen. Ergo war die Gefahr nicht so übermäßig; denn sie
tat gern verständnisvoll–handfest mit uns Männern; (ob sie's tatsächlich
war, stand schon wieder auf'm andern Brett – je nun, binnen kurzem
würden wir ja wissen, wie unsere Frauen über uns denken : wir hatten
für 1 Tondband zusammengelegt, und Fritz das Gerät im Kleiderschrank
der Damen aufgestellt, das Mikrofon, unauffällig, in die Riesenvase mit
dem Spargellaub, ganz in Spiegelnähe; da werden wir ja sehen; ‹Wir›,
mit ausgesprochener Schrumpfpotenz, allen Minderwertigkeitskomple-
xen unterworfen, Gedankenspieler, ‹Name ist Alles, Gefühl ist Schall &
Rauch› – vielleicht stimmte es so sogar besser.) Jedenfalls teilte sich der
Qualm ehrerbietig vor Gretchen, und helle huschende Lichter umwall-
ten ihr die Beine. Bis oben hin. (In den Monaten mit ‹r› soll man
schlachten; in denen mit ‹i› liebt sichs; die schönsten sind, meinem
Gefühl nach, die mit ‹o›.)
     »Ja, was ist denn ?«, Gretchen, zierlich, obwohl gar nicht unan-
genehm, betroffen; (weil wir derart hin stierten). – : »Tz. – Also Ihr
macht Ein'n ja direkt verlegen !«; sie kicherte angeregt; duckte nieder
(verschämt ?), und zupfte das stuhlsitzgroße, gelbe Rhabarberblatt
breiter. Und stampfte, ganz ‹Hinterhand› wieder hauswärts; (demnach
schickte sich ‹Meine› jetzt an, in die Wanne zu steigen.)
     Aber : »Habt Ihr das gesehen ? !«. Und selbst Fritz nickte mit dem
ganzen konkaven Gesicht : »Wieso kommt da 1 Pfennigstück rein ? –
Peter !«. Denn das war ja doch wohl ebenso rätselhaft wie frappant zu
nennen : genau über Gretchens Knie, da, wo der Oberschenkel mächtig
zu schwellen begann, (bis er ein Oberst-Schenkel wurde), hatte, zwischen Fleisch und Perlonhaut, ein Kupferpfennig gesteckt – : »Peter ? !«.
Aber auch er, obwohl doch Dichter und also potentieller Dessous-

Spezialist, wußte keine Erklärung; ihm fiel nur Lessing ein 'Did you ever see / Mistress Betty's knee ?' : »'n Loch im Portemonnaie etwa ?«. (Quatsch : Frauen haben doch keine Hosentaschen !).»Oder 'n bloßer Trick ? Um die Männer eifersüchtig zu machen; à la ‹Da war Einer dran !› ?«. ('What you Betty's thimble call / that is very good for all !'. Aber das war ja auch absurd : Wer machte sich wohl die Mühe, und schöbe anschließend da 1 Pfennig dazwischen ? Wahnsinn. Uns gingen die Hypothesen so rasch aus, daß wir uns doch lieber wieder dem zeitlich vorrangigen Problem zuwandten – vermutlich beschloß Jeder heimlich, seine Frau zu fragen.)

»Am einfachsten, wie gesagt : praktisch durchführen.« wiederholte der zähe Fritz : »Einer nimmt'n Kompaß. Der Andre das Meßtischblatt, und trägt, punktweise, den Marschweg ein. – Vielleicht genügte auch die 100-Tausender –« murmelte er noch hinterher, »beziehungsweise wäre sogar angebrachter : die Generalstabskarte.« Das ‹General› gab den Ausschlag bei Peter; und ich stimmte, aus Aberglauben, ebenfalls zu; (vielleicht kriegte ich doch den Auftrag über die Uniformen : Vom Zwange des Verstandes frei werden wollen; und dabei in den Zwang des Unverstandes geraten; jaja ! Die luftige Figur des Mondes auf der Oberfläche der Dunkelheit.)

Aber am ‹längsten Tage› ? Das war wieder typisch Theorist Fritze : »Du, die Bauern würden Dir Einiges erzählen, wenn wir ihnen, selbdritt, durch die wogenden Saaten schritten ! Wir müßten doch, rücksichtslos, querfeldein.« Und Peter wußte den noch entscheidenderen Grund gegen ein Experiment zur Zeit der Solstitien : »Wie lange ist denn da Deine Sonne über'm Horizont ?«»Rund 16 Stunden« entgegnete Fritz zerstreut, und lauschte dann erstaunt Peters bösartiger Lache : »Und dann womöglich die durchschnittlichen 6 Kilometer pro Stunde, was ?! HasDe schon ma Ein'n gesehen, der am Tage 96 Kilometer, und dazu noch querfeldein, getippelt ist ? – Pfff !«

Naja; also frühestens zur Stoppelzeit demnach. »Und womöglich ohne Pause; ohne Erfrischung ?« fiel Peter bereits zusätzlich ein : »Pfff!«. »Ja, getrunken werden dürfte unterwegs natürlich diesmal nicht,« entschied Fritz streng : »daß uns jeder feuchtöhrige Zweifler womöglich einwerfen könnte, wir hätten bei Eintragung der Kurve zu tief ins Meßtischblatt gekuckt ? Neinein. – Anschließend–dann selbstverständlich.« Aber ich – Einer mußte zwischen den beiden Fanatikern hier den klaren Kopf behalten; (wir sind ja letztlich Alle Besessene; und das Fernrohr nehm'*ich* : das verleiht so vornehme Haltung beim Hindurchspähen !) – vermittelte : »Zumindest 1 müßte nüchtern bleiben. – : Zum

Wohl !«. »Zum Wohl –« erwiderten sie; Peter sehr nachdenklich; Fritz mehr mechanisch. Wir setzten ziemlich im Takt ab.

*

»Du kannst ja Dein Double schicken« fiel mir boshafterweise ein. Aber Peter, der schon oral reagieren wollte, wurde gerade mit seiner Gabelvoll zurückgewiesen : »Nein; die Brennesseln ja nicht ! Die leg ma vor die Zaunlücke am Schuppen –«; (und wir erkannten's doch an : man wird tatsächlich erfinderisch auf dem Lande : dieses war wahrlich diebssicher !).

»Mein Double ? Der wüßte Besseres zu tun« erklärte Peter mir verächtlich : »Cash-as-cash-can, mein Lieber. – Zugegeben, man hätte auch doppelte Auslagen : immer denselben Anzug zweimal machen lassen. Beziehungsweise von der Stange kaufen« räumte er ein, als er uns zum Hohngelächter ansetzen sah : »Die Unterschrift müßte er üben. / Bonmots müßte man ihm mitgeben; wenn er Ein'n auf 'ner Abendgesellschaft vertritt. / Leserbriefe müßte er beantworten, das Schrecklichste vom Schrecklichen.« »Oder wenn die Verehrerinnen zu Besuch kommen, was ?«, stichelte ich : »‹Elemente zahlen› entfiele völlig : jedesmal war's ja, an Blutgruppe und Rhesusfaktor nachweisbar, ‹der Andere›, gelt ja ?« (Und wir Biester nickten ältlich-verworfen : zum positiv sündigen zu schwach; aber den Kopf dick voller Raupen noch !).

»Laßt über Euern ‹Elementen› das-hier nicht ausgehen,« sagte Fritz neidisch : »wenn ich bei jedem guten Einfall 1 Denksäule errichten wollte, sähe die Gegend hier längst wie'n Kegelspiel aus. – Haltet wenigstens die Viertelstunde noch durch : natürlich müßte man vorher den Wetterbericht abhören; und nur bei ‹Hoch› aufbrechen. Denn wenn nachher, mitten auf halbem Wege, Bewölkung einträte … ?«. »Oder Nebel,« sagte Peter nachdenklich : »Kuck ma : hier in den Karton; Ihr habt'n ganzes halbes verschimmeltes Kommißbrot weggeschmissen ! Dann wundert Ihr Euch, wenn Ihr zu nichts kommt – wenn's Käse wär', würde man ‹Roquefort› sagen. – Ich glaube, 1 könn' wir noch, was ? Wo wir auf dem Experimentalmarsch dann doch keinen Tropfen anrühren dürfen ?«

Wir zögerten doch; (gewiß : viel war nicht mehr drin; hm.) Molkige bleiche Schattengesichter hatten wir schon. »Das kommt lediglich vom Mondschein.« lehnte selbst Fritz ab : »Aber beim Gespräch nachher riechen's die Frauen bestimmt. – Hör' bloß ma …« (denn es sang fern, verwildert, in einer Kachelzelle; und plätscherte dazu, daß wir's bis hierher hörten. Man breitete mir anklagende Handflächen hin :

»Deine Gerda !«.) »Wir könnten ja mit ganz zugekniffenen Lippen reden,« fiel mir ein : »ohne Vokale, Vermeidung des ‹a› : Worte wie ‹Wahrheit› darf Keiner aussprechen.«

»Sieh ma an,« sagte Peter sinnend, »das wäre gar nicht so dumm : ein Buch schreiben, bloß in ‹Konsonantenschrift›; wie ‹unpunktierte Bibeln›. Da könnte man die freiesten Ansichten äußern . . . «; er kritzelte schon auf einen Zettel, (mit Schreibmaterial war er, wie alle diese Wortweltenerbauer, immer überflüssig versehen); und hielt uns das Ergebnis breit hin : ‹dnr st n ff› : ?

?. – ?. –

: »Das zweite ‹ist›, ja ?«. (Und ‹n› gleich ‹ein› ?). Aber der Rest war zu schwierig. Erfreulicherweise fiel, ehe wir uns in endlose Kombinationen verwickeln konnten, fern im Norden 1 Schuß. – »Jäger –«. Im Süden sofort, gleichsam als Ausgleich, aber noch ˉentfernter, Glockenklang. : »Sie hören das Geläut von Sankt Jürgen : ‹am Strange› der bekannte Publizist Peter Landorf.« Und Peter nickte erst ob des schmeichelhaft-exponierenden Doppelsinns; er kam sich gern als ‹unbequemer Autor› vor; (dabei war er vollkommen fingerzahm, wie sich's für den meinungsfreien Westen gehört. Auch runzelte sich die fette Stirn sogleich, als er sich den Gehängten, ‹am Strange›, vorstellte : wie Der ‹unwillkürlich› die Glocken läutet ! : Die Heilige Allianz und ihr unheiliges Tun. – Ob ich den Uniformauftrag eventuell eher kriegte, wenn ich 'ne Bescheinigung meines Superintendenten . . .) : »Ach seht ma – !« unterbrach ich mich selbst; denn drüben, überm Weg, hatte sich die Haustür eines weiteren Nachbarn aufzutun begonnen; 1 Klein-Mädelchen trat heraus. In einer alten Mehltüte 1 Licht; und das ganze beumelnde 'ternchen an einem Rütelchen befestigt : sehr lustig ! Stimmte auch unverzüglich und mit heller Stimme das ‹Wo de Olsche midde Licht / Däi de Lüe betrücht› an; und schwand an der Ligusterhecke entlang – und da fiel es mir auch wieder ein : der Laternenanzünder ! :

*

»Hör ma mit ‹dem Mond entgegen› 'n Augenblick auf, Fritz. – Das hat mir damals doch sehr zu denken gegeben – und mir ist eigentlich bis heute keine Widerlegung beigefallen – *falls* überhaupt eine möglich sein *sollte* . . .« (bezüglich der sogenannten ‹Hintertreppenromane› nämlich; wir hatten uns da bereits mehrfach in den Glatzen gehabt – ‹Haare› konnte man ja nicht mehr sagen; außer Peter : der Kerl hatte sogar noch nicht 1 einziges graues ! Naja, diese Kerls, diese ‹Dichter›, schämen und

120

grämen sich eben nicht. ‹Mit Anstand altern können› fiel mir, neben ähnlichen verzweifelten Formeln, noch ein; aber der Trost war doch wohl zu schwach – neenee : lieber unanständig; aber dafür jung !). »Aber ich bin durchaus nicht prinzipiell dagegen –« wollte Peter, wie immer, anfangen. Und : »Ich ja !« protestierte Fritz, wie immer, unerbittlich. (Seine Stimme allerdings galt nichts : wenn er was las, war es höchstens FRENSSEN, den hielt er für das letzte Wort bezüglich Modernität !). »Ich les die Sachen sogar gern,« gestand Peter, »so 100 Hefte, mit den dollsten Titeln.« Und wir zählten sie, immer abwechselnd, auf, all die ‹Heinrich Anton Leichtweis, der verwegene Räuber und Wilddieb des Rheinlandes, oder 13 Jahre Liebe und Treue im Felsengrabe› : ‹Artur Melchior Vogelsang, genannt der ‹Nebelreiter›, oder die Räuberhöhle auf dem Monte Viso› : ‹Das Waldröschen, oder die Verfolgung rund um die Erde, Enthüllungsroman über die Geheimnisse der menschlichen Gesellschaft; von Kapitän Ramon Diaz de la Escosura›. »Dieses Letztere, nebenbei bemerkt, von Karl May,« sagte Peter nachdenklich : »Euer ‹Fuchsberg› hier, wo wir gestern dran vorbei kamen, erscheint übrigens im 4. Band des WINNETOU als‹ ‹Tavuntsit-Payah› oder ‹Nugget-Tsil›. – aber was wolltest Du vermittelst Deines ‹Laternenanzünders› beweisen ?«.

Achso richtig. »Ja; das war vor & im 1. Weltkrieg,« sagte ich : »Ich war noch ein Junge, und unser Nachbar, ein Schuhmachermeister, hatte mit seiner Frau, um sich zusätzlich ein Stück Geld zu verdienen, nächtens das Geschäft übernommen, die Gaslaternen anzuzünden.« »Beziehungsweise auszulöschen; mit so'ner langen Stange, ja ?« zeigte Peter angeregt. Ich nickte; ließ auch Fritz Zeit, sich zu erinnern; und fuhr dann fort : »Da bin ich denn manchmal, aus reinlichem Fürwitz, mitgegangen.« (Und mußte doch 1, ganz kleine, Pause einschieben : diese Erinnerungen ! –).

Der Ölfleck, hinter der Hochspannung – so'n oller gelber; wie mit Fußbodenfarbe auf Zement gespritzt, (Zehntelstropfen, von Portlandkörnchen abgeprallt, ergeben auch ‹Sternbilder›; oh leck ! / Und ‹abgeprallt› : auf der Herfahrt, hierher nach Giffendorf, hatte ich sie, in Sekundenschnelle vorbeikurvend, ‹Völkerball› spielen sehen : das 1900 Millimeter lange, spindeldürre Mädchen, (aber mit hübschem Pagenkopf !), endlos langen schneeweißen Beingestöckels, (oben drüber demnach der entsprechende zaundürre Rippenkorb). Der Kleinejunge, auf seinem Miniaturfahrrad, stört durch Dazwischen-Rumfahren : die Lange holt dianen aus – und trifft ihn genau auf den Kopf, sodaß er vom Mikrorad torkelt : ! Alles lachte. Ich wußte nunmehr, woher der

Dianen-Mythos stammt. Und steuerte vorbeivorbei. / Und Peters erwartungsvoller Blick – der Kerl wollte ja nur ‹Material› !)
: »Bong. Ich übergehe also alle pikanten Einzelheiten ...« (und Peters Hand fuchtelte wirklich nach ‹Stoff›; also unwillig tun) : »... wie wir einmal ‹Diebe› entdeckten, klaubend an Wäschestücken im Halbmondschein. Oder die Inflationsbutter im Straßengraben deponierten – wir dachten, der Rossestrab wäre der Gendarm. Leute ohne Kopf antrafen – der ‹Blitzschneider› kriegte's Fieber danach. Und der Polizist Ewald war, meines geringen Erachtens, immer viel zu langsam mit dem ‹Verhaften› gewesen! – Und da saßen die Beiden eben dann, von 23 Uhr bis 2 Uhr nachts. Er schusterte erst noch eine lustlose zeitlang; sie fummelte an inhaltslosen Kochtöpfen herum, oder Strickstrümpfen – ‹Hipperle-Hipperle› hieß es, wenn sie 1 Zicklein schlachteten. – Tcha : und dann hockten sie eben da. Stierten ins Gaslicht. Ödeten sich nachgerade an. Und dann griff sie eben zum ‹Fortsetzungsroman› : ‹Der Fürst des Elends / Deutsche Herzen, deutsche Helden / Die Liebe des Ulanen / Der Weg zum Glück.› – Und nach der Vorlesung gingen dann Beide, die Brüste übervoll der Situation, wie der Graf die arme-abertugendhafte Näherin heimführt, wieder ihre – tja ‹Runde› wäre ja viel zu einfältig für die wahnsinnig komplizierten Kurven, die da durch die Gassen beschrieben werden mußten.«
Pause. Fritz gabelte in Dreck und Halmen. Wir standen in Gras & Klee; (Franzosenkraut und Hederich ließ Frau Barbara nicht aufkommen.) »Peter-Plies, den letzten Haufen in Angriff nehmen.« Jener tat's, (er ging so breitbeinig ab, als käme er bereits unter schwersten Lasten an; forderte auch unverzüglich mich zu aktiv-schürenderer Mitarbeit auf.) »Geschichtenerzählen dispensiert von nichts. – Und sagen wolltest Du damit, daß es diese endlosen 5000-Seiten-Schmöker geben *müsse*. Und sei es nur für Laternenanzünder«.
»Beziehungsweise für alle Berufe,« verbesserte ich, (langsam, erinnerungsbefangen) : »die, nach dem fronenden Keinerlei des Tages, nachts dann, mit halbem Gehirn, viel schwarzgelbe Stunden lang, noch wachen müssen. : Für die *muß* eine Lektüre da sein, ganz banal und absurdspannend, gewissermaßen ein Ersatz für flachste Träume ... Du verstehst mich, ja ?«. Ein Stern schneuzte sich. Und :
»Nein,« lehnte Fritz ab : »mir geht vielmehr immerfort durch den Kopf : was machen wir, falls uns die Zonengrenze in den Weg kommen sollte ?«. »Die sogenannte DDR,« sagte Peter grüblerisch; schmiß die neue Last auf die Brandstatt, und stützte sich breiter aufs Gabelende : »Ich versteh Dich schon. Du meinst : man dürfe selbst *diese* kuriose

Sprosse nicht aus der Leiter der Literatur ausbrechen. Daß das Publikum, von ganz unten, nachkommen könne ?. – Übrigens : 1 könn' wir doch noch ? !«

*

»Ha !« fuhr er dramatisch auf, als die Flamme (kümmerlich; ob seines unstrategischen Dreckwurfes) herumqualmte : »Die Welt ist noch auf 1 Abend mein : / Ich will ihn nützen, diesen Abend, daß / kein Pflanzer mir nach Menschenaltern noch / auf dieser Brandstatt ernten soll ! –«; er preßte die Hand aufs Herz und schnappte nach Luft. (Und die Dächer der Häuser ringsum staken gleich wie lauter schwarze Beile im Himmel !). »Du sollst Dich nicht immer so Deiner Leidenschaft überlassen,« tadelte Fritz abwesend : »Leidenschaft & Meteorismus – wenn Du die beiden nicht hättest ... : nachher, wenn wir das Experiment durchführen wollen, pustest Du wieder.«

Peter keuchte tatsächlich noch ein wenig unter'm beringten Mond. Apropos ‹Ring› : »Türkise vertragen keine Sonne,« fiel mir ein : »falls wir also mal 1 ganzen Tag lang ‹der Sonn' entgegen› gehen sollten, müßten wir auch darauf achten.« »Ach ?« fragte Peter interessiert : »Gestatte, daß ich mir das Faktum notiere. – Sehr fein. - Und Du wolltest also dartun, daß es für-ä, sagen wir, Krankenschwestern, Menschen in Wartesälen – wenn der Zug erst in 4 Stunden geht – während nächtlicher Eisenbahnfahrten, wo man nicht schlafen kann, für Apotheker bei Nachtdienst – oder, meinetwegen, auch für Laternenanzünder-allgemein – solche wenig-würdigen Großgebilde, meisterlich verworrene, geben müsse. Selbst wenn sie dem gebildeten Geist, oder auch nur dem ausgeschlafenen, wie blödsinnige Parodien erscheinen ?«. Ich nickte stumm; (ich bin Pessimist, was ‹das Volk› anlangt – obwohl ich den Auftrag über 20000 Uniformen brennend gern gehabt hätte !). Aber Fritz fuhr auf : »Nein ! Es braucht sie nicht zu geben ! Verboten müßten sie werden. Man bilde die Leute; daß sie lernen, sich mit ernsthaften Dingen zu beschäftigen.«

»Wie, zum Beispiel, der Sonn' entgegen zu gehen,« ergänzte Peter : »Ich sag' Dir bloß das Eine : wenn ich unterwegs, und sei's mitten auf der Walze, an einem Strunk eine Kiefernglucke erblicken sollte : die wird geerntet !«. »Kannst Du Dir nicht ‹Sparassis ramosa› merken, Peter ?« tadelte Fritz zart : »Eine Unterbrechung kommt selbstverständlich überhaupt nicht infrage. Und wenn uns ein ganzer Harem verlockend in den Weg tänzelte !«.

»Dann muß also doch besser mein Double mit,« sagte Peter fest :

»Man müßte einen Solchen ja sowieso wohl weit jünger wählen, als man selbst ist : stellt Euch das vor – das Copyright könnte bei Bestsellern praktisch um viele Jahrzehnte verlängert werden; falls man sich, innerhalb der betreffenden Familie, darauf einigte, durch mehrere Generationen hindurch, unauffällig die Söhne, Enkel, undsoweiter, in diesem Sinne einzusetzen.« »Ja, aber« wandte Fritz scharfsinnig ein : »wenn nun ‹der Alte› ursprünglich, sagen wir, Russisch gekonnt hat?«. – »Dann erwidert der ‹Neue› ganz kalt : ‹Montags nicht.› – Das würde dann sogar noch als besonders geistvoll-spritzige Parade akzeptiert-notiert werden.«

»Oder wenn Der schon 92 ist; und das Temperament ginge mit dem Remplaçant durch; daß er, wenn Mädchen auf einer Waldwiese Weitsprung übten, ä-mitmachte?«. – : »Dann hieße es bei den hinterherschleichenden Reportern nur ‹Vital-unverwüstlich : ein Dichter altert nicht : dichte Dich jung!›. – Und mit 130 kriegte man den Nobelpreis ja doch, und wenn's nur der Kuriosität halber wäre. Wonach Die, in Stockholm-da, eigentlich gehen, kriegt man ja sowieso nicht raus.« (Peter, der ihn noch nicht bekommen hatte, verwies verächtlich immer auf Churchill einer-, und James Joyce andererseits : ein Mensch, der was auf sich hielte, würde ihn grundsätzlich ablehnen. – Das Geld freilich wäre nicht zu verachten.) –

Und Stille. Müde wurden wir langsam; (was zum Hinsetzen hätte man haben müssen – auf dem Stumpf des ehemaligen Kirschbaumes hockte bereits Fritz) : »Findlinge fehlen!« faßte Peter unsere Gefühle entscheidend zusammen. Ich gabelte immer noch; und schürte die Reste zusammen, mit der rührenden Treue eines Thermostaten. / Peter wollte erst protestieren – er verband andere, ältlichere, verbrauchte, Symbole mit diesem Wort ‹Treue›; so winkelriedisch-hindenburgisches, einen Pelikan, der sich die Brust aufreißt, so Schlüpfer aus Blech mit Vorhängeschloß, (ich hatte mal 1 Fräulein Pelikan gekannt, die tat ungefähr das Gegenteil – wenn ich bloß den Auftrag erst in der Tasche hätte! Man könnte so viel freier denken.) Aber er sah es dann doch, wenn auch widerstrebend, ein, als ich ihn auf sein morgendlich-heißes Waschwasser hinwies : »Das hält Dir der treue Boiler – ‹eu› : ‹oi›; durch den Diphtong gesichert! – über Nacht, während Du schändlich grunzest, ergötzlichst warm! Na?!«. Und er probierte – es war ihm anzurechnen; denn er gehörte sonst zu den Feinsinnigen, die die Technik ebenso leidenschaftlich verabscheuen wie benützen! – : »Der tigeräugig-wimpernlose Thermostat also bedeutet Treue?« »Der Schukostecker gesicherte Aufklärung ...« fiel Fritz ein. »Der Hundertmarkschein ist gepreßte & getrocknete Freiheit!« schloß ich, bedeutsam-dumpf.

124

»Apropos ‹Findling› –« begann Fritz, das Gesicht verlegen mond-
scheinwärts gewendet : »– ä-Barbara hat da 1 Wunsch geäußert. – Wir
haben neulich einen unserer weiten Spaziergänge unternommen …«
(wir waren gleich im Bilde : die Beiden, im ‹Kleppermantel›, waren
längst 1 Begriff; überall, wo sie schon gewohnt hatten. Sie dachte
vermutlich des ‹Odenwaldvereins› ihrer darmstädter Kindheit; er zählte
verstohlen die Schritte dabei, und trug's zuhause in seine Spezialkarten
ein : ‹Schöne Einzelbäume› / ‹Wacholderbestände vor Blickwedel !› / ‹In
den Eichenstamm auf rechts 35 89 801; hoch 58 41 960 : ist eine *Kette*
eingewachsen ! : Untersuchen : Warum !›).
    »Ja-Du : Warum ? !« wollte Peter begeistert wissen. Aber mir war
der Findlingswunsch Frau Barbaras weit verdächtiger, (‹Wenn die
Frauen wünschen, schuften die Männer› !). Und ô Feral : »Tja; wir
haben da, am Wege nach Weyhausen, einen – wirklich prachtvollen ! –
Stein gesehen. Und den hätte Barbara gern auf unserem Grundstück
hier. – Uns fehlt ja tatsächlich sowas – als Sitz für Dich, Peter; zum
Beispiel. «
    Das Gewicht ? : »100 mal 100 mal 100; durch 3 etwa. Mal 2 Komma
5.« Fritz, unsicher. »Macht ?« erkundigte sich Peter; (während ich schon
das Gesicht verkrauste; denn allein 100 mal 100 macht ja 10 Tausend !).
»Also ich schätze ihn auf-ä 15 bis 20 Zentner,« gestand Fritz nervös :
»Ich habe bereits mit einem Bauern-hier gesprochen. Der meinte : nur
im Winter; auf einer stabilen Schleife. Mit einem derben Traktor davor.
– Hintenrum, dort, eingefahren. Nicht über ‹die Gruben›; das hielte die
Betondecke nicht aus. «
    Der Mond glinste hämischer durchs Cirrusgitter. Wir stellten uns
‹Schnee› vor; 10 unter Null (oder 5; das genügt ja auch zur Unbehaglich-
keit); total verkonditorte Wälder : Wir-Drei, in Tarn-Bettlaken gehüllt,
wälzen mit Hebelstangen – unterstützt von ratzeputzduftenden Bauern,
die auf unser Kommando hören – 1 muscheliggehöhlten Riesenfindling
auf ‹seine› Schleife. – Gar nicht schlecht; Leatherstocking-mäßig. (Und
beim nächsten Lagerfeuer-hier würden wir dann endlich sitzen können.
Ab & zu steht Einer auf, und rührt mit zinkiger Gabel im wildwestenen
Rot – man wird ja immer älter, wie ?). »Ja : aber kostet das nicht 1
Heidengeld ?« fragte Peter mißtrauisch. Und Fritz, erbärmlich : »Höchstens 20, 30 Mark. – Und 1, 2 Flaschen, ‹Alten Klaren›. « »Also rund 50«
resümierte Peter. (Immerhin : dann so eine cheruskerne Riesenklamotte
hier, à la ‹Da liegt Hermann begraben !› ? – Sinnen & schüren.)

                                    *

Wieso entstand in Richtung Norden dieses Licht-Viereck ? Ah : die Haustür war aufgegangen. Schritten 3 Grazien daraus hervor. Frisch gewaschen die ältlichen Glieder; (wir hatten ihnen einst unsere Jugend geopfert; und taten es, womöglich, noch. 3 Sonnen gingen gewissermaßen auf : ‹der Sonn' entgegen› !). »Nå ? !« (höhnisch-höflich) : »Seid Ihr fleißig gewesen ?«. Kamen triumfierend näher. Gerda, (‹meine Gerda› ? Wer weiß das schon.) hob genau dasselbe Rhabarberblatt von einer grauen Mikrofon-Blüte : ! : »Und jetzt dürft Ihr mit rein kommen ! Und mit anhören, was Ihr über uns gedacht habt.« (Und über den 6 Schlüsselbeinen diese 3 Siegerinnenfratzen ! : 2 Zentner; anderthalb Zentner; 1 Zentner. Und der platte Mond.)

(Weiberlist-weiberlist ! : also daher die Nicht-Wäscheleine von Obst- zu Obst- zu Obstgebäum ! Daher das dreifachbreite Niederducken : Mikrofon-Kontrolle ! Daher die scheinheilig fördernden Erkundigungen !)

Und wie gut, daß wir jetzt etwas ‹zum Tauschen› hatten ! Wir preßten Friedrich ô Feral die kluge Hand. Wir packten die Mistgabeln aufs Hochgestell, unters Vordach. Wir schritten, hinter den, (noch immer ahnungslos Triumfierenden) hinein.

Hupte es nicht schon in naher Ferne ? Tierarzt & Abendbesuch ? – (Nun, komme was soll : 'Ripeness is all' !).

NACHWORT DES VERFASSERS :

Desoccupado lector – : read; and having sneered duly, consider. –

Die vorstehende Geschichte ist die je nun Einkleidung einer ernsthaften, halb astronomischen, halb geografisch-geodätischen Aufgabe; an der Sie sich – gesetzt den Fall, Sie trauten sich die erforderlichen mathematischen Kenntnisse noch zu – gern die feinen Zähne ausbeißen dürfen.

Eine ‹elegante Lösung›, meine Helden zu belehren baß geeignet, würde etwa darin bestehen, auf einem 100 000er-Blatt, ausgehend von meinem Wohnort, (BARGFELD, Krs. CELLE), ausgezogene Kurven für den 23. eines jeden Monats, von Dezember bis Juni einschließlich, unter Voraussetzung einer Bummel-Geschwindigkeit von 5 Stundenkilometern, die Marschwege aufzutragen; (ganz Exakte könnten noch, schicklich gestrichelt, die weiter ausholenden Linien für 6 km pro h zugeben.) / (Wissende höre ich hier ‹CARROLL› flüstern – nicht ganz. Jener Große begnügte sich, in raffinierter Schlichtheit, zumeist mit verführerisch-diophantischen Gleichungen. Nicht also ich : Nicht-Ich !).

Ich warne ergo vor vorgefaßten Hypothesen, wie etwa der, daß solche Lösung binnen 1 Stunde, zwischen Schlaf & Wachen, zu leisten sei ! Astronomischerseits kommen Begriffe wie Exakter Sonnenauf- und -untergang; Morgen- beziehungsweise Abendweite reichlich ins Spiel; von Azimuth, Höhe, MEZ, Zeitgleichung und dem geheimnisvollen Pfennig in Gretchens Seidenstrumpf noch ganz zu schweigen. Und was Geografie und -däsie anbelangt, so sei zwar erlaubt, die lokalen Krümmungsdefekte zu vernachlässigen; da es aber immerhin und mit Recht heißt, die Erde sei ein Ei, soll eine simple Kugel-Kalotte mit den entsprechenden Krümmungsradien ‹meiner› Breite genügen; sowie auch Hindernisse als nichtexistent angesehen zu werden brauchen. Dennoch wird die korrekte Einzeichnung jener 3 Heroen auf Schwierigkeiten stoßen; und je größere, umso genauer man verfährt. (Und in Manitoba, bzw. Lumumba-Land, sähe die Sache wiederum noch anders aus.) –

Richtige Lösungen sind bis zum 1. Oktober 1961, mit dem Stichwort ‹DER SONN' ENTGEGEN› versehen, an die Ostdeutsche Akademie der Wissenschaften, Berlin W 8, Otto Nuschke Straße 22–23, einzusenden.

KUNDISCHES GESCHIRR

I

Ich steh gern früh auf, (und nicht bloß in fremden Häusern). Aber schon wirklich ‹früh› – nicht, weil ich meinem Käpplein nun mit Gewalt seinen eigenen Schnitt geben wollte; aber es ist dann so schön still zum Arbeiten, im Winter um 2 und 3 : als HAGESTOLZ, (was ja nicht identisch ist mit ‹Junggeselle›), stört man Niemanden, und die Dictionaries sind's gewohnt. Nun gar hier ‹auf dem Lande›, sommers um 4, hätte ich ja ein Narr sein müssen, wenn ich dem (mich im Sinus des Einfallswinkels anfunkeln wollenden) Reiseweckergesicht nicht einen Schnipp geschlagen hätte. Denn es war tatsächlich rundum apart so, im leichten Sessel, auf der kleinen Veranda THE HOUSE & THE DISTANCE :
Ruhe faltet die Fluren aus : Stillst'n Dank, 1 τ ! (Das muß ich übersetzen ? ‹1 τ = ein Tau = a dew = Adieu› : Sag' lang, Frau Nacht ! Da Lord Sun die Augen öffnet. So viele, uns wunderlich untertane Buchstaben.) Und Weizenkätzchen harren atemlos. Kleinstes plappert. Staare mit Roßtäuscherpfiffen. (Früher, jünger, hab' ich bei solchem Anlaß meist um die Ecke gekuckt : ob man mich meine ? Hochbeinige Zeit damals. Heute bin ich nicht mehr ganz so größenwahnsinnig.)
: »Na, Conte Fosco ?«. (Martin's mächtiger, weißgrauer Kater.) Aber er schmeichelte mir mit nichten : die Katze ist das Sinnbild der uns möglichen (d. h. mit der Zivilisation noch zu vereinbarenden) Freiheit. Deshalb. (Und das ist ja einer der seltenen Fälle, wo der Singular mehr ist als der Plural : ‹Freiheiten› gewährt man den Völkern allenfalls noch; DIE FREIHEIT nimmermehr. Was aber vermutlich auch ganz richtig ist; ich komme immer mehr ‹vom Volke› ab, je älter ich werde. ‹40-Stunden-Woche›, tz ! Bei mir liegt das Minimum bei 70, und öfter werden's über 100.) / : »Laß ja die Meisen in Ruhe !« – aber sie hatten's bereits gemerkt. / –. –. / : ? – Sehr ferner Glockenklang. Ostsüdost; und auf solche Distanz genehmigt. Wo das ‹Dix-Huit› der Kiebitze noch lauter ist als Ben Pandera. (Trotzdem 1 Mal den Kopf scheuchend bewegen.) Weiter dösen.

131

Und hoch horchen ! Wer regt sich denn gegen halb 5 in dem Hause hier ? / Martin garantiert nicht; Der war viel zu bequem, seit Menschengedenken. Und da Karl-mit-K samt seiner Ida im Auto schlief, blieb logischerweise nur ‹Sie›. (Unangenehm.) / Kam tatsächlich die Treppe heruntergeknarrt ? ! (1 Chance noch : Sie ginge auf's Klo.) Aber nein; schon kratzte & nestelte's an der Haustür rum. Keusch klirrte das Sicherheitskettchen. (Und da räusperte ich, als Gentleman, mich denn doch lieber hörbar – man konnte ja nicht wissen, wie Die da raus kam, morgens um halb 5.)

Gleich gegenseitige Musterung, kalt & neugierig. / Nackte-grobe Füße. Dann, bis zum Hals hinauf, engst anliegender grauer Trikot (gestern Abend war's schwarzer gewesen; und es ist natürlich auch kein Trikot, ich weiß wohl, aber es läuft auf eines hinaus); kurzer spitzer Ausschnitt. Und dann eben dies Gesicht ! : breit & rotmarmoriert, (wie Sie wohl am ganzen Leibe sein mochte; das gibt's); der Mund ein brutal klaffender Schnitt von genau derselben Farbe (da völlig ungeschminkt); das Haar kurz wie eine Bürste. Nicht die geringste Andeutung von Busen. (Tcha, war das nu besser, als die handgemalten Flittchen, die sonst im allgemeinen so rumlaufen ? Weder-noch, würd' ich sagen. Es gelang mir erfreulicherweise nicht mit den Achseln zu zucken; Die hätt' das ja sofort registriert. / Und auch das erinnernde Grienen unterdrükken : wie Ida gestern Abend, beim Eintreffen, den ‹Jungen Kerl›, der am Zaun saß und mit dem Conte spielte, zur Ordnung gerufen hatte. Das war dann eine rechte Überraschung gewesen.)

Sie stellte ein (gleichfalls graues) kunststoffig glitzerndes Beutelchen auf den Tisch, zwischen uns, und setzte sich. »Ich muß etwas Morgentoilette machen,« sagte sie : »Stört Sie's ?«. Nun hatte ich ja längst gemerkt, daß in diesem Fall schlichte gewaltige Ehrlichkeit das klügste wäre, (auch eine Art, sich zu verstellen, zugegeben; aber über Karl's & Ida's bürgerliche Verlogenheit machte sie sich unverkennbar mentaliter noch weit mehr Notizen). Also ernst & ehrlich : »Wenn ich zusehen dürfte ... ?«. Dann, (etwas schief & selbstironisch) : »Es wird mir nicht mehr oft so gut.« Nun noch ein Zitat (angedeutet durch leichtes Handanheben, sowie ein bißchen lautere & trockenere Diktion) : »‹Das Grau-Seyn schleicht herbey, Dein Stolz ist abgebrauchet.›« (Und das Nacheinander der Masken samt den dazugehörigen Witzen gelang einigermaßen – ich geh' ganz gern über meine Leiche.)

Sie nickte billigend. »Ich auch,« bestätigte sie. Saß. In ihrem

eigenen mächtigen Knochengestrüppe, den linken Fuß auf der rechten
Leistengegend, dicht vor'm Bauch; und schnitt sich mit einer großen
Schere das Horn von den (inneren) Fersenrändern; die Überbleibsale
legte sie sorgfältig in 1 Häufchen auf den Tisch zusammen. Zwischen
uns. (Stücke wie Hobelspäne waren dabei; sie krümmten sich im Lauf
der Unterhaltung langsam.) »Von wem ?« erkundigte sie sich, gemes-
sen-zerstreut; meinte das Zitat eben; und ich erwiderte einfach :
»Opitz. – Laut Adelung.« (Das heißt, ‹einfach› war das ja eigentlich
nicht grade; wenn man's auseinandernahm. Und Sie war der Typ, das
notfalls zu tun : Psychoanalytikerin, und mitten in ihrer Doktorarbeit.
Martin's Hülferuf war schließlich unüberhörbar gewesen; sein Brief
(der an Karl fast gleichlautend) sprach von »höllischen Analysen«, die
ihn »noch umbrächten«, und wie er fürchten müsse, in medizinischen
Fachkreisen »zum Sprüchwort« zu werden – was Karl & Ida ernst
genommen hatten; mir waren die auffällig fielen gaumigen Diftonge
das bei weitem Anstößigere gewesen : Der hatte doch bisher noch nie
Hülfe-mit-ü geschrieben ! (Wir waren immerhin alle Vier, inclusive
Frau Ida, 9 Jahre lang zusammen in die Schule gegangen, bis zum
Abitur; und hatten Uns nie aus den Augen verloren; im Gegenteil.)
Aber Karl, für Subtilitäten dieser Art scheinbar immer weniger zu
haben, hatte nur unwirsch den Kopf geschüttelt, und grobschlächtig
gebrüllt – sie hatten mich im Auto mit her genommen; und der
worldwhirlwind pfiff uns an Hut & Fenster – : »Neenee : Die will'n
beerben !«. Was Frau Ida, flink über die Schulter vom Steuer her, ganz
Dottermäulchen-Glattzunge, so übersetzt hatte : »Heiraten.«)
    Und hier war unterdes der rechte Fuß dran; sie schnippelte. (Wie
gut, daß ich gewohnt bin, mich, auch wenn ich um 4 aufstehe, leidlich
zu adonisieren. Denn wir sahen uns ab & zu an.) / Idas ‹Heiraten› war
natürlich schlechterdings läppisch; genau die smarte Vernageltheit, die
sie, und 80% der Erwachsenen ihrer Generation überhaupt – naja, dann
konnt' ich aber auch nicht mehr von ‹auszeichnen› reden. Daß Martin,
der reiche Martin, der dem Waisenkinde – (und da mußte ich doch, ich
konnte nicht anders, hinsehen : mit *der Figur* war der Begriff schwer
vereinbar; mit der eisengrauen Tracht schon besser; am unheimlich–
besten vermutlich mit dem ‹Geist›, der, halb Sheffield halb Solingen,
darin zu hausen schien) – also daß Martin, der Ihr, (dem Kinde irgendeiner entfernteren einstigen Cousine), weitgehend das Studium finan-
ziert, und Ihr jetzt wieder für 1, 2 Jahre ein Gratisasyl bezwecks
Abfassung Ihrer Dissertation gewährt hatte, mit dem Gedanken
geschäkert haben mochte, sich eventuell 'n büschen zu entschädigen,

war bei seiner Altgesellenmentalität durchaus denkbar, ja gleichsam ‹natürlich›. Aber zum Heiraten war er, wenn nicht gar zu klug, so doch bestimmt zu bequem. (Und seitdem ich *die Zeitgenössin hier* gesehen hatte, war ich von Ida's Fehldiagnose restlos überzeugt : Die sollte sich lieber aufpassen, daß sie dem Waisenmägdlein nicht allzuviele Blößen gäbe !).

3

Pediküre beendet. Sie legte die lange Scheere so abscheulich auf den Tisch, daß die Spitzen auf mich zu zeigten, das schmale Maul sich, weißfischlüstern nach mir auftat. Weidete sich 1 Augenblick an meinem Unbehagen darob. Sann 1 Augenblick. (Und da kam mir der Flatter- vogel von vorhin, dicht über Wies' & Zäune, zu Hülfe – siehe da : auch ich mit ‹ü› ! Liegen die Dinge so ?). »Iss'n das ?« fragte die Sehr- Gelehrte, leicht gereizt. Und ich machte mir den ältlichen Scherz, und rief Jenen scharf durch's Handsprachohr an : »Wie heißßß'Du ? !« – sofort schlug's kampflustig die Flügel gegen mich auf, die schwarzen, mit den breit-weißen Banden : »Ziiii : Wittt !«. Und ich nickte formvoll mit dem Kopf zu ihr hinüber, als stelle ich die Beiden einander vor : »Fräulein Seidel.« (Auch ein bißchen entschuldigend lächeln ob meines leichtenbunten Krämchens : Wir sind auf dem Lande. Sie war sich des Mankos aber doch bewußt; und daß ich meinen ‹Sieg› nicht ausnützte, empfand sie, erfreulich um Allwissenheit bemüht, sicher auch als pein- lich.)

»Ich muß mich erst spezialisieren,« sagte sie nervös, »dann kann ich an Allgemeine Dinge herangehen.« Machte den Mund starrer, (da 1 Flüchlein heraus gewollt hatte : auf sich selbst, sans doute, wegen der Quasi-Entschuldigung); und wurde angemessen brutal, (wie es dem Waisenkinde, dem jahrzehntelang gedemütigten, dann jahrzwanzichtelang geziemt).

»Sie übersetzen –« fing sie an; »Onkel Martin hat die Bücher ja alle. Ich hab'sie mir gestern Abend noch ma' angesehen : viel Mittel- ware; aber ein paar Großherren der Literatur sind immerhin auch dabei.« Und ließ einen Blick auf mir ruhen, wie er ihr noch gar nicht zustand; (obschon er mir, als einem kleinen Handwerker in den weiten Wortwerkstätten, gebührte : hier gab's nur 1 Mittel, sie an dezidierten Dummheiten zu verhindern – schon um ihr für späterhin Nach-Schamen zu ersparen; Ida freilich hätte sie, aus reiner Bosheit, weiter rasseln

lassen – nämlich, leise Warnung, abzulenken. War ja ein lustiges Duell-
chen.)

»Ja –. Gestern Abend –« versetzte ich, nachdenklich an ihr vorbei :
»UHLENFLUCHT sagen die Bauern hier zur Spätdämmerung; wenn sich
schon ein Schwänzchen Mond in den Eichen herumtummelt. –«. (Ich
sprach absichtlich etwas schleppend : wenn Sie wahrhaft klug ist, macht
sie jetzt noch ein bißchen Kosmetik, und geht dann. Wenn rachsüchtig,
Gymnastik. / ‹Gestern Abend› hatte sie uns ein Biermüschen vorgesetzt.
Und Martin gewarnt; im Sinne von ‹Eßt vorsichtig : Die kriegt's fertig,
und mixt Euch was rein, daß Ihr Alles sagt !›. Lächerlich. Woraufhin
Karl & Ida kaum genippt hatten – mir hatte's geschmeckt. / Wiederum,
als sie mir die zweite Portion holen ging, hatte Martin uns zugezischelt :
»Die haben neuerdings vielleicht Ideen, die Landbevölkerung glücklich
zu machen ! Lesen-Schreiben-Rechnen ? : Weg damit ! Dafür ANAL-
EROTIK, wie sie's nennen – muß natürlich 'ne dolle Sache sein.« hatte er
sinnend hinzugefügt. Frau Ida sofort anklagend die Hände gebreitet.
Und ich abwehrend geschüttelt : erratur.)

Aber sie war eben weder klug noch rachsüchtig; sondern wurde
einfach sachlich. »Ich dissertiere nämlich über die UNBEWUSSTE ABBIL-
DUNG VON LEIBREIZEN IN DER LITERATUR,« erklärte sie : »Wenn Sie
vielleicht – Sie haben ja sicher weit mehr gelesen als ich – weitere
Beispiele wüßten, die ich mit aufführen könnte ? Ich würde selbstverständlich Ihren Namen an der betreffenden Stelle erwähnen.« fügte sie
lässig hinzu. (Hoffentlich konnte ich mein Gesicht auch diesmal am
Schmunzeln verhindern : sie mußte schon noch sehr jung sein, um 1
Erwähnung der angedeuteten Art nicht für ein ziemlich wehmütig-
kurioses Lebensziel zu halten. Aber Sie merkte nichts; Sie war zu sehr
bei der Sache). »SCHERNER –« sagte sie ermutigend, um das kalkhaltige
Rinnsal meiner Gedanken in die richtige Bahn zu lenken; »Oder kenn'n
Sie den etwa auch nicht ?«. (Das ‹auch› bezog sich kaum auf meine
Belesenheit, (die als immerhin möglich anzunehmen, sie ja eben erst
noch höflich genug gewesen war), sondern unverkennbar auf den armen
Martin. – Aber das Thema war schon wichtig & interessant. Auch
pikant. (Pee-cunt). Anscheinend haben Kluge Jungfrauen heutzutage
grundsätzlich etwas Öl bei sich.)

»Ich kann natürlich jetzt, ‹auf Anhieb›, nicht sogleich den schieren
Tiefsinn von mir geben,« fing ich an; »werd' mir's jedoch überlegen. –
Wenn ich eventuell etwas ‹laut denken› dürfte – ?«. »Schön wär's«
versetzte sie, ebenso hart wie materialhungrig; (obwohl deutlich 1
gewisser Zweifel mitschwang. Sehr richtig.) Ich, konternd : »Nicht

135

immer.« Pause. Dann : »Wenn der Akzent nicht auf ‹unbewußt› läge, würde ich die diversen ‹Hintern› im JOYCE empfehlen. So aber dürfte sich Ihnen ja längst das eigentümliche Dilemma ergeben haben : daß Sie einerseits gern Beispiele aus der *Hoch*literatur hätten –« (sie nickte) – »da aber gerade die vielviel bewußter – ergo verschlüsselter, ergo schwerer durchschaubar – arbeitet, als Leser sich träumen lassen, wird das für Sie ergiebigste Material die berühmte Kolportage liefern –« (ihre Miene wurde noch adstringierender) – »denn deren Verfasser pflegen in, Korrekturen nicht nur nicht erlaubender, sondern sogar verschmähender, ‹schlechter Trance› zu schmieren; was dann wiederum, zwangsläufig, Material von besonderer Transparenz liefert.« Sie hatte derweil die athletischen Handgelenke übereinandergelegt, des Zuhörens gewohnt; »Beispiele.« forderte sie jetzt mechanisch. »*Deutsche* Beispiele ?«. (Da hatte ich anscheinend einen schwachen Punkt getroffen; denn sie bewegte 1 Mal die mächtigen grauen Schultern. Merkte, daß ich gemerkt hatte. (Nett. Klare Köpfin.) Verfügte jedoch über Fond genug, und gab's würdig zu) : »Möglichst ja.« Also dann : »Kämen infrage Retcliffe-Goedsche; Samarow; Robert Kraft. – : KARL MAY ! Der vor allem !«. Auch, da Sie die (ungeschminkten : solche Küsse auszuhalten, würde nicht Vielen gegeben sein !) Lippen unwillig schwirren ließ TONLOSE ROULADEN – : »Jedes Jahr immer noch 1 Milljon Bände ! Und Sie brauchen ‹Unbewußtheit›. Der Mann wird überdem vermutlich occasionell invertiert gewesen sein –« (ihr gröbliches Antlitz begann zu leuchten) – »und da es sich ja um DAS TOTEMTIER DER DEUTSCHEN handelt, könnten Sie in diesem Fall Qualität durch Quantität ersetzen. – Zum Beispiel – –«

Aber zu den Beispielen kamen wir, sie mochte noch so suggestiv blicken, zumindest jetzt nicht; denn

a) ließ Conte Fosco sich herab, sich auf den Tisch zwischen Uns zu setzen; und das war ja so ehrenvoll, daß ich von meiner superstitiosen & einem Literatus schier unanständigen Vorliebe gegen besagten Autor sogleich zurückkam, und lieber Dem-hier zusah, wie Der sich am Arsch leckte : dann steht 1 Pelz-Stelz-Bein so hoch in die Luft weg ! ..... / Auch : »Der Katze muß das Haus doch wie ein HOHLER BERG sein : mit Schätzen darin; Schlaraffenländern, Wärme – auch ‹Gefahren› freilich; wie alle hohlen Berge.« / Sie sah mich währenddessen immerfort streng an. (Vermutlich ist meine raffinierte Abgeklärtheit ja nicht viel weniger unmenschlich, als Der– ihre Strebsamkeit.) – Aber

b) kamen hinter'm Schuppen, wo das Auto parkte, zusätzlich Laute

hervor . . . . . ‹Laute›, sage ich . . . . . Ich bin doch wohl auch an die
20 000 Mal aufgestanden; und der Hauptverantwortliche war einwandfrei Karl, der als Gärtner . . . . . / Wir standen doch Beide im
gleichen Takt auf; und stahlen uns, fast Schulter an Schulter,
Oberhemd neben Cotte de Mailles, hin . . . . .

4

Unter'm Vordach des Schuppens entlang – die GRAUE SCHRAUBE eines
Stricks; der glasige Wurmleib einer Neilon-Leine, in den sich Klammern
verbissen hatten – 1 junges Pflaumenbäumchen (noch sahen sie wie
Oliven aus) – und durch den Jasmin lugen : – –. Ab & zu blickten wir
uns an : (ausgerechnet meine grauere Schläfe zu ihr hingekehrt : daß
mann da immer noch empfindlich ist! Ebenso unleugbar wie lächerlich.
Na, dafür hatte sie eben keinen Busen. – Und der Dialog drüben ebenso
hörenswert, wie unser Lauschen unanständig.) –
     Beide am Hinterteil des Autos rumfummelnd. : »Daß man dafür
‹Hinterteil› sagt : UNBEWUSSTE ABBILDUNG durch die Sprache !«. (Sie
nickte. Der Exkurs war vorgesehen : »Anthropomorphisierende Wendungen in ‹Wetterberichten› : ‹Von der Rückseite her strömt Warmluft
zu›.«). / Absurditäten von wahrhaft astrokomischen Ausmaßen : er eine
Null, sie eine Nullnull. Sie läpp'schten; zankten sich; läppschten. Kam
gebückt heraus – und ihm blieben förmlich die Augen stehen : ! :
»Mensch-Weib. Has'Du keene Haare mehr dran ? !«. (Es handelte sich
natürlich um die hautfarbene Strumpfhose BELINDE. Sah aber tatsächlich frappant so aus.) Ida lachte, daß es in dem Blechzwinger wider-
hallte; Karl's Antwort war 1 gellender Schluckauf. (Mir wollte's allmählich peinlich werden; aber Sie bat mich mit der Hand *so* um Aufschub –.
Und Material von solcher (wie hatt'ich mich vorhin ausgedrückt ?
‹Echtheit & Transparenz› ?) würde sich Ihr ja schwerlich bald wieder
ergeben. Sie bat noch mal, unhörbar, mit abenteuerlichem Mädchen-
maul. Und ich hatte im Kampf zwischen alter Bekanntschaft und
wissenschaftlicher Integrität natürlich zu unterliegen. DER MÄNNLICHE
ALS SINNBILD DER UNBESTÄNDIGKEIT. Obwohl sehr unbehaglich-brauen-
drückend.)
     Streit um irgendein System der Gepäckverstauung – sie haderte
ihm zuschlechterletzt 1 dürres »Vonmiraus« ab. Ich (jetzt war's sowieso
egal) flüsternd in ein rotes Ohrtütchen : »Als Braut : hat sie mal sein
Porträt *gestickt*.« – ? – : »Nee; Kreuzstich.« Und sie nickte gleich à la

137

‹Leibreize› : »Kreuz-Stich !«. (Satanisch.) / Karl-drüben fletscherte eine
Weile mit dem Gebiß. (Was er in der Hand hätte ? : »Die Knips-Scheere !
‹KUNDISCHES GESCHIRR›.« erklärte ich. – Kein Begriff ? – : »Vor'm
Kriege lieferte die unvergleichlichsten Gärtner-Werkzeuge die Firma
‹Kunde & Sohn› in Dresden. Karl schwört heute noch drauf; Sie kriegen
das garantiert irgendwann zu hören.«) Erst erkundigte er sich noch :
»Was stöhns' Du ?«. »Och generell.« (Ob des Einpackens; völlig legitim
doch !). – Gänzlich unversehens zog sie den Oberleib aus ihrem ‹Hohlen
Berg›; drehte sich um, und verpaßte ihm 1 Morgenkuß, daß ihm der
Kopf wakkelte. (»Hat 'n Todeswunsch empfunden,« raunte es parzen
neben mir. »Oder einen Libido-Schub ?« gab ich höflich, in der gleichen
Kunstsprache, zu bedenken. Sie begann an der Unterlippe zu nagen; und
bekam sichtlich Zweifel an der Theorie.)

   » Komisch'n Traum heut Nacht –« hob Karl langsam an, und gaffte
dabei visionär mißbilligend über'n Rasen, (»BERLINER TIERGARTEN-
MISCHUNG« hatte Martin gestern Abend stolz erklärt: 's natürlich was
Köstliches. »Thomasmehl braucht er; weiter nischt !« hatte Karl
geknurrt) : »gegen Morgen . . . . .« Sie krampfte die Finger in meinen
Arm (und hatte einen Griff ! Obwohl's bloß die Linke war) : »Schreibmaterial –« zischte sie DIE GÖTZIN MIT DER EISERNEN HAND; während ich
mir schon das Notizbuch aus der Hüfte zerrte, und es ihr hingab. Sie
stemmte sich's mit der Linken auf die brustlose Brust und stenografierte
mit; mühelos beneidenswert – so schnell hätte Karl, selbst in seinen
besten Tagen, nie & nimmer sprechen können, und wenn er's mit Fleiß
darauf angelegt hätte; (wird ma'ne gute Literatenfrau abgeben). Einmal
fand sie sogar die Zeit, ihren Blick auf den oberen Rand der linken Seite
abirren zu lassen, wo anscheinend *meine* letzte Notiz noch stand; (hoffentlich nichts allzu – was hatt'ich denn ? Nachher ma' nachsehn.)

   »Ich steh' bei uns in Pforzheim uff der kleen'n Verkehrsinsel – wo
Pferdner- und Hinterstädter-Straße zusammenstoßen. Wo die Haltestelle von der Elektrischen iss.« »Und Omnibusse« sagte Ida erwar-
tungsvoll; »wir hab'm'n doch mehrfach benützt.« »Jaaa – 's war stark
bewölkter Tag; aber noch etwas sonnich. Ich will die Linie nach
Dresden-Eula haben; und es erscheinen auch mehrfach einzelne Wagen,
ohne Anhänger, mit dem Stirn-Schild, die alle die Nummer ‹8› tragen.
Auffällig dabei, daß sie alle nich, wie in Wirklichkeit, die Schien'n von
Treuhofen her 'runter komm'm; sondern vielmehr jedesmal die Pferdner-
straße her, wo ja gar keine sind.« Ida nickte erst bestätigend, und
schüttelte dann den Kopf. / »Was für mich, wie ich im Traum so schteh',
übrigens links iss; Ost'n. Neben mir noch'n paar unbedeutende Leute,

obwohl die eine graue Frau mich schtändich durch Anschprechen ablenkt : denn ich möchte ja immerfort einschteigen; und jedesmal iss der Wagen schon voll, besetzt, oder ich verpass' ihn eben.« (Hier hob Ida nachsichtig erfreut zu lächeln an.) / »Einmal erscheint schtatt der einzelnen Wagen ein großes offenes Auto – ganz alte Type, mit zurück-geschlagenem faltigen Verdeck – so'ne richt'je Hemmorid'nschaukel – aber wiederum derart besetzt, daß sogar hint'n, uff der Schtoßschtange, 'n paa junge Männer schteh'n – ich glaub', es waren, dichtgedrängt, links 2; dann eine Lücke; dann, rechts, 1. Zwischen ihn'n eben die kleene Schtelle noch offm : ich hab' vergeblich versucht, dort-hint'n druff zu schteig'n.« / Unverkennbar ENDE. / Wir stahlen uns zurück. Hinter uns, rasch unverständlich werdend. Ida's, wie mit einem Ei abgezogene, Stimme : »Aber das iss doch ganz einfach, Karlemann .....« – – Und wieder auf der Veranda sitzen. Mit ihr. (Sie hatte kurz gezeigt & 1 Bittgesicht gemacht : ? . Ich genickt. Sie ergo die Seite rausgerissen. (Beim Wiederempfang rasch die Notiz links-oben vergleichen – ‹Das Gesicht nimmt ab, der Geruch zu›. Also doch unangenehm. Sie würde zwar gedacht haben DER ERSTE GREIS DEN ICH VERNÜNFTIG FAND; aber eben ‹Greis›. Je nun; ich zuckte (vorsichtshalber Alles ‹innerlich›) die Achseln.).) / Aber doch wohl no fear. Sie studierte so tigerhaft die Zeilen aus Sigeln. Der unglaubliche Mund verlängerte sich, unwahr-scheinlicherweise, noch mehr nach rechts und links RÄCHTS & LYNX; ein Saum Gebiß wurde sichtbar; schon nikkte sie, unheimlich pendelnd – / – (und wurde unversehens zum Kind) : »Jetz'ne Schreibmaschine haben !« wünschte sie stöhnend. (So sind Die ja : entweder gefühllos; oder vor Gefühl wie wahnsinnig.) »Sie können's nachher auf meiner ins Reine schreiben,« bot ich an : »ich hab' mir vorsichtshalber – für den Fall, daß ich unterwegs zum Arbeiten käme – ein alteskleines Reisemaschinchen mitgenommen.« »Achja,« machte sie, aufrichtig erlöst. Faltete, da jetzt von sämtlichen Seiten Hominidengeräusche auf uns zu kamen, einmal zusammen; barg den (sinnschweren ? ; obwohl ich seit Jahren zu faul war, über Karl noch groß nachzudenken) Bettel im Ärmelhandgelenk. Stand auf; hielt an der Haustür inne, die Gestalt aus neuem Eisenblech mit dem Gesicht aus Kupfer; nickte mir zu, (ich ließ mir aber keinerlei Mienenspiel abnötigen); und verschwand dann nach innen, vermutlich zu etwelchen eisenseitig-rundköpfigen Hausfrauenstellvertreterinnen-pflichten HURTIG SCHLIESSEN JENE DRAUF DIE PHALLTÜR.

Und strömten förmlich auf mich zu ! / Karl, breit gestreift. »Was schüttels'De schonn wieder mit'm Kopp?« wollte er wissen. : »Weil Du aussiehst wie SCHALKE NULL-VIER.« / Dann Ida, im schimmernden Morgenrock aus grauer Seide, (und mir gelang das alte chevalereske »Ohhh !« diesmal so bewundernd, daß es ihr ein Lächeln des Größenwahns abnötigte; sie hatte das zu gern, wenn man sich so hoffnungslosdiszipliniert jahrzehntelang nach ihr verzehrte. Aber auch) : »Handschuhe, Ida ? Jetzt im hohen Sommer ?«. »Nagelgeschwüre,« erklärte sie; unwirsch ob der Befremdung, der ich in meiner Stimme mitzuschwingen erlaubt hatte. / Und endlich Martin ganz beige, in Hose wie Oberhemd, beides nach Art der Verständigen geformt. Wir grüßten uns schweigend; (er war mir der Liebere). / (Ich flink klowärts : die Verschlüsse werden undicht, Du magst wollen oder nicht. Und der geschnitzte Hermafroditenkopf an der Pforte zur Brille machte sein altes verschwiegenes Gesicht; und der Wirtel des Wasserhahns war glatt in der Hand wie stets : selige Zeit der Jugend, wo der Mensch noch Stimmen vernimmt im Gurgeln des WC ! – Ich glaube, in Himmel wie in Hölle recht wohl gekannt zu sein. Und in keinem sonderlich empfangen zu werden.)

Wieder draußen; immer noch entre nous. (‹Fräuleinseideldrinnen› briet bestimmt Eier, kochte Tee, schnitt Kuchen – Ida half ihr absichtlich nicht. Ich kämpfte 1 Regunglein, das mich aufrief, dem derart in der Minderheit befindlichen Waisengeschöpf unter die Arme zu greifen, ebenfalls wacker nieder.) / Erst mal Leid klagen, gegenseitig in der Runde; (wir hatten uns – na ? – bald 9 Monate lang – nicht gesehen). Schweizerkäse äugelte uns so unterwürfig an STRAUSSENHIRN & NACHTI-GALLENZUNGEN dörflich glomm der Toaströster. Denn es sang hinter den Wäldern ? ‹Einheiten› mochten wohl ein Manöver veranstalten. »Die Straßen in Klump fahren ist leicht, Steuergelder aufbringen schwer.« (Martin; auch) : »Ja : jedes zweite Messer ist neuerdings abgebrochen !«. (Auch 1 Wirkung der Unsichtbaren; int'ressant. Aber ich hätt' mir's denken können.) »Von Stifter hält sie überhaupt nichts.« (Ich auch nicht; das sprach in meinen Augen nur für sie.) »Neulich unterhalten wir uns über was. Ich sag zum Abschluß : ‹Muß ich mir unbedingt durch'n Kopf gehen lassen›. – Da nimmt sie meine Armbanduhr vom Tisch, und sieht nach der Zeit !«. (Das faßte selbst-ich nicht so schnell. Er fuhr klagend fort) : »Als ich dann kurz drauf im Klo stand, fiel mir's ein.« (Donnerwetter ! UNBEWUSSTE ABBILDUNG : war Die g'schickt !). Leider erfuhr man viel zu wenig; denn sie war auch flink. (Würde ma'ne gute Literatenfrau abgeben.)

Plaudereien am Frühstückstisch. / Martin teilte seine Angst in 2 Hälften (in die vor Ihr; und die vor Ihren Äußerungen : nun konnte er sie fast schon tragen), und speiste dann doch recht erklecklich. / Karl fraß ohnehin wie (ja, wie Wer ?) persönlich. »Meine Frau hat sich seit 20 Jahr'n das Gesicht nich mehr mit Wasser & Seife gewasch'n,« teilte er uns futternd mit, der kosmetische Ignorant. Wies auch Fräulein Seidel mit Härte zurecht, als sie seine geliebte Gartenscheere ein wenig beiseite schieben mußte : »Sie ! – Das'ss ‹Kundisches Geschirr› : Hochleistungswerkzeuge !«. Und dann gleich alles erklärt : Messingfalze, gehärtete Schneiden – Martin hatte sie ihm gerade noch aus der Hand winden können, als er demonstrierend ein dickes-dürres Ästchen abknippen wollte. / Ida schlug das Züngelchen nach oben, und küßte sich den Zuckerguß von den Fingerspitzen. Im Gegensatz zu Jener-Anderen, die vandalisch semmelein knirschte; auch Äpfel, ungeschält & ungewaschen; (und sich sichtlich an unserem gebißträgernen Schaudern ergetzte; und an unserm metafüsischen nicht minder).

»Also ich wieder selten unangenehme ‹Gesichte› heut Nacht !« gestand Martin nervös; auch (mit ängstlich-frecher Kopfgestik zu Fräuleinseidel hin; die ihrerseits das Antlitz auf ‹steinern› gestellt hatte) : »Erzählt ihr ja nichts von dem, was Ihr geträumt habt. Die konstruiert Euch einen ‹Sinn› hinein, daß Ihr Kopf steht !«. Aber Ida lächelte nur mütterlich. »Das'ss ja alles so kinderleicht,« sagte sie DIESE JUNGEN DINGER, »und zumal Männer so erstaunlich einfach gefügt – dazu bedarf es nun wahrlich keines Doktortitels; ein wirklich intelligenter Mensch weiß sofort, woran er iss. Gleich das schönste Beispiel, Fräulein Seidel : erzähl' doch ma Dein'n Traum von heute Früh, Karl.« (Komisch, daß ich bei ‹Karl› immer noch reagierte; obwohl ich mich mit ‹C› schrieb. Aber CHARON gerufen werden war ja noch makabrer : das mochte mich schon manches gekostet haben ! Dabei schrieb ich mich doch weißgott ohne ‹h› ! Kein Wunder, wenn im Leben aus einem Menschen nichts wird, bei dessen Namen Jeder, (inclusive ihm-selbst), ein ‹Totenfährmann› hinterherdenken muß. Vielleicht hätte man in'n Orient ziehen sollen, wo die Leute nischt dabei finden NE INDERIN MIT NER BRILLE ob's bei Uns wirklich Welche gab, die dafür *nicht* anfällig waren ? Ich schaute auf, und begegnete dem Blick von Fräulein Seidel.) Da Karl der gartenaere grade begann : »Ja, also ich schteh bei uns in Fortzheim uff'ner kleen'n Verkehrsinsel –«. »Wenn Du aufhören könntest, dabei zu kauen ?« sagte Martin gereizt. Und auch ich bestätigte, (um ihn etwas zu

141

ärgern; da ich mich etwas ärgerte) : »Es würde um so viel spannender, Karl-mit Ka.« Er sah uns mopsig-giftig an; würgte den süßen Kloß aus Kuchenstoff hinunter; und fuhr fort; (wie WIRHINTERMJASMIN es bereits sattsam vernommen hatten. Mit einigen Auslassungen (Vergessungen?) allerdings). Das rasende Miauen in der Ferne ? Sei der verwitwete Schloßpfau, erklärte uns Martin.

Und Ida dolmetschte milde, ja nachsichtig. Schlang auch die Arme nach rückwärts um ihren leichten Sessel, daß die considerable Brust noch mehr hervortrat, (allen Knochigen ‹die es angeht› zu Spott & Hohn). : »Meine Tante – die Mutterstelle bei mir vertreten hat –« (Karl bestätigte; durch 1 Stück gedeckten Apfelkuchens hindurch) – »hat nämlich heute, am 8., Geburtstag. Drüben, in der sogenannten Sowjet-zone; bei Dresden. Und da hatten wir uns Gestern unterhalten : Wie nett es doch wär', wenn wir – sie wird gerade 85 – zu dem Tag hätten rüber fahren können.« Sie lächelte. Nahm den linken (volleren) Arm nach vorn und ließ die daran befindliche Hand sich belöffeln & in der Tasse rühren : »Der ‹Sinn des Traumes›, Fräul'n Seidel, also schlicht *der* – ?«. »Schlicht der.« wiederholte Jene stumpf; und Ida schüttelte, amüsiert ob so viel Schwerfälligkeit, ironisch den Kopf – : »Na eben wie wir gern rüber gefahren wären ! Tz, Meingott.« schloß sie verächtlich.

Und wurde sieghaft-großzügig mondän-kokett LA DAME AUX CAMÉLIAS : »Dafür gibt's gleich 1 Kuß, Karl.« Und wir, geschult, wagten einmal mehr unsern alten Kalauer : »Karl mit ‹K› oder Karl mit ‹C› ?«. Worauf sie, wie sich's gehörte, üppig : »Beide !«. (Karl den seinen mitten auf den Gärtnermund; ich, meinen, seitlich von oben auf die linke Geheimratsecke. Und mein Blick begegnete derweil dem von Fräulein Seidel.) Ida nahm nett wieder Platz. / Martin deutete etwas von einem neuerlichen Grundstücksverkauf in Hamburg an; (der Kerl hatte ‹im Herzen› jener Stadt lächerliche 1000 Quadratmeter geerbt, und verscherbelte alle 5 Jahre 200 : davon lebte Der ! Und wie.) Karl's Blicke ergingen sich in dem so bunten Törtchenbeet. Fräulein Seidel sah ihn immer wieder einmal flüchtig an; überlegte; schenkte sich auch Kaffee nach; (einmal zog sie 1 Zettel aus dem Ärmel, und las – da schlich sich ihre Zungenspitze über die Unterlippe vor, und ruhte eine Weile nach-denklich dort – lehnte sich nach hinten, atmete tiefer, und da wurde ihre Schulterbreite ja ausgesprochen polizeiwidrig !). Ich – oh-wehich; ich schnitt mir lieber 1 abfällige Grimasse, und tat emulgierende Bemer-kungen nach allen Seiten.

Ida, geziemend erschlafft nach ihrem Großen Sieg, ließ das gekochte Auge über Martins zween Morgen trödeln : da kam eine weite

Rasenfläche, grün-behaart. Blieb haften. Und bemerkte schlaffmündig : »Diese dicke Blutbuche da – ein herrlicher Solitärbaum : so mächtig & rot der Schtamm . . . . .«. (»Kuckuck !« fing's in irgendeiner Ferne an, zu zählen : »Kuckuck : Kuckuck : Kuckuck.«) Einmal unterbrochen durch Karl's »Ohscheitan !«, (hatte er sich die Zunge verbrüht ? Oder drauf gebissen ?) : »Kuckuck : Kuckuck« – zehnmal im Ganzen süsse Freundin noch einen ! (Aber der hatte ‹indessen / zehnmal, leider ! der Baum Blüthen & Früchte gebracht› – sie konnte nich mehr so recht. Goethe natürlich, wer sonst antiker Form sich nähernd.)

(Die tauchten aber doch in der Literatur mehrfach als phallisches Symbol auf, die ‹Blutbuchen›. Ob schon die holde Gärtnersfrau gern zu Denen gehörte, die dergleichen nicht wußten.) : »Lassen Sie uns davon abbrechen.« dekretierte sie eben (schade; das hatt'ich jetzt nich mitgekriegt, worum sich's handelte). »Oh Donnerstag & Freitag !« fluchte Karl, der wieder irgendwas irgendwie nich bewältigen konnte. (Ich stellte mir unterdes schon immer die diversen ‹Fachzeitschriften› vor, in denen die Beiden nun demnächst erscheinen würden : das Gefühl analysiert zu sein, war ihnen gewiß noch neu. – Na, das würden sie ja nie in die Hände bekommen.) –

»Ich schlage vor : bei jetzt-schon 27 Gradimschatten machen wir'n Spaziergang. Was, Martin ?«. »Gern, Carl.«

Und Freulnseidl trug rasch Alles hinein. Und Karl brummte zustimmend : ihm war die Natur immer recht. Und Ida (jetzt schon schwitzend & zweifelnd, ob sie die 15 Klemm'm in gutem Stil bewältigen würde, ergo auch gehässig) : »Schmeiß' sie doch einfach 'raus, Martin !«. In dem kämpften Egoismus und Mitleid faul ein bißchen miteinander –; (wie vorauszusehen siegte die Nujaerkenntnis : daß letztlich Alles egal sey ?). Ich wich ihm klug aus; und erbat mir nur die Erlaubnis, sein gutes-teures (also leichtes) Doppelglas tragen zu dürfen.

6

Dieses war natürlich Pracht-voll !

Zuerst, ein paar hundert Meter noch, die Dorfrodung. / Karl, beim Anblick der Äcker : »Bei uns, im Westen, sind die Kartoffeln meist Mädchennamen; in der DDR Vögel.« (Sowas hör' ich gern; das kann man sich gut merken : für Übersetzungen. Sätt-Zungen.) Ich, gleich zu Fräulein Seidel, die, es schmeichelte mir doch, meist neben mir ging : »Kartoffelkrautsaft – also Extrakt : soll wie Bilsenkraut wirken.« Demnach was für uns arme Luder : ? (Sie sah mich an. Und wir glaubten einander scheinbar ein bißchen ?).

GEMURRME : Kühe, die sich die Füße kühlten. (Eine stand, nicht weit weg, und pumpte sich, mit dem Kopf, Wasser. »Sind gar nich so un-intelligent; wie ?« Sie machte sich 1 Notiz.) / Karl-vor-uns, der irgendeine CONTI-Sohle trug, prägte andauernd ‹Namen› in den, ohne ihn herrlichen, Staub des Weges. (Billigste Anregungsmittel, die, möglichst, gar nichts kosteten; sicher, iss'n Problem). / Riesen-Reisighaufen am Wegrand ? : »Jene Art von Dämlichkeit, die sich ‹Bauernschläue› nennt.« / Ja, auch das gibt es : auf Pilzen Pilze. »Sogar auf toten Raupen.« (Schweinerei). Sie wakkelte wissenschaftlern mit dem Kopf. Sie akzeptierte beides, Tierquälerei & Pflanzenquälerei. / Hasenlosung rosenkranzte. Sie ließ sich ob der schwarzen Perlenschnüre informieren; überlegte-starrte; und entschied dann : »Sieht gut aus.« / »Hören Sie ?«. Nein; (hörte demnach schlecht ?). Also noch näher hinzu führen – : ? – : ? ? – : ! ‹Tick : Tick : Tick› : »Sekundenbatterie eines Elektrozauns.« Die, jetzt am Vormittag schon brüllende Hitze hatte ihr unschönes Gesicht noch röter aufgetrieben. / »Ich find' das sehr nett, daß die Telegrafenstangen nummeriert sind : INDIVIDUEN wie ?«. Schlendernschlenkern; (arg abgerissene Schuhe hatte sie an QUADRATLATSCHEN). »MUSCATNÜSSE sollen übrigens auch bei ‹Mißbrauch› Betäubung & Irrereden verursachen, schon das Schlafen in den betreffenden Wäldern schwindelig machen.« »Viel zu teuer,« grunzte sie.

: »Kuckt ma ! – Wie romantisch. –«– / Wir hatten die Anderndrei eingeholt. Von Denen Ida sinnig sinnend vor dem ‹schlichten› Birkenkreuz stand. Karl stutzte derweilen einem Tännchen die dürren Äste ab, (und es stand dann doch sehr artig & reifröckig da !). Martin war unauffällig hinter ein Fichticht getreten, und nahm dort vorsichtshalber gegen Schlangenbiß ein. Was Karl, dessen Forstaufseherblick ja platterdings nichts entging, benützte, und seinen Anteil vom Serum heischte – – : »Mensch ! Das'ss aber tatsächlich 'n Getränk wie Höllenfeuer !«; (Karl, wohlgefällig. Ich verzichtete, obschon nicht ohne inneren Kampf : bei binnen Kurzem 30° im Schatten ? !). / »Pfadfinder.« Fräuleinseidel, tonlos-abweisend zum Kreuz hinüber DIE GESCHICHTE EINER ILLUSION; auch ich schürzte verneinend mein bißchen Lippenkram : Die hören allerdings etwas zu früh auf mit Denken. (Und'n ‹Lagerfeuer› hatten se ooch noch angezündet; alles schöne Fertigkeiten, die ihnen dann, beim Militär, recht zustatten kommen würden. / »Was hab'ich nicht schon mit meinem Vater-im-Grabe gehadert, daß er mich damals nicht auch hat Russisch lernen lassen.« Sie nickte billigend. / Oder : »Gegen die

DDR zu deklamieren, ist bei uns so leicht gemacht – werden doch förmlich Prämien darauf gesetzt ! – daß ein anständiger Mensch möglichst nicht mehr daran teilnimmt. Ja, sich fast versucht fühlt, dies oder jenes Lobenswerte-drüben zu loben.« Sie nickte billigend :»Die lernen viel da-drüben. In manchen Fächern.« bestätigte sie.) –»Na, Wer klettert hoch ?!« (Auf den Jagdstand nämlich.) Sie schritt schon auf das gespreizte Holzskelett zu, und, ohne ihre Gangart im geringsten zu verändern, daran empor, nicht schnell, aber unaufhaltsam DIE DIANA DER BÄREN drehte sich oben-angelangt um (so hatten Wir's ja wohl sehen wollen ?), und blickte eine Zeit lang unbeweglich zu uns herab. – Dann wieder anders rum. Und Karl's Augen sahen gedankenlos dem breiten (aber flachen) Gesäß zu, das da, eine graue Planetenfläche, langsam durch grüne Laubcirren. Unterging. / Da : ein ‹Bienenzaun›. – Der ganze blühende Boden summte unerhört CALLUNACALLUNA 100000 fleißige Puritaner in der rasendsten Sonne EIN TAGEWERK NOCH VOR'M FRÜHSTÜCK :»Das iss was !«. Und ihr Gesicht neigte ein würdevolles EINVERSTANDEN. / Ein Haufen Menschendrecks am Wegrande – :»Landarbeiter; ungewöhnlich stark« diagnostizierte Karl. Die Eidechse, die ‹in der näheren Umgebung› nervös hin & her fuhr (merkwürdiger Geschmack) kannte auch Er nicht :»Lacerta Soundso.« Gab uns dafür aber das Biogramm des Strauches daneben :»Die Knospen kann man wie Kapern essen. Die Blätter sind gegen Durchfall. Das Holz gut für Schreiner. Es gibt auch welche mit weißen Blumen. Die Türken pflanz'n'n uff ihre Todt'näcker.« / Und weiter wandeln. (Zumindest ich zog meine Füße bereits etwas schwerfälliger an mich.)

Sie war plötzlich in unserer (wandernden) Mitte stehen geblieben. Hob das (wieder noch rötere) Gesicht, und sog nüstrig Luft an – – :»Wasser –.« Und Martin nickte anerkennend :»Gleich bei'n Teichen. Paar hundert Meter noch.«

7

Ruhen. Auf schräg-braunem Nadelgrund KAMMGARN FISCHGRAT und erholen & genießen. (Das ‹Waldesrauschen› spülte Einem akustisch, das Wasserwakkeln unten optisch, auf's idealste das Gehirn leer – den Abfluß in den nächst-anschließenden Fischteich hörte man drüben auch gurgeln, tritonenmunter.) Und, immer ergötzter nickköpfend, sich–umsehen. / »Wie'n kleiner MÄRKISCHER SEE, gelt ?« (Martin, stolz. Etwas war dran.) »Aber 'n sehr kleener.« (Karl). Ich konnte mich nur

145

mit Kopf & Schultern zufrieden zeigen : war doch ausgesprochen idyllisch. Nischt wie Voß + Louise. (Zumal Fräuleinseidel neben mir saß. Zwar etwas weit weg; aber doch beträchtlich mehr ‹neben mir› denn neben den beiden Andern.)

Unten, durch eine herrliche Modellfichte, eine wahre Apolla unter den Jungbäumen, gegen den jenseitigen Teichrand gedeckt, (während wir freien Anblick hatten), entkleidete sich Ida, ebenso raffiniert wie keusch; wir sahen sie nur opisthe DAPHNE eine gewisse 'decency' ließ sie nie außer Acht; (aber die 2 mächtigen Grübchen im Kreuz waren natürlich nimmermehr fehl am Platze; was auch für die Achterbellen galt).»Wenn die Erde 1 Ring wäre, würdest Du der Edelstein darin sein. Ida.« hatte Martin gaumig hinunterkomplimentiert. (Solider als das Meiste, was man so in den mondänen Badeanstalten unseres Säculs zu sehen bekam – verbranntes, vielrippiges Zeux; kleppernd mit auf-gepappten pferdehaarigen Wimpern – war's einwandfrei !). Ergo schloß ich mich an :»Wenn ich 1 Blitz wäre, ich würde immer nur in Dich schlagen : Ida.« (Obwohl's sicher nicht besonders überzeugend heraus-gekommen war : Freuleinseidel-so wär' mir int'ressanter gewesen. – Ich mußte wohl unwillkürlich zu ihr hinübergeguckt haben; denn sie hatte's anschein'd gemerkt, und stellte mir (halb Trost halb Ersatz ?) ihren rechten Schuh 10 cm näher.) / »Könn'n Sie nich schwimm'm ?« hatte Karl, Idiotallewege, gefragt.»Doch.« »Na-und ?« »Heute nich.« »Wieso ?« (Und da eben wurde der Idiot gut sichtbar : natürlich hatte sie ihre Sache. Und Martin lächerlich-endlos zu flüstern, ehe Jener's ‹faßte›. – Oder war die ‹unterschwellige› Enttäuschung, hinsichtlich des erwähnten jagdhochstandenen Planeten, so groß bei ihm ? Ich ertappte mich sogleich, wenn ich ehrlich sein wollte (und ich wollte es doch eigent-lich ziemlich oft) bei dem gleichen Wunsche : auch ich hätte die betreffen-den großporigen Partien nicht ungern erblickt. Obwohl in ganz ande-rem. : Verflucht ! war ich dem Trottel denn tatsächlich so ‹ähnlich› ? Das wär' aber'ne Schande. Ich sah hülfesuchend zu ihr hinüber – ? Sie nahm 1 ältlichen Tannenzapfen in die Faust EIN SCHUPPIGER PHALL hielt ihn gefühllos (doch wohl nur szeptern); und da war ich auch schon wieder vernünftig geworden.)

Unten die langsame Schwimmerin IN CONCENTRISCHEN RINGEN. Höher die Kiefernfranse, (in der Wir-Andern herumsaßen.) Ganz oben nachenförmige Wolken. (Heu-Zeit. : Was würde Conte Fosco unterdes-sen anstellen ?) / Und wurde plötzlich wieder'mal zum Kinde – : »Da !«. – ? – : ein Goldfisch-Pärchen (allerdings groß wie Räucherheringe) drang langsam durchs Wasser dahin. »Dort ein weiteres.« Wo sich frisch-grüner Farn mit vorjährig-goldenem (der auch noch da-seyn wollte) mischte. Und hieran schieden sich die Geister (?) ja wieder : Karl faselte gleich fließend von Fischzucht; Kunstkenner Martin von »roten Akzenten auf Blauem«; (man *kann* es so ausdrücken. Leider.) Mir fiel ein (hinzuihr) : »3 transformirte Bauern. – Die einstmals den ermüdeten, Erquickung suchenden Fremdling das Schwimmen in ihrem Teich-hier verwehrten. Und die zur Strafe – der Fremdling war irgend'n ZEUS; klarer Fall – samt ihren Frauen in Goldfische verwandelt wurden.« Sie hatte erst Karl angesehen gehabt. Dann diesen Scheich, den Martin. Jetzt drehte sie den marsroten Gesichtsgloben mir zu; ein Paar aufgerauhte Stimmbänder verlangten : »Sie hießen ?« – (*Du* schlägst mich nicht !) : »Hintze. Meyer II. Hasingerräderloh.« Verbindlich. (Sie zog ‹im Geist› 1 Zettel hervor, und notierte's. Aber ich streckte sofort die Flachhand gegen sie aus, und schüttelte grell die Augen : !). Sie hatte wohl schon eingesehen, daß ich dergleichen nicht umsonst tat. Nahm folglich das dargebotene Doppelglas; und visierte in die ihr angegebene Richtung : ..... : .....

(Es sah schon toll aus, so vergrößert. / Ich hatte's längst, en passant, wahrgenommen : die halbkreisförmige Sand-Wand. Davor der Beton-Tisch. (Mit eisernem Reifen um sich, als fürchte er, auseinanderzufallen; 1 Rohr als Bein). Die winzige Lunulae-Ebene. Und eben am ragenden Pfahl das Schild

ANGELN VERBOTEN
H. SINGER / RÄDERLOH

Ich setzte ihr auch gleich die Pistole auf die graue Brust) : »Ärgert Sie's so sehr, daß ich's eher gesehen hab' ?«. Sie öffnete kraftvoll den großen Mund; und ließ die langsam darin nachdenkende Zunge sichtbar werden; (sie genoß die ‹Begegnung› mit einem leidlich intelligenten Burschen, die langentbehrte, sichtlich : ‹Rencontre auf Zungen; Distanz minus 10 bis 20 Zentimeter›.) / Als Untermalung immer die Unterhaltung von Karl & Martin. : »Laß Dir ja nich von 'ner Frau 'n Rück'n wasch'n.«. Martin, baccalauren-oberdoof : »Wie das nich ?«; (er stellte sich's wohl eher pikant vor, der Ignorant). : »Die hab'm doch derart mondäne Klauen : die zerkratzen Ei'm vielleicht den Rücken !«. – Wozu Fräuleinseidel gelassen, durch den Krimstecher, kommentierte : »Wird demnach ungefähr so sein : wie wenn Ei'm 'n Mann den Nacken ausrasiert.« Was Jene zum Schweigen brachte. (Obwohl man Karl die Wut des Widerlegtseins ansah !). / Erhob sich auch, nach kurzem verbissenem Schweigen, brutal. Stapfte ein paar Bäumchen weiter, (unverkennbar-absichtlich nicht weit genug). Und protzte doch tatsächlich ab, das alte Ferkel ! (Die andern Beiden hörten & rochen es wenigstens nur; wogegen mein Kismet mich natürlich wieder so gesetzt hatte, daß ich es zusätzlich auch noch *sah* : se Pitt änd se Penndjulumm DAS LILA PENDEL AM LOCH NES.) Und der Schnaps-Schuß stank wahrlich infam ! Wenn das ‹erogen› sein sollte ? : schlecht werden konnte Ei'm ! (Instrumente müßten sein, mit denen man Gerüche verkleinern könnte. Die von Blumen natürlich vergrößern. Oder von gewissen Gewürzen. – ‹Porzellan kitten könne er damit› hatte der Kerl weyland von seinen Säften geprahlt !). / Ich wollte Uns, wenn's ginge, ein bißchen entschuldigen; und erkundigte mich : – – (und klappte den Mund doch wieder beschämt zu; würde Sie ja ohnedies an dem Gefühl zu laborieren haben, daß man sich ihr-gegenüber eben Alles erlauben könne. Aber unsre Blicke hatten sich getroffen.) Sie schien den meinen Augen entkommenen BITTE begriffen zu haben, denn der lästrygonische Mund lächelte. Aber ihre – ja, ich getraute mich nur noch ‹Sehorgane› zu sagen – schimmerten so stumpf & hart, daß ich meine Stirn erst runzelte; dann sogar nach Kräften senkte. Auch Martin mochte's diesmal gespürt haben; denn er hüstelte (während Karl sich rüpelhaft wieder näherte), und erkundigte sich ablenkend bei ihr ('s war übrigens das 1. Mal, daß ich ihn Sie so direkt anreden hörte) : »Was-ä – was hättest *Du* denn zu Ida's TRAUMDEUTUNG heute Früh gegebenenfalls anzumerken ?«. Karl gleich, siegesgewiß röhrend : »Has'De noch'n Schluck da, Martin ?«; dann, es klang schier gönnerhaft : »Na, Frollein; was hat mein Traum zu bedeuten ?«

Zunächst bewegte sich gar nichts an ihr. (Schlimmstes Zeichen !). Dann, nach einem Weilchen, das Lippenpaar (und folglich auch 1 unsichtbare Zunge) : »Ihr Traum drückt den mehrfach-unbewußt gehegten, nie jedoch zur Realisierung gelangten Wunsch aus : die Tante Ihrer Frau a tergo zu coitieren.«

!

Und die Reaktion dreifach-großßartig. / Ich – najaalso *mir* war, wie wenn ich in ein helles Zimmer träte : der Balg hatte Recht ! Alles stellte sich sofort lückenlos zusammen. / Martin erst wüst schockiert. Dann belustigt; (wenn's Andre traf, hatte er durchaus Sinn für Humor); schon begann er leise zu kekkern vor Wonne. / Denn Karl lieferte natürlich ein ausgesprochenes ‹Bild› : er war grade dabei gewesen, sich schwerfällig-erleichtert niederzulasen; erstarrte nunmehr jedoch, sperrangelweit-offenen Augs, in einer Art plumper Schwebe, und nußknackerte eine zeitlang dämlich mit dem Maul, bevor er auf's Kreuz fiel. (Das ist Dir'echt, Du Hundling : gleichsam RED-TAILED ertappt, gelt ? – Er fand

& fand keine Worte.) / Unten landete derweilen Ida, wohlbeleibt & guter Dinge. (Hatte vom Schwimmen einen Scheitel bekommen ? – GOtt, es hätte ihr auch gestanden. Und wieder das Abwischen & Breitreiben des Wassers auf kühl gewordenen Lenden.) Neben mir immerfort, steingrau zurückgelehnt, von ihren Lehrern zu aller Bosheit abgerichtet, unsere JUDICATRIX. –

»A tergo ? !« brüllte Karl endlich; (so viel Latein verstand er noch). Und hätte am liebsten wie rasend werden mögen. (Wir besahen ihn aber auch von allen Seiten, voller Ungedeih. »Nimm'm Schluck Himbeer-Geist,« empfahl Martin. Und der dämliche Kerl nahm ihn wirklich : einmal so primitiv sein ! Beziehungsweise charakterlos; zumindest ungewandt – oder war's in seiner Situation vielleicht doch das richtige ?). Ida, unten, legte immer mehr concentrische Gürtel, Binden, Schärpen um sich, (wie wenn sie auseinander zu fallen fürchte). : »Komm rauf, Ida !« fing Karl mit giftichfremder Stimme an zu schreien; aus himbeergeistigem Queermaul (Quaulmeer Qualm-Wehr Queel-Raum oh das gibt Permutationen !), und wollte ursprünglich noch weit mehr hinzusetzen. Aber Sie griff nur in ihren linken enggrauanliegenden Ärmel und zog dort 1 zusammengefaltetes Blättchen ein Stück hervor, den Blick immer auf ihm – so sieht der Nicht-Mörder den Nicht-Ermordeten an ! Ein leichter Windstoß fühlte sich ebenfalls bemüßigt, beschwichtigend einzugreifen, (wenn nicht gar zu kühlen, zu warnen). Ida klomm schneckig den Hang hoch, ‹traf ein›, und stöhnte generell. Nur aus seinen Eingeweiden kamen noch klagende Laute. Ich erzählte ablenkend die Anekdote (und Martin half mit, und setzte uns zusätzlich in Marsch) wie mir ein Ausländer in der Badeanstalt vertraut hatte : »Mein Vater war ein guttärr-ä – –« (und hatte nach Worten gesucht; auf die Kraulenden hin die Fäuste geschüttelt; verzweifelt die Hände vor's Gesicht gepreßt : ? :) : »– ein guttär SCHWAMM !«. Und ich, schwermütig : »Meiner ooch.« (Denn der hatte saufen können jedem Silen zum Trotz; beneidenswert.) Und andere Armseligkeiten mehr.

8

Dieser neue Weg war fast noch einsamer.

Mit weißestem Sand bestreut. (Einmal auch aschgraupuderfein.) Zu beiden Seiten die Wände aus unbeweglich-hohem Grün schraffiert. Höchstens daß sich ab & zu eine Lichtung auftat : Kleines, betreut von Birkenwärterinnen. Oder meilengroße Wiesen. (Bei solchen Gelegen-

heiten wurde die Luft wie flüssiges Glas ! Oder DANZIGER GOLDWASSER
– mir war jetzt doch auch, wie wenn ich wollt', ich hätt'n Schluck, 'n
großen Schluck, davon da gehabt –). / Unsere Reihenfolge diesmal
ziemlich konsequent eingehalten : vorne Karl & Ida; sie debattierten.
Dann 30 Meter Lüneburger Haide. Dann Martin : er trug 1 Gerte in der
Hand, und peitschte sich damit langsam die feisten Waden; (wie um
nicht müde zu werden; die Stirn gesenkt; ihm döste, daß er trödelte).
Dann wieder 10 Meter paysagen. Zum Schluß ich & Fräulein Seidel,
verläßlich & stumm, im grauen KETTENPANZER entging ihr nichts (Die
hatte ein ‹Blick›, wie 1 Förster 1 alter Landgendarm 1 Pilzsucher
zusammengenommen !).

Stieß ein kurzes »Ho !« von sich, daß ich stehen blieb : ? Sie hielt
zwei Äste zur Seite, und spähte durchs zackige Fenster ins Unterholz;
(ich war schon ein Stück vorbei gewesen; die Andern sowieso längst) : ?.
Ich rief, nach kurzem Hinsehen Alles herzu : »He-martin ! – Hallo
Ka-arl ! !«; schon nahte man : Martin grandseigneurmäßig-träge; Ida
bunthüftig. Karl, (der den Blick nicht über unsre Gürtellinien zu heben
wagte) stolperte vor Verlegenheit; es stauchte ihn, daß ihm nach vorn
Hut, Brille & Gebiß schier entflogen, (nach hinten 1 Angstfürzchen,
ganz schmächtig & kurz – »V'zeihung !« murmelte er verstört : Der
würde künftig kein Waisenmägdlein mehr rüdoyieren !); warf 1 Blick auf
die kürbisgroße gelbe Knolle, die sich, dreiviertelmannshoch überm
Boden, dort im Astverhau gefangen hatte, und urteilte sofort (er hatte
da ja unbestreitbar seine Erfahrungen mit untergebenen Erdentsprossenen : Gärtnergehülfen & Landarbeitern & deren Jäterinnen) : »'n uff-
geblas'ner –« (und zögerte doch wieder, kathartisch-versittsamt. Und
sprach das gröbliche Wort entschuldigend, leise, eigentlich nur zu Mir &
Martin hin) – »Überzieher, Mensch ! Die Bauern-Halbstarken kriegen
noch ganz andre Sachen fertich : was denks'De, was Dem-seine Schöne
bewundernd gekichert hat ? !.« Martin schob die kurfürstliche Unterlippe erst weit vor – ?; nickte dann jedoch ein paarmal vorurteilsfrei :
auch er lebte seit 20 Jahren ‹auf dem Lande› und DER GESCHMACK IST
VERSCHIEDEN – es leuchtete ihm ein. Aber Sie bewegte schon verneinend
den Kopf (1 Mal nur, arbeitssparend; mehr, als scheuche sie eine Fliege
weg) : »Hängt 'n Zettel dran. 'ne Art Stückgut-Anhänger.« Und drang,
wuchtig-ilfend (seggt Gjellerup) die 4 Längen weit ein. (Wir-Feiglinge
warteten draußen. Neugierig-lüstern, wie Feiglinge sind.) –

Kam zurück, das Ding in der Hand; (»I-gitt-i-gitt –« flüsterte Ida
angeregt, als sei ihr noch was neu). Und hielt es nur-mir, dem Übersetzer,
hin : ? ! – (und ich tat Ihnen-Allen den Gefallen – Potz-1000 : das

reimte sich ja förmlich ! – und nahm gleichsam umständlich Platz (wie gelehrte Derwische pflegen); legte ein sichtbares Brillengeschirr mir ums Haupt; sah Sie-Alle erst noch einmal, grämlich-examinatorisch, darüber hinweg an : ! ; räusperte mich gravitätisch – natürlich nur Alles theoretice, ‹in Wirklichkeit› blieb ich schlicht stehen, & sah mir's an) . . . . . :

BALLONWEDSTRIJD.

Het kind, wiens ballon de verste reis gemaakt heeft . . . . . (»Deutscher schprich Deutsch,« mahnte Martin pomadig. Und ich stegreifte) : »‹Das Kind, dessen Ballon die weiteste Reise gemacht hat, erhält als Preis 1 prächtiges AUTOPED mit Luftbereifung.›« (»Iss'n das ?«; Karl, der seinen niedrigen Skeptizismus ja irgendwie wett machen mußte. / »Ach –« Ida, eingehakt bei ihrem CON-DOMINUS; sie horchte und sann. / Martin bewegte, zufrieden lächelnd, die fette Stirn : immer was Neues hierzulande, wie ? ! (Und man braucht sich vor allem nicht aufzuregen : genau wie bei Stifter's, gelt ?). / Die Einzig-Vernünftige : »Woher ?«. / Ich nickte ihr anerkennend zu, & fortfahrte)

: »‹Wer diese Karte findet, wird freundlichst gebeten, sie mit Angabe seiner Adresse zurückzuschicken. Falls das betreffende Kind 1 Preis bekommt, erhalten auch Sie 1 Andenken. / Die Karte muß jedoch bis spätestens 26. Juli 1961 eingesandt sein.›« Heut war der 8. Juni.

: »UHRZEIT ?« (denn ich trug keine; & Sie besaß keine). Von 2 Seiten, Karl & Martin, antwortete es gehorsam : »Rund 15 Uhr.« : »2 vor.« Sie forderte ein zweites Mal, (schärfer; ‹zum Ausgleich›) : »Woher ?!«. – Ich sah Sie nur an : ich hatte ja schließlich pausenlos gedragomant ! Und Sie entschuldigte sich auch gleich dadurch, daß sie die Augen sandpfadwärts richtete. (Sah nett aus. So hat man sich also im Mittelhochdeutschen entschuldigt. Der Mund, der nichts ausplaudert, wird stets die gedankenvolle Zunge anziehen : das wär'ne Zunge als Nachtisch !).

: »‹Ballon aufgestiegen zu Vaassen, den 6. 6. 61; durch Johann Koetsier, Vaassen, Mersenseweg 17; Junge; Alter 11 Jahre.› – Das ‹MEISJE› ist durchgestrichen. – Jetzt müssen Wir noch Fundort & -zeit eintragen; sowie die Anschrift des Finders – : DER FINDERIN !« verbesserte ich mich bedeutend, (und sah unser Meisje an; Sie war ja wohl die Bedeutendste unter uns. Zumindest die Leistungsfähigste KUNDISCHES GESCHIRR Alles verstählt). Aber : »Das machen Wir mit meiner Schreibmaschine, zuhause.« / Und weiter pilgern; Reihenfolge wie zuvor. –

Diesmal blieben Wir gemeinsam stehen : ! : wo sich 2 Sandpfade kreuzten 1 schiefer hölzerner Wegweiser; (die Arme hingen ihm betrüblich herunter; einst waren sie beschriftet gewesen IM KÖNIGREICH HAN-

NOVER.) Das Blödsinnige war nur, daß ein Korbsessel darunter stand !
Wo doch, Martin gab's uns an, jedwede Ortschaft mindestens 5 Kilometer weit entfernt lag. Geisterhaft. / Stehen & Kopfschütteln. / Sie begab
sich, mühelos-weiten Schritts, hin. Setzte sich 'rein; («nahm› Platz;
ergriff Besitz). Schlug die gestrickten Beinsäulen übereinander; und gab
zahlreichen Gedanken & Eindrücken Audienz, die Wir nicht sahen,
(beziehungsweise nicht hatten – schon nahm ihr Gesicht einen so harten,
ja verächtlichen Ausdruck an, daß der Korbstuhl knarrte ! Und wurde
wieder erhaben rot & ruhig HAIDEKÖNIGIN ich, als eine Art klapprigen
Wesirs, so nah dem Thron, stand etwas seitwärts zurück; und sah dem
Gliederspiel Ihrer Majestät (schon hatte mein Gesicht jenen undurch-
dringlichehrerbietighöfischschafsmäßigen   Ausdruck   angenommen)
möglichst wunschlos zu.) / Sehr fern der Paradiddle eines Traktors.
Unter einem Farn was Kleinlich-Buntes ? (Achso; ‹Manöver-Zinken›,
widerlich.) Filicinen : »Zur Erhaltung der Liebe nähte die Bauersfrau
IHM einst heimlich Farn-Samen in irgendeinen Kleidsaum.« Sie nickte
folkloren. (1 Mal.)

Aber neugierig war ich im Einzelnen doch noch. : »Sagen Sie –
selbstverständlich haben Sie Recht; mit dem Traum – aber .....«. Sie
erklärte mir Alles im Weitergehen. Zog dazu den Zettel aus'm Ärmel;
(würdigte die braune Liniierung; ich, kühl informierend : »Das weiß
man seit Babbage : Logarithmentafeln.« Sie sah mich gierig an; und
lernte gern, daß das weder Freud noch die Anthroposophen erfunden
hätten. : »Ich schreibe am liebsten Braun auf Chamois : das strengt die
Augen am wenigsten an. Weiß auf Schwarz hat mir viel-zu-viel Irradia-
tion.« Und sie nickte gierig : würde ma'ne Ideale. Literatenfrau.) Aber
auf geht's :

»Die dickengelbeneinzelnen Straßenbahnwagen – auch das große
altmodische Auto, mit dem faltigen Verdeck – sind die Tante-selbst : die
Straßenbahnnummer ihr Geburtstag; das Zielschild ihr lustvoll-ergänz-
ter Wohnort. Die ‹einzelnen› Wagen, ‹ohne Anhänger›, besagen, ich
möchte wetten, daß sie ‹ledig› war.« / Ich lief gleich, neugierig, zu
Martin vor, der damals, bei Karl's Hochzeit, eine der ‹Brautjungfern›
abgegeben hatte : ?. – »Ohja,« sagte er nach einigem Besinnen : »Ihr
Mann war ihr – nach kaum 2-jähriger Ehe – gestorben; und sie seitdem
praktisch ledig. Strammes Weib übrigens : 'n Hintern wie'n Brauerei-
Pferd« : (seine Hände bildeten's animalisch genug in der Sommerluft
nach. Dann fiel ihm aber ein, daß Sie's zweifellos sähe; und er nahm sie
erschrocken an die Hosennaht.) Ich eilte, psychoanalytischer Page, mit
solcher Kunde zurück; und sie notierte sich's hinzu, auf der abgeschräg-

ten Ober-Fläche eines Zaunpfahls, (einem elliptischen Gemisch aus Graugrün & Schwarzgrau). / »‹Wenn meine Großmutter Räder hätte, wär' sie'n Omnibus›« fiel mir ein. Sie schürzte den groben Mund, (der dadurch geradezu götzenbildmäßig wurde; obschon sehr impressiv!), und neigte bestätigend das Haupt : konnte durchaus zu der Verwandlung von Wunsch- in Bild-Gut beigetragen haben, das Sprüchwort. »Doch. Sogar entscheidend.« Weiter : »Das ist sehr wichtig, daß auch bei Onkel Martin als allererste Erinnerung die an ihr Gesäß hochkam – man wird folglich, ohne der Wahrheit Gewalt anzutun –« (wenn man die Augen zudrückte, sah man sie förmlich schon an dem betreffenden Scheffdöwre schreiben) – »annehmen dürfen, daß es tatsächlich besonders eindrucksvoll gewesen ist. Der Wunsch, bei ihr ein-, ja ‹hinten drauf› zu steigen, also klar genug. Deshalb die ‹Stoßstange› hinten am Auto; auch die ‹Lücke›, die ‹freie Stelle› daselbst.« DIE HÄMORRHOIDEN-SCHAUKEL. »Daß der Wunsch bei Karl unterschwellig geblieben ist, geht aus dem bloßen Tatbestand der Verkleidung, der Maskerade hervor, ja ? Und daß er nie zur Erfüllung gelangte, wird durch das fortwährende ‹besetzt, schon voll, verpaßt› dämonstriert.« Zuerst schüttelte, dann nickte sie mit dem Kopf. / »Wird der Ballon nich immer kleiner ? !«. Doch; er schrumpfte sichtlich; in ihrer Hand ER SCHRUMPFTE IN IHRER HAND.

Am gleichzeitig Wald- & Weg-Rand : 1 junge (aber sehr hochgewachsene) Birke; derart gekrümmt, daß ihr Wipfel den Boden berührte ! Ein untadeliger grünender Halbkreis vom Radius 6 Meter. Ich wagte's, und rührte den Arm der gedankenvoll Schauenden mit dem Zeigefinger an – ; – sie wachte ein bißchen auf, und machte höflich-größere Augen : ? – »Würden Sie eventuell ma'da durchgehen ? ARG DE TRIOMPHE Sie haben sich's verdient.« (Es mußte doch wohl etwas geziert herausgekommen sein; denn sie besah mich.) Ging dann hindurch. Nein : blieb darunter stehen ! Drehte sich zurück, und besah mich. (Und dann erst fürder.) Ein Stück weiter unten auf dem Wege vereinigte sie sich wieder mit mir. (Was das alles für Wendungen waren : vorhin-Sie von ‹Gewalt antun›; jetzt-wieder-ich à la ‹sich mit mir vereinigen› – wurden wir etwa langsam ooch schonn ‹unterschwellig› ? ! / Sie warf 1 weiteren Blick auf ihren Zettel.)

»Besonders exquisit hier, die in den Nebenbestimmungen vom Traum geleistete schalkhafte Verwandlungsarbeit : daß das Ganze in ‹Pforzheim› spielt. Wo ‹Pferd›-ner & ‹Hinter-steht-er›-Straße zusammenstoßen. Fein auch, daß die Straßenbahnwagen, immer wieder, nicht auf dem normalen Ehe-Geleise, nicht von ‹Treuhofen› her, ankommen :

daß sie von ‹links her› erscheinen, mag das undeutliche ‹sinistre› Gefühl abgebildet haben.« Ich, gefällig : »Vergessen Sie nicht den Ausdruck ‹zur linken Hand› antrauen.« (Sie hob sofort, magistern erfreut, den rechten Zeigefinger, und nickte mir lobend zu; notierte's, und fuhr dann fort) : »Wie auch, daß solches ‹links› in Ihres Freundes Traum gleichzeitig ‹Osten› war; wo, von ihm aus gesehen, Dresden ja lag. – Im Begriff der ‹Verkehrsinsel› wird sich die, ja in so mancher Beziehung ‹isolierte Lage› der DDR versteckt haben.« Ich, verruchter : »Könnte sich darin nicht auch, rein lexikalisch, das Wörtlein ‹verkehrt› verborgen haben ?« »Genau !« erwiderte sie nachdrücklich. Und ich, nun voll diabolisch : »‹Verkehrsinsel› ? : ‹verkehrt in Se›.« Sie blieb sofort stehen, und wandte sich voll zu mir her BREITSEITE –»Das ist groß –« flüsterte ihr Gesicht, schön vor lauter Häßlichkeit : »Sie – : das wird ein Paradebeispiel ! ‹Verkehr› birgt natürlich ..... implicite .....« (schon kniete sie mitten auf dem Waldpfad vor einem flachen Steinchen, und schrieb; ‹hielt fest›, ‹barg›, ‹heimste›).

Die Gangway unter uns war unversehens zum schmalen Teerband geworden, (auf dem unsere Schuhe hallten). Im duftenden Kielwasser von Heuwagen; (also in Heimatnähe). Das Ballönlein welkte schon arg über ihren Handrücken hinab; und mir war doch auch am Ende schlapp geworden (Da ! Schon wieder : ‹am Ende› ‹schlapp geworden› – wollte denn Irgendwas mit mir los sein ? Lieber noch ein paar ergänzende Finessen; beziehungsweise Selbstverständlichkeiten) : »Die eine ‹Frau in Grau›, die ihn immerfort durch Ansprechen ablenkt, also –«. Ihre breite Hand wies bereits nach vorn, wo die Drei, auch schon mit nachschlappenden Füßen (Tz wir hatten eben Alle kein Training. Und waren natürlich auch nich mehr die Jüngsten, zugegeben) nebeneinander herstiefelten; dem Ausdruck ihrer Hinterfronten nach unzufrieden FRAU IDA'S MORGENROCK. / Sie sandte mir einen längeren strengen Blick herüber, (wie wenn ich mich besser auf irgendwas gefaßt machte : was sollte jetzt wohl schon noch kommen können ?), sie sagte : »‹Dresden-Eula› ! Was es ja, meines Wissens gar nicht gibt. : Die Eule gehört zu den Nacht-Vögeln – !«; faltete den Mund wie'ne Ärztin : »Ich könnte Ihnen noch weit mehr zeigen .....«. (Und da mußte ich, so leicht-verlegen mir auch war, ja doch heimlich grienen : natürlich könntest Du mir ‹noch mehr zeigen›, mein unterschichtiges Kind; beträchtlich mehr. / Und wurde trüber; (da es mir wie erdnussige Käppchen auf blaßroten Tellerlein vor Augen gaukeln wollte. Auch basthelle Haar-Bultchen –) : AUFHÖR'N ! Nichts für mich.) Zu Hülfe (mit ‹ü›) kam mir der wieselnde Bundeswehrjeep, lang schwangte die Rute der Antenne neben her. : »Ich

154

kann Die nich sehen.« Und sie nickte ebenfalls kühl; auch sie wußte im Leben besseres zu tun. (DER UNIMOG gleich anschließend, mit dem weißen Spitz neben dem Fahrer, gefiel uns Beiden desto mehr.) / Und accurat gemacht, diese Analyse ! Aus Der würde ma' Bedeutendes werden. (Falls Sie fleißig war & lange genug lebte. Nachher nochma' mit Martin reden : daß Der Die ja förderte !).

‹Wenn man den Wolf nennt› – schon kam er auf uns zu, gebärden-reich enttäuscht, gutmütig entsetzt : »Wieso wollt Ihr denn jetz' gleich schon wieder weg ? ! Karl behauptet, er wär' für heute Abend nach Pinneberg bestellt.« (Achso. – Na, 's war schon richtig.) Er machte eine dicke tütige Schnute; und bat : »Bleib doch wenigstens Du noch hier. – ?«. (Sie ‹ging an seiner Seite›, ‹die Hände auf dem Rücken›, ‹Und sprach kein einziges Wort› – hej !, da hatten wir ja die Formelsammlung beisammen.) Über den Wäldern zur Linken erschien 1 mächtiges asch-graues Gesicht DIE ERSTE WOLKE jetzt sah der Nichtmehrballon in ihrer Hand genau wie Karl's Hypothese aus; (‹Gut After nun !›).

9

: »Na, Conte Fosco ?« –
(Ich; in Ihrem Zimmer. Allein.) / Nachmittagssonne in schwerem Wolkengespinst. Und ihr gefangenes Bild regte sich, und wollte sich frei machen. (»Darf ich frei machen, Frau Doktor ? !« – 's war HOHE ZEIT abzufahren.)

Hob die Hand neben mir, (‹meine›), in der die kleine Reiseschreib-maschine hing, auf die Tischplatte. Braunes Farbband. Ein dünner Stoß (billiges !) Chamois-Papier. Doppeltsoviel Durchschlag. (Sehr wenig Kohle; ich wollt' es wäre mehr gewesen. – Eventuell ein Paket schik-ken ?. ?. Nein; doch nicht; das hätte Alles entstellt. Und Ihr das Annehmen unnötig-zusätzlich erschwert.) / Das ich Ihr ohnehin noch durch 1 Kurzwort zu erleichtern haben würde. Also 1 Blatt DIN A 4 rein – da würde Sie denken ‹Der hat's dikke; Dem iss das 'ne Kleinig-keit.› Paßt. – Tja, aber was nu drauf ? / : ‹Was Du ererbt von Deinen Vätern hast, verkalke, um es zu besitzen.› Nicht schlecht (da boshaft), aber zu lang. Auch zu melodramatisch, letzten Endes. / ‹Verdient› ? Zwar schön-kurz; aber es lag zu viel ‹Urteil› drin; das stand mir gar nich zu. / ‹GUTE ARBEIT !› : das war's. (Aber ohne das Geschrei-Zeichen noch.) Tippen

1, 2, 3, 4. Leertaste. 1, 2, 3, 4, 5, 6.

Und etwas hochdrehen – so. (Und den Deckel drüber. Nicht ma' Ihren Vornamen wußte ich ! – Den ‹greisen Goethe› stell'ich mir immer als 'ne Type vor, wie Adenauer.) Zögern-Zaudern-Druxen. / ‹Soirée-Sauerei› : Martin hatte sich des vornehmen Ausdrucks bedient, und bedauert, daß er heute Abend dann ‹wieder allein› sei. Der Trottel ! / Ich schaltete, im Geist, hohnmündig, auch schon vorsichtshalber auf meine Junggesellenbleibe zurück. Meine ‹Klause› (wie sich die Feinsinnigen unter Uns-Menschen, und ihre Zahl war Legion, ausgedrückt haben würden. ‹Ausgedrückt›, per anum a tergo : ‹Puh ! Wie unwisperbar so !› – Dabei sah's aus, wie FINNEGANS WAKE Seite 182 eff.)

NICHT ÜBEL

Ich lächelte mir geziemend böse zu. Und verfügte mich dahin, wo Karls Motor röchelte & rülpste. (Bei ‹Hierbleiben› würde Sie ja das bissel Schreibmaschine prompt ‹abbezahlen› wollen, die Puritaneuse – CARLYLE'S CROMWELL müßt'ich Ihr schicken ! Außerdem fast noch Jungfrau seyn, wie Alle diese Freudianerinnen – neenee : besser in Hamburg aussteigen.) –

Und, boshaft-abgeeschert, daneben stehen. / Karl gab an, es sei das Ziel seiner Reise gewesen, bei einem Holsteiner Kollegen die BEMALUNG VON ÄPFELN DURCH SONNENLICHT zu studieren : man klebe den Unreifen Schablonen auf; und, wer hätte es gedacht, bei den Reifen ergab sich prompt 1 BUNDESADLER ! (Da konnte ja nur 1 Böswilliger noch Einwände erwägen). : »Neinein; Wir müssen weiter !«. / Martin, schwermütig auf ein Fliegenfenster gestützt, wie sein eigenes Monument, (eine Attitüde, zu der ich ihm das Recht sofort abbilligte : Du nich-Du !). Aus der ‹fernen› Küche kam Geklapper – wie wenn Messer in kleine Stücke gebrochen würden ? eisengrauer Bruch – und Er gleich, furchtsam : »Was soll ich bloß machen ?«. »Ich achte es für Gewinn, SIE kennen gelernt zu haben,« entschied ich fest. »Ja Du,« versetzte er unüberzeugt; und, dringender : »Dann bleib doch hier : dann kanns'De Se ganz genau kenn' lern' – na ? !«. Ich warf ihm erst ein »Verwünschter Kuppler !« ins hämmändeggije Gesicht; (gedachte dann jedoch des ihm künftig bevorstehenden Maschineratterns, das sich zu seinem sybaritischen Wandel auch nicht übel schicken würde : das ante Der noch gar nich !). Und da schüttelte ich ihm doch heiterer die gemästete Rechte : »Tak for sidst, Martin. – Und behandel' Sie gut.« / Ida saß bereits am Steuer.

Während Wir uns langsam hinaus schoben, noch ma'aus'm Fenster kuck'n (vorsichtshalber nach der andern Seite) – – : da machte die

Sonne 1 kupfernes Pferd unter 1 Hollunderbusch SACHARJA EINS-ACHT : hatten Wir, heute Früh, nicht eine vergleichbare Stellung im Jasmin eingenommen ? – Schon wurden wir schneller. (Ein anderes ‹wir›.) – »‹Nun Adé, Ihr Feldgöttinnen; nun Adé, Du grüne Lust› !«. Ich; nach einer ganzen Weile. Und Karl gleich, giftig-äffend : »Opitz. : Beim Adelung.« (Ein Handwerk, das ich ihm durch bloßes Alludiren auf ‹Idas Muhme› unschwer hätte legen können. Aber eben *weil* es so sehr einfach gewesen wäre. / Lieber die Augen zu. Und auf Null stellen. Wieweylandunterhittler.)

10

NACHTRAG : 17. 10. 61 / Mit der Post, u. a., 1 Päckchen. – : Mein Name darauf erschien mir vertrauter als sonst ? Bis es mir den Ruck gab, und ich meine alte Maschine erkannte : Absender ‹A. SEYDEL›, auf Schammoá. (Nun wußte ich wenigstens den Anfangsbuchstaben. Aber auf das Ypsilon war ich nicht gefaßt gewesen; ich hatte Sie mir immer, warum weiß ich nicht, mit ‹i› vorgestellt : ANNA AUGUSTE ADELHEID, ADELAIDE ANGELINA AMALIE : ‹LEBT DENN MEINE MALE NOCH ?›).

(Aufpacken – – –) – : in durchsichtigster Klarglashülle 2 Holländerpüppchen ! Ganz Landestracht, und mit veritablen Holzpantinen. ER rotes Jäckchen, SIE Schärpe & Spitzenhaube JONGE + MEISJE. / Dazu das Schreiben des Kaufhaus-Konzerns, der damals den Wettstreit veranstaltet hatte DANK ... ZUR ERINNERUNG ... GRUSS und der Kleine, der den Ballon aufsteigen ließ, hatte tatsächlich einen der ersten Preise erhalten WUNDERBAR ! (Sein ‹Vaassen› lag übrigens 5 km nördlich von Apeldoorn.) / Auch von hinten A TERGO sah das Pärchen sauber aus : ihr Rock war kunstvoll zusammengesetzt, aus rotem Mittelstück & weißen Seitenstreifen; seine hohe Hose breit & schwarz & faltig. ZUM ROTEN JÖPPCHEN. / Sonst weiter nichts. So sehr ich auch das Packpapier untersuchte. (Alles andere selbstverständlich auch : NICHTS.)

Man hätte natürlich ‹schreiben› können : dann wäre Alles ins Onkelhafte verlaufen. ‹Onkelos›. (& Tantelos : ‹Tantelos-Qualen› : die litt ja der unterschichtige Karl. Ohne es zu wissen; sehr merkwürdig.) / Sogar ‹HINFAHREN› war möglich; Sie würde bestimmt noch da sein. (Vorwand : Neuer Papiervorrat ?) / Kam mir aber zuguterletzt doch recht albern vor; (war es zweifellos auch). Nahm besser ¼ Tablettlein CYCLOPAL, (Pillen, Boli, Trochisci, Mundkügelchen und Plätzchen – ich

157

hatte mir zu der just anstehenden Übersetzung der PEST IN LONNDN all-
solch ältliche Kanzley-Ausdrücke mühsam anlernen müssen.)

: ‹Wäg' unser Schicksal ab; sprich, welches heischt mehr Zähren ?›
(Weiße bei Adelung : meyn Jahrgang).

Also lassen Wir's lieber so.

DIE ABENTEUER DER SYLVESTERNACHT

I

(Zettelschneiden-zettelschneiden-zettelschneiden : wenn mir *das* Einer am Wäschekorb gesungen hätte, daß ich im 50. Lebensjahre mal bei Anlegung der Register zu einem zwölfbändigen Heiligenlexikon helfen würde . . . ! Und wieder einmal mehr aus dem freien Augeneckchen die Dinger betrachten : etwas das keinen Bauch hatte, sondern nur einen Rücken; (und auch den manchmal nicht : ein Buch, ein krankes Buch, ein schwerkrankes Buch); er mießfiel mir mehr & mehr dieser ALBAN BUTLER !). –

: »Ich würde GOtt prinzipiell mit ‹Sie› anreden; ich duz' mich nich mit Jedem.« »HaßDu Dein'n Vater nie ‹Du› genannt ?«, tadelte er würdig; und schnitt, (zeigte aber auch schon die Zähne, während er das Metallschablonchen richtete – DIN A 8; 74,33 mal 52,56 – und scheerenschnäbelte mit Macht; allerdings nicht der des Starken, man bloß des Nerwösn). : »Ganz ungern, Du ! Das hat mir in den alten Büchern immer gut gefallen, wie da die Kinder ihre Eltern so mit ‹Sie› oder ‹Ihr› abfertigen : Distanzdistanz. Sage mir, wo Du hingehst; und ich geh sofort entgegengesetzt !«. Er schnitt. Murrte überdrüssig ein »Heiliger Bembo –«. : »Sehr richtig, Jule : vom italienischen ‹Bambino› gleich Jesuskindlein. Du bist doch immer stilvoll.« (Schtiel-foll). –

: »Sind's *noch* nich genuck ? !«. – Ich musterte erst das bescheidene Häufchen; dann, etwas länger, ihn; (und nochmal kurz das Häufchen : der Blick schien mir gelungen zu sein; er senkte sogar den Kopf. Und schnitt. Beschwörend) : »Laß Dir bloß *so* ein'n Auftrag nich wieder andrehn, Jule : bis 5. Januar abzuliefern ! Und sogar noch ein ‹gedrängtes Register›; das heißt eins, bei dem De *denkn* mußt : wo gibznn so was : für 400 Mark durch Zwei ooch noch ‹denken› ? Das soll doch gefälligst Derjenige machen, der den Käse übersetzt hat !«. (Gewiß, die Bemerkung war nicht neu; ich hatte sie im Lauf dieser letzten Nächte bereits mehrfach vorgetragen. Und wußte auch seine, wahrlich nicht unstichhaltige Entgegnung : wie da sein Verleger den nächsten Übersetzungsauftrag diskret damit gekoppelt hatte, aut BUTLER aut nihil; und ihm dann ‹die Wahl› gelassen, tz. Wenn man wenigstens noch Zeit

161

gehabt hätte : so in leereren Stunden, wenn man vorher ehrlich gearbeitet hat, lassen sich Acta Sanctorum, unvernagelt betrachtet, ja durchaus kulturhistorisch lesen – aber so, wo wir bis morgen Früh fertig zu sein hatten !) : »Gib acht : beim nächsten Auftrag stellt er die Bedingung, daß De vorher katholisch wirst.« : »Mensch, mal'n Deuwl nich an de Wand !«, sagte er erschrocken. –

– : !. / – : !. / – : !. / – :

»Wolltn wir nich ne Stunde Pause einlegen ?«, äußerte er schneidend (nämlich mit der Scheere) : »stell doch ma's Radio an, daß wir die Zeit nich verpassen; ganz genau geht meine Uhr nie.« (Tja; das hatten wir uns zum Jahreswechsel als Belohnung versprochen. Und anschließend halt weiter machen. Morgen Früh mußte er, die große Zettelkartei unterm Arm, den Re–Bus nach Hannover erwischen : 3 Tage durfte er für die Reinschrift ansetzen, und jeden à 24 Stunden, pff. / –. – : »Na kommschonnkomm ! –«, ich, zur zitronen glühenden Scala gewandt; würden wieder baß blödeln im Abend-Land, the only nut-house run by its inmates; bei uns ist kein Amt so klein, daß es nicht den Galgen verdiente : dschunkelte es nicht schon leis' über die Sieben Berge her, von den Sieben Zwergen her, kilohertzlich & ganz Watt ihr Volt – ?). – Lieber noch'n Spürchen leiser stellen –, – : so.).

»Und Du hast unterdessen, unaufhörlich-schnittlernd, die Wonnen der Repetition empfunden, gelt ?« : »Die fleg'ich bei was Gans-Anderm zu empfindn«, versetzte er unwirsch; und richtete dann das große Ohr begierig hin zur Regierungsmaschine. / Dort erscholl, unschwer vorauszusagen, das beliebte Gemisch aus Kuhreigen & Betrachtungen Führender Politiker, (die Alle ‹für den Frieden kämpfen› wollten : daß man immer diese demobilisierten Kriegsausdrücke verwenden muß ! Die rüstig schleichende Rüstungsverlotterung der Finanzen blieb, um die festliche Nacht nicht unnütz zu trüben, ebenso unerwähnt, wie die vor der Tür stehende Portoerhöhung). Und mehr ‹Rheinländer› in den besten Jahren. Bischofsworte deuteten an, daß ein gutes Schaf bekanntlich sein Leben für den Hirten ließe. (Und wir, am BUTLER mitarbeitend, durften noch gar nich mal anheben, illegal dreinzuschauen) : »Also Jule : das nächste Mal« : ‹DITT – DITT – DITT !› –

: »Drei'nzwanzichuhrDreißich : auf, Jule ! Ich kann das nich mehr mitanhören –«; er erhob sich bereits, mehr als gehorsam. (Und ich sah doch wieder interessiert seinem Futteral für *zwei* Brillen zu : wie praktisch ! So eins *mußte* er mir das nächste Mal mitbringen). / Nochmal nach'm Ofen kuckn – das Türlein ging von selber auf, als ich, 1 Meter entfernt, auf das ‹entsprechende› Dielenbrett trat : 500 Mal am Tage

ungefähr; *das* kann Ein'n vielleicht verrückt machen ! (Abweisend : »Ich
sprech' mit dem Ofm –«.) / Er besah mich teilnahmsvoll, wie ich meine
gefütterten hohen Stiefel vorm Anziehen erst so hoch-herumschwenkte,
daß die Mündung nach unten zeigte. – : »Fetischistische Ceremonie ?« :
»Nee. Ob Wäscheklammern drin sind.« Auch, da seine Miene sich noch
mehr verunruhigen wollte, (es iss ebm weder Fantasie noch Logik mehr
bei den Menschen) : »Achwas ‹fixe Idee› ! Du hast'och selber heut
Abend zugekuckt, wie die Katzen im Korridor spieltn : da waren schon
öfter Wäscheklammern in meinen umgeranntn Schuhen. Oder Tisch-
tennisbälle; und ich bin nich der Mann, dessen Metatarsus dergleichen
zweimal zustößt.« Er rückte befriedigt die Am-Mors-Hülle auf mor-
bleu, (Draperien für die Schießscharte); nestlte rheumalind am Lamm-
fellkoller, : »Wenn bei mir der Hals warm iss, bin ich am ganzn Körper
warm.« Und oben drauf den flachn-schwarznrundn Zaubererhut.
  : »Taschenlampe ? – Überflüssig : Oliver is in town. – Aber *eins*
könntn wir noch machn –«; (er, Dekan aller Müßiggänger, stand schon,
entschlossen zur Pause, vor'm Häuschen; genau am Rande der scheckijn
Nacht) – : »achtma auf'n Schornstein !«. (Und flink rein & raus). / – : ? –
: ! : ! ! : »Gelt ! ?«. Denn eine treffliche Rauch-Feder, lang & weiß-
lockicht, entstand dem Haus am düsteren Giebelhut; (und die Dämmer-
maske des Mondes sah uns interessiert zu. – Erklären : wie ich
den neulichgefundenen kaputtn Gummiball schnell auf die Glut geworfen hätte; und wir nunmehr nach Herzenslust den Rauch bewun-
dern könntn : »CLAUDIUS, ‹Neue Erfindung›; ‹Nachträge & Ergän-
zungn›.«).
  – : »HasDu die Flasche auch mit ?« – : »MeinsDu : jetz *gleich* noch
Ein'n ?«, erkundigte ich mich zögernd. Aber er, trotzig, »Ja wohl ! –«;
dann, niedergeschlagener : »Ich muß die Stundn nützn, wo SIE mich
nich – –«. (Der Satz blieb hintn offm stehn; ‹Der Werwolf eines Nachts
entwich vor Weib & Kind›; bitte; aber) : »Nich so viel, Jule. Wir müssen
dann noch.« : »Och; die Nachtluft hält Ein'n frisch,« behauptete er. Ich
öffnete & schloß indessen das Tor Bab el Mandeb. Und wir schlugen
den Fußpfad ein. Der Höhe 72 Komma 8 entgegen. –

2

Baumbarer Acker, zählbare Sterne, (schiffbar, mannbar, bargeldlos).
Denn der fahle Mond (auf schtruppijer Filzunterlage) beherrschte nachgerade das Große Ganze. Ansonsten nur 1 Hand voll Schterne. Und 2

stattliche Luftschlösser, Wolkenburgen-Silberbolgen : eine im Norden; auf die andere, in Osten, schritten wir, döusbattierend, zu. Er schwenkte sein infernalisch Schienbein, und zeigte damit : ?. (Der Apfelsinenstern, genau überm Weg ?) : »Der Kriegsgott Marsch selbstredend. Ausnahmsweise ‹in Opposition›.« Einen Hammerwurf weit bewahrte er naseweise Stille. Behauptete dann, ich ‹trübe ihm durch Vorangehen den Weg›; spielte den Ungehalteneren; und heischte »Noch ein'n !«. : »SchixDu Dich an, ßaiko zu werden ?«. Aber er ergriff die Flasche untadelig. Schlug sich vor seinen bretternen Busen während er trank; und verschlukkte sich nicht; (Manche könn'n das : beim Milli Teer hab'ich ma Ein'n gesehen, der die Kasernentreppe hinauf stob, und währenddessen 1 Flasche Bier einschlürfte; in Sprottau. Iss aber wohl Sache der Gnade. : Daß Ei'm ständig diese ultramontanen Wendungen einfielen ? ! Achso; der BUTLER natürlich.) / Er fixierte mich – :

: »Was *hat* man *Alles getan* –« sprach (nein ‹skandierte›) er. Erläuterte, daß er ‹Seine Frigide› meine; und bezeichnete sich anschließend als einen Fall von besonderer Hoffnungslosigkeit. : »Schreib's mit ‹Ph›, Jule. – Daß Du Dich immer noch nich an das Ax-johm gewöhnt hast : ‹Frauen sind so wenig erkenntnissüchtig !›. Und da kannsDe sofortz Große Bundessiegel dran befestigen lassen.« (Da ich mich jedoch, obschon hinter nach Kräften gesenkten Lidern, des bekanntn vergnügtn Hagestolzenlächelns nicht zu erwehren vermochte, beseitigte er meinen Einwand mit einem englischen Ausdruck, den selbst-ich noch nicht vernommen hatte; (naja, er hatte eben nich umsonst im letzten Jahr 2 Ganovenromane übersetzt, nischt wie Katzenhäuser & Heroinkeller, und war dadurch Potz Romany & Shelta, etwas vor gekommen); abgesehen davon, daß er, im Gegensatz zu mir, die vielsprachige Literatur ausgesprochen liebte, so man um Rollfilme antrifft; oder auf Kohlepapierkartons.) Er sprach während unseres plumpen Hügelan diu klage weiter; ‹Männuß krypt, Faunt in ä Buddl› :

: »Zeitlebens war ich Manns genug, daß die Frau nicht bei fremden Leuten zu arbeiten brauchte : ich kickte die Kumuli, die um sie aufzukommen sich unterfingen, und schirmte den weichgekochten Busen vor Sturmtiefs – sie loopte sorglos GOtt den HErrn, meine beyashmakte Immernüchterne, ob sie gut schlief oder Geistererscheinungen hatte« – (und da öffnete ich doch lauschender die Augen : ich kannte Frau Gertrude; falsche Perlen um den Hals & 'n echtn Deuwel im Slip; sie war durchaus, was Mann erträumte : aber, wehe, was-Alles *zusätzlich* noch !). »Was ist der Körper ?, wenn nicht ein Pferd, das im Finstern den

trunkenen Reiter durch den Wald der Welt befördert; eine Vorrichtung für den denkenden Kopf, die den Abstand zum Erdboden hält ? – Sollte ich mich irren, so irre ich mich ja wohl in bester Gesellschaft !«. Da er mich herausfordernd maß, gab ich ihm, würdig & wortkarg, Recht : »Sprich weiter, Jule; Du sprichst gut heut.«
: »Ich erniedrigte mich früh um Ihretwillen. Sagte zu gleichdienstaltrigen Ärschen ‹Ho; Kammrad !›, und flüsterte hinter Vorgesetzten ‹Du Flaume ! –›. Schwalbige Worte ließ ich wechseln mit Donnergerülps; und kein Mülleimerodem entkam mir, den ich Ihr zu Gefallen nicht gewürzt hätte mit OLD CHANCERY oder Käsebernstein vom Harz, mit senfkörnigen Dillen & Thymianklößchen oder Schalotten aus Arnhejm. Ich bestank Ihre Kammern aufs Furioseste; und bestritt lebenslänglich die Fütterungskosten : ich belud Ihr Peritoneum mit gesüßten Bataten, und plumpte Ihr Mil(ch)reis ins Duo-Dehnum. Ihrer untersetzten Schönheit spann ich Nachtgewänder aus meinen Hauchen, von HIDDENSÖE bis MONA, tuberosig & zeydenschwartz; auch infallible Periodenröckchen, nicht fransenfrei; samt Leistenkrabla, und Talcum mit Bärlapp für Ihre feuchteren Winkel.« (‹Alle Winkel sind gleich› : die Behauptung mag einen Mathe-Professor zum Rasen bringen, einem armen Mauerblümchen-Mensch wird nichts einleuchtender scheinen. Während er, HESEKIEL 16,7–14, fürder schnapsodierte) :
: »Ihre Zimmer versah ich mit rot-tönernden Kreisgärten und Zwischen-Kabeln aus Gutta-Pertscha; überall erstrahlten wattigste Empire, und Fontänen brüsselten aus Albrechts-Quellen. Ich wies Ihr die totalen Mondfinsternisse zur rechten Zeit, und sprach Ihr von STRABON's Chlamysgestalt; ich erklärte Ihr die Seirim, und CHWOLSON's nikkende Terafim wurden Ihr nicht-fremd.« (Und seine Stimme lauter als nötich) :»Mit Raritäten reist'ich dann, und skaldete selber genug. Ich kautschte Ihre Rundungen; überzog mich mit Gummi zwex Beywohnung; und setzte den Öl-Hut auf Südwest, bis ich untn aussah wie LETTOW-VORBECK : Wer erquickte mich Eiermüden, entcaloriert vom Feuerböten ! ?« (‹Wer rettete vom Tode mich Vonsklawerei ?›; aber er scholl & boll so hitzig über Pari, daß ich ihm gleich noch einmal den gläsernen Hohlziegel reichte : ! Er, besänftigter) :»Du, unbeschnittenen Auges, erblicktest Vieles noch nicht.«

All dies in einer so öden Gegend gesprochen, in blattloser Zeit. Schon gingen wir neben reifröckigen Jungfichten dahin, (Alle zwischen 12 & 15, wo die Biester kokett werden !); auch dünngepuderte Birkenbüsche (zu ‹mehr› hatte's Geld nich gelangt); und spitzige Sterne strichen selbst durch die dünnstn Zweiglein nebenher. / – : ein sehr fernes–

feines ‹Bau ! : Bau !› ? : »Sagn wir : ein ‹Fasanen-Beller›. Sogar ‹Fasanen-Rauch› gab es einst, laut ADELUNG.«; (Unterschrift ‹Herr de la Lande›. Sein dazugehöriges Licht sah man noch nicht; das heißt, ich wußte wohl, wo er wohnte.) / Und stehen bleiben. (‹Ohne Zeichen eines Lebens›. Abgesehen von den hellbraunen Eichenblättern, unverkennbar aus teurem Packpapier geschnitten, die an ihren klauen-artigen Ästchen noch zappeltn.) Trotz der winterlichen Reduktion enorm viel Einzelheiten : man sieht in jedem Falle mehr, als man widergeben kann. – Und eisgekühlte Luft trinkn; im Rükkn immerschattendes Nadelholz. / : »Wo sind Wir ? !«; Jule. Und ich, den rechten Fuß dick-tatorisch feierlich auf dem TP : »10 Grat; 21 Minutn; 37 Komma einszwosexzwo (1262) Seckundn östlich von Grienitsch. : 52 Grat, 42 Minutn; 25 Komma Nullneuneunacht (25,0998) nördlicher Breite.« Pause. »In 72 Komma 78 Metern Höhe über dem Meeresspiegel : ‹Vivat Jhone Neper of Merchistoun › !«. »Ä-er lebe,« sagte er hastig. Und sann. Auffahrend : »KönntesDu nich auch noch den Zeit-Punkt etwas un-volkstümlich ausdrücken ? – Ich weiß nich : je älter ich werde, desto mehr bin ich gegen's Volkstümliche; komisch.« (Bitte; ich hatte mich vorbereitet) : »2 Milljonen 438 Tausend 030, Komma nusagnwa 99 : ‹Julianische Nächte kannsDu niemals vergessen !›«. »Demnach gleich Null 31,« stellte er, erstaunlich einsichtig, fest. Ergriffener : »Du das'ss aber 'ne herrliche Aus-Sicht ! –«

Oh ja, verschneite Wiesenweiten, fein schraffiert mit Vorjahrsgräsern : »Das ‹Lokkere Moor›.« 1, 2 rüstige Birken darin, (die eine leider mißbräuchlich als Jagdsitz hergerichtet); die schönste Erlengruppe der ganzen Gemeinde, mit denen man reden konnte, wie mit Bäumen von Alter & Erfahrung. (‹Ein Baum, der habituell gegrüßt wird› : das müßte man den Herren Landwirtn wieder suggerieren können; wie zu Hermann's Zeitn; (obwohl ich gar so entsetzliche Stücke auf ihn, Hermann, nicht halte). Am ehesten noch durch drohende Weisgetüme : ‹So lange stehet der Mathbergwald : so lange Hillfeld zusammenhalt›, (‹Wenn Sylvester es schneit, ist Neujahr nicht weit›.).) / »Oh ja : selbs'der Schuppm wirkt doll.« Während wir, auf Hermelinteppich, bis an den Rand der Sandgrube vorschritten, wo Einem nun endgiltig aëronautisch im Gemüt wurde; (und die Luft-Mienen noch enthusiastischer). / Schon zog ich meinen Koste-Löffel, ‹meß mer'n Tee›, den ich winters grundsätzlich bei mir führe; (kräftiges Aluminium; ohne Beschriftung wäre er unschätzbar – aber in unserer Welt gibt es nichts Unbeschriftetes mehr); schöpfte vom nächsten Baumstummf. Und schmeckte. – (So kennerlich, so sachlich, daß Jule sofort erst neugierig, dann neidisch wurde.

Und ihn ebenfalls verlangte. (Sehr wohlschmekkend, nebenbei bemerkt : das sind auch so alte Columellen, die uns weitgehend abhanden – richtiger ab–munden, ab–zungen – gekommen sind, die Geschmäcker von Regen & Schnee festzustellen; und dann daraus zu schließen, was zu schließen ist. Da gibt es Rübenartigen; solchen, der wie Hunde riecht; manchmal nach laschem rohem Fleisch; heute schien er neu–tral. Bzw. das Zünglein an der Waage, durch den zuvor genossenen Bergtau träger gemacht, gab nicht den genügenden Ausschlag; das findet man aber bei jedem Instrument mal.) Und Jule schaufelte, ‹im Busen fühl ich den Weh-Suuß.) : »Nun folgere aber auch einiges ! – Was iss–iss für Schnee ? : stammt er aus tiefer Luft, vom Dümmer her ? Kommt er vom Harz, wo das Gespenst brockt, nehst & silberschlackt ? ErschmexDu die ‹sogenannte DDR› ? Oder tippsDe auf Richtung Äidtkuhnen, wenn nicht gar Alma Ata ? : sag doch was !«; (und schaufelte zwischendurch zwischenein, daß selbst der Griff mit Gefrorenem belegt war). – »Ich möchte meinen : es ist jener Schnee, der immer von vorn kommt.« Und frostig schweigen (ich); und betroffen sinnen (er). / (Ganzfern, SSO, ein Automotor. Vielleicht ein Tierarzt, der einem armen Schwein half. Jule vernahm es nicht; er hörte schon ein bißchen . . . . .) :

: ‹Kss. – Kn–Knpp ! – Knn.› –

: ? ?; Jules Blaßgesicht; (ich verriegelte gleich, beispielhaft, den Mund mit dem Finger : !). ‹Sie sind diebisch, und scheuen nicht den Mond›; und zeigen : etwas rechts von der widerlichen Jagd-Kabine . . . : ? . . . : ! !. (Ein Marder nämlich.) Der schlanke Horizontal-Kerl; mit dem weißen Winkel als Pullover-Ausschnitt : »Daran erkennsDu ihn.« (Irgend ein Halb-Meyer schien neuen Müll angefahren zu haben; vom ausrangierten blauen Kachelöfchen an, Kinderwagen & Stuhltrümmer, bis zu abgenuddltn Konservenbüchsen, und aussortiertn Kartofln.) Ein Mal warf er 1 Blick zu uns hoch, ganz ‹Falkenauge›; grüßte aber mit nichten, sondern botanisierte einfach weiter, geruhsamst über gefrorene Sandscheibchen dahin. – Wir entfernten uns dann auch bald, ehrerbietig, auf Zehenspitzen, schräg durch den schütteren Wald.

Frappiert stehen bleiben ? Gewiß : grashalmmäßig hochgetriebene Föhren; dahinter der fahle Mondhimmel, und – achso ! – keck 10 Meter hoch hineingeschleudert in all die ‹Rasenstück›-Grafik ein halbes Dutzend Fahrrad-Reifen : Bäume mit Ohrringen halt; darob war der Ignorant so-platt ? : »'ne ganz normale Belustijunk der Bauern-Jungen doch. Was dengsDe, was Die sich so langweiln ? : ich hab ma geschlagene Fünfminutn lang zugekuckt, wie sich Zweie, beim Mistbreiten, den Dreck immer nach hintn, über die Köpfe weg, warfen. Aus reiner

Verzweiflung; bloß damitz ma was andres war. Uff'm Lande wirsDe so.
– Nenn's ‹Sürrealismus›, und komm drunter weck.« / Oder : »Nee-Jule :
‹Tannzapfm-Sammln› kommt in der Bundesrepublik nich infrage; ‹man
ist etwas faul im Staat'er D-Mark›. – Es soll da so'n Gesetz in der
Weltgeschichte gebm, wonach vor dem Untergang grundsätzlich der
Verfall kommt,« schloß ich gleichgültig. (Blieb dann doch stehen; und
gedachte der Silberhochzeit meiner Schwester-neulich, drüben in der
DDR : die hatte auf mich, in so mancher Hinsicht, vertraut & ‹normaler›
gewirkt, mit ihrem Lebens-Standard etwa der Zwanzijer-dreißijer Jahre.
Weit wenijer Autos, (sehr wohlthuend !). Viel billijere Mieten. Die
RECLAM-Nummer wie in alter Zeit; und das neue Conversations-Lexi-
con hatte schon 8 Bände ! Trotz gegenteilijer Nach-Richter hatte der
Goldregen geblüht; und weder im Kinder-Garten noch im Spielzeug-
laden hatte ich auch nur 1 Panthser erblickt : *das* hatte mir gleich gefal-
len !). »NaDú. Drübm-Sein möcht' ich ooch nich,« sagte er nervös :
»Gibt's wieder was zu sehen ?« (Da ich bei der ersten großen Birke
stehen geblieben war. : Versteht sich; wo gäbe es wohl nichts zu sehen ?
Hier sogar Dreierlei) :

1. Ein ‹natürlicher› Eissteg über den schmalen Graben; und das hübsche Muster von Hasen-Pötchen drauf. (Und weiter, quer-feldein.
   Aber er lächelte mir zu sinnig, wie ein Schnurkeramiker. Worauf
   ich mich moralisch genötigt dünkte, ihm doch die weniger
   ornamentale Nummer

2. zu zeigen) : im Ackerschnee gegenüber ein, erst angeschossenes
   dann verfiebert-verhungertes Kleinstkaninchen. »Beachte die
   Augen : von Krähen bereits leckerbissig ausgehackt.« – : »Das iss
   GOttessache; nich die meine«, versuchte er sich raus zu reden.
   Dann, doch schaudernder : »Du bist aber ein schrecklich aufrechter
   Karackter !«. (Das war zwar eine Unterstellung – ich bin schließlich
   auch bloß 1 armes Luder made in Germany – aber selbst-mich
   überkam unabweislich das Gefühl des Nocheinenbrauchenkön-
   nens.) – Also geleitete ich ihn

3. wieder zu derselben Birke zurück; und machte ihn am Stamm
   vorbei visieren – : ? – : »Nein. Rechts davon.« – Bis er endlich das 1
   trübe Leuchtpünktchen ausgemacht hatte : »Die einzige Stelle in all
   der Gegend, wo Du etwas wie ‹das nächste Dorf› erblicken
   kannst.« – (Da er enttäuscht schien) : »Du mußt Dir natürlich was
   dabei denkn ! : ‹Nicht lange währte es, da gelangten sie in eyn-
   samere Thäler. Nur selten ließ sich eine Hütte sehen, mit dunkel-
   brennender Lampe hinter den Scheiben, oder mit einem verglim-

menden Heerdesfeuer aus der halboffenen Thür hervor, wo man noch auf den Hausherrn, der als Säufer vielleicht über ferne Hügel hinschweifen mochte, zu warten schien.›« (Und bot sie ihm bereits dar – : –)
Und rang sie ihm doch wieder aus der verblüfftn Greifhand. : »Hörs-Du?! –« –
      : ‹Pumm!› – : ‹Pummpumm-Pumm!›. (Lauter kleine Pumme am Horizont: so pocht das Neu-Jahr an die Forte!). –: »Jule?–!«: »Gehr'd!«.
      – / Und *mehr* Akusmata : da geriet der Horizont-untn in anmutig fahle, auch grünliche, Zuckungen. Und neuerliches Geböller : prommt färbten sich die Westseiten unserer Antlitze pechnelkig : »Jule –?«. Und er, würdig, wie sich's bei Lebenswenden ziemt : »Gehr'd.«
      – : ‹Pschschsch – – : Pfff!!› : *Der* war *ganz* nahe! – Richtich : keine 850 Meter von uns, begannen aus dem Papageienhaus die allerzierlichsten Goldsprudel zu parabeln, die man wohl auf einem großen Theil des bewohnten Erdbodens antreffen mag : rosenroth & gelblichgrau; und mattmeergrün & zimmetbraun; (das vorhin schon vernommene Hündlein begleitete jeglichen Kernschuß mit begeistertem Uploud.) Während die Weiler glühwurmten. Der Berg des Neuen Jahres, ‹Munsdeludo›, vor uns aufzuragen anhob. Und wir, verantwortungsbewußt, dorfzu schritten, (wo bereits die Canzonen der Canaille vernehmbar wurden), durch kniehohe Wälle, vom Schneeflug geschaffen. : »7 sind's übrijens.« (Die Birken. Und er gleich, verständig nikknd : »Daher ergo die Redensart ‹nicht aus den 7 Birken findn könn'n›«.). –
      (Aber ganz vorsichtig jetzt.) : »Wir bleibm am besten unsichtbar.«
(Nebenher der Mond; sittsam aber odalistig blaß.)

3

Dicht am Aurodrom der Bauernmusik – es klang wie eine Übung der Himmlischen Miliz! / Um die Ecke lugen : lustig wehte, 100 Fuß entfernt, das blaue Eis-Fähnchen über der aufgeplatzten Schenkentür; in ihr der Wirt, rüstig rasselnd mit Schlagbaum-Schlüsseln, König im Kornhaus, Bauern im Bierhimmel; Hopfungsvolle und Malzcontente. – : »Corambé! Genau wie jüngst bei der Flegel-Henke.«
      Lodenhosige Volontaire, die triddelfitzten um self-made-Witwen in netten Halbstiefelchen, die ihre prallen Waden noch schaubarer machten; siebierten & ruminierten. Tauglich gemusterte Knechte, alle den Gonorrhal-Stab in der Marstalls-Hose, und rauhknieige Putzfrauen,

erhitzt vom hot, glowing with bjuty and cruelty : er Homo Arraktus, sie Chant-drehte. Kotzütische Greise, einmedalljich-lebensgroß, mit vene- rablen Schnurrhaaren, und zweischläfrige Großmägde, feurige Ringe um die Münder und Buttermilch in den Haaren; der Schnee kirrschte unter ihren Futen, sie bleck- und weiteten. Gewiß, auch stätischere Teilnehmer : er Tarzan von Schneiders Gnaden, sie Gans Miß Celle, und Beide Subscribenten bei Bertelsmann. Unverantwortlich leichtgeklei- dete Handlungsgehülfinnen, mit schicken Shakehändchen, sie zeigtn nach Kräften, was sie nicht hatten; und ambiwitzige Kaffeereisende, ungedolldich auf Globeletten, (man konnte sie für Hochschullehrer halten, hätten ihre Gesichter nicht so intelligente Ausdrücke gehabt). Das Wirtshaus ‹Zum Raben & Zuckerhut›. / : »Komm mit zurück, Jule. In den Schatten dieser Scheune.«; (ehe er noch Stellung nehmen konnte, ging's schon los –) – :

: kauerte hin; hob dü Jardine; und – das ging so schnell, wie beim Dechanten von Badajoz – ‹whis !› – (»kyk, wie das As bacht !«, Jule, ergriffen. So schlamm wie sie nur cunt. Sah natürlich nicht übel aus in ihren Invisibles; unhörbar umklippert von Strumpfhalterschnällchen. Aber : »Engagier'Dich nich unnötich, Du : Ländliche Schönheitn leiden meist an den gruslichstn ‹Flüssen›. Weil sie im Winter, ohne Gnade unbarmherzich, auf die eiskalten Außen-Klos müssen : da laß den Finger von.«). / Dennoch erschienen, trotz der grimmijen Kälte, schier ohne Pause die Pärchen : Jünglinge, pollenfoll, und wonnefeuchte Mägdlein bibbernd auf Perlon-Röhren; sie sein Ersdgeschoß, er ihr Firstphal; enero S-Cape : »Waginula blandula; ‹über das Kuß- & Kratzrecht im ehemaligen Wendland›«. (Und von drinnen schlug die Pauke, buren- krieg'risch, den Takt dazu; und der Brummbaß furzte bei jedem drittn Po-Stüber.) / Natürlich zerrissen auch ältere Aboriginale die Stille; Solche, die lediglich abschlagen wollten, oder sich die Beine vertretn. : »Noch'n beetn speeln,« teilten sie sich gegenseitich mit, (meinten ‹An- Apparaten-drehen›). : »Unn morgn wedder in'n Mudd-Gråbm.«. Der bleierne Rauch ihrer Stumpen behellichte uns wie kurzfristige Nasen- ringe; (‹Strafe der Schnüffler›). / Aber nun erschien's : die berufenste Athanasierin von Hillfeld-Süd, mit dem renommiertesten Bartsplter der nördlichen Dorfhälfte – (»Nun, Herr Dreibein ?«; denn Jule beugte sich vor, wie wenn er dieses Kind wohl auch mal mit dem Bade hätte ausschütten mögen. Beziehungsweise ‹sich mit ihr in den Haaren haben›. – Aber, traun, dort ging es hoch her) : er sturmtroppte die barärschige Berserkerin, die Fratzen kußmetisch verschränkt, (und die Doppeldeckerminuten von Selbst-Lauten); breit bleckten ihre Ober-

beine; er schoß sie behänd zwischen Wind & Wasser – und versuchte sich
leistenwelk-niederlendisch zu erheben, während das unbehoste Mensch
nur ein 12-pfündisch Gelöchter ließ. (Es leilachte in den Wölkchen; und
der Mond wartete diskret in seinem eigenen Marble Arch, entrance to
Hide Park. Worte für ihre Gefühle hatten sie nicht, und brauchten auch
keine; kehrten vielmehr unverzüglich zurück zu Lo- & Pokal, Lo- &
Pokuß.) / : »Nein! : *Du* nicht mehr, Jule!«. – / Ein Untererbeamtentyp,
der natürlich mit der Taschenlampe fummeln mußte, auch uns anleuch-
ten, folglich mich erkannte, folglich grüßen mußte – obwohl er, es war
ihm sichtlich peinlich, den Phall-Staff bereits in der Faust hielt – er
entledigte sich schüchtern nur 1 Bruchteils des von ihm hier Beabsich-
tigten. Grüßte nochmals, zitternd vor Wut; und entfernte sich. :
»Bekehrter Filantrof; hat noch nie das Meer gesehen. Er ist bei der
Eisenbahn; sie kann kein'n Zug vertragn.« / Ein total ausgemärgeltes
Pärchen, (‹Er hatte schon den Gift dreymahl nach ihr gesprützet›); aber
sie beschwatzte ihn doch wieder, große Augen am Nasenbug, darunter
alle möglichen Lippen : cachez ce sein! Aber, LES FILLES SONT LIBRES; er
wankte lädirt im Jungfraujoch; (und Jule, mitleidig: "Chee-the mort's
bite !". Da mir die basseuse seines mauvais goût nur allzubekannt war,
nahm ich von vornherein nicht an, daß er den ‹Biß des Todes› spüre und
darob den ‹Mittler› anriefe. Sah vielmehr, nachdenklich nickschüttelnd,
der taubstummen Begegenseitigung weiter zu.) Bis es Jenem endlich
gelang, ihr das letzte Pröbchen vom Innern eines Bullen zu geben. (‹Nun
wird er sich an Gloms & an Pomocheln laben, CANITZ›.) / »Genugnun
der Fortunatus-Studien; und des Nimmergrüns unsrer Gefühle?«; (und
trostpreisig zu lächeln suchen : ?. Er willichte ein; mit 1 finsteren Nikk
aus der Zeit, da die Herren noch Punzenzins erhielten, wenn sie darauf
verzichteten, eine Braut im Geburtstagsanzug zu besichtigen. – Also
blitzflink auf Weg-Mitte. Dann, würdig schlendernd, vorbei an dem
regierenden Bierokraten; der unserer – vom Standpunkt der Übervor-
teilbarkeit mit Recht (: aber was ist das schon für einer !) – nicht
sonderlich achtete : »Neues Ja, Herr Crusius!«.)

   Und gelassen nach rechts davonschreiten. Während es hinter uns
wumperte; leiser pumperte; und, verhallend, urjahnte :
          : ‹Ja dashá / ben dieMád / chen sogérr-ne.
      Die imSchtű / pchen & Die / imSa-lóng . . .›

4

Da die teertonne Nacht gedämpfter hinter uns her rollte; und die Versimpelung ihren bleyernen Szepter gähnender über die EWG rekkte, (oh, wie mich snäkkt, wie mich snäkkt !); während uns links, da wo es nicht bauernhauste, eine 40%ige Mond-Aine immer wieder den Kupferzwickel wies, und der widerlich hohe ‹Galgen›, (angeblich nur zum Trocknen der Feuerwehrschläuche bestimmt), uns das erste aufrichtige ‹MORITURI› dieses Jahres semaforte, Gratis & Lange – ausgerechnet da mußte der Kerl, mittn unterm Rundumhut, stehen bleiben. Er dachte so angestrengt nach, daß es ihm die Augen verdrehte; cuj'nierte noch einen Moment mit Lippen & Zähnen; und begann dann zu grollen :

: »'It little profits, that an idle king, / by this still hearth, among these barren crags, / match'd with an aged wife, I mete and dole / unequal laws unto a savage race, / that hoard and sleep and feed and know not me !'. – Übersetz mich, Du ! Und zwar ebenso unverzüglich wie meisterlich; oder ... !«. (Und hinter ihm das griechische ‹P›. – Da zog ich doch vor, den Versuch zu unternehmen; und sei's nur zur Übung : laßt Ein'n wieder mal in Gefangenschaft oder sonst'm KZ sein; und'n größnwahnsinnijer Lagerführer hat Appetit uff'n Hofnarren. Also stirnrunzelnd; & solök stokkend) – :

: »‹Nur wenig frommt's –›« – (hier nikkte er schon wohlgefällig; ein edel Wort, gelt ?) – »‹daß ich, ein müß'ger Fürst›« (geschmeidich verneigen : während er sich erfolglos bemühte, ein Lächeln des Größenwahns zu unterdrücken, gewann ich Zeit) – »‹am stillen Heerd hier, an dem kargen Strand, / bejahrtem Weib gesellt –›« (vorsichtich zu ihm aufschielen : ? vorn an seinem Haupt kämpfte Unmut ob der genommenen Freiheit, mit dem Ergetzen des kundigen Übersetzers. Das Letztere siegte rasch; zum Zeichen, daß ihn die Mem-Sahib ernstlich geärgert haben mußte. Er bestätigte knapp, obschon etwas drohend. Ich küßte ihm gleich, mentaliter, den Rockschoß, (weil er mich immer noch nicht hatte umbringen lassen); und continuierte in unterwürfijer ekler Begeisterung) : »‹dem rohen Pack / ein viel zu gutes Recht mit Würde sprech : / : Das scharrt & schläft & frißt – und kennt mich nicht !›«. (Voll erhabener Verachtung; so daß King Yule das betreffende Gefühl nur mit einem gnädigen Nikken noch zu unterfertigen brauchte : ‹Gegeben auf unserem Lusthause zu Nowosibirsk› ! Er war so voll von sich, daß er ganz leer war.)

: »Sieh ma an –.«, (im inspiriert Weiterwandeln; unsichtbar beschleunigt von pflichtgefühltester Langeweile) – »das wa gar : nich :

dumm.«; (und nie sah ein Buchstabenputzer einen Schreibmaschinenöler herablassender an).»Du, jetz' iss's gut, Jule! Vergiß nicht, daß es gleich in meiner Hand liegt, Dir den Kaffee Royal beliebig zu schwächen.«»Ja sicher, 'ntschuldije,« sagte er reuig;»ich meinte auch nur, daß Du Dein'n Nam'm doch tatsächlich ma vor 'ne Übertragung setzen lassen könntest: willsDu denn gänzlich ungedruckt aus der Welt gehen?«. (Wenn möglich, ja. Während ich uns Eintritt schaffte; und wir dann über Schnee mit Asche dahinmáhlten, oh Zimt oh Zucker.)

: »KlopfsDu immer mit den Füßen an?«; ich, spitz & kalt, (da er sich vermittelst Anschlagen der Schuhkanten an meine Haustür die Sohlen zu reinigen gedachte; er entschuldigte sich nochmals.) »Neinein Jule; bleib Du noch'n Augenblick hier. Ich seh bloß ma rasch nach'm Feuer. Bin sofort wieder da.« (»Woß so'ch?«, hörte ich ihn plump & mufficht hinter mir drein hadern. / Und zögerte doch wieder vorm Ofen, ehe ich nach dem dicken Eichenkloben griff: mir tut's immer leid um Holz. Wenn ich mir das winterliche Birkenmorden der Bauern so vorstellte; allein letzten Monat wieder; da müßt's Gesetze dagegen geben. – Aber um im Schuppen nach Briketts rumzugratschen, war's viel zu finster.) –

: »Woll'n wir doch auch was für's Neue Jahr tun, ja?!«; ich, mit Strenge; wieder vorm Haus. »Gern–gern,« erwiderte er hoffnungsvoll. Und schaute mich dann in mächtiger Enttäuschung an, als ich nur die Streichholzschachtel aus der Manteltasche zog; (ich hatte vor ein paar Tagen in einer Schublade noch 1 altes Bengalisches Hölzchen gefunden, und war doch neugierig). Wir begaben uns damit in Prozession in den ‹Tannenwinkel›; und ich nötigte den Ungehaltenen, im Verein mit mir zuvor einige sinnreiche Vermutungen über die zu erwartende Flammenfarbe anzustellen. Wandte mich noch feierlich, unter leichten verbindlichen Verneigungen, nach den Vierwinden – »Captatio benevolentiae, Gedankenloser : damit se's nich aus pusten!« – und strich dann damit über die Reibfläche –; – ! – ? (nichts; verdammt). »Gib mir ma her –«, Jule, dessen Interesse sich doch auch zu regen begunnte –; – ! – : ! ! ! : nichts. – Bis er auf den Gedanken verfiel, es mit einem normalen Zündholz ‹vorzuwärmen› –, – : ! »Ahhh!«, des funkelnd-ausgefransten, pechgrünzischenden Loches in der Nacht! –

: »VerzeihsDu, HErr, das Flammengaukelspiel?«. Er leckte sich zwar noch einmal-ubw die Lippen; schüttelte dann aber, heftig bestätigend, den Kopf: »Scharmant gemacht! – Mir iss dabei eingefallen : ähhasDu schon mal darauf geachtet, daß, wenn Du vom Wekkergewekkt wirst, – meist steh'ich ja von alleine, und weit früher auf, – der, und sei es noch so sanfte, Trillerklang das jeweilige Traumkontinuum nicht nur

173

akustisch unterbricht – ‹Kuns-schtück› wirsDe murmeln – sondern es
auch optisch abreißt ? Ich hab' das jetz schon bald 'n Dutzend Mal
beobachtet. Das Prinzip dabei scheint zu sein, daß, ebenso prompt wie
anschein'nd zusamm'hanglos, ganz plötzlich schönfarbige & reichge-
gliederte Gebilde für kurze Zeit auftreten. Dann geschieht das ‹Erwachen›; und das Betreffende ist bereits verschwunden, während das
Wekkerklirren noch anhält.« – : »Gib am besten ma'n Beispiel, Jule.«
  : »In einen ganz schwarzen Raum senkt sich, von oben her, eine
große Tüte. Spitze oben, Öffnung unten – Höhe circa 1 60« kam er
meiner Frage zuvor; dann : »Der Kegel war außen aus einem schönen
kräftigen Lila; und von durchbrochener Arbeit, wie wenn sehr zahlrei-
che Ornamente sauber eingeschnitten wären – Vergleich ein überdimen-
sionaler Federball«, sagte er ungeduldig, (da sich in meinem zier- &
ausbündigen Gesicht anscheinend ein Frage-Löchelchen aufgetan hatte;
ich hatt's gar nich gemerkt) : »obwohl weit reicher-feiner-geschmack-
voller. Innen die Farbe hell, auf Weiß zu; obschon auch hier ein schwa-
cher Lila-Schimmer unverkennbar; wirkte wie angeleuchtet, aber die
Lichtquelle-selbst war nicht zu erblicken. Dies Gebilde also senkt sich
rasch von oben her in den – ebenfalls frisch entstandenen; vorher war ich
ein Bahnhof gewesen – schwarzen Raum herein; und bleibt wie auf
einem unsichtbaren ‹Fußboden› stehen. Ich betrachte es erfreut – : und
weg.« (Hm; erst ma weiter.)
  : »Oder : in einem Traum mit der vorherrschenden Farbe GRAU –
war es irgendeine Betongroßstadt ? – entstand es plötzlich wie eine,
ziemlich nahe von schräg-oben, wie von einem Stehenden gesehene,
elliptisch-kleine Grasfläche. Das, wie gesagt bis dahin dominierende
Grau wich sofort an die Ränder des Gesichtsfeldes und wurde dort
belanglos. Das Gras von sehr reicher tiefgrüner Färbung – viel ‹saftiger,
organischer› als die Flamme eben; obgleich ich durch sie daran erinnert
wurde – seine schönen wuschelköpfigen Halme ‹lagen› leicht-weich :
mir fiel ein, daß es sich ‹schwer mähen› lassen werde !« (Da er freiwillig
über sich den Kopf schüttelte, konnte ich die Bewegung einsparen. Er
fuhr fort, und zeigte, was er meinte, mit den Händen) : »Und in der
Mitte befand sich eine volle kleine Insel aus hochgelben Blumen,
‹Butterblumen›; aber die Köpfe so groß wie beim Löwenzahn. Ihre
Anzahl dürfte etwa 20 bis 30 betragen haben. – Auch die Lebensdauer
dieses Fänomens sehr kurz.« / – / : »Als eine erste Theorie böte sich mir
dar, Jule –« (und verantwortungsbewußt zögern; war ja ganz int'ressant) – »m-daßdas, ja ebenfalls ‹reich gegliederte› Pizzicato des Wecker-
schnirrens, im Optischen eine parallele, radio-larische Struktur anregen

könnte : ‹Nerventriller› in beiden Bereichen, eh ?«. (Obwohl er diesen, wahrlich nicht fernliegenden Einfall, sicher schon selbst gehabt haben würde. Er winkte auch ab. Und gab, sichtlich ‹ernüchtert›, nur noch Stichworte)

: »Einmal eine Lattenkiste, 60 mal 40 ungefähr; die sich, währendes Klingelns, mit braunen Brennholzscheiten füllt – ich hab absichtlich genau gemustert; und entsinne mich noch, daß das eine 1 schwarzbraunen Ast-Fleck hatte. / Oder : über naher Schneefläche eine ferne, dunkelgraue Waldborte. Da klingelzt : und schon schiebt sich, von links nach rechts übrigens, ein hellgrauer mannshoher Lattenzaun davor : eine vielgegliederte Sprossenwand also. – : ?« »IMAGO-reif, Jule,« lobte ich; (unangemessen kurz, ich weiß; er hatte mehr verdient. Aber ich war jetzt, nachts um halber Zwei, (und 6 Stunden Register-Ansagen in Aussicht !), zu wenig mehr fähig, es seien denn all-lallische Proteste der Creatur : gegen Creation & Creator) : »Komm, pascholl, Jule. Was essn. – Und anschließnd wieder druff-uffde Galeere.«

5

und ein Eierbecher mit einer runzlichten Pellkartoffel darin, eine bleierne Buddel, ein großes ringförmiges Brot, (ich, als Wirt, schnitt höflich vor. Und Stehen & Essen.)

: »Gib ma die Schüssel mit Wieheißtesgleich –«. Nu, ich gab sie ihm; (aber es waren Steinpilzkonserven, gekocht in Essig & Öl, mit Muskatnuß, Kanehl & Nägelein, ein Meisterstück meiner Raumpflegerin !). Er mampfte langsam & traurig, und ließ dabei den Blick mißmutig hin und wider wandern; von der Eßecke zum langen Arbeitstisch, hie Schnittenbrettchen aus Limba, dort vergoldete Libraritäten; (ich hätte meinen Kopf mit den verschrumpften Augen wohl auch am liebsten in eine Aktentasche gesteckt, und dort der Ruhe gepflogen). / Ihm beim Hin- & Her-Gaffen helfen : hie ein Tütchen Rosinen, (»Nicht für Dich, Jule : für Amseln & Fasan'n.«), dort das weiße Nicht unbeschriebener Zettel, jaja. Hie ‹THUNFISCH IN ASPIK›, (»Mach die Büxe ma von untn auf – : ? : !«; denn es war selbstredend wieder das in den kapitalistischen Ländern übliche : obmdruff 2 Prachtscheibm; untn nischt wie Fussln !), dort das zackichte Lineal, neben meinem Denkring (aus 3 ineinandergefügten Ringen bestehend; wovon man 1 fallen & dran runterhängen läßt, wenn man sich einer Sache erinnern will : beträchtlich besser, auch ‹gepflegter›, als der schlecht-moderne ‹Knoten im Taschentuch›) : »Nein ! Ich verkauf'ihn Dir *nicht,* Jule. Reg Du doch die Forzheimer an : laß Dir's vorher patentieren; verdiensDe 'n Heidengeld damit. Wenn De·dann später in der Kwien Merry vorbeibraust, kannsDe mir'n falschn Fuffzjer zuwerfn. – Überdem iss's'n altes Familienerbstück.« schloß ich; (innerlich errötend, denn die Situation lag ähnlich wie bei MARKTWAIN's. Jule zeigte auch nur den Hohnzahn.) / Die Weinflasche ? Dahier; (und den Korken gleich durchs Stanniol gezogen : für's lange Dranrumpolken werden 5 Karteizettel fertig !). Die Sauciere krachte, das Kass'rölchen erklirrte unter seiner Hand, (und der Poltron schob's auf die Beleuchtung : »Die Lampe brennet trübe; tue Öl darein«, bat er unsicher. Ich trug sowieso die rote Robe des Zorns (eine Art Strick-Camisol; der abgerahmte Mensch dagegen ein' Kittel wie'n Kirchenstuhl) : »Bei gut 100 Watt, Du ?! MöchtesD wohl beim Schein von JUPITER-Lampen eine JUNO genehmigen, heh ? – Was horchsDu ?«. Jule pustete erst in die Mündung der Bierflasche, ehe er daraus trank; erläuterte, daß ihn der kleine röhrenförmige Nebel oben drauf störe : er sei kein Nebl-Trinker; schob sie dann in den Mund, und zeigte damit : –. Dumpf & Lange; (murmelte der Kessel ob der Kochplatte) : »Wat sechcht häi ?« : »Daß man die Menschen wegspritzen sollte : die Männer mit 45; die Frauen darfsDu ent-scheiden.« / 1 Rädchen Wurst übrig lassen ? ! : »Das fürcht'sich ja, Jule. – Ich tu währenddessen das Brot als solches ins Schapp«; (und grienend damit zur Seite; denn es handelte sich um die Wurstsorte, die er nicht mochte). Er trampelnd Bier nachtrinkend; während ich Rum mit Milch nippte; boshaft das Knakken unserer Knie in den morschen Hosen belauschte, (und der Rülps nach halbverdautem Nachmittagskaffee schmeckte äußerst unangenehm – vielleicht die Strafe für meine Unfairness. »Mann, was'n Krokodilsköder !«, echste er immer noch. Und wir tranken Bier nach : magisches Auge & Sittigzunge; oben LEITZ-Wetzlar unten Hasen-Fuß, in dicken Strümpfen, schamzerpört, die dünnen Waden; Potz Fährde-Schwanz & Rinnt-Bocks : links 3 Komma 3 Quadratmeter Schreibtischplatte, von denen ich Besuchern zu versichern pflegte, daß sie einst dem Fürsten Metternich gedient hätten; rechts ein eingetopfter Baum der Erkenntnis, darauf eine vierjährige Wallnuß, die noch nie ein Mensch aufgekriegt hatte, und weitere nichtversicherte Gerätschaften : ja jetz ne ‹Generals-Wache› ! (wie Wir-Gemeinen im II. nicht-letzten Weltkrieg für einen guten-festen Schlaf zu sagen uns unterfangen hatten; wenn man nich so Romantiker wär' hätt'man ja längst schwarzmarkabelste Einfälle gehabt !). / Die liebe Neugier hatte sich unterdes ein paar Fingerspitzen verbrüht, und saugte nun röhrend daran : »Schmier Dich ein, Jule,

schmier Dich ein.« Da er flinklippig mit der Zungenspitze dran-rum tipfte – : »Miff waff !« – : »Man nehme 1 Tropfen Schweiß von der linken Brustspitze einer Konditorsgattin. Rühre denselben an mit dem Staub vom Schnitt eines, seit 99 Erbpachtjahren unbenützten THESAURUS LOGARITHMORUM ...«. An dieser Stelle verfiel er endlich auf NIVEA : ? : »Im Bad; wie sich's gehört.« Neikte sein Süffelantlitz zur Erde; und schnob, da er cloverz tappte, winterwindig; (vielleicht unter dem Pseudonym ‹PONTUS EUXINUS › : falls man doch ma was schriebe ?). Und allein im Spukenden Tintenfaß; (während Jener, geil wie ein Galle, die Apparaturen drinnen ununterbrochen mißbrauchte). / CATS : ‹GEDACHTEN OP SLAPLOSE NACHTEN› : neulich der ‹Tunesische Kamelsattel› in Hannover, (‹garantiert 200000 Meilen in der Sahara zurückgelegt !›), schonrecht-schonrecht : wenn nur, morgens-links, der Mittelfinger samt den umliegenden nicht schon so korkig-steif gewesen wäre, (die Rechte fing erst ganz leicht an, die Schwurhand; ich hatte wahrscheinlich zuviel damit schwören müssen in meinem Leben, und wer weiß, was den Bonnern in dieser Beziehung noch einfiel. Gleich zum Fenster raus spucken : wie sich der silbrije Dreck da so anderthalb Meter aus Einem entfernte !). – Dem Geräusch nach pißte der Mehralsunbeschnittene bereits das Klo-Becken sauber. (Was das ‹Andere Geschlecht›, die Bidet-Reiterinnen, wohl doch nur mit Mühe vermögen. Dies war mein Locus classicus, wenn Eener mit ‹COOPER keusch !› ankam; da machte ich mir immer den Spaaß, und las ihm die Stelle mit dem eingelegten Merkzeichen vor : ‹Bälle und Gesellschaften sind fürder nicht mehr der Glanzpunkt meines Lebens; es beschränkt sich vielmehr ausschließlich auf die verschwiegenen Räume des Closets, wo die Liebenden die köstlichen Augenblicke zärtlicher Vertraulichkeit genießen› : Überschrift ‹GESTÄNDNISSE EINES SPITZENTASCHENTUCHS›. Ein Moderner, der vorwärts kommen will, denn wir leben in einem hochkultivierten Rechtsstaat, müßte hier diverse Worte weg-icksen (‹egg-wixn›) : ach, des GÖttlichn Rechts zu schikanieren ! (‹Tyrannen haben Recht, so oft sie sich erhenken›, HAGEDORN.) Und Der rieb sich höchstwahrscheinlich meine NIVEA um den Eichelrand : ‹daß es Dir wohl gedeihe !›. –)
: »Na, Jule ? – Sind wa soweit ?«. / Er rühmte erst noch die ‹herrliche Brille› : dies Sperrholz würde tatsächlich federleicht & immer-dünner ! Ich konterte mit dem Klo-Papier der DDR, das ich neulich-drübm, anläßlich der Silberhochzeit meiner – »Dat wäit wie nu !« schnarchte er überdrüssig : »Die hatten dekoriert, Mensch; weiter nischt.« : »Oh nein, Jule; sowas hasDe noch nich in der Kimme

177

verspürt, Du ! man hätte gleich da sitzn bleibm mögn : süchtich hätt'
Eens werdn könn' !«
: »Und jetzt hapere nich länger : komm !« –

6

Er schnitt. (Seine Taschenuhr auf dem Tisch war auch eingeschlafen.)
Während ich, protestantenden Mundes, darin blätterte . . .; . . . – : »Du,
hör ma : 'They, in their turn' mit ‹Sie, der Reihe nach› wiederzugeben !
Der Kerl, der Übersetzer, verdiente ja, von der Hand eines Quintaners
mit einem veralteten WEBSTER totgeschlagen zu werden !«; (er hörte es
nicht gern; aber es war so). Und mehr Poly-Glossen, die leeren Räume
in unseren Trägheiten zu überbrücken. (Ich griff wieder nach dem
Unikum der Farbband-Dose, in der ich, rein zufällig, Mottenkugeln
aufbewahrt hatte : flaumweich war der moderne Preßstoff davon
geworden ! : daßdas Kunst-Stoffe derart angreift.)
          : ? – (Das nächtliche Surren der Leitungsdrähte nämlich) : »Hab'ich
diesen strengen Winter schon mehrfach registriert : Verkürzung der
Drähte bei Temperaturen um 20 Grad-Minus. Neulich hab'ich 'ne ganze
Nacht nich schlafn könn'n; weil ich dachte, beim Nachbar hielte'n
stehendes Auto, und Der ließ'n Motor laufen : so laut brabblte das. –
Heut Mittag kam übrigens die Meldung, daß im Niemandsland zur
DDR hin darob so manche Mine platze : ‹Die Nacht wird kalt, sagte der
alte Rudolph !›« –
          : ?. – : !. –
          : »DIONYSIUS AREOPAGITA, Bischof von Athen; Zehn-59 –« (und
mit der Bleistiftspitze die restliche Seite runter, die Ganglien in Schnell-
bahnen verwandelt . . . . . . / Umblättern : . . . . .) : »Jule, laß das bitte !«;
(wenn sich eine Briefklammer derart sperrt, das soll man achten).
          (Oder ‹ehren› ? Nee; ehren nich. Aber achtn.)

CALIBAN ÜBER SETEBOS

GEORG DÜSTERHENN *entertäind se Mjußes – (tschieper
Bey se Lump) – ietsch Wonn of semm re-worded him for
hiss hoßpitällittitie wis Sam Bladdi mäd-Teariels.*

KLIO

: bloß aussteigen ! (Und gleich 'n Ende weg – mein'n Obulus hatt'ich ja
richtich-entrichtet.) –

    : Halt !; hier, die Abfahrtszeiten noch notieren. / Unterm Ocker-
mond der Haltestelle (grünblaß sein ‹H› des Gesichts); unbequem in
Halshöhe das betreffende maschinengeschriebene Schildchen, brav-
umblecht, ein Zellofanfratz : sofort waren doch schon wieder die 4 Weibs-
bilder um mich rum ! (Die Jägerinnen aus dem Autobus nämlich) : Alle
in kokett-hochhackigen Schaftstiefelchen aus Lackleder; dazu Breeches;
Joppen aus gelbem, gelbem, braunem, kackaubraunem Imi-Tand (Vel-
veton; wirkt auf 10 m garantiert wie Wildleder, ‹ein Jeder›); oben drauf
kleine hellwache Hüte, billardgrün – ihr Geschnatter war mir während
der ganzen Fahrt schon auf die Nerven gefallen. Und zwar mehr so dies
helle ratlose Vierfachgeschwirre hinter mir, als die G'schichteln selber;
da hör'ich immer gans gerne hin, oft ergibt sich brauchbares. Meist
freilich hatten sie, genäschig-zungenklatschend, gemeinsame Bekan-
tinnen durchgehechelt. Besonders die Jüngste, mit ihrem bleichen,
gedunsenen Gesicht, war unermüdlich-neidisch auf eine ‹Rosel› zurück-
gekommen, die sich angeblich in der Waschküche von einem COLA de
caballo Fahrer hatte pimpern lassen – hat-trick ? ; ich hatz nich genau
mitgekriegt; jaja de Libe. Die allerunangenehmste die lange Megäre
hier-rechts, (beinah 'n komplettn Kopf größer als ich ! Sicher, ich war
halt bloß so'n Händvlling. Immerhin.); Medizin-Studentin, die von
einer ‹Knochenbörse› berichtet hatte, als handle sich's um die legin-
timste Institution des ehrt Runz : ‹Wer hat mir meine Hand gestohlen ? !›.
Und hatte tiefer Luft gehohlt, und von der ‹Zeh-Karte› angefangen, die
bei Toten angeblich mit 1 Reißzwecke an der Großen Zehe befestigt zu
werden pflegt – »Ihr wißt auch gar wenig« hatte sie abschätzig geäußert,
als die andern Drei sich sofort, vampirig-angeregt, die roten spitzen
Krallen vor die Saugmäulchen gedrückt hatten, (und ich mir die Aktentasche auf den Schoß). Es dann mit der Stimme vor- & nachgemacht,
wie's einmal, nachtsinderklinik, während einer gelehrten Vigilie, auf
dem Korridor steif näher geschlurft kam, über's Li Noljum : eine als tot

Ästimierte war, unter völliger Mißachtung der ihr aus solchem Befund erwachsenden Verpflichtungen, noch ma kurz aufgestanden : »und ihre Zeh-Karte raschelte. –«. (Nur solche Naturen können ja auch die ‹Jagd lieben›. Jedenfalls stand ausgerechnet Die jetzt hoch über mir, in der Hand 'ne lange Schwippe; und las unbefangen-halblaut im Fahrplänchen mit.) All dies in einer so wilden Gegend und unter dem schwankenden Zwielicht der Herbststunde, (genau auf der afternunijen Kippe zwischen Spätnachmittag und Frühabend : nachts, o Uhr 40, sollte der Letzte von hier abfahren; erstaunlicher Verkehr für die winzigen Nester & dies tote Zonengrenzgebiet.) – Umdrehen ?

: prompt stand man vorm Ortsschild SCHADEWALDE. (Ergeben nicken : ich hatte schon gewußt, daß mir ‹Leinöl› einfallen würde, 1 meiner (mehreren) lebenslänglichen Zwangsvorstellungen aus dem Ersten Weltkrieg : da war es ein schwermütiger Festtag gewesen, wenn es, nach graubraunen Steckrüben–Wochen, ausnahmsweise einmal ‹Pellkartoffeln mit Leinöl› gegeben hatte; (gesandt im eingenähten, mit nassem Tintenstift beschrifteten Paket von der Liegnitzer Großmutter : schon sah ich auch das damalige Salzhäufchen auf dem angeschlagenen Tellerrand !) – – so – gut; schon gut. Erledigt. Bis zum nächsten Ortsschild, heißt das.) Auf der andern Straßenseite ein weißgekalkter Kilometerstein ‹1,6› ; (von ‹woher ?› gerechnet, hatte ich keine Ahnung : ‹Mahnung›.) Aber jetzt beginnen, möglichst würdig auf die dunstige Häusergruppe in der nahen Ferne zuzuschreiten : ich hatte Unrecht gehabt, mich über die Puppen aufzuhalten, die ja sicher nur ein arm-sehliches, demi-wie-ärschijes, Wochenendlein ‹auf dem Lande›, und das nach Art der Jugend möglichst großgebärdig, verbringen wollten. (Wie würde ‹ein Dritter› wohl *mich* als Staffage verwenden ? Mit Basken-mütze, Grauhaar & Kupferneese ? Grüner Lederjacke & kurzbeinigen, rauhgegraupelten Hosen; (für die irrsinnigen Socken, mit ihren riesig roten Mustern, war meine einzige Entschuldigung, daß ich dergleichen grundsätzlich nicht ‹wählte›, sondern eben einfach anzog : ‹Graue Haare› würde SIE ja übrigens garantiert auch haben, (vorausgesetzt, daß sie nich ‹tuschte›, wie heut die meisten Späten Rosen) : ‹Hosen›. Ich freute mich darauf, so gut ich konnte : ? – hm; viel ergab's nich; es haften zu strenge Erinnerungen an meinen ersten 45 Jahren.)).

Lieber würdig schreiten : –, –, –,. Indolente Rauchbilder standen über den Dächern. (‹Und sie hieß Fiete› : ‹wie zur Zeit weiter ?› wußt'ich nich; METHE ja wohl schwerlich mehr. Immer vorausgesetzt, daß jener Natter, der Giftmischer aus Bautzen, der sich gebrüstet hatte, sie im Parke ‹angeknallt› zu haben, sie je geheiratet .....?); aber mein Weg

182

begann sich zu senken. (Wieso ‹mein› ?; der Weg doch wohl; bis zum Wegebesitzer hatt'ich's noch nich gebracht. Das heißt, DICKENS hatte sogar 'n Tunnel gehabt.) Na, vielleicht klappte's ja jetz, mit der neuen ‹Gedichtsammlung›, die mir mein Steuerberater dringend anempfohlen hatte – ich hatte mit Schlager- & Marsch-Texten jüngst so viel verdient, daß nur ein Buch im Selbstverlag mich noch vorm Finanzamt retten konnte; ('Taxation no Tyranny' : dieser JOHNSON war ooch ne dolle Figur !). Die Dämmerung warf eine Handvoll bleicher taumelnder Tauben hoch über's Teerband. (‹Erste & Letzte Lieben› – ‹rieben-schieben› hat HEINE aber schon – mein hatt'ich Die damals angehimmelt ! Mit 18, als ich noch Prinz war von Arkadien : von dem Standpunkt aus natürlich ein völlig unrealistisches Unternehmen, das heute; aber ich hatte schließlich auch nur vor, mich durch den Anblick einer Jugend-liebe entscheidend & unwiderstehlich schmalzig zu stimmen : der Deutsche von 1964 will Sentimentalität & Präsentiermärsche; genau wie der von 18- und 1764. Und wer noch an Sachen wie ‹Entwicklung Zukunft Fortschritt› glaubt, dem gebührt ein Monatseinkommen von 250 Mark; und zwar brutto !). Wie herrlich unfruchtbar die Antennen-Figuren. Sämtlich nach Mekka gerichtet, siebten sie siebenmal sieben unliebsame Nachrichten automatisch-aus, ein hammurabulistischstes Kunststück : sein Volk nur die Sender empfangen zu lassen, die man selbst besamt ! (‹Ahmt rahmt wundersamt›). Ich konnte mich wohl noch der ersten Monate nach dem Kriege entsinnen, da das in Darm-stadt erscheinende ‹Delirium Tremens› meine 'Ode to Defecation' gebracht hatte: wie rasch war ich nicht von solcher Patenstadt & so unvolkstümlichen Themen abgekommen ! (Apropos ‹Patenstadt› : die hatten mir, auf den bloßen Mädchennamen hin, umgehend IHRE Adresse mitteilen können. Müssen ja ganze behördengroße Apparaturen sein; mit Tausenden von Angestellten, die davon leben, daß sie nichtmehr-existierende schlesische oder pommersche Ortschaften rekonstruieren, ‹als wäre nichts geschehn› – vielleicht sollte man's ja tatsächlich, ganz unemotionell, als einen bloßen Zweig der Lokalhistorie betrachten ? Alles von unserm Geld freilich. (Das heißt, von meinem möglichst nich: eher mach'ich den Band mit Rundumgoldschnitt; auf postkarten-starkem Bütten; in patagonische Jungfernhäutchen gebunden ! ‹Zwei-Fell-los zweifellos ! – : 2 Fell los zweifellos !› .)

Aber dies Bächlein-hier – so schräg unter der Straße wegfließend, daß sein linkes Geländer auf der Höhe anfing, wo sein rechtes-drüben aufhörte – wirkte doch erheblich stügisch. (Das heißt, das zagpläp-pernde Wässerchen selbst war an dem Eindruck weitgehend unschuldig.

Aber Blechbüchsen rosteten von seinem schmalen Grunde herauf. Immer wieder abgehackte Erlenbüschel fingerten unerfreut : ‹einst wie heut›.) Ich fühlte im Schreiten nach dem PEREGRINUS SYNTAX : die älteste Leyer war, liederlich benützt, gerade gut genug für ein ZEIT-Gulyasch aus Ökumenischen Konzilen & SKORZENY's Memoiren : 1 Trottl, wer solch madige vom Arsch de Brüh nicht auch nach Kräften mit abgeschöpft hätte ! –

(Ach, sieh an : ‹Der Erste Schiffer›. Allerdings auf dem Festen Lande; ich ließ ihm überflüssig Zeit, zu vollenden. Dann) : »Sagen Sie – : wie heißt dieser Bach eigentlich ?«. (Ganz langsam sprechen; wie Ausländer, die mühsam Sätze aus Sprachführern gebrauchen : so unterhalt' ich mich immer mit dem Landvolk. Das sich mit mir übrigens auch.) Die aus Bändern Sehnen & Gebein geflickte Halbnatur schaute lehmuhrig auf, 1 Ulme im Rücken, 2 Footn noch am Schlitz; (seitlich ein wahrer Modell-Ahorn : ganz wunderschöne zackige Damenhände, schätzungsweise Zehntausend, lagen um seinen Stamm herum. Dieser-selbst natürlich-blattlos.) : »‹KÖTELBECK›« antwortete sein erdfahles Fährde-Profil; (‹lakonisch›, dacht'ich's doch – : aber waren nicht schon wieder die 8 Hufe hinter mir zu hören ? Also rascher) : »Wo geht's zum Wirtshaus, bitte ?«. Jener stampfte den Grund in dem flachen Graben, den er auszuheben schien; (und überlegte während des Stampfens : dabei wußte das Riesenroß doch garantiert Bescheid; und 1 simples ‹Gradaus› o. ä. hätte mir vollkommen genügt. Ich hatte sowieso nicht vor, den maulfaulen Gaul um eine Locke aus seinem Weichselzopf zu bitten – ja, sag' schon was !). Er schnaufte schwer. – : »Na-Sie –« sagte er sinnend; : »der Tulp, Der nimmt'as von'n Lebänndijen. Freiwillig kricktn mich keine 10 Feerde da rein. – 'n Großer Wirt; Sie könn'n nicht verfehln.« Er zeigte gleichmütig die Dorfstraße hinunter, wobei sein Arm die Kurve andeutete; (und hätte vielleicht noch mehr geäußert, wären mir nicht schon wieder die Jägerinnen buchstäblich auf den Fersen gewesen !). Er stellte sein Mund-Werk zähe wieder auf Null. Die Erste rief die Andere : »Alex !«. Die wiederum nannte die Dritte »Hermine«; (die Vierte stand nur, gedunsen & geil. Zumindest hatte ich den Eindruck; vielleicht war se aber *grade* noch Jungfrau – »Zwisch'n'n Zeh'n« pflegte Roland ('n Bekannter von mir) zu diesem Wort jedesmal & bitter anzumerken.) Sie sah dem vorbeifahrenden Klein-LKW zu, auf dem eine eternity-box plump tannste; auch dem Geräusch nach noch leer; holte wohl erst ihren Inhalt-dann ab; Ein'n, der ne 7 gewürfelt hatte. – Beste Gelegenheit für mich, erst weit zur Seite, und anschließend (würdig) davon zu treten. –

Scheunenhöhlen, den Rachen pottwalig auf mich zu geöffnet – ich versuchte, einfältig dreinzuschauen, damit sie mich für 1 der Ihrigen halten und unverschluckt vorbeilassen sollten. (Tarnkleidung hätt'man sich vorher beschaffen müssen; so'n LÖNS-Hut zum grünen Lodenmantel.

Aber das dazu erforderliche ‹durchgedrückte Kreuz› samt männerschweißiger Jehovialität haben mir zeitlebens gemangelt : komisch; mir hat man, ebenso immer wie sofort, den basislosen Intellektuellen angemerkt – das ist keine Empfehlung heutzutage ! ‹Intellektueller› scheint in jedem Jahrhundert 90 Jahre lang einer mittelschweren Beschimpfung gleichzukommen; wenn man Schwein hat, drückt's während 10 Jahren auch ma ne gewisse Achtung aus. Was man dann ‹Weimarer Republik› nennt. Als SIE noch ‹Fiete› hieß.) – Ich seufzte. Und erblickte im selben Augenblick den unvermeidlichen Milchglas-Baldachin.

EUTERPE

: sofort kam ein Hund um die Ecke getobt, von mürrischster Färbung & einer Größe, daß einem weniger geübten Reisenden höllenangst geworden wäre; (mir wurde nur Hel-bange). Lachte mich jedoch begeistert an; jowlte in putzig hohen Tönen, und trommelte mit den Unterarmen auf den Staketenzaun, daß es rappelte. Wodurch mein Blick in das schmale Vorgärtchen gelenkt wurde, das der rechten Hälfte des langen Fachwerkbaues vorgelagert war; (oben erschienen grade wieder die blassen Tauben von vorhin – ‹eine blasse Taube› : vielleicht hörte SIE ja nischt mehr; wer weiß, was mir hier noch so Alles bevorsteht – landeten, (wobei sie halblaut & vornehm mit den Flünken applaudierten), und schrittelten dann, mir verbindlich zunikkend, die First-Straße entlang). Leicht verunkrautete, herbstlich-nackte Muttererde. Überwiegend Narzissen, wenn mich nicht alles trog; (‹Marseiller Tazetten› : vorjes Jahr hatt'ich, in splienijen Emslands Mitten, Hyazint'n & sonstige Zwiebln im Fenster keimen-treiben-blühen gesehen, auf ausgehöhlten Rüben als Vasenersätzen, wiss Korro-Netz of Miediumßeis, eiförmich-ellipptoidisch-zusammengedrückt-zweischneidich). – : »Kirby ! – KIRBIE ! !« brüllte es athletisch. Und der Kerl von einem Hund brachte es doch tatsächlich fertig, mit der rechten Kopfhälfte *mich* verliebt zu betrachten; das linke Schlappohr dagegen nach der rufenden Wirtshaustür hin etwas anzulüften, (durch die ja auch schon Diverses geschritten bzw. getorkelt sein würde; denn das BÜRGERMEISTERAMT und der ÖFFENTLICHE FERNSPRECHER befanden sich nicht minder dort im Innern, öffentlichedienstetransport&verkehr). Auch von sinnlosen Weglein durchschnörkelt, schmal wie nur für Gartenzwerge, um ein kleinbürgerlich-ovales Mittelbeet itzt voller Eisenhut : überall lagen die kurzndikkn, lernäischschlappen Erdwürste der Wühlmäuse rum. Ich wagte den linken Zeigefinger zu spitzen, und ihm, unter ständigem-schmeichelnden »Billy Kirby Billy Kirby –« das kurzgeschnittene Stirnfell zu krimmern –, – : siehe da : er neigte (bei ihm identisch mit machtvoll drücken) den Schädel, freundlich & würdig, gegen meine besagte Gliedspitze; (hatte wohl auch nur ein Fell umgetan, um nicht Mensch werden zu müssen : Hier soll ich Dich nun finden, Constanze ? –

– jaja : Con- oder Nicht-Stanze; es war gar nicht so einfach.) Während unverkennbar ‹Der Wirt› in seine Tür trat, (wie man eben nur in eine eigene Tür treten kann) : auf eine unangenehme Art breit; auf dem massigen Haupt die Kappe; in der Hand ein Bund mit (übertrieben großen) Schlüsseln; ganz starker Grundbesitzer. Mundloch sehr deutlich; die Worte jedoch anschein'nd kaum größer als englisches, und ebenso pompös-unzusammenhängend, die bekannte vorsätzliche Einsilbigkeit der Hochgestellten (die gleichzeitig geistig hinten etwas kurz sind; hervorragend geeignet für fürstliche Hausarchive); die Zunge in ihm trommelte's leise, (gleich jenem bekannten SCHLEGEL, der über das Kalbsfell sprang) : »Körrbie – – körr-bie – –.« (Weshalb war mir eig'ntlich so selbstverständlich dieses ‹Billy› dazu eingefallen ? – Achso : KUPER-peioniers. Es hätte aber auch, mindestens ebensogut, ‹Marion› sein können; sogar weit passender noch : Topper täiks ä Tripp. – Na, komm, mein Brägn-obm; Er wartete sichtlich.)

– (‹Gaststuben› meines Lebens; und sie nahmen kein Ende ! Früher, als Twen, eingeklemmt in einem schiachen Beruf, hatte ich ‹Bahnhofswirtschaften› frequentiert – von ‹phrenetisch› & ‹Quentchen› : H des G-K-Laurers ! Un nu eben wieder Dasdinx hier.) / Erst die wienenntmansie Hausflur : links ein kleines rundes Tischchen, einbeinig-stelzfüßig, (unten ging's allerdings in 3 stämmige Wurzeln auseinander – an dieser Stelle fiel mir auch das Adjektiv ein : ‹weit & geräumig›). Hinten eine mittelbreite Treppe rechts-hochwärts zu Kammern und Seelen. Neben der Tür, durch die ich nun gleich würde sollen müssen, ein lackiertes Reklameschild, (voller Glasfratzenfragmente einst daran vorbei-Passierter; nich ganz in der Mitte war etwas wie ein Njutnringlnde Null-Form zurückgeblieben, was natürlich den beliebten geheimnisvollen aut-of-baunz Eindruck bewirkte : ‹ich will ein Unbetretbares werden› ! Nu von mir aus : so weit war ich noch nich mit'n Nerven runter wie KAFKA, der sich vor jeder verschlossenen Tür einmachte, weil womöglich was dahinter sein könnte : 7 Jahre Schreiber uff'm

Hülfskreuzer ARGO, mein Lieber; 'n *bißchen* komplizierter iss die Welt
nu doch noch; je m'en fous !).

Allein wiederallein; und zwar an einem Ecktisch (mit Rückendek-
kung, KAFKA zu Ehren; schweigen wir ganz von den Flanken) : allein die
Tapete wieder ! Buschwerk, fichtenüberragt, mit bräunlichen Rehen,
(auf jeden Bock 2 Schmaltiere, wie sich's gehört); Reiter in blauen
Frekkn blusn par Fortz, (Jägerinnen, lebend von dem, was ihre Büxn
erwarben); Vorstehendes meutete, (‹Hund von einer Prostata !›); ein
Wälltchen, gar nicht unlustig für Kinderaugen – allerdings 300 Mal
gesehen, wie eben-hier, Sturzhelm & Jägerhorn, *das* war etwas häufich,
wenn man das fünfzehnte Lebensjahr hinter sich hatte, ‹Wie Ich›. Oder
das Porträt mir gegenüber, halb lebensgroß & doppelt so natürlich;
(irgend'n Sechzehnender : soweit bin ich, gottlob, ebenfalls noch Herr
meiner Nerven, daß ich in solchen Fällen nicht nachzusehen brauche,
mit Wem ich die Ehre habe – nenn'n wa'n einfach ‹Bismarck in
Friedrichsruh›; paßt vielleicht haargenau). ‹Hagenau›, ‹Die Nachtigall
von Hagenau› : da war ich auch mal monatelang ‹in Garnison› gewesen;
und hatte, möglicherweise post-hum durch besagten REINMAR inspiriert, eine neue Prosaform erfunden, ‹PHAROS oder von der Macht der
Dichter›. 1 bös-artiger Zufall hatte das Manuskript bis heute erhalten;
ich beschloß endgültig, das Dinx in der nächsten Winterszeit dem stillen
Heerd zu übergeben. – Aber dies ‹v. Hagenau› könnte doch vielleicht
das Pseudonym ergeben, wie ?; denn pseudonym hatte der schmucke
Band zu erscheinen, da war mein Steuerberater mehr denn je im Recht.
Ganz abgesehen davon, daß ‹Georg Düsterhenn› vor lürischen Gedich-
ten unmöglich ist : volkstümlich sein ?, das heißt verständlich & sonnig
sein, heiterdiekunst. ‹v. Hagenau›, hm, hm; Georg; hierzulande hätte
man mich ‹Schorse› gerufen, an der Mauer ‹Orje› : ‹Orje von haargenau
+ Nackt-y-gail› ; na notier'n kann ich's ja ma –)

– und, abwesend, den protëischen PEREGRINUS unter den Fingern,
zu ihm aufsehen : ?. Der Kerl hatte sich, die Hände auf der Tischplatte,
vor mir aufgeflanscht; und brutal gefragt : »Bier oder Bier ?!«. Rechts &
links von seinen Schultern das Gesims (mit Herzlaub); überm Fernseher
die längsgestreifte Vase, modern & doof. Während draußen der wild-
gefärbte Bankert aus PKW & Wohn-wagen vorbeihoppelte, (: auch Du
willst also erst ma gebändigt sein, amigo ? – Ich machte die Augen so
stechend; und fragte so schnell & giftich)– : »Was'ss denn das für ein
verfluchter Verkehr hier ?!«; (und 1 ganz kurzer energischer Kopf-Zuck
da hin, wo eben das Auto vorbei war : !. – Kein übler Witz übrigens,
seine Frage, drolling, aber wohl mehr aus Versehen.) Er geriet auch

beträchtlich aus seiner (ihm ja nicht zustehenden) pöbelhaften Selbst-
herrlichkeit; und auskunftete : »– Der Wag'n von'ner SEISMOS. – Die
mitunter irdischn S-prengungn aabeitn.«

: »Kann ich bei Ihn'n noch 1 Zimmer für die Nacht haben ? !«; ich,
vornehm & unzufrieden; (immerhin bedeutete das ‹noch›, da er unsicher
genug geworden schien, ein probeweis'-erstes Einlenken : wie wenn ich
ihm 500 Gastzimmer zutraute, und sie-alle überbelegt). – »Moment –«
sagte er, jetzt achtungsvoll; nahm die pRatzen vom Tisch, drehte Kopf
plus Schultern um 90°, und brüllte die dritte Tür des Raumes an :
»Oll-sche !«. (Dies schon wieder in seiner früheren, Manieren & Worte
sparenden Weise : Hüte Dich, Du ! – Aber ‹Trautes Heim› würde auch
unbedingt 1 der 9 Unter-Bücher zu heißen haben : wenn es mir doch
bloß nochma gelänge, so gansgans sinnich-einfältich zu werden ! 'n paar
Mal waren mir daja herrliche Schlager geraten. Das mit dem STRAUSS-
Preis ausgezeichnete damals, gegen die Wehrdienstverweigerer, ‹bei der
Musterung zu singen› :

>»und der 'webel lachet rauh :
>
>: ‹Bist wohl auch kein Heldensohn ?
>
>Bist kein echter Bundesjunge ? –
>
>Feiges Herz, so fahre hin !› –«)

Aber jene angeschriene Tür – tendierte die Farbe nich eig'ntlich auch
wieder verdammt in Richtung Leinöl ? – schickte sich zum Aufgehen
an – : eine recht junge Frau noch. Nach seinem oxygen Gebrälle hatte ich
mehr auf eine Zweizentnerramme als Haus-Majestät getippt; mit eisengrauen Schnauzbärten, und dem Hintern einer Ritt-Meisterin. Aber
Die-hier trug, schlank & mißmutig etwas vornübergeneigt, an ihrer
verblaßten Zebra-Schürze; oben ein gelb-grünes Kopftuch; ein trie-
fendes Talglicht in der schmutzigen Faust–»In'n Keller. S-trom iss wieder
weck.«, sagte ihr magerer Mund zur Erklärung – horchte bei der Frage
ihres Götter-Gatten ‹op noch 1 Zimmer frei sei ?› kunstlos auf; (sehr nett
von ihm, dies übernommene ‹noch›) ; erkannte die Lage aber sehr bald,
(obwohl nicht rasch genug, daß sein Gesicht ihr nicht ein ‹Mensch-Weib
sag ja !› hätte hin-semaforen müssen). »Jå« machte sie muffich. : »Sach
Rieke, sie soll überzieh'n.« (Exit Madame Tulp.)

: »Mir 1 kleines Pilsner bitte.« (‹Ich & mein Fläschlein sind immer
beisammen : Gluckgluck, Gluckgluck›; seinerzeit auch wundersam
angekommen. Leider war ich damals noch so jung-dumm gewesen, und
hatte mich nur pauschal abfinden lassen; dabei hätten Prozente viel mehr
gebracht – nun, heute würde mir dergleichen nicht mehr unterlaufen.
Ich radierte das ‹Orje›, das ich vorhin aus Versehen unwillkürlich

mitnotiert hatte, lieber sofort weg; (dann pusten, blähbakkich-röhren-
mündich; dann die Fasern mit der Handkante von mir phort phegn :
aufgeregt war ich eigentlich weit weniger, als im Interesse lürischer
Produktion zu wünschen. Er kam mitsamt dem beschlagenen Glase
angewuchtet.) – : »Ich zahle gleich, ja ?«. –
: »Donnerwetter ! – Wieso ist denn das so *kalt* ? !«. (Das Wechsel-
geld nämlich, das er mir auf meinen Zehnmarkschein anbrachte. Er
freute sich sichtlich des Kleinen Siex hinter seinem dicken Gesichts-
fleisch; und ich ließ ihn ein bißchen gewähren; pochte dann allerdings
mit dem Rand des einen Fünfmarkstückes mahnend auf den Tisch
auf : ?). : »Kommt auss'e Kühltruhe.« sagte er s-tolz; »meine Frau
hadda ne Ziegaa'nkissde mit Kleingeld in : ihre Eis-Kasse. – Offenbaa,
wie ?«. Ich ließ ihm das ausnahmsweise durchgehen. Winkte ihn jedoch,
verschollernderen Geistes, gleich darauf beiseite. Und saß dann, gerun-
zelt & allegorisch-gärend, vor mich hin : war es nicht, wie wenn mir
Einfälle . . . . . ? . . . – (?) – – : ! :
: »Ich saß im Zimmer . . . . .«
Nee; zu kurzer Rütt-muß; ‹ich saß im stillen Zimmer› – : ‹Schwimmer›.
Immer noch zu taziteisch-gedrängt, von Ußfahrt des Swigers : bei
längeren Zeilen kann die verstaupteste Leyer meer-manntschn. Auch
schwimmt man im Zimmer nicht; es sei denn, man hätte überdurch-
schnittlich viel Wasser im Keller : ‹Gewimmer› ?, iss sofort die Schtim-
mung futtsch. ‹Stimmer›, Klavier-Stimmer : was sagt denn SYNTAX alles
dazu ? Grimmer Flimmer, schlimmer Schimmer. War also doch wieder'n Irrtum gewesen; über Fuffzich hat man – es gibt da, wie immer,
irgend ne US-Untersuchung, nicht-KINSEY – wenig Genie-Einstürze
mehr. Schmeckte aber schön-hoppfich & schwartzbraun, dies Stübchen
Pilsner. – : S-topp ! : ‹Schtüpchen !› –
: »Ich saß im lieben, trauten Stübchen«,
da-dámm da-dámm da-dámm da-dámm : ‹Bübchen› ! :
»mein – – ä – –«
(nee; ‹lieb & traut› nich noch ma) – –
»mein kleines süßes Herzens-Bübchen«
klar, Mensch ! (Und breit lächeln, selbst-suggestiv, Trotzbismarck &
Tapete, noch breiter, daß mir innen innich werde : rann-jetz mit den
populären Adverbien !) :
»schlang seine –«
hm ‹Arme› oder ‹Ärmchen› ? Kann das Volk, unser Volk, mein Volk,
noch'n Diminutiv verdauen ? Ich möchte meinen – ‹ja›. Also lauf, mein
Kugelfaber, lauf :

»schlang seine Ärmchen warm um mich.«

Und wären dieses die Zeilen 1, 3 und 4. Ergo muß sich aber Zeile 2 nunmehr auf ‹... ich› reimen. – (Moment. Wie sah denn das bis hierhin aus –) :

»Ich saß im lieben, trauten Stübchen,

....

mein kleines süßes Herzensbübchen

schlang seine Ärmchen warm um mich.«

Logischerweise hätten noch'n paar nähere Bestimmungen von Zeit & Ort da rein gehört, kwommodo kwanndo – ‹da just der Wirt gen Ofen wich›; das geht aber schon deshalb nich, weil ‹Just› der barn-helmich Andere war : ‹Er ist doch ein Grobian, Herr Wirt !› – :

»just, da der Tag dem Abend wich«

?. (Lieber nich; unserm Volke ist das ‹just› allzu weitgehend abhanden gekommen – ab-zungen korrekter – ‹just, eben, gerade› : wunderbar !) :

»grad, als der Tag dem Abend wich-Punkt.«

Gans-passabel; so ‹weiche-warme Dämmrung›; ‹Düsterhenn's Dunkelstunde›. Ich hatte aber auch erlesen-platte Sylben anthologisch gepflückt. Und der Inhalt war ja der letzte Hammer : also wenn mir's *diesmal* nich gelingt ..... ja aber nu weiter :

: was machen Eltern mit solchen herzigen Kleinen, die die Ärmchen um sie legen ? Das war, ‹Damals bei Uns daheim›, des Hauses nicht der Brauch gewesen; contrarissimo : Vater A. Paul Düsterhenn & Mutter Moosedear hatten uns Kindern bei weit geringeren Ansprüchen an ihre Zeit & Finanzen ‹Fauzn› versprochen; (was in irgendeinem, mir unbekannten Dialekt ‹Maulschellen› bedeutete; ein Irrtum war nicht möglich, wir hatten's zu oft an den eigenen Backen erfahren). Ein Realist vom Schlage Zola hätte dem zur Debatte stehenden Herzensbübchen folglich mit Fauzn aufgewartet; schön, nehm'ich das zur Kenntnis; (hatten doch auch meine Eltern, nachdem meine ersten experimentellen Dichtungen erschienen waren, mir in einer, von beiden Teilen unterfertigten Handveste, kund & zu wissen getan, wie sie sich nachträglich schämen müßten – ja, ‹genieren›, (was in ihrer Sprache einen stärkeren Grad derselben Empfindung ausdrückte) – ein solches Mondcalb in die Welt gesetzt zu haben.) Alles ganz schön & gut; aber was .....? ..... ich blickte in meinen, erfreulicherweise stets unfruchtbar gebliebenen Schoß; und versuchte mit Gewalt, mir einen süß-lallenden Knaben hinein zu projizieren : ..... ?. (Auch meine Freundinnen, Fairfat & Farty, hatten dergleichen immer klug zu vermeiden gewußt : .... ?). Was wollte der Lichtwisch an der Schmalseite der Theke ? – achso; der Wirt war dabei, ein Feuerchen im Ofen ... und hatte 1 Zündholz ... durchaus lobenswert bei der totensonntäglichen Witterung. Nee-nee : ‹Vivat die Schutzmittel !›. Und da das Deutsche Volk, im Zokkeltrab seiner 2000-jährigen Geschichte, es standhaft abgelehnt hatte, je etwas mit Realität zu schaffen zu haben : wäre da nicht, in diesem Stadium des Poems, so ä klein Schutz-Engelche ? .....

     : »Da strich, nicht etwa von der Sonne,«
(nee, von der garantiert nich; bei dem Islandtief)
     »an uns vorbei ein lichter Schein, –«
: alles war darin : das ‹strich› vom Streichholz; der trübe Tag mit Lichtfleck, genialisch transformiert : das Geld liegt tatsächlich praktisch auf der Straße; Tonnen Goldes streift der Begabte mit jeglichem Blick : und ja jetzt nicht etwa ‹Wonne› verschmäht ! Ich bin doch keen Intellektueller mehr, alla BENN, der von 2 Reimworten prinzipiell das rarere wählte : hatte nicht auch mir schon ‹Garonne› einfallen wollen ? : Bloß hinweg mit Dir-Du ! :
     »und ich, ich dachte –«
Zweimal ‹ich› ?; schwerlich. War nich auch durch das Komma etwas leicht ironisch K-ich-erndes in dies Doppel-Ich hineingeraten ? Das mußte dann aber umgehend wieder raus; denn Der Deutsche ist, wenn überhaupt was, dann nicht-ironisch; (‹Ironie› hat ja auch sowas galligmediterranes). Also gallisch meditieren; (‹mit die Türen› war aber auch irgendwas; verdammte Störung, jetzt wo die religiöse Pointe ..... – : Mensch, das grenzte ja allmählich an Gedankenlürik !) :
     »und ich gedachte voller Wonne :
     ‹Das wird des Kindes Engel sein !›« –
– : Jakuchen, die Jägermädchen waren's schon wieder ! Sie lachtn & mekkertn, infernalisch-nervös : »Hallo ! – Hallo & Evoe !«. Ließen die Zungenwimpelchen höllisch flattern, und gaben überhaupt an, wie'n Halbfund Uran; man schien sich zu kennen. : »Tachherr Tulp !«. Und Der strahlte huldbreit : »Na-a ? – Schon tüchDich was geschafft ?«. (Die Antwort verstand ich nicht. Einmal, da ich meine erste, doch wohl als gelungen zu bezeichnende, Stanze, rasch aber kritisch überlas – das Ganze schien nunmehr auf eine Reihe von Engelserscheinungen hinauslaufen zu wollen ? Nu einverstanden; gab's denn was Aktuelleres bei uns ! ? höchstens doch noch die Wiederaufrüstung : nichts da; ich lag genau richtig. Und dann auch, weil alle Fünfe durcheinander kwasseltn; (‹Betty Martin wås ä Hantreß-Jung› : das sollte, nach Doctor JOHNSON, von ‹Britomartis› herkommen – auf was diese Lexico-Grafm so alles verfallen !).). Sie suchten drüben auf einer Landkarte, so gänzlich

‹inzwischen›, daß man den bloßen Vorwand, um mich darüber-hinweg gierig mustern zu können, 3 Kabellängen weit sah; ‹Ist er ein Hiesiger ?›. »Nain« erklärte der Wirt. Gab Ziarettn. Ging. & kam. Und hielt Allen (auch mir, leider) die Kohlenschippe hin : steifes Schwarzblech (starfes Schweizblech, der Griff schon wieder Leinöl !); darauf das tote Amsel- männchen (am pommesinigen Schnabel). (Und nur 1 Handköfferchen für 4 Puppm ? Sicher; die Gard'robe der modernen Dame hat Platz in einer Nuß; und das Meg' umportans führt sie dennoch bei sich.) Distanziert erheben. Notizbuch & HEMPEL ins köstlich klein- & leichte Sämischledertäschchen; (also erneut ungerecht gewesen : mein Gepäck war genau so windsig). Drüben indes : »Och ! – in'ne *Scheune* noch ma ? In'n *Hoi* ? ! – Na wenn 'as man nich zu kalt wird, in'ne Nacht : vo'*mir* aus.« Wandte sich erneut jener dritten Tür zu; (und dann derselbe Ritus, wie bei mir vorhin : erst die Frau; die ihrerseits wiederum ‹Rieke› Bescheid sagen sollte; anschein'nd irgend'n Fuck- Totum). / : »Für mich bitte ebenfalls Abendessen, ja ?«. Auch, da er herprahlen zu wollen schien, was seine Küche so an Spezialitäten des Hauses vermöge : »Gutgut. Machen Sie's nur pünkt- & reichlich; der Preis spielt keine Rolle. – ä : Wann ? «. (Demnach noch 1 gute, sogar sehr gute, Stunde. Kann ich 'n Stück spazieren gehen; tu ich gern in der Dämmerung. Und sei's in diesem Fall nur deswegen, um den 4 auf mich gerichteten Frag-Mich-Löchelchen zu entgehen, ‹Das Paradies der Vokale›, seydenroth & feucht. – Mein Körper begab sich mit mir davon.)

– und blieb im Flur nun aber doch stehen – ‹Und sie hieß Rieke› ! : Ob das möglich war, daß SIE direkt im Hause hier mit-wohnte ? ! (‹Fiete- Rieke› : das Wunder wäre nicht annähernd so groß gewesen, wie wenn im Briefwechsel GOETHE-SCHILLER plötzlich die Pleiaden-Ausgabe der ‹Recherche›, majestätisch berecensirt, auftauchte. – Ob ich es jetzt schon wagen konnte, bzw. durfte, tiefer in die Gebäudlichkeiten einzu- dringen ? Der Vorwand das Clo; Ninon de. Oder lieber ‹organisch wachsen› lassen ? – Da es mir noch nie an mangelndem Mut gebrochen hatte, entschied ich mich, nach verantwortungsbewußtem Überlegen, für's Organische.) Und trat ins Freie.

KALLIOPE

Die abgestürzte Sonne hinter einer Eichensäule festgerannt; Beide
bluteten. Die firmamentlose graue Overall-Plane, liederlich mit Hadern
geflickt, hatte gleichfalls viel Unangenehmes. Soweit das Auge reichte.
Die ganze Gegend jedenfalls wüst, und, obschon klar, noch irgendwie
neblicht; (und mittn-drinne ich; mit der schönen aber nich ganz leichten
Aufgabe, optimistisches Detail für meine Unterabteilung ‹Landlust›
einzuernten).
Denn gleich die erste Klitsche wirkte wie ausgestorben ! Wäre
nich'die flirrende Luft überm Schornstein gewesen; und hier der Voll-
Meyer, sowohl geputzt als backenrot, (der haus-herrlich weit ausholte,
ehe er in seine Thoreinfahrt einlief : unverkennbar angewöhnt beim
Traktorfahren; Kerls mit so krankhaft niedriger Stirn müßten ebenfalls
Nummern kriegen; oder 'n Anhänger), ich hätte meinen köstlichen
SYNTAX gegen s'Deputat gewettet, es sei Niemand zuhause. (Ebenso
unklug wie hinderlich, meine, in der Weimarer Zeit mir unausrottbar
anerzogene Abneigung gegen alle rufbaren Tauromorfm; lautete doch
das Gebot der geowehrpoliten Stunde, sie per aversionem zu verherr-
lichen; und ‹Belebung mittelalterlicher Vorstellungen› das Strom &
Ehre, an dem wir Verläßlichen uns erkannten) : »Was weißDú von
Meier Helmbrecht ?«. Aber die dunkelfarbige Katze stieß auch nur einen
ungeduldigen Wehlaut aus, während sie neben mir (allerdings auf der
andern Seite der Hecke) dahin ging; (neenee : ‹Der Beste unter ihnen ist
wie 1 Dorn, und der Redlichste wie eine Hecke› – ich probierte, gleich
Jenem-eben die Ellenbogen abzuwinkeln, wie wenn ich sie vor Kraft
nich weiter ran krickte, um mich auf solche Art ähnlich zu stimmen;
schritt auch 1 Zehntel fur-long breitbeinig .....) :
»Wer schreitet so stolz auf dem Grünen Plan ? :
: der Bauer, der Bauer !«
(aber ja nich ‹grün› mit großem ‹G› !, und man riecht es ihm ahn, ach das
ist Alles nichts; was mir fehlt, ist eindeutig die naive, intime Einzelbeob-
achtung, plastisch & elementar in den Grenzen des Schicklichen, rein &
wahr.) Und faltete doch schon wieder skeptisch den blassen Mund &
nickte meinen eigenen Schuhspitzen zu : ‹rein & wahr›; was die (die
Menschen) sich so lebenslänglich für Blauen Dunst vormachen ! Denn
wenn es je ein Entweder-Oder gab, so war das ja hier der Fall; (na lieber
weiter durch den Weiler; ich hatte schließlich wichtigeres vor, als den
Völkern gratis – präziser auf eigene Kosten – auch nur 1 der Staare zu
stechen, von deren Pfiff Wir-Feineren leben.)

– Weiler hamlet : 'Hamlet spoilt by Man'. Könnte heißen a) ‹Der von der Menschheit korrumpierte Dänenprinz›; b) ‹1 Mann verdirbt eine Ortschaft›; eine Arbeit, die man sich beim Landvolk wahrlich auch sparen könnte : Die ferkeln schon als Kinder mehr, als Studenten in der DDR; (eine Behauptung, ‹durch den Reim gesichert›, wie ich einmal einen Germanisten hatte selbstgefällig dozieren hören : *Die* sind natürlich *noch* um 3 Strich einfältiger !). Während ich den feuerroten-kopfgroßen Ball, der hinter dem starkstehenden Kriegerdenkmal hervor in weiten Sätzen auf mich zu kam, geübt stoppte (alter half-back); und ihn dann, von den Buben & Bübinnen die sich zeigten, Der mit den längsten Stöckelbeinen als Vorlage gab – sofort begann das V-hennije Völkchen sich vorzuführen, bald einzeln bald tuttangsamml. Der künstelte kühner auf seinem Velociped dahin; Jener stand Kopf auf dem Prellstein; flüchtige Mädchenblicke lohnten ihnen, (und mehr Hahnensporen sproßten, wachsende Apparate, knabenstolz). Die am weitesten Entwikkelte stand schon ‹abseits› und marterte eine lange Banane. Wogegen die Bühnenreifste – ein wehendes Fähnchen; die Arme durchtrieben immer zu mir hergebreitet : quicunque wullt ! – auf murmelnden Rollschuhen kurze Ellipsen fuhr; erst um Nichts (da schien ihr Name »Lulie!«), dann um Widernichts; und sich am Ende, kunstvoll atemlos, eben doch nur einer Freundin an die Strickjacke warf; (und Kücklos Gäneseoß).

Eine kuhhessig Wasser Pumpende - (ich unterdrückte ein pilsnig Pere-Grienen : ich pumpe schließlich auch kein Geld) – die mit sich selber schalt. Bataclán-Bataclán, immer lebhafter wurde das Hand-Gemenge mit dem Schwengel & der Zank mit ihrem Ich, (der in letztunbewußter Instanz mir Müßiggänger galt. Um jegliche Gefahr einer Verdrängung von ihr abzuwenden, machte ich gutherzig Närrchen meinen Schritt aufreizend sprungfedrig & lächelte dazu sinnlos van-der-bürschtig) : Hwérgelmich-hwérgelmich !). Dabei war mir wirklich nicht entfernt so zumute : grad die Abteilung ‹Wanderlieder› befand sich in einem Zustand, für den ‹im Argen liegen› noch eine gute Zensur dargestellt hätte. Ursprünglich hatt'ich mir eingebildet, RÜCKERT interpolieren zu können : aber da *war* nicht mehr zu interpolieren; (von ‹ursprünglich› mal ganz zu schweigen). –

–. / Nur kleine Gehölze und -büsche standen einsam in der weiten Fläche; und auch die wiederum wie mit einem feinen Dunst überzogen. (Ich war nämlich inzwischen bereits erneut am Rande, wenn auch an einem anderen, dieses Dorfes : links machten die vielen ‹Z› eines Hochspannungsmastes Pyramide; 1 der Dreidrähte schlotterte bank'rott – richtig; ‹S-trom iss weck›.) Rechts ein nicht minder insolventes ‹letztes

Gärtchen›, dessen 1 Zaun-fahl weißgraugrünschwarz phaulte; an seinem Fuß Kräuter der nördlichen Erdhälfte, starkriechend wirtelährig ausgerandet, Piperita sylvestris acquatica, (dem Klang nach vermutlich ‹1 Thee›, abscheulich gesund oder für's sistema urinario). Und oval-herzförmig wellig gezähnt, Pulegium gentilis arvensis, gemein in feuchten Feldern an der Südseite von Gräbm; (: wenn Prosaschreibm bloß nich so gefährlich wäre; manchma hatt'ich direkt Lust dazu !). Aber lieber rechtseitig einlenken; in Ortsnähe bleibm, ich war schließlich kein Entdeckungsreisender, weder Louis noch Clerk.

: hübsche Kopfweiden. (Das Gras-untn allerdings ziemlich mißfarbige Hökker. Überall.) Weit drüben scheinbar 'n Wasserlauf. Aber Nix-Avernus, im Gegenteil, mehrfach Krähenkraht; (etwas später flogen sie auch über'n Weg; 7 Stück; einzeln. Während mir das grauhe Oh-Zoon in der Lunge wupperte.) Und eine ungesellige Erlengruppe nach der anderen langsam an mir vorbeitrieb, mistletoe-neblzäh; (die Schönste, aus 6 haushohen Halmen, hatte leider eine Jäger-Leiter mitteninsichdrin. Zu deutlich auf dem Milchglashimmel heute.) / Oder auch diese fast-schwarze Scheibe des Baumstummfs hier : aus der an 4 Stellen nadel-dünnelange Grashalme spießten. Das'ss irgend-1 na Tour Gesetz; das hatt'ich schon öfter gesehen. Die waxen nämlich nich etwa von *unten* durch, (das freilich wäre frappant; als Energieleistung); sondern es handelt sich vielmehr um Löcher von Holzwürmern, in die erst Bau-Steine-Erden, dann Grassamen fallen, wehewehewindchen – : und aufgeht's !. / Der Graben mochte zu gewissen Jahreszeiten 1 Rinnsal sein, (im Moment gebot mir kein Gelispel Halt); das Wässerchen ‹stand› schüchtern, und sah mich gleichsam ‹an›; ein jungfräulich-finsteres Acqua-Fäißchen aus einem Mop von grünen Haaren; (find'ich nett. Ich grüßte. Und die beiden halbwüchsigen Pappeln gleich mit; und, daneben, die lange Nebelfigur über der Wassergalle. / Und immer beharrlich rechts-rum : da *muß* ich wieder in Schadewalde landn.) Kurze-leichtebraune Gummistiefelchen hätt' man sich mitnehm' solln. / : ‹Äste hoch !›. (Scheinbar der Anfang eines Teichs; der kleine Damm-hier, wie ?). Ganz recht. Schatten von Schilfrohr & Fischen. Und dies halbe Geniesel war eigentlich gar nich erlaubt; ich hatte mir zu meiner Reise wohl-weislich ein ‹Hoch› erkoren. (Na, vielleicht nur eine lokalbedingte Standort-Varietät. Aber keinerlei Boreas jug der Wolken starke Düfte. – Und noch einmal mehr nach rechts.)

Richtig. (Denn wenn dies nicht die Müll-Abladestelle des Dorfes war ... ?. Auch einer der Anblicke, denen ich, falls nicht gar zu übelriechend, stets einige Aufmerksamkeit widme.) / 1 von Oberst

Herbst plattgefahrener Drahtkorb, großmaschig & flach wie's FISCHER-Lexikon für Psychologie. / 1 verrostete Hippe. / Pram-kleine Rädchen taten mir Leid. / Einer-im-Dorf schien gewerbsmäßig MAXWELL zu trinken. / Und weitere Eulerkappereien; von der Hölle (deeha hinterm Ofen) zum Himmel (deeha der Sandgrubenfreiheit) verstoßen : ‹1 Tor› werden, und die Vernunft aufgeben; (um ihren Sitz zu retten). / Schon kamen die ersten Gebäude-wieder in Sicht.

(Obwohl merkwürdig geräumig für Wohnhäuser. Und ohne das Schreien & Kreien von Gören. – Wenn es wenigstens offen gegossen hätte; aber so-dies leise Naßmachen ehrlicher Leute ! –). / Und blieb doch am Fuße des Schornsteinriesen stehen : 1 Wahr-Zeichen ! (Und sei's nur für Schnell-Vermessungen. – Volkstümliche Aberglauben, daß dergleichen auf einem massiven Kupferblock stünde (Wert 20000). Obm, als Blitz-Ableiter, ein fingerstarker Platinstab (Wert 6000). Dennoch schön-still-stumpf-alt-rot. Mit anderen Worten eine verlassene Ziegeley. Ich trat gleich ein.)

: sparrenöde, durch Sparren wandelnd; (Sparringspartner; spartanisch-sparsam). Chthonisch-Halbgebranntes; (würden demnach–zwangsläufig Thon-Kuhlen in der Nähe sein müssen, wassergefüllt, sie mochten wollen oder nicht : cierliche Centren cünftiger Campingplätze.) Cur Ceit aber wesentlich crematoriumsmäßiger; (selbstredend laß'ich mich ma verbrenn': die Tootn brauchen den Lebmdn nich auch noch äußerlich den Platz weg zu nehmen !) ; ‹Hectors Cremation›, nischt wie Blaudämpföfen & Eisenoxydul; (‹Der Saure Sklave›, heroisch-komische Oper in 3 Aktn, Text von Kalzabiegi; ‹Belästigung von Toten durch Gaze›). / Leer die Trockenregale, erloschen der Ofen; (ich stellte mich unterer) : wie hatten Die sich einst Alle gedreht & getummelt ! Ob aussommernd oder einsümpfend – wie solche Wendungen aber auch fest sitzen : da war nun, vor bald 40 Jahren, eine Schulwanderung unternommen worden, zu einer Ziegelei in der Nähe Hamburgs : *daher* wußte ich das noch ! (Anschließnd 'tür'ch'n Aufsatz drüber geschrieben. Das war wohl mein ganz spezielles Kismet : überalles schreibm zu müssen; 'Laugh-Song, rittn in ä Leim-killn'.) / Begann sich die Dämmerung auf ihre stille Art fleder-mausig zu machen. (Ideale Heck-Gelegenheit hier für die schwarzen Gummidreiecke. Und die Dorfjugend nich minder. / Muß ein'ntlich ganz traulich zugehen, später bei Hel's : ich hatte Keuzchen-Zwischenrufe nie ‹unheimlicher› empfunden als Radio-Stimmen, oder die hauchende Johle fernfahrender Nulluhrzüge; kompendiöse Theorie des Kompendiösen.) / Immerhin noch 'ne gute halbe Stunde bis zum Suppé. Und die Luft schien wieder ganz still &

dunkelgrau geworden. / : ‹Na, komm, Orje.› (‹Marschieren ist gesund›, sagt der Major; ein Artikel der ‹Süddeutschen›, also muß es wahr sein. ‹Komm zur Wehrmacht und sieh die nächste Welt !›) –

Und hielt, schätzungs-weise nur 300 m weiter, vor dem mild-leuchtenden JACOBSKAFFEE-Schild neuerlich inne – : *so voll* von Halb-fertig-Entschlüssn war selbst ich selten gewesen ! Denn falls ich, (wie es sich nunmehr anlassen zu wollen schien), noch mehrere neck-roh-polige Tagenechte in dem hiesigen-diesigen Zonengrenzgebiet vernotieren *sollte* ... ? – Tiefer sog ich die (mittelmäßig schmeckende) Luft ein; (wußte selbst nicht, ob ich seufze oder-nicht). Und betrat das Wildost-Lädchen : .....

..... : eine zwar ziem'ich stumme, aber in Wahrheit furch'bar aufregende Puppenstubenwelt ! / Bunteste Reklamen Wahns-packardi-sirten aus einem Sektor von mindestens 270° : ich *müsse* dieundie Marga-rine kaufen, sonst ! ! / Das METHchen links zog sich eben, raffiniert-langsamig, 's Frotteehandtuch vom schaumijn Gesicht : wenn ich, aus dem Kunst-Harz-Kästchen unter ihrem Knie-Ansatz, auch nur 1 Fichtn-nadltablette erwürbe, verhieß mir ihr cundijer Munt, würde sie sich – ihr Göttinnenwort darauf ! – garantiert als frig-fancy bei mir einstellen, na ? ! / Aber das Räumchen, ten Bey ten, war in jeder Beziehung ‹rammelnd voll›. Eine Zeit lang tummelte sich das Säufernäschen einer Bewohnerin neben mir in der Luft herum, (der-ich in dem Zigarrenkist-chen blätterte, das die Ansichtspostkarten enthielt : würde ich, falls ja dann doch, die allerwichtigste Post ..... sieh an; ‹Gruß aus Schade-walde›, 3 unerhört falsche Aufnahmen übereinander, der Reproduk-tionstechnik nach von 1930 : das war das Richtige. Ich behielt sie gleich in der Hand; (: vorausgesetzt, daß ich auch die entsprechenden Brief-marken !). / Nicht übertrieben fern vom Bohnerblüh' & -wax das Bücklingskistchen; compro-mies; (daß ‹Henkeldüsseldorf› bei mir doch immer ‹KuddeldaddelDu› hervorruft !) So gut wie lautlos glomm das stramme Petroleumöfchen in seinem Winkel. Ein camem-bärtiger Alter schäkerte in irgendeiner toten Sprache auf die dixDe der Käuferinnen ein, (‹Liebeserklärung mit Dolmetscher› : müßte Amorn auch diverse Schwungfedern knikkn. Oder dabei – wie es durchaus denkbar wäre; wenn nich gar natürlich – vor jünglingshafter Erregung vom Schluckauf befallen werden.) Sie summtn & zischschltn; (Sigma Tau, Sigma Tau; ‹von Herrn Pastor sin cow, yow-yow›.) Und ließen Alle ‹anschreibm›, in kleine Heftchen; (die beschämt & schmierig drein schautn : aber ich werde Euch durch alabarste Zahlung ein Vorbild setzen.) / Schattnvolk, ohne Geist & Be-Sinnung. Ihre Zungentätigkeit eine mech-anische

Wiederholung und Fortz-Ätzung volksschülerischer Gepflogenheiten. Hier schaute ein Nasenläufiger mitten in eine tiefgespaltene Lüstlynx-Büste; (und setzte seine Reihen-Untersuchung unbefangen bei der Nächstbarin auf der andern Seite fort – als er dann mich vornahm, ärschrak ich aber doch : also genau wie ein vor (mein GOtt 30 Jahren !) verstorbener Bekannter; 'n Viertelsfeind übrigens.) / – : »Für 'ne Marc Chagallade –« / (Ah, endlich dràn). : »Briefmarken auch ? : Sehr fein. – Und, bitte, hier das Stück Wurst noch –«; (ganz billije Sorte; mir war, ich wußt' nich wieso, Kirby eingefallen). – : »Schön'n Dank.«

–. – : Gesang ? In Niedersaxn ? ! (Wohl doch ein Irr-Tum : Frisia non kann dat.) – Lauschen – ? – (2 Schüsse, das ja. Matt & feucht, wie in die Watte verpackt, in der der Fuchs sich badet; (hoffentlich hattn se'n nich getroffn). Und dennoch ! –) . . . . .

: ‹Ich gehe mit meina Laterne. Und meine Laterne mit mir.› : *die* Fische möcht'ich jetz doch noch attrappieren ! / Schon sah ich, in nur geringer Entfernung, ein paar sanfte Lichtbälle durch die Bäume hin schweben. Und ich sofort hinterher : *das* hatt'ich, als kleiner Junge in Hamburg, auch begeistert betrieben ! (Woher, vielleicht, die entscheidende Verstärkung meiner Vorliebe für den Mond & Nichdiesonne. Das Terzium natür'ch angeborne ‹schlechte Augen› : hoffentlich fand ich zuhause die neu-angemessene Lesebrille fertig vor. – Obwohl es schon etwas spät im Jahre war für derlei Äquinoktialitäten.) –

– und es waren auch nur noch 4. Nicht einmal ‹Mann hoch›; sondern 1 langes Görl; 2 kleine Mädgen; und endlich 1, noch etwas lütterer, Jung. Beziehungsweise anders geschildert : 1 grüntrüb leuchtende Zieh-Harmonika; 1 rotrippijer Ball(g); 1 mächtichgroßer Mond, (doppelteindrucksvoll wegen der kleinen fährdeschwänzelnden Trägerinn; huldreich-sonnenblumich, domähnich-dämohnich); der Lüttejung-Grootjohann beinelte eifrig neben her, in der Hand die queere alte Konservenbüchse; der-ihr Boden mit einem, ja nich rundn nur 4-kantijn !, Nagl geschickt 20 Mal durchlöchert, als Griff ein Draht, (damit das drin-brennende Lichtstümpchen die Hand nicht zu sehr versehre : kenn'ich; hatt'ich auch wohl gemacht. ‹La-bimmel La-bammel La-bumm.›). / 'Canned stuff', (via 'unopend') : eine Kindsgeliebte war mal mit 1 angekomm'm, auf der das wohlgelungene Bild Kaiser Wilhelm II. prangerte : was *hatten* Wir gewiehert ! (War'n Arbeiterviertel gewesen; Borstelmannsweg-Eiffestraße : Wahnsinn, Dein Name ist Wahlpropaganda – ich mußte mir unwillkürlich solche mit dem Bildnis Dererdieesangeht vorstellen. Unbedingt ma dem Wahl-Ausschuß der CDU vorschlagen : darauf waren Die noch nich gekomm'm; jeder Hinweis'ss ja wertvoll. (‹Blindekuh› ? : laut WORM erfunden, der Absichten JULIUS CÄSAR's wider die Nordischen Völker zu spotten; auch so'n Professoren-Kalauer.)).

Aber rührend-schön die eifrig abgekämpften Stimmchen hier, müde vom Kartoffelroden. Die von Liedern nur noch Bruchstücke herausbrachten : vor 14 Tagen waren's bestimmt noch 20 gewesen. / An Fach-Werk-Wänden entlang. – (: »BuuHH !« brüllte irgendein flügger Lausejunge hinter'm Ahorn hervor. Und die kleinen Lichtträger schauderten singend.) – Manchmal stößt man auf diesen Dörr-fern, dörrend in Dach-Schrägungen, klamm in der Kellerklamm, auf verschollenste Zeitschriften, unschätzbar dem schöpferischen Plagiator, ganze JUWELENINSELN von Kittsch; oder rare Lexiconbände, den aller-ersten MEYER, randvoll der kuriosest-gedrehten Koprolithn, (die man nur mit Wortwässerchen aufzuweichen-anzurühren braucht, um endlos-satte Erntn an Artikelchen für Provinz-Zeitungen fexen zu können : ‹bildungs-mäßich› befindet sich das Deutsche Mensch ja auf dem Nie-Wo von 1840. JOYCE hat ebensowenig gelebt wie FREUD. Nich GAUSS nich CARROLL. PROUST ist ihm schlicht-nur ‹schwul›; OKEN veraltet-verrückt; und KRISTIAN HINRICH WOLKE hat Keinmensch nienich gehört ; was ihm – dem DM – schaurich zu sagen, ‹ein Grund› däucht !). / Aber auch hier, vor meinen Augen, waren die Zeichen der nahenden Auf-Lösung selbst dem Optimisten nicht mehr zu übersehen : die Lange-Knochige hatte vorhin schon den Mond nachhause geschafft. Und entließ soeben den Rotnrippm-Ball (am überhohen Angler-Stock) in sein Tor; (hinter dem es haderte & zangte, wie i'm Altersheim : da geht ja nichts drüber, wenn so ein 85-Jährijer zitternd ein'n 84-Jährijn bey der Keif-Kehle pakkt. Oder Grey-sinen, langen Mist an den schlappm, sich gegenseitich der Imp-Potenz bezichtijn.) / Aber die Beidn-Letztn sangen weiter. Wunder-voll zag & zähe. ‹Düdische or Sassische Gedigte, Singedigte, gravSchriftn, Leeder, Romansn & Ball-Ladn› : so schritt die Hunnischbezopfte neben dem Halbsogroßen bis dorthin, wo Der wohnte. – : Klapp-zu !. –

Allein & dennoch leuchtend : sie sah jene zue Tür eine Weile finster an. / Drehte sich dann hart auf dem Absatz um. Und kam, steif den Kopf gesenkt, langsam & unaufhaltbar die Straße her. (Ich-immer in Deckung besagten Kriegerdenkmals. – Hielt sie – die Laterne – 'türch nich mehr ganz so vorbildlich.) / *Sang* sogar noch; wenn auch zwischen den Zähn'n, die Tapfere ! Als sie vorbei zog, verstand ich die Worte. – / : ‹Heuteblau. Und morgenblau. Und über-morgán-wie-där !›. – Marschierte so, in lied'lichster Illabaturorbis-Laune, badness-Knospe contra

Krähen-pie-broch, zwischen die Schattenscheunen hinein, eisengraue
Loden-Mantie. Ich salutierte angemessen hinterdrein.
Und schickte mich dann an, ebenfalls nach Kräften meines rechten
Weges zu gehen.

ERATO

: Welches aber war dieser ? – Vermutlich der sehr-sandige hier. Flecken-
weise geflastert mit 300 Misch-Fund aus Steinen & Kleinstkartoffeln, die
idealen Pommfrietchen, (neueste bundesrepublikanische Methode
anschein'nd; und wir wundern uns womöglich noch: Was die Kerls so
auf Kosten unserer Geldbeutl aastn !). Schon überholte mich einer dieser
Herren, die bei den Wurzeln schlafen; blähte auf seinem windigen
Thron, der Yokel (hinter ihm tränte eine verzinkte Jauchetonne); und er
wieherte wrukig, da ich frei-willich beiseite zu treten anhub. (Geduns-
ner bleicher Rundkopf; vorn dran ein globusdrich Schmundseln;
‹Stumme Kraft›, wie ich sie ganz besonders schätze. Brust & Schultern
kratzte Der sich bestimmt auch nich zum Spaß so oft, (‹Gott segne den
Herzog von Argyle !›).). Da an seiner Lafette jedoch ‹*O. TULP*› stand,
folgte ich diesem billigsten Führer durch Schadewalde, geruchsam &
mit nicht geringem Abstand.

Voi là ! : dort, keine 100 m vor mir, bog er schon ein; (das heiß'ich
mir oh rien Tierungs-Sinn). Und verlangsamte doch wieder noch den,
sowieso schon zögernden Schritt : ob das die Hehre Göttin tatsächlich
verlangen konnte, sie, Frau SAGA mit den Goldzähnen, daß ich da
hinterherging & schöpferisch bukolisierte ? (Dann obsiegte aber doch
der Notizenteufel; und ich trat, möglichst ver-stohlen, (im guten Sinne),
dem platterdings nicht zu verfehlenden Kondensstreifen jenes Traktori-
sten nach, durch die Einfahrt – hat ja auch etwa 1 Paulpotter, unter dem
Vorwand Mythologischer Themen, sich recht munter mit der Realität
beschäftigen können; (wenn nicht gar ‹dürfen› : ‹Wir› waren heute
schließlich auch wieder fast so weit, daß Jeder, der ehrlich aufzuzeichnen
gedachte, was er erblickte, bei jedem dritten Stoß vorsichtshalber ein
j'ave einzuflechten hatte). Also erst mentaliter 1 gleisnerisch Beene
dicktuß. Dann Augen Ohren Nüstern auf –) :

GoddamsDeDämmrung ! Über-Ichmeinermirmich die Sturm-
trupps wilder Wolken schafften; (‹Pibroch des Donuil-Dhu Pibrochdes
Donuil› : das wütende Gestotter eines Motors, der sich über was
aufregte, und sei es die Menschenhand in seinem Bauch : ‹Pollpótter-

Pollpótter-Pollpótter !›; (ah, er mußte es selbst zugeben). Dann, beruhigter, auslaufend : ‹Père-Vatter. Père Vatter. Père. – Vatter.› Das Ohr mnemorierte noch eine ganze Weile an dieser Bauchsprache.) Alle Tore geschäftig schweigend offen. / Die Höhle des Stalls. (‹Kuh-Mäh. Kuh-Mäh.›) Verschalte Tartarostigkeiten; an den Wänden aufgehenkte Räder, sternförmig Gekreuzigte; 2- bis 7-zackige Mist- & Grab-Gabeln, kreuelich anzuschauen; die Eiserne Maske einer Pumpe. Die staatliche plate-forme des Dungs, (von der herab, wie üblich, die Haupthähne Aufrufe an ihr Volk üben würden). / Er durchbrüllte im Netzhemd die krummen Höfe. / Worauf sich aus einem der limburgischen Labyrinthe nach einiger Zeit faul ein ammich-andrer Schatten löste; und den Rechen beiseite stellte; (‹Laßt die Herd'unverwahrt. Das Lamm in Gefahre. Laßt die Leich' unverscharrt. Die Braut am Altare : laßt das Reh, laßt den See, laßt Netz & Wildern !›). Sie dirigierten sich Jeder an ein anderes Ende – : – und hoben dann, scheinbar mühelos, die Tonne herab; Heu-Rodis & der Geist des Dunges; (der Große Preis der Vierschrötigkeit wäre nicht leicht zu verleihen gewesen : selbst unter Berücksichtigung der terrestrischen Refraktion war die Schulterbreite bei Beiden wahrhaft polizeiwidrig, ob Mäil ob Vieh-Male, (Feire-Fieß & Uri-Panse; und air-mail gab's auch noch); und einen Dispens vom Papst, das dicke Ende der Beine nach unten zu tragen, (und dieses noch mit Riesen-Gummistiefeln zu beschweren), schien auch Jede(r) zu besitzen. – Waren aber Gehülfen zumindest *noch* einer GOttheit, wie sich sogleich herausstellte.) –

– Zwei Menschen oder de jure belly : er raufte sie mit der Linken gemächlich am Haar, während seine Rechte ab ovo bergóp zoomte, und an ihrer Brust herum handikappte. Sie verhielt sich nach Gebühr erst etwas leidend, kimmerisch cul. Begann jedoch, da das Einhorn sie gar so unermüdlich dattelte, recht rasch nachzugeben, und auch sein Geschröte zu herzen, (‹in Polen fühlende Finger›, ‹ohne hinein zu tun›). Hob schließlich, auf der Deixel Platz nehmend, den Peplos über'n Nabel, (‹Seht die Maschine›); und er tat einen Knie-Trembler, der war nich von Pappi ! (‹Wie sie sich wälzt' & rächte. Und ihn entstellt' & schwächte !›). / Über mir strich schon der Ziegenmelker dahin. Und um meine, selbst jetzt noch buntwirkenden Socken ein so lautes Schnurren, daß ich erst gar nicht an eine Katze glauben wollte, (es klang wie'n Zentnerschwein : eventuell auch von *diesem* Gesichtspunkt aus ma durchzüchtn, die werthn Herrn & Fraun Kätzerchen; und dann, in England, Schnurr-Wettbewerbe veranstalten : ‹In Gesellschaft von Brummkreiseln›.) Drüben ging's noch immer glissato legato Piezi-Cato

– ('Gip, quoth Gilbert'; wohl von der Zwerchfellerschütterung) –
animato-adschitato, schlimmer als das Perpetuum Mobile. Rittardando :
accelerando. – ? – naendlich schwoll sein herkulischer Po, («se war peip
änd Penon ar ät Inver-Lochy»); und die Deichsel schnepperte zwiespäl-
tiger : Préstoprestopreßtoh !

Dann begann das Thier, das es nicht gibt – nennen wir's den so
genanten kosmokomischen Eros – sich wieder in seine beiden Haupt-
bestandteile aufzulösen : Zebra-Otto, mit der gegorenen Visage; und sie,
die Namenlose, die ich nunmehr für mindestens seine Gemahlin zu
halten entscheidende Gründe hatte. Sie ordnete still am Over-All.
Ergriff dann ihren, sehr steil an der Wand harrenden Rechen; und
verschwand dorthin, wo sie her gekommen war. / Erdagegen schlurfte,
die Hose so gut wie abgestreift, matt über'n Hof; ziemlich zu mir heran,
(ohne mich wahrzunehm'm : 'n Arsch wie'n Raiffeisen !). Ging am
erhöhten Urstromufer des Misthaufens in die Höcke, Hitzblattern am
Geräusche, (vgl. KEHREIN, ‹Waidmannssprache›. Der sich also auch die
4 Jägerinnen leidenschaftlich bedienen würden – muß ich mir, nachher
ma, vorzustellen versuchn); legte dort stöhnend 1 sehr großes Ei; (und
brauchte das Gesicht ob seiner-selbst nicht zu verziehen – was, z. B., ich
stets tun muß – obschon es sich um ein'n Geruch handelte, auf den man
mühelos hätte mit Fingern zeigen können, ilu mann-mann ! Naja; der
Alltag ist eben das elementarische Daseyn.)

Ich drückte mein Bündelchen Bücher fester an; und mich-selbst aus
der Einfahrt. (Ich hatte, vor Jahren ma, 'n katholischen Professor vom
‹Vordringen der Renaissance› dociren hören, als handle sich's dabei um
Mongolenhorden – er konnte ruhig weiter schlafen : die Gefahr bestand
in Deutschland noch lange nich !).

POLYHYMNIA

: »Gut'n Abmd. – ?« (Wenigstens Einer nickte. Allerdings ohne daß er
deswegen im Trinken inne gehalten hätte.)

Einiger Betrieb schon. Während ich meinen reservierten Ecktisch
einnahm; und's Barett nach einigem Zögern an dem Bocksgehörn
befestigte. / Unweit nordöstlich von mir, studierten drei Archetypen,
Dall Damb & Aggli, das Buch der Könige – 18, 20; zwo-vier; (Kapitel-
& Vers-Einteilung demnach; ohne daß man sie hätte als ‹Bibelforscher›
bezeichnen können) – Backenroth von vorhin war auch dabey. (Gleich
noch, solange mir Keiner gegenüber sitzt, die – leider etwas zu kurzen –

Beine dehnen; und strecken : einerseits schade, daß es kein Sonnabend-
sonntag war, & also günstigste Gelegenheit, les fonctions mentales dans
les sociétés inférieures zu beobachten à la *wann* Die zu singen anfangen;
und, falls ja, *was* ? Ein Kollege, der jüngst in den Lüneburger Prärien,
(also immerhin einige hundert Kilometer entfernt von hier) gereist war,
hatte sich mehrfach erbötig gemacht zu beschwören, man vernehme
dort nichts häufiger, als das ‹Horst-Wessel›-Lied, ‹dann sind die Matro-
sen so still›. Da er jedoch von der Charakterrolle des ‹Guten Linken
Mannes› seinen kärglichen Lebensunterhalt zog, glaubte ihm kein
Mensch; sicher, für gewisse, auch immer wieder mal anfallende Aufträge, hatte er's bis zum Namen des ‹Dagegen-SCHMIDT› geschafft; aber
zum Letzten-Entscheidenden einer Villa in Lämmelberg würde's bei
Dem *nie* reichen !). ‹Trinklieder› selbstredend; die mußten mit rein,
flottwellig-geldrausschmeißend, (das hatte man uns Gutgesinnten im
letzten Schulungsbrief ganz besonders ans Herz gelegt : die Kaufkraft
abzuschöpfen; um die unvermeidliche Inflation, wenn irgend möglich,
noch'n halbes Jahr 'rauszuzögern. Je nun; die Revenüen meiner IBM
waren längst sicher in, strategisch über's Bundesgebiet verteilten, Lie-
genden Gründen investiert; beziehungsweise in Goldbarren, genau ver-
messen-vergraben, (die Koordinaten, unauffällig-verschlüsselt in unsern
Büchern, durch den Druck zur Aufbewahrung gegeben) : ‹Rotblonde
Lotti her ! Schaff mir des Toddy mehr !› – Na, wer'n ja sehn, was die
Kerls Einem so an brauchbarem Lärm zu offerieren imstande sind.)

Spindel & Teller; Wanduhr & Löffel; Trichter (nämlich Hüte) &
Keulen (gleich Flaschen). / Der Wirt trug, mit seinem steinernen Qua-
dratgesicht, die Suppe auf; (‹Leim mit Kleien›; einmal kaute sich's
knorplich, knorpulent corposand, ein Zwitter aus Sehnen & Gebein –
na, rutsch schonn !). Dann, als Grundlage zu Etwas, was noch auf sich
warten ließ, ein Teig aus Mehl, Käse & Sardellen. Zwecks Cumulierung
der Genüsse begab er sich zum Fernseher, drückte ihm probeweise ein
paar Zähne ein : ..... ; ..... : und los ging's ! Die blaugrau gekörnten
Schatten grientn & zisch'schltn; (und man schmeckte tatsächlich weniger, vor Ab-Lenkung). / Ausgerechnet dies berüchtichte 4. Programm
noch ! Deshalb war Der so zackig-reußisch. (Auf der Brust des Spre-
chers, der Orden-am-Band, sah aus wie'n Komet.) – Ein kurzer, aber
doch wohl wichtiger, Dialog über die, aufgrund der HOFSTÄTTER'schen
Forschungen nunmehr zu gut 2% gesicherte Unsterblichkeit. Zwischen
einem Atheisten, (der lauter Lästerungen & Unsinn von sich gab; ein
widerlicher Geselle, mit arschnacktem Zuchthäuslerschädel, sah aus wie
3 Kommunistn : nich ma richtich Deutsch konnte der Kerl !). Und

einem anderen Ernstzunehmenden, sachlich & geduldich gekleidet, der verantwortungsvoll wiecherte; eine Schriftrolle vom Todten Meer in der Hand, durch deren bloßes Vorzeigen er Den ja mühelos mund-tot machte : BEWEIS !. Das Ganze schloß mit einer so vernichtenden Nutzanwendung für alle nochnicht Mitglieder der CDU, daß selbst der Wirt ı Augenblick auf sah; (‹Der Teppich des Bundes von der Rückseite› : sollte man sich bei solchen Streitgesprächen nich ma den Spaß machen, Röntgenstrahlen zu verwenden ? Sodaß 2 Todtenschädel miteinander zu zanken scheinen ? – Doch wohl zu ‹literarisch› wie; (bzw. frivol; was bei den Meisten ja für identisch gilt). ‹Unser Kanzler liebt die Rosen› : *das* hatte mir seinerzeit Geld wie Mist gebracht ! Wenn man bloß schon genau wüßte, was der Außnminister liebt. Oder BRENTANO. Denn ERHARD kam ja sowieso nich dran; da woll'n wir uns gar nischt vor machn.) / Der Wirt schien unterdes ein Ferkel geopfert zu haben, und brachte den Schwarzen Pudding angetragen.

Während ich noch, sorgenvoll, das Besteck hob, öffnete sich die Tür, und ı neuer Kolone überstolperte die eherne Schwelle; ein schöner Mäh-Ander, (offensichtlich schon halb inspiriert; 'clos'd from the minutia he walk'd difficult'). Schien aber irgendwie ‹angesehen›; da drüben, auf ihren Sitzen, sich die Gewaltigen lüfteten : !, (man roch ihn förmlich, den aus Bruder-Hemisfären Wettgestank); die Ablösung seines Hutes nahm ebenfalls geraume Zeit in Anspruch; jo, sett Di dal. / Für die ‹Nachrichten› ? : genügt ı meiner Sinne ! (*So* weit bin ich, unberufm, noch nich verkalkt, daß ich nu mit offenem Munde zusehen müßte, wie die Type-da-vorne, ein gesichterschneidiger Rechts-Gerichteter, abwechselnd auf ihr Getipptes kuckt. Und dann wieder bohrend *mich* zu fixieren versucht; allenfalls unterbrochen von unerhört falschen Darstellungen in Wirklichkeit längst überholter Gaunereien : ich glaube weder an Deine ‹Mauer›, Freund – ‹Trauer› : daß ich sie schnurrig-brustgewaltig besingen werde, ist ein gänslich-Anderes; (in Wahrheit ist die, wenn De's genau wissn willst, seit 'zich Monatn gegen Kuba ausgehandelt !) – noch an die Beteuerungen 90-jähriger Breslauer : sie könntn sich nich erinnern, daß Schlesien jemals polnisch gewesen sei. – Nee : angesichts der Weltlage & solcher bundesdeutschen Zustände war ‹Schwarzsauer mit Lorbeer› ja gradezu ein symbolisches Fressen !).

– : HEI !, itzt wurde's munter ! Die Tür platzte förmlich auf in ihren Nähten – (gleichzeitig öffnete hinter mir ‹Herr SANDERS seinen Schallplattenschrank› : nun singt so wild & hell einzig Engel Israfel !) – Tulp strahlte zäsarisch-lapidar; (Kunststück; schon hing ihm das frechste der Waidweiber schräg am Halse) : »Liber Pater« hieß es; sie musterten lessich den Inhalt des Raumes; (und mich streifschußten nicht wenig Strahlen, aus nicht wenig Eckfenstern). Verfügten sich dann zu ihrem sehr-paraten Hexentisch am Kachelofen, (welchem sie sich unverzüglich-beinbreit zuwandten; ‹Männes Abendbrötchen vorwärmen›); »Barometer s-teigt« bemerkte der Wirt gleich-wohlgefällig. Ich naschte stirnrundselnd vom erwähnteren Teige, (der an manchen Stellen Einschlüsse von Bohnenmehl zu bergen schien; woher Wort & Begriff des ‹Carat› stammen : wenn man, wenigstens bei einigen gewissen Gelegenheiten, ma nich mehr zu denken gebraucht hätte !). –

Kam 1 neugierig-besserer Alter herein; der eine 7-Pfennig-Marke (ungestempelt) verlangte. Uns-Alle grüßte; ebenso heiter, wie schon weit-entfernt. Da verkündete der Wirt das Fest Pithoigia : soeben würde im Keller ein neues Faß angestochen na ? ! – (Ich widerstehe da prinzipiell.) Ebenso die Jägerinnen; (die Lange schien nunmehr endgültig ‹Lene› heißen zu wollen. »Sie, Lene«, müßte man sie demnach vorher anreden. Und dann ganz schnell bimsen. (‹Denken› dürfte man freilich auch da nicht; fing sie doch bereits wieder davon an, daß Rehen im Winter die Blase eingefrieren könne : was für Einfälle ! Oder mein'thalben Tatbestände.) / : *Was* heischte mein gnostischer Tischg'noß ? : daß ich mich mit ihm über Briefmarken unterhielte ? (Er schien mich sofort, altersschlau, als ‹mal was andres› gewittert zu haben.) Dennoch war es merkwürdig schwer, sich mit ihm zu verständigen – sobald man zu sprechen anfing, wartete er schon ungeduldig auf's Satz-Ende; wiederholte dann, in einer Art hastigen Echo-Effektes, die letzten Worte; und war längst bei was Anderm. Dem Dialekt nach aus der Magdeburger Gegend; ‹Verschweigung des Akkusa-Tiefs›.) Aber die große 8-fach Briefmarke der DDR war wirklich 'n Einfall : weltraumfarbener Hintergrund; darauf das Pärchen Terra muy-cognita & die allerselenichste Luna; dazwischen die Porträts = Köpfe der Argonauten in Taucherhelmen; und endlich, geschmackvoll verteilt, ja angeordnet, die bekannten Fliegenden Fernsehantennen, so man Loo-Nix und Ecks-Plohrer nennet, behangen mit ihren genauen Start-Daten. – Nette Idee; gibt's gar nichts : soll man dem Osten getrost doch ma 2000 Jahre fairplay-please lassen – genau, wie's die X-en auch gehabt haben – dann wolln wir, in aller Ruhe, die Früchtchen vergleichen. (‹Laissez-vous toucher par mes pleurs› : X-oph Willi bald ritt'avon; und die Anascru, in ihrer kessen Tracht, lachte schwirrender.) Ich beschloß, etwas wortkarger zu werden; einmal, um dem Alten Herrn anzudeuten, daß man auf einen Suppe Essenden nicht derart einspreche, (zudem würde ich mich in den nächsten Tagen einijer Pickel erfreuen, vermutlich am Nacken; oder hinterm Ohr & auf dem Skalp : dieser ungewohnte Salzstoß hier konnte schwerlich ohne Folgen bleiben); und dann auch, weil er, wie auf die Dauer alle Gegenübersitzenden, 1 Paar Beine zu viel, (und dieses noch unvorschriftsmäßig lang) zu bekommen schien. Und horchte doch erneut auf, da er beschwor, das Ding sei seine ‹100 Michel-Mark› wert ! (Nicht, daß mir jener GOEDEKE der Philatelisten so unbekannt gewesen wäre; aber der (unbeabsichtigte) schwermütige Mehrfach-Witz auf die Währung des Neuen Bundes war ja von hohen Graden. Zur Belohnung erkundigte ich mich bei ihm, was denn danach *meine* einzige Briefmarke wert sei : ein abgestempelter Tristan-da-Cunha Vierling ?) –

Wieder ließ sich die Musik so hell hören, daß allen Anwesenden graute, und der Wirt den Ofen mit rasselnderem Anthrazit füllte. Dann trat er, die Schaufel noch in der Hand, an unsern Tisch; und verlangte, ‹Die Russische Marke› auch zu sehen. – : »Könntest Du mich ma ganz kurz am Arsch lecken, o Tulp ?«, bemerkte der gelehrte Greis mit nervöser Energie. Und befragte mich dann gierig um nähere Einzelheiten. – : »Das kenn'ich gar nich. – : Das kenn'ich gar nich.« – Bis ich, überdrüssich, die Achseln zukkte. (Ob ich noch was ess' ? Appetit hatt'ich ei'ntlich; so Richtung ‹Frankfurter›, ‹heiße mich Sennf›. Oder wie das, woran die 4 Vamps dort schmatzten : Bratwurstähnliches, mit Schweinsgehirn gefüllt, (‹in Hirsch-Gallerte›, eh ?). – : »Das kenn'ich doch gar nich !«; (trotz seines Alters also jung genug, das für einen Einwand zu halten). Mir fiel keine Antwort mehr ein.) / Auch hatte ich, mit 1 Auge, ab & zu zuzusehen, wie man im Apparat die Bilder eines, anschein'nd vor ein paar Stunden verstorbenen, ‹bekannten Malers› mit Gewalt zu erklären suchte : sämtlich in der beliebten modernen Strichführung; das heißt solche, wie man sie zu meiner Zeit häufig & gratis an den Wänden öffentlicher Bedürfnisanstalten fand, (‹Für Männer›; die von ‹Frauen› kennt man weniger) : TZ !; die Unverfrorenheit dieser Fuscher, die jeden Vormittag mühelos 6 Ölbilder auf ebensoviele Leinwände rotzten, war tatsäch'ch beneidenswert ! Zu dem allerletzten, noch unbenannten Halbendutzend, wurden die Zuschauer aufgefordert, zündende Titel zu erfinden – die jeweils besten 700 würden in einer, schon in Vorbereitung befindlichen, Monografie veröffentlicht werden – : ? – ich sah doch, sehr wider Willen, auch mit hin : ? : (‹ist niedrig Buschwerk; wird etwa für einen Waidmann geconterfeyt sein›); immer mal vorausgesetzt, daß er's richtig'rum hielt, wäre mein Vorschlag, 1 für Alle, gewesen : 'Done in a Hurry' ! / Man müßte auch vielviel schneller arbeiten. Leider war es mein Fluch, ‹gegenständlich› zu sein, ‹rien n'égale mon malheur›; und da ‹Die Kirche› aus Gründen für's

Abstrackte war, (und unsre Dipol-plomatie mindestens zur Hälfte Kirche . . . . . : nur gut, daß ‹Das Militär›, wenn auch sonst nichts, so doch immerhin gegenständlich war : also was ein Künstler heutzutage ‹steuern› muß, in den caxton Bedeutungen des Wortes, das kann sich 'n einfacher Mensch gar nich vorstellen !). Ich mußte mich unwillkürlich nach diesen Einfachmenschen umsehen – : Menglinge aus Tagelöhnern & Nachtmahren; ungekrönte Verderber des Rasens. (‹Die Wirtin mit der Wurst-Büchse› – auch schon wieder S-sinnschwer.) Bo-opig skato-logisch die Kartenkundigen; starker Nacken, blauer Rücken, weiße Bäuche, (was man so ‹weiß› nennt : wenn sie wenigstens statt der Zähne Büschel von Elfenbeinborsten gehabt hätten, grüne. In der Mädchenecke fand in einem Grade Gezwitscher und Händung statt, daß man gans porös wurde). 1 Mund der Natur (nur schade, daß er suff) erhob sich, und trug seinerseits dadurch zur Abendunterhaltung bei, daß er, (dem Geruch nach halb Gas-Thor halb Po-looks) einen Kupferpfennig herumzeigte, auf dessen abgeschliffene Rückseite Jemand ‹Das Ganze Vaterunser› eingegraben hätte : ? : ? – als die Rarität zu mir kommen wollte, lehnte ich lässig ab; (das Verhältnis der Ganz-Vornehmen zur ‹Religion› muß dem Volke immer bestürzend-rätselhaft bleiben – : die Richtigkeit dieser, uns erst bei der letzten Ausschuß-Sitzung wieder in Erinnerung gebrachten, Maxime, ersah ich aus den mehreren achtungsvoll-verwirrten Seitenblicken). Auch der nur noch an Unsterblichkeit (komme sie woher sie wolle) interessierte Greis schüttelte ärgerlich den Kopf, als das buntmetallene Vaterunser in Sicht kam; (der sammelte halt Briefmarken – 1 andrer Bekannter von mir, gar kein uneb'ner Mann, berechnete in seiner Freizeit Logarithmen, Ellipsen-Umfänge, ja Quadrat-Wurzeln : sehr richtig; 's iss eh wurscht ! (Wobei das 1 ‹s› für Allerhand steht)). ‹Und sein› (des Greises nämlich) ‹Cymbal am Bauch hing›, in Gestalt einer Taschenuhr : ‹Über sein Herz ein Traum ging›; (und ich wußte auch, wovon : von daumennagelgroßen, komplett-gezackten Geliebten : ‹und SIE hieß Mau Rietzius› ! – : »Da muß ich doch gleich ma –«); ergänze ‹nachsehen›. Er schüttelte, abschiednehmend, den weißen-hohen Kopf in die eurynomische Tafel-Runde : er glaubte kein Wort von uns ! (Beneidenswert-einseitich. Wenn man 'ne ‹feste Rente› hat, & wär'sie noch so klein, is das-das Ideal ! Und denn noch'n Hausboot auf'm Styx.)

Ich schlug, fast unmittelbar darauf, die Arme übereinander; lehnte mich zurück; und versuchte – dem Hamburger Rundfunkorkester zum Trotz, (das, unter Leitung von Paul Burckhardt, aus Jacques OFFENBACH's Operette ‹Die Reise auf den Mond›, nun gleich das ‹Ballett der

Mondgeister› zu spielen androhte) – reif drein zu schauen; welt–
anschaulich-sternenhell & lau, (‹Du wirst Dich ganz gewiß erinnern,
Fiete-Rieke ? ›) / Aber diese Musik machte sich doch störend ein Bett in
meinem Ohr : über-mütig helles Gnirren; untermalt mit Drach'chn-
Schnarch'chn; (je nun; ich war alt-genug, um, mitten in der lekkerstn
BACH'schen Fuge, auf einen Drei-Bopp gefaßt zu sein –). / Einer brällte,
allerseelich, ein »POTT herbei !«. Und der Wirt kniff auffordernd seine
junge-dürre Gattin, während sie mit vereinten Kräften sämtliche Anwesenden in ein sehr großes Schuldbuch eintrugen, aber auch herablassend,
in den Hintern, (daß Die sich keifend-lachend bäumte); und behauptete,
zu Uns-Allen hergewandt : Die hätte sich doch wahrlich nich zu
beklagen, da sie ja erst ‹im Frühjahr in'ner S-tatt› gewesen sei; wie ? !.
(Da lagen bei Venatrix'ens mindestens 3 Dutzend blutigrote, skalpellije
Fingerspitzchen auf der Tischplatte; sie beflüsterten sich lüstern die
falten-losen Gesichter : ‹Njus fromm hell› – Nee; lieber so tun, als ob
man den Blick wandern ließe .....) .....
    : eine finstere Täfelung, wie aus Virginischer Wallnuß; (wohl eher
die einheimische Moor-Eiche, o Kea Nuß & Tee-Tüß) . / Die Rundum-
Konsole : mit kleinen Ziggurats von Zigarrenkistchen, ‹Weiße Wolcke›
und ‹Celler Dickstiel›; da etwas kleines-Dralles, citronengelb-Schwar-
zes ? (ich tippte sofort auf ‹UHU-Tube›); ein schlappes vollschlankes Heft
in 4°, (Telefonbuch & Fahrplan in einem; ich stellte, aus Faulheit, nur
noch Vermutungen auf. Korrekter : überfordert von den vielen-neuen
Reiseeindrücken). ..... : – und mein Blick wurde doch sehr-starr : Der
sah aber tatsächlich wunderbar aus ! Dieser gläserne Krug-da. Ein
untersetzter strammer Bauch; ein kurzer athletischer Hals; und selbst
das Henkelchen dran war nur scheinbar winzich : im Verein mit dem
über-großen Korken wirkte's doll-einheitlich; esquiremäßig; (sogar die
verrückte Tapete schien in seiner Gegend weniger unsinnig). *Was* stand
darauf ? –; (ich erhob mich möglichst kunstvoll-kunstlos; einem Gebildeten gleich, der sich räkelt ohne sich zu räkeln : ?). Und zurück sinken;
('ONE GALLON', ähä). –
    – : 'Wonn Gällon' ? ? – 'ss doch bald gar nich möglich ! (Für fast
5 Liter schien er bei weitem zu klein.) / Dennoch ein verläßlicher Anblick;
ich projizierte ihn mir unwillkürlich auf meinen Schreibtisch –: ? – doch –
ja; voll Whizzky recht schusterkuglig-einleuchtend. So für Monate, in
denen 10 Zentner Wasser vom Himmel fallen. – Neben dem Wirt war
Gemurmel entstanden : auf (natürlich leinölfarbener) Türfüllung eine
Gestalt in blauem Schutzanzug. Strähnijes Weibsgesicht; unglaublich
breite, massige Brust ..... erst als mein Blick schon wieder abglitt,

erkannte ich, am ganzen Habitus, Die vom Hinterhof vorhin, (‹da ist denn nun das Blümchen weg› ! Jaja.) Ein duhner Weisel versuchte, den Rest seines disponiblen gristle zu konzentrieren, und näherte sich ihr, in einer Art Schlauchtanz, (ä Sau in seinem Fell), die Lethebuddel in der, zum Schnippchenschlag angehobenen, Hand – : ? – sie tat 1 einzije Arm-Bewegung; (die aber hinreichte, Jenen strauchelnd an den Kachelofen zu senden – sofort erhob sich ein Gemecker wie von lauter Affen & Bökken in der Casa del Fauno). Als sich auf seinem Gesicht, bemitleidenswert langsam, ein Mienenspiel ereignete, das den Wunsch ausdrückte, das verlorene Terrain wieder zu gewinnen, jetz noch nich aber nu, sagte Die steinern nichts als : »Hau ab Gustaff !«. Und er gehorchte aufs Wort; (sein ‹Gustav› kam nicht mehr von ‹Hystaspes›; bestenfalls von ‹güst›). Ich hob nur den, (vom vielen Schreiben leider etwas undekorativ-krumm gewordenen) Zeigefinger : ? –

In Richtung Theke : diesmal kam Frau Wirtin selbst; (und gestattete sich auch wieder so harte Augen, wie sie clod-hoppern nun einmal nicht zustehen. Da mußte ich sie ja – leider : ich bin Dschentlmänn – betrachten, wie wenn sie gute 800 Meter entfernt stünde; und, über-höflich aber schleppend, dazu sprechen) : »Da'f ich mir ma den Kruk da-oben ansehen ? –«. Sie war anschein'nd auf eine größere Bestellung gefaßt gewesen, und wollte schon Mund- & Nasenflügel blähen. Aber ich stellte das große Auge nunmehr auf 16 Hundert; und ließ den Mittelfinger meiner allerhöchsten Rechten so ganz langsam auf die Tischplatte tuppfm : Zum Ersten ? ! : Zum ..... Sie hatte ihn schon verkniffen herabgelangt. Ließ den Blick kurz einmal zwischen dem Krug und mir hin- & her-schneppern. Und hatte dann wohl doch den Eindruck eines möglichen ‹Geschäftes› gewonnen, ja, erspürt; denn sie hob die Schürze von ihrem dürren Becken, und fuhr Jenem (dem Krug : er war ein ausgesprochenes Persönchen; ich bin nie der Letzte, der sowas anerkennt) langsam um den strammen gläsernen Bauch –, – (hatte S-Wert, dies ihr, irgendwie ‹unbefriedigtes› Streicheln ? Ja; höchstwahr-scheinlich; denn ihr Wirt war man auch bloß noch so'ne Trug-Gestalt.) – : »Schön'n Dank. « –

(Na; ich gab den armen Schadewaldern – die ja's ganze Jahr hindurch nich viel Abwechslung haben würden – gern das bißchen Kientopp zum Besten.) / Ließ ihn (den Krug : 'ne Figur wie'n berühmter Bariton !) also erst ein Weilchen unangefaßt neben mir stehen; (betrach-tete ihn aber se'b'verständlich, von Zeit zu Zeit, wie mißtrauisch, ein bißchen). Nun kenne ich, wie sich's gehört, die größte Spannweite meiner Hand, von der Spitze des Kleinen Fingers bis zu der des

Daumens, (22 cm; für Den, der's ganz genau wissen muß); nahm ihn folglich in die Linke, und maß dekorativ : – –; : – – hm. (Bauchdurchmesser 15; -höhe rund 20. Sagn wa 1150 ma Pi. : Macht 3 Komma 5; plus minus 10%, höchstens. – Und versank nun doch in echtes Nachdenken : 'ONE GALLON' ! / Ohichweißschon; aber ‹amerikanisch› war Der nun & nimmer nicht : das hier war ältliches Glas; und, vor allem, viel zu gute Form.) Während Alle gespannt ums Schläfenbein peilten. Sogar die Wirtin nahm die schüchtern nach dem Rechten hereinschauende Katze zum Vorwand, sich zu ihr nieder zu hocken, und, über das erstaunte Tier hinweg, mir zuzuschauen; (‹anders spricht die Frau mit der Katze, anders mit dem Ehemann› : das hatte mir längst geahnt). / Im Fernsehen wies 1 Bockser 2 breite Vorder-Füße her : die sei'n ihm die Garanten des Siex ! (Na, laß'n laufm : die werkgerechte Beschreibung der Verwundungen bei HOMER, die Ritterkämpfe bei ARIOST & FOUQUÉ, sind, letzten Endes, genau dasselbe. Da könn'n die Feinsinnigen röcheln wie sie wollen : STIFTER's ‹Witiko› ist & bleibt ein schlechtes Handbuch für Offiziersanwärter. Und die eines Denkenden würdige Einstellung einzig die von Doktor RABELAIS : VOLTAIRE plus STERNE durch 2 ! – Aber das darf man heute gar nich sagn.)

    Mo : Mennt ! – - : ist die englische Gallone *immer* 4½ Liter gewesen ? Prompt erwiderte in mir 1 lilienthalig Stimmchen, (aus jünglingshaftesten Plainen heraus : hatte ich nich sogama einen ‹SATASPES› schreiben wollen; HERODOT 4,43 ? In Nibelungen-Versen; ook dat noch; bloß nich dran denkn !). Ich nickte unwillkürlich dem stattlichen Wirte hinüber : 18 Hundert 24 waren, meines geringen Wissens, die groß-brittannischen Maße & Gewichte doch neu geordnet, die Gallone vergrößert worden, gelt ja ? Ich nahm mir die Freiheit, und sah dem Herrn Krug, (indem ich ihn mir an den Kleinfinger hing), in den bottom–? : Ha ! : eine Ellipse; mit einer Raute darin; und daneben die Jahreszahl 1808. (Und ich *war* hier im alten Königreich Hannover; und das *war* bis 1837 in Personal-Union mit England gewesen. : Paßt. Sehr gut.) / Die Gesichter der ganzen Korona hatten bravverpennt zugeschaut; die Spieler nicht mehr ihr Gemix aus Zahlen & Karten-Släng rezitiert; auf dem Sprechenden Spiegel drängten sich die schwebend ungreifbaren Bilder von Verstorbenen herzu, (praktisch Tote; ungefähr von 1931 mochte der Film sein) : RICHARD TAUBER lächelte fett; und beschwor, ein zum Rühren Bestellter, die Jägerinnen, die mit gierig blassen Gesichtern zu ihm hoch lauschten, (und ziem'ich fachfraulich nikktn : Vier Gelbe Jakkn. Ich ließ ihn, achtungsvoll, erst zu Ende kommen – Die hatten ja ein Heiden-Geld gemacht, dieser LÉHAR-damals ! Oder auch KARL MAY;

ewige, nie genug zu verehrende Vor-Bilder uns nach Volkstümlichkeit
Ringenden. Man *dachte* noch vielzuviel : ‹dumm & geil›, das ist das
Rezept des Erfolges. Und ein Vater, der sein Kind lieb hat, läßt es *nichts*
lernen, *gar nichts* !). – : »Herr Wirt-ä? –«.

(Was war das bizarrste Angebot ? – Direkt ‹auf Geld angewiesen›
waren diese wohlhäbigen Grundbesitzer ja nicht; obschon für Baarzah-
lung hochanfällig.) Ich zog langsam meine ‹Dollartasche› aus sandfarbe-
nem Leder. Sah ihn, während mein Daumen sie läddig aufschnippte,
darüber hinweg-an. Löste auch die geheimste Verknopfung noch; und
ließ, durch bloßes Herumwerfen des Handgelenks, es sichtbar werden :
GOLD ! ! !. (Schweizer Franken natürlich; Söhne des Bergwerks & der
Münze; ich hatte mir da einen größeren Vorrat . . . unsere Währung . . .
na, schweig vorsichtshalber schtille, mein Herze; sie taugten alle nich
mehr viel.) / »Ich möchte Ihnen gerne diesen Krug hier abkaufen –«
(während der erste güldne Tropfen auf den Tisch fiel, und klingend dort
zu seiner Größe auseinanderging; der Wirt wartete unbeweglich). :
»Inhalt : 3 Komma 7 Liter – « (um 1 Haar hätt'ich ‹8› gesagt, taktisch
unerhört falsch; denn dem Volk ist ja ‹Sieben› stets die heilig-rundere
Zahl gewesen; es (das Volk) verrenkte sich auch gleich die Ohren) :
»*Mein* Vorschlag – : aichen Sie ihn mit 6 Flaschen ALLAN KARDEC –«
(richtete er sich nicht schon höher, der ‹Aich-Meister› ? Begann er nicht
gesetzgeberisch-huldvoll zu strahlen?) : »– und schenken Sie davon jedem
der Anwesenden nach Belieben ein. Wer rauchen möchte, bekommt
3 GÜLDENSTUBBE dazu : auf meine Kosten.« (Und Stille. Ob Häuptling
Vasall & Knecht, Pächter & Pascher.) Seltsam der Jägerinnyen bereitete
Gesichter. Und das Volk im mäd-schick Mira-Mirror flisperte; (daß
alles Leben beseelt sei, konnte mir, angesichts Backenrotz, Niemand
aufbinden : hatte der Kerl rechts nich sogar bloß 'n halbes Ohr ? ! Dafür
allerdings 'ne Schirmmütze) : »Ich zahle in Gold –«, schloß ich betont
schlicht; (6 ma 7 fuffzich; dazu die paa Schtumpm; 50 Mark rund, also
2 Scheibchen sagn wa. Obwohl ich natürlich an die 10 sichtbar werden
ließ.) / Das Gemurmel seiner Kund-Mannen besprach bereits einen
hohen Grad von Begeisterung. Er begann zu nicken; noch fetter denn
RT-vorhin. : Und begab sich zum Schenk-Tisch. / Dürrlöchelte dort die
Wirtin. Erbrachte einen Trichter; (unverkennbar ‹auß'er Küche›). Tulp
entkorkend-aichend, Potz Äther & Hyle. Während die Silhouetten der
Herren Landwirte sich um seine Hände & den Krug drengtn, (den ich
eifersüchtig beobachtete : macht ihn mir ja nich im letztn Moment-noch
kaputt !). Ab & zu entsann sich Einer seiner Dankes-Verflechtung, und
nikkte hastig zu mir herüber : !; (gutgut; nehm's für geschehen. Er

211

alcornoqu'te untadlig; ‹Oud onn ä grieschn Örn›. – Aber) : »Aus dem
Krug-selbst trinkn, bitte nicht ! – Füll'n Sie's doch in Wassergläser.«
Gesagt : getan. Und schon begann
    The Night-Life of the Guts ! (Dem jedoch binnen kürzester Frist
das Twei–Leid folgen mußte : so kiptn die Kerls den Peri–Sprit – lieber
die längst fällige Postkarte abfassen ....) / Gar keine Gurgeln mehr,
sondern schon die unreinsten Mannes–Mann–Röhren : sie machten die
Hinterköpfe noch abschüssiger, nichts als halbvolle Gläser in flach-
gekerbten Händen; sie deuteten & däutn; ihre Wangen röteten sich;
(‹Herrn WALTER KREHNS›; die Postleitzahl 43). Und wurden lebendig :
die Stimm'm gröber, der Gang polternder; der Eine, kein Mensch mehr,
nur noch 1 Gin, wagte es bereits, und hob den Krater gegen mich, im
Sinne des ‹ick säih Di !› – noch wollte ihm der vertrauliche Schall nicht
durchs schadhafte Gebiß; noch welkte er unter meinem abstrakten
Blick, und machte ein plumpes Rechtsum; (‹solln itzt sie Dir Rede
schenken› – aber ‹Welck› : Wer war denn das bloß wieder gewesen ?
‹Von Welck› ..... : also mein Gedächtnis'ss tatsächlich rettungslos hin. –
‹Lieber Krehns, falls Wichtiges anfallen sollte ..... voraussichtlich bis
Montag hier in Sch. zu bleiben haben.› Gruß–Unterschrift; obwohl mir
nicht ganz wohl war : 2-mal ‹wohl›.)
    Sie verzehrten indes die liebe Gottesgabe unter Geräuschen, mit
denen ein Anderer unschwer das Gegenteil verrichtet hätte. Und das gab
solche Stärke an das Thier Baconrod, daß es die neu'ste 'neck-Dote
erzählte, von der gnäjn Frau von Karon : wie die sich gewundert hätte,
daß ihre Kühe andauernd verkalbtn. Bis ihr Mann, nach längerem
Grübln & Schwankn, endlich doch ma den Tierarzt zu Rate zog; und
der ihn'n schlicht mitteilte, daß das lediglich am Brunnenwasser läge –
(den sich hier anschließenden Bericht über se Pitt änd se Penn–Djulumm
stenografierte ich in Gedanken mit; er enthielt so manches Gute &
Brauchbare für einen großen landwirtschaftlichen Thriller, wie ich ihn
mir, unter dem Titel ‹Rohrfrei›, schon längst einmal vorgesetzt hatte.
Auch die Andern trugen, zum Teil sehr feine, Einzelbeobachtungen aus
Senkgruben bei; ähnlich wie JOYCE aus der schmutzigen Wäsche einer
Familie deren ganze Geschichte, a posteriori, rekonstruierte, 'O tell me
all') – und wie sie, die gnee'je Frau dem Arzt entrüstet geantwortet
hätte : das Wasser hätten doch ihre sämtlichen Vorfahren grundsätzlich
getrunken; und sie gedächte zeitihreslebens das Gleiche zu tun ! – : »Ha-
Heh-Hih-Hoh-Huh !« (Aber wenn dieses Wasser wirklich empfängnis-
verhütend wirken *sollte* – dann wäre das ja ein Wunderbronnen, den
man weit & breit bekanntmachen könnte : Männer würden mit ihren

212

Freundinnen, Jünglinge mit ihren Jungfrauen herbei eilen, zu den aller-
lustigsten Wal-Farcen. Ja Pilgerzüge könnte man einrichten; ein Hotel-
viertel, mit ganz vielen kleinen Zimmerchen, um den Brunnen aufsprie-
ßen machen : auf Flaschen füllen könnte man das Zeugs, und ein
Heiden-Versand-Geschäft anfangen ! – Muß ich doch ma Roland unter-
breiten.) : »Quoi-quoi-quoi-quoi-quoique !«.
Ich erhob mich. (Während die Abteilung selig Verdammter sich
unermüdlich wett-tränkte. ‹Lethe=METHE› : falls SIE in der Nähe war,
schlief sie wohl schon.) Ließ mir vom Wirt den Weg zum Briefkasten
beschreiben – (»Den Krug stellen Sie mir dann auf mein Zimmer, ja ?«)
– und betrat die Nacht.

URANIA

: so finster war die gar nich. Obschon es – hf-hf; hf-hf – nach Weiden-
erde und faulenden Spänen roch; nach Moder, (‹Min leiw Moder›).
Selbstredend vertrat mir während der erste Minuten ab & zu noch
1 Baum den Weg, meist von unangenehmer Schulterbreite, Labúrs
u Lawie ! Da ich jedoch jedesma den Kopf bewegte, (‹Neenee; weder-
noch›), erlaubte man sich das bald nicht mehr. Sehr große Würfel &
Dreiecke rundum, wie üblich. / Über den Himmel war eine hellgraue,
recht dichte Kahmhaut gespannt; man sah auch genau, wo das darin
verteilte Licht her kam : aus einer runden Laterne; darauf ein all–
impishes Gesicht, ä could tschiek of Conn-wennschon; (den Stock, an
dem sie zwangsläufig befestigt sein mußte – ich hatt's vorhin ja gesehen
– sowie das Kind, das sie zweifellos, obwohl stumm, trug, konnte man
im Augenblick nicht erkennen. Dergleichen nennt man Anal-Logie
Schluß; und beweist damit.)
    ‹Etwas nach rechts› hatte es geheißen – – ich zauderte inmitten von
Gehöften, in denen die Lichter längst erloschen waren; und zwischen
denen sich unvernünftig viel graue Halb-Straßen auftaten, (die meisten
sicher nur ‹Einfahrten›, zu ‹Hofgeschichten›, in Weich-Bilder, wie just
gehabt); ich entschied mich lieber für die doch als solche erkennbare
Hauptverkehrsader. / Personne. Nicht 1 Lüftchen ‹ging›; bloß meine
eigenen 2 Sohlen tappten leis' über die Kopfsteine, ‹Huh paßes bei siss
Roudsouläit ?›, (Compagnon de la Majolaine natürlich; ollwayl gayl).
Zwischendurch, müde aber flichtbewußt, stehen bleiben und Neit-ßots
denken : halbnackte Ahorne. Der Lichtschlamm oben, in dem prinzipiell
Saitenbündel lagerten, (‹Die Überlandzentrale versorgt die Stadt mit

Lihicht› : übrigens ein tadelloser Sängerschatten, den ich da so warf !), In
einer nahen Wand das Quadrat aus trübem Rubin, ‹KennsDu das Land,
wo Ultrarote Hühnerbrühten ?› : da brannte nun das ewige Wärmlämp-
chen; (‹ich säih Di›, in 1000 Bildern : ein Jammer, daß ich mir den
Dernjeh Kri verkneifen mußte; der Ruf des, auch nur relativ aufrechten
Mannes, ist schon eine rechte Kalamität !). / Kopfschüttelnd weiter :
dabei wie dumm, wie hoffnungslos rückständig das‑Alles; auf längere
Sicht keinerlei Zukunft. (Und wie die Vergangenheit erst schtank !).
Aber der Rhein mit seinem ‹PSI› war ooch nich besser : der kleinste
Kurzwellensender beschämt die rettungslos, was Distanz & Verläßlich‑
funktionieren anbetrifft. Da kann ich, wenn ich will jederzeit, auch über
7000 Klemm'm weg, die Stimme eines Komantschen vernehmen :
‹Komm mantschn, Du Co‑Mensch, aus der Kreuz‑Muster‑Zeit, dem
Oberen Alluvium›, (dazwischen 1 Komma, komisch !).

 – und zukkte doch vom tiefen Straßengraben : fort ! (Aus dem es
mich angegrunzt hatte & zwar wie ? : Mensch, das mußte ja ein Eber
von 7 Zentnern sein !). Ich wollte mich erst retti‑rearen; zuckerierte
mir aber dann, daß ich doch 1 Mann sei, wie ? – : KRRRR !
–CHCHCHchchch ... – (Ruhe; Nuruhe.) – (Verflucht, so allein auf der
mondmattn Straße; die war & blieb doch tie‑tou‑tal leer : erschien jetzt
etwa HACKELNBERG mit Gefolge ? Mir über meine freigeisterischen
Einfälle die gestempelte Rechnung auszustellen ?) – Denn das leuchtete
mir mehr als ein : daß ich für einen zoo‑morphen Gegner von 7
Zentnern kein Mättsch wäre ! (Scheiß‑Kriegserfahrenheit & Nichtein‑
mischungsorden mit Eßbesteck ! Ich war schließlich bloß Schreiber &
Rechner gewesn.) / Und raffte mich doch zusamm'm – : das Schlimm‑
ste, was mir geschehen kann, ist, daß ich heute noch mit JOYCE zur
Nacht speise. (Beziehungsweise IHM aufwarte.) Ich trat, möglichst festen
Schriz‑schriz‑schriz, an besagten, unangenehm ausgetiftn Grabm rechts
– der ßättler am andern (cirka 90 cm entfernten) Ufer, hatte, auf seiner
Grund‑Styx‑Ecke, ein Thuja baumförmig gezogen; sehr ablenkend‑
schön. Und blickte dann, ehern‑bommel‑baskenmützig, hinein : ! – : ? –
: ? ? – : da war der leer, der Graben ! (‹Ruhe, Orje›; Ruhe in Frieden
& Freiheit : Zauberei gibt es kaum noch; und des Schweines Ende ist
der Wurst Anfang.) Ja immer schnarch' Du nur; jetz laß ich den
Verstand waltn; (ich, mützich bebasqut; ‹Dort, wo die Woche 3 Tage
hat›). Ruhe. –

 Schöner Wolkenflor oben. (Und supp‑terräines Grunzn untn;
sicher.) Warum aber pinkelte das Winze‑Wasser so ? Gehorsam aus‑
kunftete meine Logik : ‹While 1 Roar unter der Straße durch‑sikkert.›

Nu Bong. Aber warum grundst es ? : ‹While 1 X-Zentnerschwein auf dem dazugehörigen Ausguß-Grill nach Kartoffelschalen & Kraut botanisiert.› – Oh : lediglich der Nachtgesang eines Hungrigen ? Ich schritt, hochaufgerichteter, auf die andere Seite der Straße, und augäpfelte dort über'n Lattn-Zaun : ? (: ‹Warum nich gleichso, Doctor Raisono ?; wieder ein-tretn.›) : KRR-CHCHCH. Ich redete ihn aber auch trotzdem freundlich an : »So spät noch ?«. Das nahm den Rammskopf wenig hoch; scheinigelte vielmehr, am ganzen Leibe watschelnd, trüfflich weiter. – : »WeißDú wo der Brief-Kastn iss ?« : »Krrr-chchch.« (Mit andern Worten, auch nich.) –

Dies geklärt, wandelte ich hochmütijer meines Weges. (Vielleicht sollte man sich doch 1 Eselchen anschaffen ? Ich erfreute mich immerhin eines Gutenmorgens Landes. – Freilich, wenn er mir dann die jungen Lärchen & Eber-Eschen abfrüße ?) / Ah hier-die Brücke : ergo war ich doch noch leidlich richtig; denn die war irgendwie erwähnt worden. Ich lehnte mich auf die, zumindest im Mondlicht grüngestrichen wirkende, Eisenbrüstung, sah dem polie-glattn Wasser zu; (und das Wehr poly– glotterte im dummfm Wasser-Rausch : müßte also eigentlich ‹Die Glotter› heißen. Die aus der Gegend herströmt, wo die Totn-Sprachn lagern : ein Ausflug in die Gegend, wo die Worte hausn. Der Inhaber der bankerott'n Mühle folglich der ‹Glotter-Müller›, MOLINE.) Der Schall kam auf die Dauer so öde & fast ohne Schaume zu mir. Und das überflüssige Wasser erweiterte sich so zu einem ganz-kleinen Teich, einem zur Stunde graugefärbten – (man müßte das ja Alles ein-zeichnen; auf 1 Blatt der Bärenblättertraube : Umriß Brücke Einzel-Erlen : sicher; müßte man) – und SULLA war eben doch noch toter als NAPOLEON; (obwohl Der ooch so ziemlich am nil war. Ich nieste. – : ‹Nisibene, Orje !› . Demnach floß aber hier die Nisi. – Zur Sache :)

: wo wa denn bloß der brief Kastn ? Ich ging halt immer weiter; auf verdünntem Mondschein entlang. / Chiliometerfern rummplte 1 Zug ?! (ich legte mir gleich die Hände hinter die Ohren – – ? – worauf es natürlich lauter rumpelte, aber *viel* brachte das nich). – Überhaupt schienen die Baulichkeiten fest entschlossen, am Wegrand zurückzubleiben; nur eine, mächtich-eck-sistierende Scheune, begleitete mich noch eine zeitlang-rechts; (ich bedankte mich aber auch bei ihr; indem ich einmal rundherum ging; und ihr also gewissermaßen ‹einen Briefkasten› zu traute). –

– Tja. / Resümee : ‹verlaufm› ! (Bei kleinem Ärger soll man einfach die Gürtelschnalle nach hinten drehen : da geht'as weg von. Ich beschloß, als zusätzliche Maßnahme, sogar noch ein Schtück weiter zu

215

wandeln. Um einer Schöpfung ohne Briefkästen so recht meine volle Verachtung zu bezeigen : ‹Geh an, Orje !›.) / Der Mond, ohfahl & weiß wie ein Eulenei, ließ nur wenig Sterne neben sich aufkommen. (Zwischen denen also keinerlei, auch nur geistige, Verbindung mehr war : sehr erfreulich ! Ich bin gegen ‹Verbindungen›.) 'ch hatte ma gelesen – wenn ich nich irre, soga bei einem von den Katholen finanziertn Astro-Nom' – daß es Einzelgänger-Sonnen im Raume geben solle, die sich lebenslänglich in den herrlichen Öden zwischen den Galaxien aufhalten sollen; (die ‹Menschenverächter› unter Denen, sprechen demnach vom ‹Galaxien-Pöbl› !) : da sähe man also, (vorausgesetzt, Einem würde Dasglück), *nur* Mond & ein-paar Planetn. In einer schmal'n, zellofan-imaginären Bande; meinethalbm 'n Paa davon farbich, an Der-Ihrem Himmel verteilt. Kein Wort von ‹Sternbildern›; wie sie bey-uns, backfischdürr & schpizzbibbernd, abmz an sämtlichen Horizontn hokkn; (‹un-abgetrocknet› fiel mir noch ein, schternbadeanschtaltich : da müßte's arg schön sein, auf so einem SITARA ! Strengste Lichter-Dreiecke wären da möglich : MOND 1 – HOFLAMPE DÜSTERHENN – PLANET ‹ORJE› : Schluß ! –).

Der Mond, auch er fein-säuberlich card-anisch aufgehenkt, kellte Kasein übern Sandweg : heißt kein Sternbild ‹Reiterverein› ? (Nö : die Herren Menschn hattn nichma genug Energier gehabt, um alle 700 Jahre neue einzuführen.) Beziehungsweise höchstens 1 Dutzend alte, aus Pietät, zu belassn; und den Rest immer wieder flott-neu zu sehen : hie das ‹Fahrrad›; hie die ‹Schreibmaschine›. Dort die ‹Gartenlaube›; dort ‹KÖHLERS Logarithmisches Handbuch›, (mit dem ich, zugegebm, viel gerechnet hatte; obwohl's weit bessere gibt). (Das ‹konstante Dutzend› selbstredend nichts national oder religiös Gebundenes; eher das Fröhlich-Allgemeinmenschliche, so Abbildungen immer wieder int'ressierender Organe, wie ‹HANS CARVELS Ring› : dagegen könnte ja kein PRIOR etwas haben). / An der Wegegabel ein hüfthoher Mono-Lith; Schrift nich mehr erkennbar; (nu, nehm'wa an: ‹Stiefelpunkt, wendebedingt›.) – Verrückte 3 Kilometer ! Obwohl der 1 Wind-Stoß eben prachtvoll–unerfreulich geraschelt hatte : ein Eichelchen; nicht höher als meine Hand (vorausgesetzt, daß ich sie übern Kopf hielt. Sämtliche Blätter trotzig-fest : die Andern waren schon dabei, 's Laub fahren zu lassn. (Da würde das Junge Dink also den ganzen, vermutlich sehr-saftijen (weil Zyklen-) Winter hin-durch so da stehen. Ihr bißchen zage Wisch'schl-Musik veranstaltn. Die schönen Blätter-alle immer hellgelber & dürrer werden : Scha-moá, Chamois.) Eine Laub-Überbrückung; & 1 Schnipp der Vergänglichkeit.) – Ich ließ unwillkürlich auch gleich 1 fahren,

(widersten Willens; sah mich, ein Konventionsgeschädigter erschrocken um – ?) : aber nur das Bäumchen raschelte; (halb jung-fräulich halb bey-phellich pee-kiert); und der Nordost schnitt steifer den Stein : Wir machn Füsiek !. –
Auf jedn Fall möglichst behaglich um-sehen, (‹Zumtrotz, zum-trotz› ! : Ob ich den Gürtel *noch*ma umdreh' ?). / Nichtsda ! Konzentrie-ren auf BIOGRAPHIA BOREALIS : der Mond, das kolloide Geschöpf, bemon-okulierte mich von oben-&-hintn. Ganzfern 3 Lichter; zusamm-'gehörich, (denn sie hielten's länger aus, als ich), das ‹nächste Dorf› demnach : die 1-einzije Bogenlampe, die es (das Dorf) vermochte; die auszuknipsen-vergessene Hoflaterne des Bauern QUASIGROCH; das Lämpchen einer Self-maid-Witwe. (Oder, seinwa möglichst-menschlich : meinswegen 1 Kind, das in einer öden Bodenkammer – ich kenne das ! – allein & klug noch mit seinem Bau-Kastn spielt : Ich bin nich *für* ‹Verbindungen› ! / Nich für US-nachbarliche Cou-Opperäischn; und nich für DDR-lich nachfeierabendliches NAW-Geschippe; und wenn man mich in Scheiben schneidet !). / ‹Klie-Witt› ? – Ja sicher; obschon es, wenn es sich *sehr* weit über's Vandämonsland entfernt hatte, wie das schwache ‹*JUHU !*› eines Besoffenen klang. – : »Nå ? – Kiki-Pupu ?«. (Es schien sehr richtich; denn es kam mir vertraulich näher. Machte noch ein paar wunderliche Gebärden in die mittelgraue Luft; lachte kurz auf, wie ein schlechter Mensch; setzte sich dann mir genüber in eine Birke und rewerenzte mit Kopf & Leip) : »Kriwit, Herr Kollege.« (Daß ich ein Narr wäre, mit einer Weißdornrute nach so lustigen Leuten zu schlagen ! Wie ‹Die GRIMMS› das gerne möchtn.) Aber er hatte wohl auch nich viel Zeit. Denn er kappte nur ein paarmal mit dem Schnabel; und strich dann, immer an der Himmelswand-lang, ein HErr in Grau auf GRau – : app. / So fein der blasse Mondscheinsand. / Hier, an einer Stelle, schien Irgndjemand mit dem Gesicht hineingefallen zu sein, so war das ab-gedrückt. (Wie'n Sigel. Oder 'n Gemmerich. Oder das Negertief einer Todtem-Maske. / In Wahrheit sicher bloß wieder'n Bauer, der vergessen hatte, mit'm Schuh drüber zu wisch'schn. Ich tat's auch nich etwa an seiner Stelle : das soll gefälligst, wenn ihm daran liegt, der Wind mach'n. Meinenthalben kombiniert mit Regen : daß se, in 100 Milljon'n Jahr'n dann, die versteinerte Fratze eines Ö-Konomen aus'm ADENAUERIEN auf-findn.) – Ich setz' mich lieber auf den Schtein-hier, und dichte .....

        und zwaa – – : hm; vielleicht *grade* ma nach'm Satz vom Wider-spruch verfahren ? (Da ich, umgeben von flachscholligen Äckern, – ausgesproch'ne Beleidigung für'n Hintern übrigens – hockte .....) :
        : »Es war im Wald.« Punkt.

Hä-Hä ! / Da Frollein Eiche mir lebhaft ein paar Mitteilungen zu machen
versuchte :
»Die Bäume alle schliefen« Widerpunkt.
Der Eyerschedel des Lunen im Süd-Fahlen ? Frech-schräg; ein rechter
Konterattaunser ? Komm Du mir nur, tuck-tuck, in mein Poem :
»Es war im Wald. Die Bäume alle schliefen.
Der Mond belauschte lächelnd ihren Traum.
Derúmm-derúmm-dumm SCHATTEN dumm-dumm
    TIEFEN.
Die Welle küßte still des Weihers Saum.«
(Da ich in jeglichster Beziehung auf dem Trockenen saß : ‹Der Arsch
friert an den Stein, Du merkst es kaum›.) / Aber wieso hatt'ich zuletzt
bloß noch so zwinkernd schlecht geschrieben ? – : mußDe denn, zu so
nachtschlafender Stunde, ausgerechnet noch ein Auto den Weg-hier
rangehoppelt komm'm ? ! –. –
    – und der Blechhay hielt sogar. Und sah mich neugierich aus
übergrellen Krakenaugen an; (schlug sie jedoch sittig nieder, als er
gewahren mußte, wie ich, ruhig & groß, an die helle Nacht gelehnt
weiter da saß und volks-dichtete : So ein Nebbochant !). Auf Pneu-
matic-Schlappen; schwebende Bildchen, oscilla, vor der gläsernen
Stirn; sein vorgeschobener Bauch knurrte. Fing auch noch an, auszu-
steigen ? ! (Ich verspürte eine unbändige Lust, ihm furch'bar dämlich zu
komm'm !).
    : Grau; ganz in Grau; groß & gedunsn. Der Kopf so gut wie kahl;
(auch das Gesicht vorne dran wirkte von Nahem wie aufgepustet;
Kommerz'jenrat Pustet). Schon begann er, mich mit hoher impotenter
Stimme höflich anzufasln à la »Was treibm *Sie* d'nn hier ?«. – »Dachten
Sie, ich hätt' mich verirrt, und mach' vorsichtshalber 's Testament ?«,
fragte ich in klingendstem Bundesdeutsch zurück, (‹brüsk› würde ein
Roman älteren Stils es genannt haben; da er jedoch nicht der Schlimmste
schien, setzte ich einlenkender hinzu) : »An sich such'ich'n Briefkasten.«
Er lächerte, ohne alle Energie und kaum zu hören, (merkwürdig hohe
Stirn) : »Achentschulldjnse –« sagte er, ebenso anerkennend wie abwesend, »'s sah bloß so co-misch aus nachts um Ellwe sitzt da mittn im
Mondschein Eener uffn Kilometerschtein & schreibt – übrijns H. Levy
mein Name wenn's ne Postkarte iss geemSese mit ich schtexe rein ich
muß nachher noch nach Habighorst –.« Wie *das* nu wieder zu der
sowieso schon schwer neutralistischen Nacht klang, dieser vollkomm'-
akzentlose, trübe Eunuchn-Tenor; (und angesehen hatte er mich während des ganzen leis'n abgekochtn Gepladders fast gar nich. – Aber

‹Habighorst› ?; hatte das nich auch etwelchen litterarischen Kurswert ?).
Na egal; er hatte immerhin hilfsbereit sein wollen. »Ich bin Schriftsteller,«
erklärte ich kurz; »und da hab'ich-ä – 'n paa Mondschein-Schtim-
mung'n notiert.« »Ach –« sagte er, und sein Blick wanderte 1 Mal über
meine Halsgegend, (ins Gesicht sehen mochte er anschein'nd Niemandem mehr; kann ich oft verstehen) : »Sie das iss gar nich so häufich hier.
– Hättn Se was dagegn wenn chmich n Moment mit her setz und ne
Tsigarette rauch chmuß noch de gandse Nacht unterwegs sein de
Automatn kontrolliern Sie sind ja sicher ooch nich von hier –«. Er griff
bereits Platz; und da Wegraine ebenso meilenlang wie frei sind, war da
nich viel zu machen; (Hauptsache er'ss nich direkt schwul; ‹kalaïskalaïs-
kalaïs› grübelte der Motor vor sich hin). Ihm wurde's anschein'nd auch
zu viel; denn er erhob sich noch einmal, und stellte ihn ab : ich ûf meime
s-teine, die Arme würdevoll untergeschlagen, (da mich an die Hände zu
frösteln begonnen hatte). Er grau & buckelrund : Einer aus dem
zuweilen Rauch kam. –

Das verwaschene Milchgesicht oben sah uns sinnend zu; (verglich
uns vielleicht mit der Federzeichnung von Phiz zu Boz, ‹Pickwick› caput
29). – : »Was für Automaten ?«, erkundigte ich mich endlich; (da auch
das Schweigen seine Zeit hat; danach wird's blöd) : »sind Sie irgendwie-
Beamter ?« : »GOtt soll schützen« entgegnete er abfällig, »nee mit
Überziehern ich hab de Li Zenz für-vier Landkreise gekrickt erst
wollt'ich gar nich ran de Apparate kostn ja ä unheimliches Geld aber
dann hat sich mein Schwager mi'm gewissn Anfangskapital beteilicht
und nu kann ich's kaum noch schaffm ich hab ma schonn n schnellern
Wagn anschaffm müssn war ä gländsnder Tipp –« er wies mit der
andern, der zigarettenlosen Hand auf das kostspielige Gefährt vom Typ
‹Finanzministers Verdruß› : vorne Luxus-Dampfer hintn Schlaf-Wagn,
(als Frachtraum getarnt). Weiter-fragend zu blicken brauchte ich nicht;
er fuhr ein-tönich & wie vonselber fort : »In je'm Dorf kommt so'n
Automat hin – ch kann Ihn'n nachher ma een zeign ch hab een zum
Auswechseln mit – und da fahr'ich nu halt wie ä Verrückter durchs
Gelobte Land und brauch bloß noch untn Sgeld raus zu holn obm
neu'n Vorrat rein iss ja gans unglaublich was von dem Zeug verbraucht
wird – «; er holte tief Rauch; während ich die Information verarbeitete.
»Wir ham natürlich ä Paatríx« singsangte der capotije Capaun weiter :
»de Automatn müssen schick lackiert sein wenn man de Herr'n Landwirte wieder lackiern will und den Nam' ham wa uns extra vo'm
ßüchologen ausarbeitn lassn heeßt BÄR'NMARK da kommt sich Jeder
gleich bär'nschtark vor und Rükkn-Mark und'aß de Pakkunk ne Mark

kostet verschteet sich ooch irgndwie –«; (das Gerät, das gelang; aber hier war 1 Frage doch wohl zu klären) : ?. – : »Nee in Kirchdörfern fast nie,« sagte er, »da hintertreibm's de Herr'n Geistlichn nuja Die kriegn ebm ihre Pro-Zehnte vom Kindermachn wenn se's wenichstns frei & offm zugeebm würdn aber nebbich da heeßt's bloß immer öffmtliches Ergernis dabei machn Die's am allerliebstn« ich unterbrach diesen seinen speziellen Bewußtseinsstrom vorsichtshalber; (um seinetwillen; obwohl er durchaus im Recht war, was diese kostümierten Farren anbelangt; dennoch erfreute *er* sich des weit dichteren-derben Vorhaut-Ersatz-Komplexes !) : ?. – »Drei Schtück« sagte er verteidigend; »aber wir bietn ooch was fürs Geld : eener davon iss grundsätzlich schwarz die Meedl wer'n ja wie verrückt wenn Der so'n Dink rausbringt wie'n Neger da widerschteet kaum Eene nu wenn sie Schbaaß drann habm 's gibt doch vielzuviel Menschn uff der Welt Den möcht'ich seh'n der mir das widerlegt und wenn's X selber iss hab'ich Recht – ?«; (ihm entfuhr hier ein hoher Name, den ich unterdrücke. Aber ‹Recht› natürlich; das könnt'ihm ja nur ein überzeugter Idiot bestreiten. Wir saßen eine zeitlang recht sinnend in der unfruchtbaren Beleuchtung : jaja, die Menschheitsfrage.

Der Überzug des Himmels schien po-a-po dichter zu werden; (kaum daß Jungfer Eiche noch ein bißchen petticoakettierte; da mußte man schon lange hin hören; und erst noch, sym-pathetisch, mit Frou-Fru-frößtln.) Einmal jagten sich, fern im Horizontalen, 2 Lichtpünktchen, side-loopig stern-schnuppich – – : »Schosseh nach Endewold« merkte er an, (da war'n sie schon wieder weg). / Aber der Mond schaute tatsächlich wie ein gerollter Überzieher aus der Himmelswäsche, da gab's nichts zu bestreitn, (‹Die Macht der Muster›; das macht das Muster : Der macht die Muster; er lachte unlustig mit dem rechtn-gewölbtn Mundwinkel her, aus dem er gleichzeitig ein'n unordentlichen Rauchknäuel fortschickte) : »– meißdns im Auto da iss Alles mit Leder überzogn und der Schlafsack so blumich-mollych gakeen Vergleich mi'm Katzett man iss vollkomm'm unabhengich ißt in aller Ruhe sein Korndbief & Mazze und falls in der Nähe de Plutonijum-Bommbe runter gehn sollte dreht ma sich um sitzt sofort am Schteuer & kann abkratzen –«; er schüttelte, höllen- wohl auch himmel-fest geworden, den Kopf, daß sein Pudding-Gesicht deutlich schlackerte – (gibt es eigentlich grauen Pudding ?) : »Meinen Sie, daß man uns mit Krieg überziehen könnte ?« fragte ich ihn, (mehr zur Unterhaltung, als um seine Ansicht einzuholen). Er zuckte vorurteilsfrei eine seiner fleischigen Schultern : »Och wissen Se ich weeß nich –«; machte das erstemal, daß ich ihn kannte, 1 kleine Pause, (würdigte das Thema also einer volleren Aufmerksamkeit); zuckte dieselbe dann noch einmal; und fuhr mit einer gewissen erhabenen Wurschtichkeit (der ich auf bundesdeutschem Grund & Boden freilich schon mehrfach begegnet war, wenn sie nich gar die Regel darstellte) fort : »mir solls gleich sein wie's ausläuft und wann se ma's Fell über de Ohr'n ziehn unsre Memme hat uns schonn als Kindern nie gekocht. Damals ham wa's nich eingesehn daß es bloß ne Art Schule fürs Leebm gewesn iss wenn Trokknbrot & Keese im Haus war mußtn wa schonn fro sein – man hat natürlich gefordst wie ä Wahnsinnijer Se wer'n lachn aber 's letzte Wort vom Tatte is ‹Schemmelbein› gewesn –«: da wandte ich mich ihm aber doch neugieriger zu; (man hat ja da die dollstn Sachen, was ‹Letzte Worte› anbelangt, von ›Mehrlicht› bis ‹Merdealors›, (von Rangoon bis Mandalay), von ‹Kindlein liebet Euch untereinander› –) : »Sie das iss gar nich schlecht –« sagte er sinnend; fuhr jedoch, ehe ich mir noch so recht schmeicheln konnte, ihn vom tall Mut ab- und für Se Gudd Buck hinintressiert zu haben, bereits fort: »Vor allem das ‹unternander›. Muß'ch mama für de Werbunk nottiern. – Nee das war so« nahm er, aufgekratzter, den Faden seiner früheren Rede wieder auf : »wie se'n 's letzte Mal ins Kranknhaus eingeliefert habm hat'm de Schwester 'n Nacht-Schtuhl ans Bett geschobm dem altn Mann und er hat'n ooch benützt und von dem ungewohnt gutn & reglmäßijn Essn wär's ‹son Schemmelbein› gewordn hat er gesaagt & gezeigt. Und dann hat er de Arme noch breiter gemacht & iss halt um gefalln. – Tchaa.« Er erhob sich, einerseits elefantesk andrerseits luftballonleicht; stieß mit dem Absatz eine Lunula in den Sand, und beerdigte sorgfältig sein'n Stummel, (: cigarro tras cigarro el tiempo apura. Colilla tras colilla al hoyo lanza. Per el aroma pierdese en el cielo; was ich, für mein' Teil, bezweifle). »Am Gasthause muß ich zwangsläufich vorbei,« sagte er, »komm'Se mit s'iss doch viel einfacher legn Se Ihre Karte ruhich zu meiner Post-da« – (er zeigte auf's Handschuhfach) – »da geht se automatisch mit wek vergessn kann ich se nich ich muß soweso noch ä Telegramm uffgeebm –«. Wir saßen schon.

Er griff in einer so schlaffm Art an den diversen Knöppm rum, daß der Motor merkte, wie es Herrchen wieder mal total piepe sei, ob er nu gleich funktioniere oder erst 30 Sekundn später, also tat er's gleich. Der Grauschutz der Nacht begann langsam an uns vorüberzuziehen. (Wahrscheinlich fuhr der Kerl eben deswegen so glänzend, weil er an nichts mehr genug Interesse hatte, um noch nervös (oder gar bösartig) zu werden.) Stark & ruhig auch der Motor : so trieben wir in unserm Blechkahn still den grauen Sandfluß hinunter; ein Durchgehen im

221

Schritt. (Antrag im Bundestag einbringen : alle ‹durchgehenden› D-Züge mit Bibeln auszurüsten; die würden selbst das ja glatt beraten ! Und dann zur Prüfung an den Ausschuß weiter leiten; Überschrift ‹Hausse in Parlamenten›.) – »Hf-Tulp – –« fing er, nach 20 Sekunden in Raum verwandelter Zeit, an : »das 'ss ooch so'n verdrehter Kunde der reichsde Mann in der Gegend unerhörtes Personal sämtliche Leute schteh'n in der Kreide bei'm und s'iss doch bloß ä altbackener Nazi der am liebstn Alles umbringn möchte na er hat im Alter noch ma heiratn müssen und de junge Frau gibt's'm ja gans anschtändig –« (mein Einwand, den ich, aufgrund eigener Beobachtungen, hier anzumelden hatte, wurde zwar geduldig angehört; aber dann mit einem Kopfschüt-teln beiseite geschoben) : »Jaja nach außen hin regiert er se schonn und se läßt sich's ooch gefall'n se iss ja nich dumm aber wenn se de Gelegnheit hat läßt se'n jeden Tack dreimal um Kapp Horn fahr'n –« : ‹WUPP› erpolter te die Brücke, es warf uns geschmeidich im Sattel hoch, (‹Die Töchter Moabs werden vor Arno'n überziehen› – ich lehnte mich reservierter zurück, und klappte den Mund zu : daß ich immer noch *so* ein schlechter Menschen-Kenner war ! Gewiß, ich hatte dem ungleichen Paar noch keinen allzu nennenswerten Betrag meiner Aufmerksamkeit zugewandt; dennoch.) / Ausgestorben das bißchen (geometrischer) Ort; ‹die Schatten penntn ruhig in den Tiefen› – voilà ! da erschien sie gehorsam von selbst, die noch fehlende Zeile; (mit Ausnahme von ‹penntn›; denn das könn' die Dam' nich vertragen – obwohl's den Kenner gleich an ‹Penta-gramma Pein & Drudenfuß› mit-erinnert hätte : eventuell ne Sonderausgabe ? In kleinerer Auflage, mit Foot-Notn, pro sapientibus ? Ohmon-Djöhnie ! ‹Nachm Tode› allenfalls; und auch dann nicht; wir legten die letzten 200 Meter noch schweigender zurück.) –
: »Schön'n Dank !«; (Tánarontánarontánaron). Er schüttelte den Kopf zum Abschiede : »Nichdoch. – 'ch muß soga *nochma* durch'n Ort– hier so in anderthalb Schtundn wenn'ch de Schleife über Habighorst hinter mir hab immer vorausgesetzt ä ganz willder Gannef hat nich etwa versucht 'n Apparat uffzubrechn. – : ä Dichter –« hörte ich ihn noch einmal sinnend rekapitulieren. Dann fiel die Tür des Meat-Safe (‹Miete› ja nich : aber 'meet' ?), von seiner Hand nachgezogen (ich hatte sie wieder ma nich energisch genug zu geworfen) ins Schnapp-Schloß. (: ‹Korrókorrókorró !›) –
: ‹Karátsche Karátsche Ka . . . . .›

MELPOMENE

..... & castiglionecoglionicoglioni mondsam durcheinanderverhallend. Während ich, bang-männlich, (‹Werweiß was mir geschieht ?› !), über die Betonquadrate vorschritt, unter'n erloschenen Baldachin (‹Zur Geschichte des Baldachins› : an 1 Kaiserwort). Und dann doch mit unbewaffneter Hand die Tür aufzubrechen imstand war. (Daß ich nötig hatte, mir solche Vokabeln des Muz einzuspritzen. Bloß weil mir ganz entfernt die possibilité dräu(m)te, eine corposante Fünfzijerinn zu belehnen; mit mir Endzog'nem, am maysten Main – ich versuchte zweimal, streng & gebieterisch Bassan ma nelka zu denken, hochfahrend wie Herr Windbrecher von Tausendmort in Persona grata ..... und hielt doch wieder inne : ob das möglich war, daß der GRYPHIUS damit einen Witzbolt auf 'to break wind' und 'thousand morts' geschleudert hatte ? Sehr wahrscheinlich : diese alten Schlitzohren waren meist mehr, als wir von ihn'n gedacht. Ich verlieh mir rasch noch den Beinamen des literastischen Poltron, und vermochte dann gefaßter näher zu treten : irgendwas war ja an mir dran, wie ? –) –. –

– : ‹DER KASSEN-STURZ›; komische Epopöe in entsprechendviel Gesängen. Nämlich Tulp, herotisch an der Thekenreeling (hinter ihm die unermüdliche Tapete; ich schätzte die Zahl der Reiter allmählich auf Legion), die mächtige Linke ins Hinterteil (englisch 'poop') der Gattin gesteckt, (die, einen knorrijen Bummerang überjährijen Torfs an die Brust drükkend, das POPEln gar nicht zu merken, geschweige denn zu fühlen, schien : hat ei'ntlich schon ma Jemand dämonstriert, wie dies 'rape of the lock' auch noch etwas beträchtlich anderes bedeuten (ja, heißen !) könnte, als das gewohnt-homogenisierte ‹Lockenraub› ?). Er besah mich erst auf eine gewaltig kurfürstliche Weise – : ? ! Da meine 2 Blikke ihm jedoch sofort heiter & kalt begegneten, (durch Verhandlungen mit zahllosen Räuberhauptleuten aus Presse & Rundfunk drainiert), unterbrach er seine Excursion im Gesäuse; (denn bei Orje gibt's GOLD, wie es rollt & grollt, jeder Trunkenbold ist mir hold und zollt, ob er schmollt & mollt oder knollt & tollt und die Rolle kontrollt !).

: »Die Rechnunc ?«; der Wirt, wohlgefällig; (ich hatte ihm erklärt, wie ich die Gewohnheit hätte, jeden Abend meine Schulden zwischen mir und der Welt zu begleichen : Man schliefe dann besser, in den Stunden zwischen Mond und Milchmann – eine Maxime, die ihm sichtlich imponierte; (mehr hatte sie auch nicht leisten sollen). Also los : ‹Kauffmann contra Kauffmann›). Er addierte mit einem Bleischtift– Zeppter, so dick wie mein Ringfinger aber dreimal so lank. Auslaufende

Minutn zogen da über uns hin; inter-wispert von fröhlichen Falsch-
heiten aus der Glasfratze; (sie hatte, auf seine majestehtische Geste hin,
‹leise› eingestellt, und die Grauen Stare ziemlich erfolgreich vertaub-
stummt; (obwohl man jetzt fast noch öfter hinsehen mußte, um rauszu-
kriegen, *was* die Liga Grischa uns da so fingerhaspelte & panto-entmün-
dichte ?) –).

: »Int'ressante Sendung ebm,« proklamierte er energisch, indem er
den Endbetrag zweimal unterstrich – (ich hatte ihn längst abgelesen, und
nur pro forma, um des gutn Klanges willen, so lange an meiner Börse
gerüttelt) – er gab das Dyedschest, in der bekannten alalisch-klein-
gehakktn Volksweise. Und ich horchte doch auch-auf :
AUF DEM GRUNDE DER ELBE BEI LAUENBURG ! :
: »Die ham rausgekrickt – durch irgndwe'che Magnet-s-traaln –«
(cirkelzuendige : GOUÉ !) – »daß da, wo die Zoongrenze über'e Elbe
geht, im Fluß-Bett n gans lebhafter Verkehr s-tadtfindet : Ah-Gentn !«.
(‹Entn›; in Taucher-Überzügen.) »Und zwa nich nur Vondrübm Nach-
hierher. Sonndern Pann-Koukn hat sofort auch'n Weis-Tum veröffentlicht : das die Bonna Ehe-Maille Eß-Eß-Leudte ebmfalls durch
schläußtn. In umgekehrter Richtunk.« Und sah mich erwartungs-foll an
: ?. Ich nikköpfte stumm. / (Dolle Vorstellung natürlich : Floss-bettych,
mies-muschlich, in poor-poorner FinsDernix dahin tappm, rough-Räi-
dar-gelenkt, Blausäu-Röhrrichtes zwischn'n Leffzn. Und bei jedem
Tapp stopp-urich gefaßt, Brustschild an Brustschild mit Dämander'n
zusamm'zuschtoßn : Bfff ! – Aber 's wurde mir zu viel; ich kann mich
schließlich nich mit Allem befassn; mir graute sowieso schon leicht bei
der Aussicht auf die Träume Heutnacht !). – : ? –
: »Hat Rieke Ihn'n auf's Zimmer ge-stellt« (den Glaskrug nämlich) :
»den Rest von'er sexton Flasche hab'ich Ihn'n reingefüllt.« (Ein Ehren-
mann demnach.) / (‹Auch Du bist Künstler !› schien der Tietl der
Sendung, den die lackierte Puppe, 1 stereotypiertes Lechchln um die
eleusischön' Lippm, verkündete : aber für derlei Tulpenschlünde bin ich
nich mehr grün genug, mein Monikin(d). – Ich zahlte lieber.)

Und bremmsDe ihn mit der Hand-Fläche : kein Wort mehr jetzt
über Medizin & Akkerbow : »Sei'n Sie froh, daß ich nich in ‹Michel-
Mark› zahle.« Er lachte laut-los über die ganze Vorderfront : »Der war
noch maddá. Ich soll Ihn' ausrichtn, ‹Es wär ne gans verdammte Lüge :
das gäb'as gaa nich !› –«. Ich hoop nur die decorative (gepflegt–
struppije) rechte Augenbraune; und präservatierte die Gold-Börse noch
schaubarer : ! – gleichgültig dann : »Und Wer hat – Ihrer Ansicht nach –
in diesem Fall recht ?«. »Überhaup' keine Fraage,« sagte er großs-purich:

224

»Der haddoch nix.« Ich nickte nur gemessen; (da es sich ja eindeutich um eine Entscheidung zu meinen Gunsten handelte; da kann man schon ma 1 oder 2 Prinzipien verratn). Sie hatte sich näher herzugedrengt, und betrachtete den Deadly Dust; den Er sovereign' zu Hand-habm sich mühte; (obschon man Beidn, Guinea-hen wie Gin-i-Cock, die franke dabbl-iglije Lust ansa). Aber bei so viel Wechselagio mußte er doch noch ma zum Block tatzn (‹HEIDORN-Pudding immer ein Genus›; Weinrotes neben Holzschlüfflijem). »Mook to, Mann –« mahnte sie zärtlich ihren, mindestens doppel-cronyjn, Louis d'or. Ich, mille-reisiger Hidalgo, wartete galland – sie merkte's sofort, und wies mir mohurich die Zehne: »Ich hab' Ihn'n Ihr Bett neu über-ziehn lassn. – Och, ich leïch mi Henn, Tulp.« Merkte, angeblich nun erst (: ich glaub Dir kein Wort, Du cat!) die durch solche Koppelung von Gedankengängen zwanglos entstandene Offerte; und entfernte sich in süßer Verwirrung. (Also doch Recht gehabt, mein Levy-nebelgrau vorhin. – Neulich hatte'n Bekannter von mir, immer kopfschüttelnd-enttäuschter, RÜCKERT's Gedicht ‹Der Ehebrecher› in meiner großen Ausgabe studiert; bis ich ihn darauf aufmerksam machte, daß der Titel, weit korrekter, als ‹Der Ehrenbecher› zu lesen sei.) »Haben Sie eig'ntlich etwas wie'ne Kirche am Ort?«. Er war mit der Um-Rechnung in de Mark fertig, und sprach die Zahl erst noch einmal genüßlich, dublonich-pausetenbäckich, aus. Dann, mit kaltem Trotz (noch von Verden her) : »Ouk datt noch.« (Demnach nicht. Ich hatte zwar auch keine gesehen gehabt; aber so ‹Beth-Häuser› sind schließlich unverfänglich überall anzubringen, selbst wo man sie am wenigsten vermutet) : »Gut. – Sehr gut.«

»Gut. – Erledicht.«, dekretierte er abschließend. Richtete sich dann haiden-königlicher auf; nahm 1 Schoppen echt-hannoverscher Luft zu sich – (wovon er noch breiter wurde; ich hielt mich auf eine genuine Cy-Klobigkeit gefaßt, (von ‹Faß›)) – und brüllte, wie jener bekannte Erzene Stier :

: »RIE : KÖ!!!« – –

: da versetzte mein Herz mir nun aber doch den Schlack : ! (Und dann noch, erbarmunxlos, unzählichvielekleine Punche, soschnellhintereinander daß ich den Mund nach Luft aufzerren mußte – was er selbstredend, stolz verglastn Auges (von der Anstrengung) seinen stimmlichen Mitteln zuschrieb.) : Was'n Moment Mensch!; nach überdreißich Jahren SIE wieder zu sehen! Also wenn das, dachte ich lallend, meiner Lyrik nich zugute kam : amo amas amat. (Ämóu-Ämáss : Ei lawwd ä Läss & schie w's tåll änd slender. Ich hörte die Tür gehen, und schloß für ein paar feige Bruchteile die runden Augen. Vernahm den

Wirt ordonannzn : »Zeik dem Herrn sein Zimmer.« Biß die Kinn-
backen mit einiger Macht auf-einander. Daß ich wieder Mann würde.
Öffnete . . . . . ?)

: . . . . . ? !

: . . . . . ! ! !

– und sah mittn in 1 breites gußeisernes Gesicht . . . . . : *die* Ehre
hatt'ich heute doch schon mehrfach gehabt ! ? / Mir mußten die Augen
zweifellos etwas aus dem Kopf getreten sein; denn der Wirt betrachtete
mich aufmerksam. Schrieb die Starrheit meines Blix dann aber wohl
einer (ihm vielleicht gar aus der lit'ratour bekanntn) pumpernucklijen
Gier Großer Herren nach auchma anderer Kost zu. Schmundselte
befriedicht; (überschlug wohl die Anzahl der Tage, um die sich mein
Besuch nun voraussichtlich verlängern möchte). Flüsterte Jener gleich
etwas in einem, mir bei meiner augenblicklichen Seelenlage unbegreif-
lichen (vielleicht ‹toten› ?) Dialekt zu. Und reichte mir dann, mit dem
bedeutsamen Anwunsch des Schlafs, eine Rechte, aus der ein normaler
Schöpfer zweie gemacht hätte : –. –

–. – / – – –. – –

und allein mit der Rose von Schadewalde. / (‹Se mistig Rous› :
meine Verwirrunk war so groß, wie ich in meinem Alter nie mehr für
möglich gehalten hätte ! Ich schaute immer nur *SIE* an.) / : wie Sie da
stand, im blauen Leinenkleid – (hatten nich die Mitgliederinnen eines
gewissen ‹Louisen–Bundes› in meiner Jugend ?) – die Bett-rolljum-
Lampe auf der linken Servierhand : das ringförmije Flämmchen, (nenn'n
wa's fuffzn wat ?), wartete, auch vom Schicksal gekuscht, (abhängig), in
seinem (zu engen) gläsernen Haus. – Mensch, das war doch einwandfrei
Die vorhin genietrembelte ! ! ! – / (Und was *war das* früher für ein
hoffärtijer Balkh gewesn ! (Der Vater Drogist ?) : ich hatte michnich
1-einzijes Mal getraut, sie auch nur an zu reden !). Aber dies ging ja doch
wohl zu weit, daß ich den Hintersassen & Dammwärtel eines stinkenden
Knechtes, total verstunken bis in den Wurzelschtock ? (Beziehungsweise
Hinternwärtel & Damm-Sassen : Ämáss-äMátt, Ei läid her flätt); Sie
wartete immer noch vor der halboffenen (natürlich wiedermal leinölfarbenen) Tür. –

: ‹Die Stumme-Taube unter dem Fernwohnenden›; (ich erkannte
Sie schon allmählich; Stück für Stück, mit Mühe, nach & nach :
Schwanenhals Busen Bauch & Tschinellen : warum weine ich so sehr ? /
Bloß weltmänniglich zusamm'raffm : ‹Rafn der Skalde›. Nochma runter
schlukkn; so –) :

: »Ä- . . . : zeigen Sie mir's doch bitte –«. – / (: das waren die aller-

ersten Worte, Mann, die ich überhaupt mit Ihr wechselte ! Und natürlich
gleich von auserlesener Zwei-Deutigkeit); sie antwortete auch nur
unverbindlich : »Och –«. Drehte mir den Rücken; und hob an, wuchtig
voranzuschreiten. / An dem Bild vorbei; (und das Bild konnte mir
nichts tun; konnte den Krückstock nicht heben – demnach aber doch
wohl mehr 'ne Variante vom Altn Fritzn, was ?; ich nickte dem
Betreffenden jedenfalls herablassend zu) : die Stimme schien auch noch
ähnlich; genauderselbe schartige Alt, vermittelst dessen Sie sich damals
mit ihren Freundinnen unterhalten (und mich dann & wann durchtrieben gemustert) hatte. Heute musterte ich-meinerseits ihren Ringe-
rinnen-Rücken, (der hinten auch schon wieder mehr alte Eichenblätter
drauf hatte, als Wind & Wahrscheinlichkeitsrechnung erlaubtn : der Wirt
war sowieso davon überzeugt, daß ich sie bis aufs Cambium bimsen
würde.) Ja wenn ich sie nich vorhin ..... dann Hetman ja allenfalls .....
ich gab mir wirklich alle Mühe, was wie'n steatopyges Gelüst in mir zu
erzeugen ..... : aber unter den voraufgegangenen Um-Ständen konnte
ich doch garantiert nich ! – Sie stieg immerfort Treppen voran; änd
presänntid sömm Äppärischns to mie : den blaukreuzenen Küraß; unten
dran 1 Hintern, doppeltn Gewichz, (‹al manach› der Ort, wo die Kamele
knien; und man an-beetet. – Ne : doch wohl Ohne Mich –) –
: »Hier. –« / Sie hatte feldwaibblich eine Tür auf gebockst. Stellte
sich seitlich am Foßtn auf; (und hatte eine Brust, die Frau, daß ich ohne
anzustoßn kaum vorbei konnte : als Jüngling-damals, hätt ich glatt ab
gestrittn, daß sie dergleichen bei sich habe; so hatt'ich Die veretherisiert
à la ‹Boyisch POE-it laww› : muß ich ein Hanswurst gewesen sein ! :
Beurisch Po-Loch, das hetz weit präziser getroffen !). Ich brauchte Ihr
jetzt-nur huldvoll die Hand in den geräumijen Ausschnitt zu versenkn,
und durfte nach Perlen fischen, daß ich's bis in mein selig Ende spürte.
(Über-Uns begann eine Maus zu galoppieren. Und die Nacht tat gleich
ihre akußtische Schuldigkeit; es hörte sich an, als wöge sie 10 Pfund &
schteppte & tripplte auf einer Tromml : ebeneben; um mir se Cläpp zu
hohlen, hätte es nicht unabdinglich einer Fahrkarte einmalerster nach
Schadewalde bedurft ! Ich schritt wieder noch unentschlossener.) Auf
einen hundertjährigen durchlöcherten Tisch zu, (vorsichtshalber an die
Wand geschoben; er schien sich dennoch nur mit Mühe auf den Beinen
zu halten); und legte, langsamig, das SÜNNTAGS-Täschchen neben meinen neuesten Krug : den hatte SIE mir nach-oben getragen .....
      Mir auch jetzt kalt zugesehen – (nich etwa ‹mich beobachtet›; so
sehr engagierte Die sich wo' prinzipiell nich) – nikkte 1-mal kurz her : ? !
– Als ich noch immer keine Worte fand, drehte sie sich um und begann

227

davon zu m'arschieren. / Mir wurde fast schlecht vor lauter Ent-
Scheidung ! Ich rannte in die Tür; ich wollte ihr nach rufen, im Sinne
von ‹Erinnyen Sie sich-nich – ?› – Sie hatte mich gehört. Sie drehte sich,
schon mitten auf der Treppe, noch einmal um : ? ! –
– (mein, was'n Blauer Engel ! – Nee. –) / Außerdem würde sie ja
todmüde sein, (begann es, verlogen-human, in mir zu plappern : sie
hatte schließlich schon Einijes hinter sich, das Tages Mühen & so,
Nenie). Ich nahm meine Zunge gewissermaßen fest in beide Hände. Ich
äußerte in gebrochenem Hochdeutsch (aber fließend) : »Wecken Sie
mich bitte. Morgn Früh um Sex.« Sie horchte 1 Moment dem Klang der
Ziffer nach, (‹die 6 ist die Kupplerin des Einmaleins›; oder die Nutte);
nickte dann geschäftsmäßig. Wandte sich. Da machte die verflicksDe
Funzl ihren Um-Riß überscharf. Begabte sie auch zusätzlich mit einer
(lachhaft kurzn) Schattn-Schleppe; die hinter ihr her rukkte, (‹Mahdl
ruck-ruck-ruck›) : ich verlor SIE, sie verlor sich, die (leinölfarbenen)
Stufen hinunter : !.;. – . . . . .

1 Schpieglein an der Wand? Ich tat ein'n Schritt auf mich zu; und
betrachtete aufmerksam die Maske des (ja nu nich bloß ‹Zwei›- sondern)
Drei-fels. Die verwünschte Scherbe war zusätzlich noch so voller Wel-
len & Schlieren, daß man für den Blick-hinein getrost hätte Geld fordern
dürfen – ich verzook angewidert den Mund, op des wullstijen Bocks-
dorrt : ! (dessen ‹Gesicht› darob jedoch einen derart quasi-modrijen
Ausdruck annahm, daß ich ihm freiwillich das Feld räumte : tat twam
asi, oh weh !). / Vor der Schlafkiste; allein wie Pieck-Siebm : ich
befühlte's gedankenlos. – 1 Kopfküssen mit Moos gestopft, ‹Unsrer
Lieben Frauen Bettstroh› : ich bemühte mich, ziemlich ohne Erfolg, mir
die wüste Schöne drauf zu projizieren : ? (Als Gesamtleip gelang mir's
nicht; se Juni-wörsl Hewwn is in se Schäip off ä SWEDNBORG meint
Männ.) Oder einzelne schöne Wüstn ? (Daß man kümftich Pornografie
lesen, und, wenn man an die richtigen Stellen kommt, das Buch sinken
lassen & an SIE denkn kann ? – – : NICHTS ! Er dachte nich daran, sich zu
entrunzln.)

PFFF : dies also das letzte Wort der Sentimental Journey? (Und
schon wieder ein neues Staunen, das mich selbst betraf : sicher; ne
dumme Frau iss ne Strafe; (obschon ne ‹Intellektuelle› platterdings
unerträglich sein müßte); aber nu ausgerechnet wieder *die* Sorte hier –
Mäuschen, halt die Füße ruhig ! – wer *die* längere Zeit ‹am Halse› gehabt
hätte, würde garantiert 100 Glas Grog ausgeben, wenn er sie dadurch
wieder los würde ! Warum grinste ich jetz ? – Achso. Mir war eingefallen, wie kluge Soldaten in Norwegen, gleich zu Anfang der Besatzung,

228

mit Inflationsgeld von 1922 gearbeitet hatten : ‹1000 Mark für 1 Nacht!› ?; da hatte kaum Eine widerstan … : war *die* Wendung heute nich *auch* schon ma gefallen ?). Na immerhin : ich würde mich künftig rühmen können, ihren Nabel gesehen zu haben. (Murmeln-probieren – sicherlich würde mein Gesicht ein'n Grand-ßeigneurischen Ausdruck; aber zu *dem* Spiegel ging *ich* freiwillich nich mehr hin ! – also ganz blasiert, halb John halb Tenor ä : ‹*Der*-Ihr'n Nabl hab'ich auch schon ma gesehn.›). Die ‹Antwort der Tiefe› blieb nicht aus : es schtöhnte von irgendwoher, (wenn's der Deuwel wollte, kam das aus *meinem* Mund !); aber da ich Tiefen nicht schätze, (‹Aquarien› ja; das iss was für Uns), erwiderte ich nichts; sondern empfand nur, gedrückt & amüsiert in Einem, wie meine heutige Basislosigkeit immer noch zunahm. Aber a) soll man als Reisender ja wohl so sein; und b) wird halt alles kleiner-gröber, wenn man altered.

Im Kruk Wonngällon – : auch das der blanke Tiefsinn, ‹Wonne + Galle›; kam ich, Ichindenbestenjahren, mir etwa schon vor, wie der Alte aus ‹Immensee› ? – noch ein Vützchen Vlüssichkeit ? Libethrisch-pimplejisch. Ich bemächtichte mich seiner mit ruhig-fester Besitzer-hand, (‹Heuteblau, & Morgenblau›) : Nein !; es hatte keinen Sinn, DAS GANZE. Mit andern, deutlicheren Worten : 1 großen Schluck. (Und zwar *IHR*, der ‹seltsamen Tochter Jovis› !; ich nickte ihr auch gleich ein heiseres ‹Alaaf› an die hölzerne Kammerwand.) Selbstverständlich gerät das Alter immer mehr zu einem Selbstgespräch in einer verfallenen Ziegelei, einem Mono-Mimus vor einem welligen Spiegel, (das dritte Gleichnis erfand ich absichtlich nich : speziell diesen Drei-Zwang meinen Bekannten zu überlassen, hatte ich mich sorgfältig erzogen. Und auch elegisch ans schwitzende Fenster zu schreiben, lag kein Grund vor.) Eine, in meiner Situation sehr begrüßenswerte, gummi-nasty'je Un-verbindlichkeit schien Kontakt mit mir aufnehmen zu wollen ? – : »Angenehm; Düsterhenn.«

Ich bückte mich über den Tisch, (‹Roßkamm mit Windlicht› fiel mir ein : so trüb funzlte das); ich beschrieb einen Zettel – halt !; ja in unsrer ältlichen spitzen Schulfraktur; (die, ich hatt'es neulich erst staunend wieder vernommen, die Jüngeren gar nicht mehr entziffern konnten : ich hatte ihnen hoffnungslos passé geschienen, ein Zeitgenosse des ‹STRICKERS›; well, that's life) – :

FÜR RIEKE

1 Ecke um-knikkn, (ich nehm' da immer die rechte-obere), und 1 güldenes 20-Frank-Stück drunterlegen : das würde sie also dann, morgen um 6 Uhr in der Frühe,

(nachdem sie sich vergeblich-zärtlich über's leere Bett geneigt hätte), finden. Ich muß mich ja fürs Krug-Rauftragen revanchieren; dachte ich listig. (Wie komisch : ‹Keine-Liebe› mehr; auch nicht auf den 5. oder 6. Blick ! –.) Bis mir endlich einfiel, itzt auf meine alten Tage : daß das-damals ja mit ‹Liebe› überhaupt nichts zu tun gehabt hatte ! Ebenso wenig wie POE's Definition : schönfarbige Gedankenspiele waren das, nichts weiter; durch Zuphall an zu-Felligem befesticht; (obwohl selbst-redend irgendwie-läppisch de terre miniert : ‹Das LG ist wichtiger als sein Anlaß›; mir viel auf einmal Sophiles ein . . . . .). / : ‹Noch n Schluck, Orje ?› – : klar; noch'n Schluck. Der erwähnte ‹Anlaß› war ja wohl danach. (Immerhin aufpassen, daß die Gegen-Stände & Vor-Stellungen kein minuit-Menuett begännen.)

Noch einmal den Zettel weg gehoben – : da lag das Ding; 1 goldrundes Chryse-Inselchen im runzlijn Holz-Meer; mundus nicht sonderlich intelligibilis. (Da müßte Einer schon weit sein, um sich als Pseudonym ‹PONTUS EUXINUS› zu wählen – nå, vielleicht komm'ich noch da hin. / Kopfschütteln, & wieder draufdecken; behutsam.)

Nee : lieber die Nacht durch wandern, wenn's sein muß. Direkt regnen würd's hoffentlich nich; und meine Rechnung mit diesem Teil der Welt hatt'ich nachweisbar abgeschlossen. Und wenn's nur bis zum nächsten Dorf wäre. (Dessen Gasthaus hoffentlich noch offen stand; das heißt : Wer in Gold zahlt, darf sich fast-Jeden 'rauszuklopfen erkühnen.) Auch war ich lange nicht durch solch Spezialgemisch aus Herbstnacht & Milchglashimmel notierend gewallfahrtet – : wie unternehmend dieser Orje war; ich kannte ihn kaum wieder; (falls er nich bloß Angst hatte). / Aber vorher nochma auf'n Topf : daß ich die erste halbe Stunde zumindest unbehindert-wacker ausschreiten kann. (Unwürdig, dies unterm Bett Hervorangeln !). – Und stehen; und warten; (‹Der Kopf groß & stumpf, mit weitem Maul›); einen beschund'nen Ämalie-Hohl-raum in der Rechten; am Bauch 1 schlafes Hörnchen, es roch, (‹Das Buch ESROCH›); Bifurkationen von Adern, Stachel-Beerijes, (Übermir die Maus), und das nahm wiederma kein Ende : soviel hatt'ich doch gar nich . . . . : hf-hf-ä, hf-hf-ä : *stinken* tat der Dreck ! – Mensch Ichidiot : das würde Sie ja morgen Früh nun *auch* finden ! Ich schämte mich aufs absurdeste. (Und verfiel, um wenigstens das Aroma zu verbessern, darauf, 1 Schuß Schnaps hinein zu tun : – ? – worauf das Odeur, und zwar schlagartig, so höllisch wurde, daß mir der Kopf davor zurück-prallte. – Bloß schaudernd abstellen !). –

: hatte ich sonst Alles ? : Mütze auf; Krug in der Hand; Tasche unter denselben Arm geklemmt. – Achso, das Ende Wurst noch; falls Kirby draußen rumstrich, sollte er's doch haben. (Übrigens ooch wieder 'ne ziemlich verrückte Ausrüstung für eine Nachtfahrt; zumal ich mir, um die Rechte für's Treppengeländer frei zu haben, die Wurst behelfsmäßig noch würde in den Mund stecken müssen – na, man war halt Künstler.) Ich öffnete, leis', die Tür . . . . . ? –

In den Tiefen des Hauses hatte es begonnen, auf eine widerliche Art Null Uhr zu schlagen. Was ich, als alter Taktiker, (und im Augenblick sowieso ä ßädder änd ä ueiser Männ), sehr bald benützte, um meine Tappung zu tarnen. / Unten : zur großen Haustür ging ich gar nich erst hin, (die würde eh versperrt sein); dafür aber zum nächsten Flur-Fenster. Ehe ich es auf-wirbelte noch 1 letzter Blick-zurück – : Tz !; Wahnsinn, Du siegst. (Ob ich dem Wirt, dem Angeber, aus schierer Bosheit 1 Duftmarkierung zurücklasse ? Ich hätte grade einen schönen auf der Fanne gehabt. Musterte dann aber, etwas nüchterner, den vielzu geräumigen Vorraum : nou juhs. Erstens vertater sich bis morgen; und zweitens waren der-ihre Nasen viel zu taub.) Ich schwang mich lieber, über den eigenen Hintern weg, zum Fenster hinaus : anmutig ist's, der Jugendlieb' begegnen.

: stand ich auch fest ? – Doch. (Und erstma die Augen schließen; daß sie sich an die Nacht gewöhnen : Vor allem, wenn die Heirat unterblieben !). –

TERPSICHORE

Als zweiter meiner Sinne meldete sich, ich hatte mir's fast schon gedacht, die Nase. Ich, als Laie, unterschied zwar nur Kuhdreck und verfaulte Rüben; drückte derweil aber, um nicht gänzlich untätig zu sein, nochmal mit dem Rücken die Fensterflügel etwas fester an. / Dann Augen auf : –; – : die Straße war es, (worauf ich mich dito gefaßt gemacht hatte), nicht. Dazu waren die schwarzen Auf- & Seitenrisse der Hausförmichkeiten zu nahe; ergo ein Hofraum. Ich begann, und zwar aus besten Gründen *nicht* der Nase nach, sehr langsam vor zu schreiten : schier bei jedem Schritt wurde der Himmel bleicher, (und in diesem Fall folglich freundlicher : richtig; der Mond würde sich ja, wenn auch schon beträchtlich tiefer, noch irgendwo rumzutummeln haben). Schon roch ich den 10 m langen Rüben-Marmorkuchen, links neben mir, nicht nur; sondern erkannte auch die Stroh-Spitzen, mit denen man ihn oben garniert hatte. Als ich um ihn herumbog, tat sich in dem hohen Schattenwall ein gewölbt Portal auf : ins Freie. Ich trat, versteht sich,

sofort darunter, und lukte – ? Dann umdrehen – : Mensch, das war
doch der Hof von vorhin ! Wo der Knecht sie auf's schlafende Auge
okuliert hatte; (gab es nicht auch ein hort-i-cules ‹Pfropfen in den
Spalt›, bebend unsäglich immerneu ? S-top, nichts da : ein großer
Gedankenreisender (‹Reisender in Gedanken›) das ja; aber bitte kein
Globen-Trottel mehr.) Jetz wußt'ich genau, wo ich war : links runter;
links rum. Und dann immer grade aus; 3-fach merkwürdjen Geister-
schritts.
　　　　Noch ein bißchen zögern; und die Abschiedsstimmung genießen.
(Einmal konnte ich mir's, ohnehin zur Nacht entschlossen, jetzt leisten;
und außerdem wurde Alles, selbst für ein tiefliegendes Auge, ja nur
immer noch deutlicher : es war doch schon verdammt wüst & winter-
lich !). Hm. – Wäre, ehe ich des Teufels Tenne endgültig verließe, um
allein die Herbstnacht zu erproben (richtiger wohl zu übertreiben),
nicht vielleicht doch noch 1 kleinster Schluck prophylaktisch angezeigt ?
Ich trat zu diesem Behuf, verschämt wie ich immer war, nochmals
etwas in den Hofraum zurück. Hob den Krug, den erdwärts gekehrt–
mit Umsicht getragnen, mühsam zum Sängermund – (auch wieder eine
Attitüde, des alten Herrn SHANDY würdig : untem linken den SYNTAX
geklemmt; 3 Finger der Rechten mühten sich, mit 1 Fuß Wurst das
gleiche zu leisten; in der Mitte ein Gallonen-Sklave, dem sich gemästet-
ster Mief plattfootig nahte : ‹Absetzen Orje.›) Beim Befestigen des
Korkens ergab sich (nicht etwa aus List; vielmehr ganz en passant)
unweit von mir ein Licht-Ritz; schmal aber sehr scharf : ! Ich mußte
säufzen; denn zweifelsohne wollte hier wieder etwas notiert sein; (und
wozu ist schließlich der Sänger da, wenn nicht um das Uni-sive
Perversum mitzustenografieren ? Allen zum Anstoß, Keinem zur rechten
Freude. Ich echste noch einmal; und begab mich dann, ‹flicht bewußt›,
in Richtung Leuchtschlitz). Dieses war gar nich so einfach, und mein
Nahen mehr ein Klimmen : man hatte anschein'nd eine größere Anzahl
Fichtenstämme hier gelagert; um sie dann, am stillen Herd zur Winterszeit, brutal durch den Ersteren zu jagen – ich erklomm das Geröll,
kummervoll & möglichst-leise, vermittelst jener Mühe, die so langes-
rundes uns Nichtmehr-Greiff-Füßern zu bereiten pflegt. Regelte dann
meinen, gewürzig gewordenen, Sänger-Odem. Und bettet das große
Auge . . . . .

　　　　　　　　　　　　　　　　　　. . . . . : Madonna mia Cara !
: Jägerinnen, wie ich sie so noch ny sah; (‹das sag ich Euch : 1 Kerl, der
onaniert ? !›). Wer Unrecht hatte, war natürlich wieder ma einwandfrei
Ben Akiba; (im Gegensatz zu ihm ich, schlitzhäutig, leicht an

Verschalung lehnend ..... : mi follere canzon, was'n Landstrich dashier !). –

Das Innere einer (schlecht beleuchteten) Riesinnen-Scheune : irische Gardinen schwankten; Strohe bündelten; um MEG mit dem Fötnantlitz. / LENE, das Schlangenmensch, über ein Aluminiumwännchen gekniet, die nassn Zähne vor irgendeinem Einphalls-Winkel goldschimmernd; (und zwischen ihren Schulterblättern ereignete sich doch allerlei Zier & Ausbündigkeit). / Jene HERMINE, ganz rock-&-roull-Schinkn, ließ ihre Kot'letz wimmeln. / Und endlich die Letzte, die ALEX gerufen wurde, mit blondbraunem Haar bis auf die gottesgabien Schultern. – Ihre dreiviertellangen Hirschkalbfelle, die Bekleidung der Eingeweihden, (wie sie auch in WILSEDE die Leute auf jenen gar nicht unbloxbergijn Hügel kutschieren), hing von einem dicken Ständer herunter; (und daneben 1 armseliges, vor Kürzestem noch lustig-lebendes Kleinst-Kaninchen : ich trampelte mentaliter & fluchte auf das grausam-flexible Volk !).

Senkrecht aus dem geschlagenen Lehm eine hohe pintförmije Taschenlampe (3 Batterien über'nander, mindestens). Niedlich befleischte Händchen im kleinen Koffer; Füßchen mit hohem Spann auf Kamelhaardecken (‹von Nordchinesischen Tieren› : Fastgans entpuppte Puppm auf sogutwie Unverwüstlichem). / Der Einen stand die bunt–gepanthte Bluse noch offen; (sonst hatte sie freilich nichts mehr an; der Powaritsch ein glatter CANOVA). – Begegenseitigung; (‹Der Mimus von Mir, Ihr & den Mäggis›), sie gingen sich um die Bärte : hie ein titt–anischer Mop, zwie-Bäckig akrobatschelnd. Dort 1 Ohrkuß samt Babysprache der Liebenden, (und vielfettes Stieren : sie ölten sich hastig mit Gelees, und schienen sich selbst gehören zu wollen.) LENE LANGE hatte sich aus dem Hand-Köfferchen (das demnach die Heiligengeräte barg) den über-mäßigen Zapfen aus Kunstharz geholt; bestreute ihn mit einem Gemisch, (sagnwa ‹Salz Asche & Feffer› ?), Fibel-Hände zu feeble-Augen band sie ihn vor; näherte sich, im verrenktn Drittn Gang der rossig MEGgerndn (dies die Novizin, was ?). Sie küßten sich einander empor; trampelten, auf der Spitze des Hügels angelangt, furchtbar auf; alberten in Gallertfalbeln, beperlt – und dann Wienerte sie ihr agathodärmiges Cunteßchen, (Vermischung diverser Techniken übrigens; ein rechter Hexenstich) – bis übers Perlmutterknie war sie-in-sie eingesunken.

Aber auch die-hier, ALEX auf HERMIONE, schonten sich nicht : mi sur le do paukten sie sich mit dummfschallenden H'enden, bauchbläsich unterschlechtich schleebäuchich, Haarich contra Haarich, (STRECKFUSZ'

Liebesprobe), Potz Tittsian & Pimporetto, Giorgionenhäuptich & Bellynistielig. Beine ringelritten (kleine Aluminium-Sporen an den blühenden Mennige-Hakken), frigstressig Poly-Pritscheln in speib'reiten Mitteltümern, überwölbt vom hohen Rückenbogen, Klo-to'sch Minnetutn & Lach-Gesiss. Wo sonst Worte waren, hausten itzt Schnatter, Minyasmen & Gluckchern, süße Mundkunst beim Riekengevipe (oh, bloß nich *da*ran denkn !). / Übrigens ein klarer Phall : die blondstählerne ALEX ebenso, wie LENE'ns gepflegte Magerkeit : die Stierin mit dem Silberhorn; (sie tauschtn just; und die jungen Punzn unktn & quakkertngleich, mehrbusich-gensefettich) : auch dieser neue Mengling, mort auf mort, micksDe nicht minder bausprit änd radder, ein menschlichster Takt. (1 hohler Zahn, 1 hohler Berg; eine jägliche ihr Brunzgespons.)

Aber die Schatten verknauften sich, Händl–süchtich, vor meinen überforderten Blicken, ob Klinkermädchen ob Mahoganygörl, die waldigen Berge das Tal, (auch kurzes Haar müßte Einem eigentlich zu Berge stehen dürfen : wenn man in einem wirklich Freien Staate lebte, wären durchaus ‹Gesangbücher für Lesbierinnen› möglich, für Bielweise Bockschickerinnen Druthen & Galsterweiber). / Freilich was diese LENE hier wieder stichlinks trieb, schweißgeschmeidig, schmuck & schnippe, (und die Leffzn der Unteren schnepperten & quicksalbten; Halla-Li Halla-loh – mir fiel gleich wieder die Jägertapete ein : wenn ich bloß diese Herstellerfirma gewußt hätte; *ein'* Raum würd'ich mir bestimmt damit austappezieren, feinsinnijen Besuchern zum Tort !). / Ihr Bauch fing an zu pfauchen, so tat sie den Diana-Dip ! Und ob auch die andre Dyke neben-ihr co-puhlierte, daß HERMINCHEN schimmelgeritten zu wiehern begunnte, (Wadenrundum, eberhardt oder auch schlotternd, je nach Aggregatzustand), die feuchte Fixe, hüfthornissig durch duftende Sackgäßchen biegelnd, hetzte, Hufe im Kreuz, winzbräutlich voran, so schlamm wie sie nur cunt, in einem Tem-Po fatschend, daß die Echos, stotternd vom Sims, nich mehr mit kam'. (Einmal, da ich, kopfschüttelnd, den Krug an setzte – manchma hab'ich soden eindruck – jammerte die Wand; und sie stutsten : ? – schrieben's aber dann tuttltaub, doch dem Himmlischn Kind aufs Konto.) Obschon sie-sich, surrsumm, bald darauf erhoben, (: 4 tiefgespaltene Bleichmonde erhellten da die Tenne). / : »Nahaddas weh getan ?«, erkundigte sich LENE ? Und MEG schüttelte sich begeistert : au countraire : ‹Mehr-Mère !› (Sie blähtn schon wieder die Bäuche.)

Aber auch meine ‹Stellung› konnte ohne Übertreibung als kompliziert bezeichnet werden : nur an 3 Punkten befestigt, rechter Fuß, linker

Fuß, linke Schulter, (die rechte bog ich soeben möglichst weit wandab, um ein Filosofenschlücklein zu tätigen – ein im höchsten Stehen Hinschmälzender, Allegorie intensiver Gegenwart – hoffentlich waren die Schtemme nich allzu harzick, ‹Schwan von Schadewalde kleb an› : sehr ricktick, auch Zecken würde ich mir demnächst ein paar zu ziehen haben; (hoffentlich nich wieder an der Eichel, wie einmal als Twen; das war sehr onangenehm gewesen). Und was das Verdienstvolle frühzeitiger Beesexualität anbetrifft, so wahr ich nicht entfernt Kenner. Immerhin schien's den armen Dingern ein'n Morts-Spaß zu machen.)

? Und warum ei'ntlich ‹arm› ? : ‹Wenn Liegen stehen heißt, so stand es gut um sie›. Jawwarúmm ?; ich wußt'es selber nich. Aber, savvey, das wäre was für Meister Roland gewesen; der hatte ständig irgend'ne Arbeit in dieser Richtung unter der Feder; jegliche davon mit Aufnahmen, die einen auch nur einigermaßen ideal veranlagten Jüngling im Blattumdrehen zum Atheisten gemacht hätten, und zwar für die restlichen 20 Jahre seines Lebens ! Diese Ärzte ha'm ja Möglichkeiten, von den' sich der normale Erdenwurm, mit 3 *lll,* nichts träumen läßt, (bzw. wenn schon träumen, so doch nicht annähernd das Wahre : stiellose Pfannen, oval runzlich behaart, die sich nach Eiern sehnten; von denen gleich einhalb S-tieg faulster Sorte daneben; dann wieder 'ne allerblauste Blum' der Ritterschaft, und so ging es fürder, möglichst Alles farbich-tz). Dabei war er, (Roland), was die Aktivseite anbelangt, nicht einmal halb so schlimm – unsre Fähigkeit, Schwarze Messen zu celebriren, ist, Mutter Natur sey Danck, ja ziemlich begrinzt – aber vielleicht gibt schon das bloße Wörtlein ‹Höhensonne› zu denken ? Der bombylophorme Summsang des Schmalfilmapparates werde (wie er uns erklärt, auch ad o culus dämonstriert hatte) nicht nur begierich als lab'oratorisch-hinreißender Mille-lieu-Klang akzeptiert, sondern wirke überdem hipp-notisch auflokkernd : die eigene Hand schlendere unwillkürlich an Einer hinunter. In besonders verkrampften Fellen credenze die Sprechstundenhilfe, maskulin weißgewappnet, halb Templeisin halb Engelserscheinung, ein harmloses Schlückchen Äther; (‹Das Buch ETHER› : er wisse es jetzt, wie die Seele gebaut sei, pflegte er neuerdings ruhig zu erklären; und dabei einen queer-Schnitt von dem Ding rum gehen zu lassen, daß allen Anwesenden graute; übrigens sei FREUD der Mann; und JUNG, schnippisch & unklar, nich viel mehr als 'n Rückschritt). Und was Denen an statistisch-tausensassijem Material noch gemangelt hatte, lieferte, in selbst Die überraschender Fülle, der ‹Röntgen-Bus›, MEGanthropoussirend von Dorf zu Dorf, elfenbeintürmend gürtelrossig busserlbusig – einmal, im vertrauten Zirkel, weit hinter Mitternacht, hatte er's, bei der Flasche, angedeutet : wie man da die intressantesten Phormen ein Stück zurück treten ließe – : ‹Bitte ma die Hände im Genick verschränken. – Tiefatmen : *und* anhaltn –› – während unermüdliche Tonbandapparate, (das Mikrofon draußen, neben der Gangway), indes die Gespräche der Dorfbewohner aufzeichneten, fröstelnd & geil : die bekamen dann Volkskundler zur Auswertung, beziehungsweise die Germanisten von der Slang-Lexikon-Redaktion, (‹einst hört in salva terra Perilous süß Getön›; eines der Nebenergebnisse bestand jetzt schon in der, selbstredend sorgsam ‹im Fach› gehüteten, Einsicht in die lächerliche Unrealistik sämtlicher bisherijen Literatur). Daß Meinungsforscher und einzelne Parteien, gegen hohe Gebühren, im Abonnement Auszüge daraus erhielten, versteht sich wohl von selbst, (damit finanzierten Die dann ‹weitere Teile› ihrer entsagungs-follen wissenschaftlichen Tätigkeit); als sich jedoch 1 Regierung (die er nicht näher bezeichnen wollte) samt den ihr unterstellten Geheimorganisationen gratis ebenfalls einzuschalten gedachte, habe man – in ungeheuchelter Entrüstung, wie sie dem aufrechten Forscher so wohl ansteht – die drohend bepißtoltn Emissäre schon im Vorraum derart mit Strahlen gefoltert, daß sie's bis ins Ultraviolette Ende gespürt & freiwillig um Pardon gebeten hätten; (den ‹Drogen-Anhauch› oder gar das ‹Dreimal Glühende Licht› hätte man sich sparen können). Und mußte doch nach innen kichern : irgendwie wurde die gesamte Umgebung der Kerls, und zwar gewissermaßen ganz organisch, so leicht meschugge : Roland besaß, als besondere Rarität, *2 schwule Kater*! Er hatte selbstverständlich in seiner Fachzeitschrift sofort über diesen ‹Fall von Homoerotik im Tierreich› berichtet, ‹mit Abbildungen›, versteht sich; ja, anfangs sogar unter voller Namensnennung der beiden Beteiligten – nur mit Mühe hatten wir ihn davon abbringen können; (sowas gehört sich ja nich; er hatte sich am Ende denn auch, obschon unter ständigem Protestieren, zu ‹Hodge› und ‹Hidigeigei› verstanden). Es mag völlig unglaubwürdig klingen, aber es gibt noch nicht 1 ausführliche, werk-gerechte Beschreibung des, nennen wir's ‹Bleistiftanspitzens›; vom Röntgen-Busen ganz zu schweigen. Man *könnte* das *schon*; und gar nich etwa bloß schokkierend unter Tittln wie ‹Hosn runter !›, sondern hoch-künstlerisch & dem gewaltigen Triebe angemessen; aber das würde mit unziemlicher Sicherheit bei uns nicht nur diffamiert (nach der Losung ‹heimlich Wein, öffentlich Wasser›), sondern schlankweg bestraft werden : wenn die Regierungen 1 Sorte Künstler ganz besonders hassen, dann sind das die ‹Naturalisten›. Ich hatte einmal, mit diesen meinen eigenen Ohren, einen ‹führenden Politiker› in vollster Überzeugung erklären hören : ‹Kunst brauche's eigentlich gar nich zu geben› – von seinem Standpunkt aus verständlich; denn ‹Kunst› setzt ‹Beobachtung› der Umwelt voraus, diese wiederum ‹Tatsachensinn› : und *der* ist ja so ziemlich das Überflüssigste in den Augen der Regierenden; (zumindest bei den Regierten : je weitreichender die Artillerie, desto kurzsichtiger dürfen die Kanoniere sein.) / Besser abbrechen; gefährliche Gedankengänge, die vor allem meinem augenblicklichen lyrischen Vorhaben nicht nur nichtsnutzten, sondern mir sogar die Leier verstimmen konnten – ich legte lieber nochma das Auge an . . . . . : ?

: sie steckten sich gerade Obst. In den Mund : ein blasser breiter Wanst, heiße MEG, unter him-bear-Spitzen. Teelöffelte eine halbierte Grapefruit aus deren eigener Schale. LENE's sexförtige Heidexigkeit, ein Genie des Kreuzes. Müßige Hüfthalter an unberußter Wand. HERMINE'ns Mitte proustete ALPdrükkich, eine unerhört Bleiche braut. Mir über die Schulter, bis an die Augen verschleiert, eine Sorte Mond, never seen in the settlements. Die körperlich FittesDe schien immer noch jene ALEX, (ein Typ, hinter der wohl schon Jeder einmal hergeschaut hat; auch diesmal reekte sie ihren Stern mir zu; und jenes so oft mir schon Gekommene schien mir wieder zu kommen wie Neues). Sie gaben sich ein paar mädchenwonderschnarrije Stichworte; rieben sich hastig die pulse (Hülsenfrüchtchen) mit Balsam. Und begannen dann den Großen GORMAGON !

: ‹Gomorrha Dir !› : ‹Und Dir ein Sodom !› : so drehten sie sich im Höheren MALTHUKiasmus, und Schattn nikktn Beyphall reyn, (in Menschenrittsn wildverworrn), ein Rundlauf ventres à terre. Allihre Laute kamen allmählich auf Rollschuhen einher; oder auf w'abb-Wegen : LENdn schlanktn um weichselbezopfte mennig Grottn, knorpeltolle Patschchen wollhandkrabbelten, Flammingoarme halsten bestoßene Becken, zeitweilig unerfaßte Rundungen hupften auf der Stelle, chaokoontisch, j'Allah & injalbärtich : Zottel klebten zwerchfell dünten vögelfüßlich wipes Gewhippe hüfte Küssen glocken bammeln heute spreizen Blumen muskeln Irißschiff aus Honichkimmung das verschlang sich pimpelbunter arseblond in der Sahaara : ein kottytischer Hornpeip, mit obligaten Firleförtzen, (deren duodäzije Laute man freilich mit dem eifrich-süchtigsten Munde nicht mehr hätte nachbilden können : Die zeugete kein sterblich Howth !). / Immerhin wurde es fühlbar kühler hierbei mir. Und auch langweilig. (Nicht daß ich das Leben en bloc zu verleumden gedächte : *ich* weiß sehr wohl noch zu unterscheiden, ob der ganze Kosmos abnimmt, oder man bloß ich-selber; aber das Meiste war schon ziemlich doof. Natürlich gab's auch ab & an ne gelungene Stelle im Universum; aber die Mehrzahl der Produkte jenes sete Boss war Fusch-Werk, schnell & schludrich, wie vo'm alten– frechen Handwerksburschen : wenn's n Buch wär', würde der Autor schon das seinige zu hören bekomm'm. Aber so kuschschtn se Alle.) – Ich unternahm noch einmal etwas gegen die Kühlte; (keine Angst; ich kenn' mein Maß). Und begann eine letzte Blickungs-Serie; (bevor ich ab ging) :

: genug gebauscht genug gebogen ! / LENE – (: *auch* Medizinerin, genau wie Roland : *das* müßte eine Brut ergeben !) – puderte bereits alle erreich-baren Achselhöhlen; (wenn *ich* ein'n Rat geben darf : mit Jacutin; Vermeidung des Gewanz : ‹Verwanzung des Gemaids›). Sie trellerte dazu, phallsch & heiseler, ein langes Lied; (die Schlimmsten von Dehnen sollten, Roland behauptete das jedenfalls, einen Geheim-Zinken eintäto- wiert haben – ich könnte ihn wohl hersetzen, und die genaue Stelle nicht minder; aber darauf steht bei uns Karlsruhe). / Gegacktes brunste : ein MiegeMEGKEN. / ALEX, ganz stolz-besonnene Heroinnen-Profi, (naive Kolben hätten sie glatt als ‹Kniende› in einen Bildband mit Rassefratzen aufgenommen. Und sich dann womöglich furchtbar gewundert), barg bereits die Verspunderschurze und Zureiterwischhandtücher im Stifts- koffer. / Während HERMIN'chen, rot wie'n Carfi, noch den False-Staff ·beprilte; ihn auch, er Götzlich, gegen's Licht hob, und ‹ablaufen› ließ, thyrsinnig lang & dikk, (& ab-Trokknung & hin-Gebung). / Sie bekleideten sich, die Jägerinen; zum überwiegenden Teil gegenseitig, wobei sie sich fleißig Komplimente machten; (allerdings nicht mit ‹Jäger›-Hemden, ‹Mein System› : das war auch so ein Vogel gewesen, dieser spezielle Gustav, der seine Seele, zwar spät aber doch, auf dem Umweg über die Nase entdeckt hatte !). Neinein : hier wurde der eine Rücken dunkelgrün, (der Bauch dafür hochgelb & schwarz getüpfelt : Zunge glatt, Hände fahl). Hier ein violetter Schlafanzug, mittelbraun gestreift, (dolle Zusamm'stellung !). Dort der hauchigste Morgenrock meiner Bekanntschaft, ganz grau & seidig. Und LENE natürlich in engsten Strumpfhosen und ei'm Dittopullower, kohlschwarz wie eine Gottesanbeterin aus der Tiefsee. (Ihre Ruten Schwippen Gerten Geißeln lehnten gesellig um einen Pfosten. Der sich nach oben in dämmernde Balkengespinste verlor.) / Kauern & ‹Gesichter machen› ; (wie wenn sie zuvor keine gehabt hätten !). Sie belegten ihre Augen mit Puk; und belousch'ntn einander die abgeschweißtesten Stellen. Sie benannten die Salben, die sie sich, genau dosiert, an die richtigen Plätzchen strichen, auf gut Kosmetisch; d. i. eine von Mittelschülerinnen erfundene (& gesprochene) Lingua Franca, Chná, use it freely : sie schüttelten die

Fläschelchen wie baare Mixerinnen, aparte Farben apartere Formen; sie raunten von Bess BOG und Ruben Stejn; sie knieten zwangloser, und bewunderten laß ihre rosigen Kiemen. / Naschten auch Nahrung; (diese ‹Nüsse› sind ja prächtige Gebilde : die Gehirne der Wällschen, die Süßherzen der Haseln, die Monde der Paras ; das Paradies & die Peri). Sie löffelten Crème de la Crème und Melassen; mit rauhen halbverbrannten Lippen, (die nach Senoussi schmecken mußten : ich hatte eig'ntlich noch nie ne Rauche rinn; wohl weil ich selber nich). Schaumschlucke aus fanta‐vollen Flaschen (‹Da sitzt Kraft dahinter !›); sie leuchteten auch gar zu schön; um Mitternacht. / LENE hatte einen langen roten Faden aufgetrie‐ben; knotete ihn, verschlagen lachend, zu einem Groß-Kreis : ! Da kniete ihre MEG, porz'llanputtanaköpfigbegeistert, gleich zu ihr hinüberer; sie hoben kundrysche Hände, zum zweimal 10-Finger-System – – und legten dann doch ein Cat's Cradle hin, daß selbst ich erstaunte; (unsre Mutter hatte uns-Kindern wohl auch solch ‹Abheben› beigebracht; aber was Die-hier am Faden spielten, schlug alles pornisch-narzisch Dagewe‐sene ! – Grade daß sie an den schwierigeren Stellen die Köpfe etwas schief legten) : »Hatschi ! !« – verflucht, jetzt hatt'ich geniest ! Ausgerechnet ins Klaff. – : ? – hoffentlich – Aber sie schienen nichts vernommen zu haben. (Nur LENE bog den hohen Kopf noch etwas schräger. HERMINE sah von ihrem Lehrbuch des Autofahrens auf & memorierte was. Und ALEX mußte anschein'nd ma ausgiebiger; sie entschuldigte sich kurz.) ‹Auto-Aus‐drückungen›; auch so was : die ganze Sprache ist ja irgendwie sexuell superfoetirt ! Wenn man Die jetz wieder so von ‹Pumpen-Kühlung› bühnenflüstern hörte – und die Andern nikktn ihr gleich aufmunternd zu – von ‹Auspuff› und ‹Ansaugen›; alles aus halbgedämpfter ‹Drossel‐klappe›; irgendein, mir unbekanntes, ‹Kreuzgelenk› ‹gab Gas› ; und ihre 6 ‹Kuppler-Pedale› traten brommstremmlijer auf die . . . . .

     : ! ! ! – :

     : und torkelte doch hinter mich, wie von einer Tribade gestochen : SO‐EINE RECHTSVERKEHRTE hatt'ich in meinem ganzen Leben noch nich einstecken müssen ! – Hyänentrittlynx : ich starrte in ALEX' Rasseprofil; deren Blondhaar sich zu schlängeln an hoop : sie lachte Wut-Thränen bei meinem Anblick; und heulte zwischendurch auf, wie die Bohra persön‐lich – ich verlor gleich den Kopf! Die Fichtenstämme auf denen ich fußte, gerieten ins Rollen, (prompt war's, als ob etwas den Fuß mir versehrte !); GOttlob mußte auch sie dem teufelsklemmigen Geflöße erst einmal ausweichen : ‹Des Sengers Phall› . . . . .

     . . . . . Rennenmensch ! Nischt wie renn'n : . . . . . ! / . . . . . : ! ! : fing's nicht im scheunen All zu rascheln, dann zu toben an ? . . . . . : ! ! !

THALIA

: ochsengroßes Hundegebell ? ! – Ich war aus Verwirrung (und wohl auch, weil mich die Gällon, am freien rechten Arm, schlenkernd necessitirte) ein Stückchen rechts sandwegan gelaufen. Wurde nun aber hellwach; riß mich auf dem Absatz herum, und fing ernstlich an, zu entspringen : *das* war nun *kein* Spaß mehr ! Für mich alterndes Halbweltergewicht hätten vermutlich 2 der Elastischen mehr als genügt . . . . . : rennen Mensch ! : wenn nich gar LENE allein; diese Medici wissen so schmerzhafte Stellen, daß man sofort zusamm'bricht. Geschweige denn 4 solcher Focksmäidns *plus* Kirby : ich Floh & flitzte, daß es mich selbst erstaunte ! (Ändrue O'Phlegeton, you really make haste to fly !).

: » *HETZ* ! *HETZ* ! ! !« – Keile aus Kreischen, und : »Faß, Kirby, faß ! ! !« : ándaándaánda–dáledáledále meine Kunststoffsohlen ertönten wie Kastagnetten : GOspodin pomilui Die nahm' bestimmt kein Wergeld ! Wenn ich bloß den linken Arm nich so ankneifn brauchte – : » *HAZZA* ! *VITEVITE* ! ! !«, und ein Gegrölze scholl hinter mir auf, derart baßdicht, daß der Hund bis jetz lautlos galoppiert sein mußte, so freute er sich, daß er mich hatte, noch 2 Sprünge & ich speiste . . . . beziehungsweise als Aufwärter bei dessen Tafelrunde von 12 a Posslnreißern – anschein'nd erleuchtete mich der Hohe Name automatisch ob ich wollte oder nicht, denn meine Linke schlenkerte kümmerlich das Ende Wurst nach hintn weg – : ? – er schien es im Lauf gefangen zu haben (und leidlich bestechlich zu sein; denn ich spürte sein' heißn Atem nich mehr direkt so im Genick) : aber *meiner* wurde kolben-stößich –

: » *TSCHITO-TSCHITO* ! ! !« gehessich hell & grell : *so nahe* paradiddeltn jetz *die* harten Hufe, so fiff die mir adherrierende Luft bereiz von Rutn-Streichn – ich spürte, wie sich mir der Bast von'n Hakken schälte Wie flogn rächz wie flogn lynx die dörrferschtet & Flekkn ! Ich sprintete dahin unterm blutigen Schaffott des Monz, ich hing ihm unwillkürlich die flehende Hechelzunge hinüber, und während ich Allahkaronjunior übers Brückchen trommelschlegelte däddie-mämmie däddie-mämmie hatte mich's erwischt : !

: 1 erster Querhieb von links, schädelstreifig, daß mir wurd' als flöge mit der Monteromütze der Skalp mit : die sich fledermausig machte übers Geländer in den Beck segelflugte (und ihn nun zweifellos in alle Zukunft hinuntertreiben würde) : 4 Er-folgtihm-Lachen quittierten mir so schrill in beidn Ohrn : wenn ich mich um zingeln ließ, war ich futtsch : Schaß oh Poet !

: *ich muß den linken Arm frei haben* ! ! Ich ließ blutenden Herzens den köstlichen SYNTAX mitsamt Täschchen fallen : es klattschDe, als träfe ihn mitten in der Luft der Hieb, der im Grunde mir gallt (welch treuer Diener seines Herrn : ob Die dem herzelloidn Klang nach sogar mit ihren Cypriporen drein schlugen ? ! : ‹MIT DEN ZÄHNEN ENTMANNT !› ich sah die Schlagzeile förmlich, undeutlich-thermofaxig, wie in einem Nachrichter-Magazin nur gut daß an mir so viel nich mehr zu entmann'n war dennoch hätt'ich ungern grade *die* Haare gelassen : wären Die nich schon vorher entscheidend geschwächt gewesen ich geb auf ich –

– : ? : ! ! ! und erkannte das Lieferauto den Straßenkreuzer ! Von vorhin ..... Neue Kraft ! ..... ich hechtete einfach röchelnd an dem Grauen vorbei ..... mittn zwischn die Überzieherkartongs hinein ..... röch : ‹WECK !› – .....

* * *

(Drei Tausend Meter weiter haltend.)

Er, durch ein KZ-Leben zu schnellstem-klügstem Reagieren geschult, war, ohne groß zu fragen, hinters bibbernde-brabbelnde Steuerrad gesprungen; und hatte die Wilde Jagd erst einmal hoffnungslos distanziert. Jetzt kam er herum, und besah mich kopfschüttelnd; (er hatte das trübleuchtende Hinterteil, mitsamt mir-darin, erstmal einfach offen gelassen). »Danke«, hörte ich ihn sagen. (Bei mir gingen Lunge & Herz noch immer derartig, daß mir war, als bestünde ich nur noch aus diesen Beiden.) – : »Danke –« wiederholte er schärfer, und sah mich an. (Mir war in einem Maße übel, wie seit'm Militär nich mehr, wenn uns die Jabos über die Wiesen hezzten.) Er hatte sich eben achselzukkend abwenden wollen. Erkannte aber anscheinend erst jetzt, *wie hin* ich war. Er legte mir die Hand auf die Schulter; er sagte besorgt : »Nanu – – Menschnskint; schlafm Se mir bloß nich ein hier in mei'm Wagn.«; meinte aber eindeutig den *BRUDER* des Schlafes. (Und sitzen; & hechchln. –. –)

Ganz langsam. : nahm die Nacht wieder Formen an. / Links ein Waldstück. Schwarze Weberbäume, finster & still (: aber *schön* still !). Jappm. – Rechts freies Feld : ‹frei› ! Wunderbar. –. –. –

»Sie könnt'n aber tatsäch'ch noch NURMI beschem'm,« sagte er; erleichterter, als er merkte, daß ich endgültig zu überleben begann. (Achso : ich hätte mich natürlich längst bedanken müssen ! – Aber ich vermochte's selbst jetz noch nich, so versagte mir die Stimme am Staube. Ich saß lieber, und wartete, ob der Infarkt noch einmal mit sich hatte spaßen lassen. ?) Er schüttelte schon wieder den aschfarbenen

Kopf; er zeigte in meinen Schoß : »Was ha'm Se'nn *da* mitgebracht ?«, erkundigte er sich neugierig. – Auch ich sah da hin – ?

: Wonn Gällon ! Total unbeschädicht. Ja, sogar noch was *drin* : ich hob ihn mit beiden schlappm Hendn zum Munt; ich schtülpte ihn, ich soff & soff; (daß ihm Angst wurde, und er ihn mir vom Munde ab-bog – da, bei meinem Widerstand, merkte ich erst den fein-schneidenden Schmerz im rechten Fußknöchel : auch das noch ! Da würde ich in den nächsten 4 Wochen einen solennen Bluterguß nörsn könn'n.) / Ich barg ihn in meinem Schoß : *wenigstens etwas* ! Den würd'ich also künftig 1 Mal pro Monat mit edlem Whisky füllen. Und ihn dann, gedankenvoll, zum Tands der Tausend Stunden leeren können; das haucht aus Aschen noch die Glut empor. (‹Rote Nase, ein Stadium der Reife›.) Er harrte geduldig, daß ich zu berichten anfinge. Half mir auch zwischendurch mit nach vorn; neben sich; auf den ‹Todessitz›; (nu wenn schonn : bei einem anständigen Menschen lebt am Ende nur noch der Kopf !). –

Dr. Mac Intosh:

‹PIPORAKEMES !›

(Der Verfasser ist Gast-Lektor an einer unserer Universitäten; in seinem Heimatlande geschätzter Essayist, bei uns ehrenvoll bekannt durch seine Untersuchung der Benda' (1775–1832; ‹Goethejahr›, leicht zu merken) schen Übersetzung des SHAKESPEARE *– er schreibt den hohen Namen grundsätzlich majuskulös : ein feines Zeichen der bei unsern ‹Zornigen› weitgehend in Abgang geratenen Ehrerbietigkeit, zu wünschen höchlichst. Bestens unterrichtet & mit Freimut legt er den Finger in eine der schwärendsten Wunden deutscher Buchbetriebsamkeit – einen »schlimmen ‹Wolf› in unsern abruzzesten Schlupfwinkeln«, wie sein sarkastischer Ausdruck bei Überreichung seiner Arbeit lautete – und auch Wir haben Uns, nach reiflicher Überlegung, dazu entschlossen, den uns anvertrauten Artikel ungekürzt & mit voller Nennung sämtlicher Namen zu bringen. Nicht, weil die Meinung der Schriftleitung 100%ig identisch mit der des Verfassers wäre; wohl aber, weil zu hoffen steht, daß die, solchermaßen in Gang gesetzte, Diskussion sich in ihren Endauswirkungen als heilsam & höchstförderlich für den Standard unseres gesamten Schrifttums erweisen werde. –)*

I

Vermutlich – nein : gewißlich – hätte ich noch länger geschwiegen, und weiterhin, ‹in alls gedultig›, Materialien gesammelt; da ich jedoch, und würde ich so alt wie Thomas Amory, schwerlich gravierenderem Detail begegnen werde, habe ich mich entschlossen, das Thema, wenn auch nicht entfernt abzuhandeln, so doch jetzt & hier bereits kurz zu umreißen. Ich bitte also, mein Referat lediglich als Prodromus einer geplanten erschöpfenden Untersuchung zu betrachten. (Wenn ich im folgenden zitiere, so geschieht dies nach dem amerikanischen Original des WILLIAM FAULKNER, 'New Orleans Sketches', 1958; und dem betreffenden – ich wage nicht, ‹entsprechenden› zu schreiben – deutschen Buch, ‹New Orleans›, das 1962 bei Goverts herauskam. / Ich werde mich weiterhin bemühen, die über alle Maaßen befremdliche Ausdrucksweise meines Interlocuteurs fonetisch getreu widerzugeben; obwohl mich dies nicht geringe Überwindung kostet, und an die Leserschaft eine ausgesprochene Zumutung darstellt – aber ‹Die Wahrheit über Alles›.)

2

Da man grundsätzlich auch dem Gegner zunächst einmal Alles zugute zu schreiben hat, was zu seiner Entlastung, (wenn nicht gar Rechtfertigung), dienen könnte; so ist es sicherlich nicht unnütz, zu erwähnen, daß die Tage zuvor trockenes & heißes Wetter geherrscht hatte – ich bin selbst Luftdrucksensibler, und habe auch auf meinem Schreibtisch Baro & Thermometer stehen. Der Himmel also bestand aus weißen elliptischen Schuppen, in denen sich eine (schon bronzen werden wollende) Sonne sehr langsam bewegte.

(Es versteht sich, daß ich mich, vorbereitend, darüber informiert hatte, mit wes Geistes (?) Kind ich zu tun haben würde. Ich hatte also gewissenhaft in dem trefflichen neuen Autorenlexikon des Verlags Herder – what a name ! – nachgelesen; und mich dann noch zusätzlich bei dem rühmlich bekannten Kritiker & Kenner modernden deutschen Schrifttums, dem Verfasser des ‹Unbehausten Menschen›, erkundigt . . . . . : Ich möchte von vornherein festhalten, daß die also gewonnenen Daten sich als untadelig erwiesen : nicht 1 Wort zu viel; wohl aber viele zu wenig !).

Jedenfalls gelang es mir, nach längerer Irrfahrt, den Weiler aufzufinden, wo der Betreffende sich zur Zeit aufhält. (Bezeichnend in ihrer naiven Voxpopulität die schwermütige Auskunft eines Thomasmehlstreuers, bei dem meine Begleiterin-Fahrerin sich nach dem Hause erkundigte : »Jo. : So-Wat hebbet wi nu in'n Dorf.« / Die Nächste maulte vom ‹Glöwenix›; und metronomte dabei, ausdrucksstark, mit dem Daumen über die Schulter. / Ein Dritter allerdings riß seiner Augen Fransenvorhang auf, und flüsterte : »Datzn *ganzn* Grootn !«. – Daß er sich, um diesen schwierigen Satz hervorzubringen, an unserm Botschaftswagen halten, auch zwischen den einzelnen Silben mehrfach ‹Hick› rufen mußte, mag das ‹Gewicht› solcher Aussage dartun.) / Anhalten. / Aussteigen. (Meine Assistentin ließ ich vorsichtshalber gleich im Wagen.)

3

Hinter dem 6 Fuß hohen Zaun – Maschendraht, mit 2 Schnüren Stacheldraht darüber; (und dann noch die verwilderte LebensbaumHecke : typisch : ja keine co-operation !) – stand 1 Mann, mit einem dünnen, scheußlich-roten Plastikschlauch in der Hand, auf schütterem,

pfuscherhaft-gemähtem Rasen, (da lob'ich mir Unser HAMPTON-
COURT !), und besprühte eine Reihe kleiner, neugepflanzter Thujen.
(‹occidentalis› ? Ich will mich nicht festlegen.) / Ich hielt mich zunächst,
absichtlich, hinter einer Fichte; und Er, obgleich er das Geräusch des
nahenden Autos vernommen haben mußte, sah sich nicht um.

(Und warten. Ich hatte mich zu eisiger Geduld entschlossen.) –
–. – –. / – – –. – – – /. –. – :

: Er stellte vorn an der Düse; (man hörte's am veränderten Sausen
des Wassers). / »Das dollste Dink, seit Noah bei der Marine war –«,
hörte ich ihn murren; (auf Blasfemien war ich ja gefaßt gemacht
worden). / Unverkennbar an vapeurs leidend; (falls es sich nicht um ein
boshaftes Zeichen der Mißachtung handeln sollte, was zu entscheiden
hier nicht der Ort ist – die Frage ist so zweifelhaft, daß selbst-mein
Urteil, so oft ich von Neuem darüber nachdenke, schwanket. / Er legte
den Kopf auf die linke Schulter, und schien dem mefitischen Klang noch
nach zu horchen –) »Ganns Flachland schnarcht –« probierte er dazu
maulfaul. Und Pause. Und weiter Wasserwispern. / Dann, als ihm 1
ferner Vogelruf ins Schweigen fiel, – : »Als Gesang noch Gemurmel
war, hieß der Kuckuck Caruso.« (Saubere Maximen ! Aber ich verhalte
mich ja lediglich referierend. Auch däuchte es mir an der Zeit, vor zu
treten.) –

– : »Dr. Mac Intosh.« –

(Er war tatsächlich etwas zusammengezuckt : hatte er unser Auto
etwa *doch* nicht auf sich bezogen ?). Musterte mich, muffig & tückisch;
(und *noch* etwas glaste in seinem Blick, was man gleich vernehmen
wird). Er überlegte. Dann sagte er, ebenso schwerfällig wie impertinent
– (und das war das bezeichnende Gemisch unserer ganzen Unterhaltung
: wie da zuweilen in sein trübes Auge ein Ausdruck überwältigender List
trat !) – »Jå. – Es kann schließlich nich Jeder Schmidt heißn.« Er spritzte;
und sah dabei offenkundig weg, wie wenn er hoffte, daß ich mich
nunmehr entfernen würde. Zerrte auch, unter ausgesprochen hunni-
schen Vertraulichkeiten, den Schlauch ein Ende weiter durch seine
Selfmadeworld. (Und das bespritzte Laub raschelte, wie die Seiten von
schlechten, experimentellen, Kurz-Romanen !).

»Ich bin gekommen, um mich mit Ihnen über Ihre FAULKNER-
Übersetzung zu unterhalten –«; aber er, ungeschliffen, unterbrach mich
sofort. : »Nee.« sagte er. Machte ein Trapezmaul & zielte. (Lugte
bösartig ums Brilleneck : ?). »Ausgerechnet Willjämm Forkner –« hörte
ich ihn brummen; (schlechte Aussprache : das rundet das Bild entscheidend).

: »Dürfte ich vielleicht näher treten ? –« versuchte ich, ihm aufzu-
helfen. »Nö.« sagte er, und schüttelte den Kopf. / : »Wissen Sie, daß Sie
unhöflich sind ?« – : »Iss-iss höflicher, derart rollkommandomäßig zu
erschein'n ?«. / »Ihr großer GOETHE hat einmal.....«; aber er unterbrach
mich schon wieder. »Ich bin selbst Autor.« sagte er ablehnend; (&
jehoviales Grinzen, & saloppes Äuglinzn – die Megalomanie kam also
durch, aha.)

»Ich habe mehrfach über deutsche Übersetzungen unserer bedeu-
tenden angelsächsischen Autoren gearbeitet,« begann ich gemessen
wieder; »zum Beispiel hier, mein Buch über die Benda'sche SHAKE-
SPEARE-Übertragung ...« – (ich hielt ihm den schmucken Leinenband
hin, zwischen Stachelschnüre & Maschendraht; er besah ihn längere
Zeit, hatte aber dabei die Augen geschlossen). / »Benda –« sagte er dann
gedankenvoll; »alte Großfamilije –«. Und hörte gleich wieder auf zu
reden; und sprühte. / : »Ich gedenke Ihre FAULKNER-Übersetzung zu
besprechen ...!«. Er zukkte nur vorurteilsfrei die Achseln. Und sprühte.
: »Hören Sie eigentlich zu ? !«; ich, schon schärfer. / Und er, nach
einigem Überlegen ernsthaft – : »Ich hör' immer nur halp zu.« –
: »Dürfte ich beim Titel beginnen ? – Sie haben das ‹SKETCHES›
weggelassen. : Warum ? !«. / Er sah mich an, vergleichbar dem Erstau-
nen, wie wenn ein Maurer, mit dem man die Ausbesserung seines
Schornsteins berät, plötzlich den Ausdruck ‹Levitation› gebraucht hätte.
"Honest Indian ?" fragte er mißtrauisch; (ich wußte, wie billig, nicht,
was er meinte !). »Ha'm Sie jemals erlebt, daß 'n Lecktorr, oder 'n
Verleger – oder 'n Reh-Zennsennt – nich Alles besser gewußt hätte, als
Mann-Selpst ?«. Er; Ich wartete 'hutsam; (er taute augenscheinlich
aufer). Zog aus der Gesäßtasche 1 Fläschchen, (tuu dschills schätzungs-
weise); rieb vulgär den Korken, daß es fiff; sah mich über die gläserne
Mündung hinweg bedeutsam an; und äußerte
: »ES LEBE DER RAPATZKI-PLAN !«

(Ich schwieg natürlich : Windbeutelei, die Niemandem etwas beut !
/ Zu wieviel Prozent trunken, wage ich nicht zu entscheiden; das kriegt
man bei geübten Säufern nie raus; er fragte lauernd : »Ha'm Se ma was
Eignes geschriebm ?«. : »Ein episches Gedicht, dessen Held MOSES ist.« :
»Moses ! ?« wieherte er unwürdig, und sprühte im weiteren Bogen. –
Wie hatte's geheißen? : ‹Sein Schmähvermögen ist unerschöpflich :
wiederholungsfreie Fülle›; also *jedes Wort* stimmte !).

»*Ich* hatte – ich bin 'n alter Diesseitler,« schaltete er ein, »–' n ganns
andern Tietl vorgeschlagn.« »Und zwar welchen ?«. – »‹GEBURTSORT
NAZARETH›« zitierte er genüßlich; und sah, unter einem Winkel von 45°

248

in das flaue Gewölke; (als ob dann der Blick am weitesten reiche !). Ich gab ihm zu bedenken : »Wäre es nicht möglich, daß Viele – und nicht die Schlechtesten ! – Anstoß genommen hätten an solcher Profanierung des Heiligsten ?«. – Sein Gesicht verstellte sich auf's Absonderlichste ! Es rang in ihm; er arbeitete am ganzen Leibe. »Passn Se ma uff –«, keuchte er . . . . . : – ! ! ! (und nieste ? ! ! ! – sowas hatte ich mein Lebtag, selbst zu Oxfart, noch nicht vernommen !). »Ha'm Se das Echo gehört ? An der Wand von der Kaddoffl-Scheune?« fragte er, stolz-erschöpft. »Ich hätte ja wohl taub sein müssen.«, entgegnete ich angewidert.

(Und großzügig sein, und ihm Gelegenheit geben, sich auszulästern) : »Hätte es nicht etwas sehr fragebogenmäßig geklungen, dieses-Ihr ‹GEBURTSORT NAZARETH› ?« gab ich zu bedenken. Er wölbte anerkennende Augenbrauen, und nikkte mehrfach & interessiert. : »Schtelln S's'ich ma vor : 'n Fragebogn; eignhenndich-ausgefüllt von Benn Pandera ! : Den an HAUSWEDELL gegebm – ? . . .«. Er leuchtete förmlich von ekler Begeisterung: »Keen'n Hannt-schlack brauchte man mehr zu machn . . .«. Seine Stimme verschliff; er zielte einem Tännchen unter den grünen Zackenrock, daß es sich peinlich überrascht nach hinten bog; (Sujets wie bei Félicien Rops : der törichte Vice-Heide ! Nur rasch wieder zum Thema zurück.) : »Der Titel also, halten wir das fest, rührt *nicht* von Ihnen her – ist auch nicht in Ihrem Sinne . . . ?«. Er gab auf diesen Punkt keine Antwort mehr. (Ich blickte kurz auf meinen Merkzettel –, – ah ja.)

: »Es hat Sie gewiß mit hohem Stolze erfüllt, als man Ihnen das Buch eines Nobelpreisträgers zum Übertragen anvertraute, und ich könnte mir vorstellen – –«; ich unterbrach mich freiwillig; denn er schaute *so* herum, mit einem Gesicht, auf dem Einiges los war. »Machen Se's halblang;« sagte er abfällig : »ich hatt' Forkner zwar vorher ooch schonn nich besonders leidn mögn; aber seitdemchn übersetzt hab', kann ich'n überhaupt nich mehr ausschtehen.« (*Darauf* war ich nun doch nicht gefaßt gewesen !) : »Wollen Sie damit zu verstehen geben . . . ?«. Er nickte. : »Genau das.« sagte er; zog den Schlauch ein paar Meter an sich, kam um ebensoviel näher, und erblickte unsern Botschaftswagen. »Sie, iss das *Ihre* Knutschkugl ?« erkundigte er sich mißtrauisch; auch, entrüsteter: »Da sitzt ja *noch* Eens drinne !« / (Ich hatte mich indessen, geschult, fast wieder gefangen; ließ den Blick jedoch, vorsichtshalber, noch etwas wandern, mich ganz zu fassen – – : »Was glotzn Se'nn meine Lärche so an ? !« fragte er scharf dazwischen – – Ruhe; nur Ruhe bewahren.) »Wenn Sie Faulkner *nicht* schätzen : warum haben Sie den Auftrag denn dann angenommen ?«. Er schaute mich 1 Augenblick mit offenem Munde an; begann dann zu lächeln, und schüttelte faul-amüsiert den Kopf (Hutnummer immerhin über 60, schätzte ich; na's kann ja auch Wasser sein). »Sind Sie nu tatsächlich so weltfremd ?« fragte er, unverstellt ergötzt : »Weg'm Geld natürlich ! *Und* der Reklame. – Dachtn Sie aus Liebe zun Wissnschaftn ?«. »Also eiskalte Berechnung ? !«; ich, entrüstet. Und er, wohlgefällig nickend : »Eis-kallte-berechnunk.«

»Schätzen Sie Faulkner im allgemeinen nicht; oder aber nur speziell dieses 1 Buch ?«. »Allgemein nich. Und schpeziell schonn gleich gar nich.« (Ich hakte vorsichtshalber beide Hände in seinen Maschendraht, ‹hielt an mich›). Und eine absurde Situation, eigentlich unwürdig, dieses basislose ungeordnete Geschwätz ‹hinter Gittern› – ich dauerte nur um der Sache willen noch aus.) »*Warum* mögen Sie die zur Debatte stehenden 'New Orleans Sketches' nicht ?« : »Weil der *Ton* so falsch iss !« rief er rüde; »weil beinah' sämtliche Schtücke sentimental & verlogn sind ! ‹Armes Nigger sucht nächstes Fußfad nach Affika› : daher schtamm' dann unsre na iwn Vorschtellungn von Farbijn als liebenswürdijn ‹Großn Kindern› : Wir wer'n Alle noch ma Knopplöcher machn ! – Neulich war'n Araber hier, der wär' bald unsinnich gewordn, wie'ch aus Versehn Rückert's ‹Mann im Syrerland› zitiert hab' : Es wär'ne Gemeinheit; ausgerechnet sein Vaterland; Scheiß Hariri; und dann noch viel uff arabisch. Wir hab'm'n bloß schnell ins Schwimmbatt geführt, damit er wieder seine gewohntn Haremsfantasien krickt – wieder falsch: der Kerl war schwul wie Winnetou ! Bis dann endlich der Lehrer mit'ner ganzn Jungn-Klasse ankam, da war er zufriedn. ‹Masch Allah› hat er immerfort gemacht, und iss nich mehr vom Basseng weck zu kriegn gewesn – war'n dolles Bild, wie Der so da schtand : unbeweglich, Arme über der Brust ferschrennkt, der kurze Vollbart; sein dunkles Keep hinter ihm bauscht sich so gans lanksam weit ab, als wär' schonn Eener drann – uns fiel immer mehr Rückert ein. – Aber ein sauberes Eis hatten Die da; ich gloob, ich hab glatt mein halbes Dutznd Porrzjohn'n verputzt; der Bedienunk muß bald unheimlich –« hier unterbrach ich ihn; ich war nicht gesonnen, ihn das Weite gewinnen zu lassen. »Da Ihnen, wie Sie sich auszudrücken beliebten, der ‹Ton› des Buches derart widerstand : sind Sie da nicht daran verzweifelt, ihn getreulich zu treffen ?«. Er winkte mit der freien Linken lässig ab : »Das mach'ich wie'n Bauchredner. Allerdings war'ch froh, wie'ch das ganze geblähte & gedunsene Wesen hinter mir hatte.« »Sie verurteilen aber immerhin nicht *sämtliche* Stücke der Sammlung ? – Sie bedienten sich vorhin des Ausdrucks ‹beinahe›.« – »'ch weeß gar nich, warumm ich Ihn'n so viel

Antwort geb',« sagte er überdrüssig; »‹lieb gewonn'n› hab ich Sie nich
im Geringstn. – Ach, zwee'e filleicht.« : »Welche zwei ?«.

Er klemmte sich den Schlauch zwischen die mittelbraunen schmie-
rig-bemanchesterten Beine, (und es sah wahrlich ekelhaft aus, was da
lang & affendürr aus ihm herausragte, und wie wahnsinnig Wasser gab –
wie gut, daß Miß Whytefoot im Wagen geblieben war; es wollte mich
schier würgen ! – andrerseits war's ja wie im Alptraum, von dem man,
zur ewigen Warnung, gar nicht genug schauen konnte. (Und gleich die
ewige Mahnung flüstern : 'Take up the White Man's burden, / send
forth the best you breed; / go bind your sons to exile / to serve your
captive's need; / to wait in heavy harness / on fluttered folk & wild, /
your new-caught, sullen peoples, / half devil & half child.' Jaja.) *Jetzt
wußte ich,* warum unsre Peers, unsre Grand Old Men unter sich,
grundsätzlich, auch heute noch, von ‹huns› sprachen-: »Ein Deutscher!«.)
Es mußte mir wohl unwillkürlich halblaut entfahren sein; denn er nickte
niedergeschlagen. Und da erkannte ich auch – : Der hatte lediglich die
Hände frei haben wollen ! (Ja, aber da hätte er den Schlauch doch auch
. . . . . Ins Gras legen; oder *mir* zum Halten geben ?). Jedenfalls war das
Fläschchen schon wieder zwischen seinen Fingern erschienen; er fummelte. »‹'n Deutscher›« wiederholte er mich : »Eener, um den man sich
keen'n ‹Deut schert› : Sangt Kallam-Burgius !«. »Welche zwei ? !« ich;
und sah ihn fest an, ('in patience to abide' –). Er hatte die Flasche schon
ein Endchen weit im Munde gehabt, zog sie aber nochmals heraus, und
erkundigte sich schwächlich-mißmutig : »Wenn ich's Ihn'n sag' – : gehn
Se dann weck ?«. »Ich bleibe, solange das Thema es erfordert.« erwiderte
ich hart. Er trank. / »Eener mit 'ner Miss John –« sagte er dann
höhnisch; und : »Das neechste, was ich mach', iss'n Antrack bei'm
Landrat : opp ich ma nich'n Mien'feld legn dürfte.« Er trank./ »Also das
eene Dink von dem LÜGNER. Und dann etwa noch MEINLIEBERMANN. –
Aber *sehr* berühmt iss-iss ooch nich.« Er hielt das Fläschchen schief vor
sich hin, und musterte argwöhnisch den klein-schrägen Flüssigkeitsspie-
gel, (der sich, rührend anzuschauen, in seiner bebenden Potatorenhand
immer wieder vergebens waagerecht einzustellen versuchte); schob es
dann in die Hüfte, und schwenkte das linke Bein nach hinten, über den
Schlauch. Bemerkte dabei anscheinend mein gemessen-empörtes
Gesicht; fing an zu grienen und nickte mir zu : »Vor-merzliche Ge-
schtalltn,« sagte er : »Sie halltn sich woll für die Blum' der Ritterschafft ?
Ich mich ooch.« Er befeixte weiter das hiesige Firmament, wurde jedoch
unversehens ernster, als er all die Kjumjulei-Knospen erblickte; kratzte
sich auch unschlüssig an der Backe : »Wenn ich genau wüßt', daß mei'm

Impluwium heute noch 'ne Heimsuchunk bevorschteht .....« und besah zweifelnd & überdrüssig abwechselnd die Schlechtwetterbotschaften der Luft und seinen Schlauch, (den er jedoch immerfort mit typischem Trinkerscharfsinn leidlich präzise zu führen wußte. Sein Fuß trat grimmiger auf; und sofort erbebten die Syringen).

»Auf Seite 195 des amerikanischen Originals –« begann ich von neuem – sein Gesicht verfinsterte sich; er begab sich ein Stück tiefer in den Garten :»So; jetz müssn Se lauter schprechn.« bemerkte er hämisch. –»– heißt es von einem Automobil 'she was only doing sixty-six'; was Ihnen mit ‹Der Herr Wagen wollte sich nur zu 110 bequemen› zu übertragen beliebt hat : darf ich fragen –« (und ab jetzt mit schneidender Ironie, 'watch sloth & heathen folly !') –»wieso Sie das schlichte 'she' mit ‹Der Wagen›-ä ..... ?« »Och, das'ss gans einfach,« sagte er unbefangen; und hob an, visionär die weiten wogenden Roggenfelder zu begaffen, über denen es von Blütenstaub förmlich rauchte.»Graunicht Weißnicht –« hörte ich ihn zu meiner Überraschung murmeln, (hätte nie & nimmer gedacht, daß er solche feinen Feinheiten überhaupt wahrnähme); auch »7 Eichen-Alter lang –« kam noch hinterher; (was mit der vorliegenden, uns zur Bearbeitung aufgegebenen Situation ja nichts mehr zu schaffen hatte – zumindest erkannte *ich* einen Nexus nicht.*).

: »Wir sitzn ma, bei sinkender Dämmerunk, mit'm Bekanntn – mi'mm Auto : *ich* kann ja nich fahrn« schaltete er bedauernd ein : »ich bin noch aus'n präelecktrischn Zeitn, wo Mann sich noch mit Messern rasierte – im Kaffe ‹Hannibal› in Weyhausn. Die Frauen dabei : meine hatte 'ne ganze Zeit lank 'n Siebmpunkt uff der Fingerschpitze, sah doll aus !«. Er spritzte & sann. / »Es wurde also langsam finster –« half ich sacht ein. Aber er schüttelte nüchtern den Kopf : »Nö,« sagte er; »'s war ja Hochsommer, wo's so richtich finster überhaupt nich wirt; ‹schummrich› würd'ich sagn. – Der Kellner kommt raus, kopflastich vor lauter Hut; verrechnet sich: gippt uns demütije Lecknam'; schreibt um, und schlägt *noch* mehr uff. Der Jean Darm – der im selbm Gebäude wohnt – kommt angezogn, und hat Een'n verhaftet; so'n Schtromer, wie se unter all'n Mary-Dianen zu habm sind : total blau – iss ja scheußlich, wenn

---

*) Inzwischen habe ich nachräglich festgestellt, daß in der neuesten, berüchtigten ‹Unsichtbaren Magd› des Betreffenden, gelegentlich der Schilderung eines Abendhimmels, diese beiden Ausdrücke plötzlich dicht beieinander erscheinen. (Das sich dort weiterhin vorfindende ‹Nihilnull. Fehlt bloß noch'n Angelengel.› habe ich seinerzeit nicht vernommen; auch ist bei der berufenen Assoziationsverwilderung des Verfassers eine Genesis solchen Zusatzes schwer, wenn nicht gar unmöglich.)

Eener so säuft, nich ?« fügte er schlau hinzu. Ich fixierte ihn nur, ernst & streng; und er zwinkerte mir verworfen her. Wurde aber plötzlich auch argwöhnisch : »Sie, heeß'n Se ooch beschtimmt nich Hintzemeyer ?« erkundigte er sich : »Garanntiert Meck Soundso ? – Ich hab nehmlich neulich erst Een'n kenn' gelernt, der war genau wie Sie.« Ich schaute ihn immer nur unverwandt an. »Naja, möglich iss es ja,« sagte er (und es klang fast wie eine Entschuldigung); »aber falls Sie der verkleidete Herrhintzemeyer sein sollten . . . . .«. »Sie sitzen also irgendwo im Café, und-ä – ?« »– und trinken-ä Kuchen.« ergänzte er freiwillig. Überlegte. Dann, stumpf : »Nee; der Fechtbruder war doch schonn da. – Iss seelich & erzählt : wie er früher angeblich uff der ‹Emdn› war, und'n ad miral ‹Tirrpitz› gekannt habm will. Kwattscht natürlich ooch mein'n Bekanntn an, alla ‹Gipp ma ne Mark !›; und wie Der ihm nischt gippt, verflucht er unser Auto : zum Blechhaufm soll's werdn, zum Wunder, und zum Anfeifn ! Dann nimmt'n der Polyp am Schlawittchen; se renn'n halb ins Blum'mfenster. Und wir schteign ooch ein.«

(Sein Gefasel wurde mir langsam zu viel) : »Und das nun Ihr ‹Herr Wagen› ?«. Er hob abwehrend die Hand : »Noch nich.« sagte er; räumte ein : »'s war natürlich 'n Oplkappietän. Trotzdem wär' der Weg schlecht & sandich, und schonn zufuß 'ne ziemliche Zumutunk – was ja Etti Mollogisch von ‹Mut› herkommt – aber der war ungefehr da; und die fuffzn Kilometer Wald rauschtn ooch so appart : ‹Die Entlarfunk der Wellder›.« (‹Die Entlarvung eines schlechten Übersetzers›! Aber er war offenkundig in Erinnerungen versunken; und da ließ ich ihn jetzt doch gewähren : Wer weiß, was sich, ihm-ungewollt, noch Alles an mir-Brauchbarem ergab : spritz' Du nur.) : »Der also rann ans Schteuer; und Wir rinn : 'n alter Fux & 'n schwerer Wagn, was kann da schonn groß passieren, dachtn wa ? – Und ruff uff'n Sandweg !«

»Erst noch'n Haus : kleen, holzverschalt; gans einsam gelegn; kratzije Kiefern rundrum : vor der Tür sitzt 'ne Puppe. Ungefehr Dreizn – genau in dem Alter, wo die Biester kokett werdn, ja ? – schtrohgelbe Haut; nich gans'n Biekienie an; kuckt unerbittlich zu uns rüber; und malt sich dazu, in den Schtaub uff'm Bauch, 'n Kreis um ihrn Nabl. Der Kopp mit so langn breunlichn Haarn besetzt : wir halltn natürlich sofort an. – Um de Ecke rum 'n feuerblauer Backelieteimer. Und sonst ebm bloß diese endlosn-mannshohen Kiefern-Schonungn; die sich pö a pö anschikkn, *noch* endloser zu werdn. / ‹Pink-Pink-Pink› geht's immer im Hause drinne; und die Kleene merkt, daß wir hin horchn; sagt zu ihr'm Bauch : ‹Pappa iss Goldschmiedt.› & zieht dabei'n Kweerschtrich durch den Kreis. Hebt'n Kopp, sieht uns fest an, zieht noch een' senkrecht dazu

253

: ‹Und ß-weednborgianer.› – Sie, da war'n wa fertich! Doll Teerschiet, dicht vorm Phall.«

»Währnd wa noch so fertich sind, kommt schonn der Alte rausge-schossn, und sieht ooch aus wie Dapsul von Zabelthau : in der Hand 'n gans kleen'n possierlichn Hammer – intressant : ich kann da schtundn-lank hin kuckn ! – Das heeßt, ‹schtundnlank› natür'ch nich,« räumte er ein; (obwohl mein unwilliges Dreinblicken mehr seiner dissoluten Art zu berichten gegolten hatte, als der übertriebenen Zeitangabe). : »Wie sich dem die grauen Arme emporhebtn, als er vernahm, wo Wir noch hin wolltn ! ‹Fahrn Se nich !› schrie sein Gesicht immer : ‹Fahrn Se nich; es iss was Entsetzliches in den Wäldern-heute : ich bin Swednborgia-ner !›. ‹Dat weet wi nu,› sag'ich; und mein Bekannter gippt'm ooch irgend 'ne kahle Antwort – was, weeß ich nich mehr genau, hab's verschwitzt. – Ich hätt' mich gans gerne 'n bissl mit'm unterhaltn, denn so'n Swednborger fehlt ma noch in meiner Sammlunk; Die wissn ja die wunderlichstn Wortschälle, ‹Xaldnipter› oder so, hm hm hm.«

Er sah mich unversehens lauernd an. : »Sind Sie etwa Der, der seine Beiträge in der Frankfurter immer mit ‹zoroaster› zeichnet ? Nee ? Beschtimmt nich ? – Komisch.« fügte er sinnend hinzu. Zottelte mit dem Schlauch wieder ein Ende davon; ich folgte ihm zäh, um die Ecke des Grundstücks; (und stand nun auf einem ganz schmalen, total ver-wachsenen Rainlein, eingeklemmt zwischen eine leis rasselnde Wand aus steifen blaugrünen Halmen, höher als ich, und den unsinnigen Zaun; vor mir der wüste Vandale : *eine Situation* ! ! – ‹Wigalois› fiel mir unwillkür-lich ein, ix. aventiure : Der steht ähnlich so, zwischen Kolb- & Schwerter-rad und hinter ihm die Nebel-Eisenmauer ! (Dem trügend fahlen moonshine dort, entsprach das weichselzöpfige Gewäsche hier : 'Rural Hours' heißt man das womöglich !). – »Zoroaster nich : Hintzemeyer nich –« hörte ich ihn halblaut resümieren : noch heute Mittag hätte ich Jedermann Trotz geboten, der sich anheischig gemacht hätte, diese beiden Namen miteinander, und dann gar noch mit mir in Verbindung zu bringen ! Ein Stöhnen entrang sich meiner Brust, ich mochte wollen oder nicht.) Ich bat : »Sie fahren aber jetzt in den Wald dort ein : bitte !«. Er nickte mir gleich lobend zu.

»Sehr wohl;« sagte er. »Der Graue schrie uns zwar noch warn'nd hinterher : daß nu gleich der Mond uffgehen würde – aber das war ja eher 'n Pluß-Punkt mehr für uns, nich ?« (Ich bestätigte hastig mit Kopf & Händen, nur um ihn zum zügigeren Weitersprechen zu bewegen.) »Mein Bekannter kuckt noch ma nach'm Ben Zin Schtant – fuffzn Klemm' ohne Haus iss ja einiges – ich schlag' sogar noch de Bereifunk vor; aber er wehrt energisch ab : ‹Nee› sagt er : ‹Wegn Ssweednborgn nich : Piporakemes.›. Gippt Gaß, wie weyland Odd is Zeus vor Bully Fame – und rinn in's Gemisch aus Dusternis & Grün : im Nam' des Fadns & der Sonne & des heiln Kreuzes !«. »Lassen Sie bei Ihren anrüchigen Wortwitzen das Unerforschliche aus dem Spiel !« ordnete ich an. Er dienerte erst trunken & boshaft-verbindlich; wurde ernster, und erkundigte sich zögernd : »Meen' Se nich, es könnt' filleicht *grade* 'ne Mettode sein, sich Ihr'm Unerforschlichn zu nähern ? Nee ? Beschtimmt nich ? – Na denn nich.« sagte er resigniert. »Jednfalls werdn de Wagnschpurn immer ausgefahrner. Der Kappiteen wiegt mächtijer & tiefer – wie in'ner Dünunk saß man – hinter uns, die Gesichter unserer Frauen, beginn' mit'nander zu tuschschln. Uff eenmal hellt mein Bekannter, und fengt an zu schimpfm. – Ich hatt' mich ebm nach 'ner hüpschn-schtramm Birke umgedreht gehabt,« fügte der Lüstling, unnötig vertraulich, hinzu, »und wußte erst gar nich ‹warumm› ? Aber Wir schteign Alle aus, und schtehen uff'm – tcha, ne simple ‹Kreuzunk› war das ja nich mehr; das war'n glatter Weg-Schtern ! Ich will nich übertreibm, aber so 6, 7 Schtrahlen ginn von dem Grünplatz aus. Uff der een'n Seite liegt'n Morz-Felsblock. Wir sind natürlich neugierich und gehen hin. Schtaudn danebm –« (er maß mich glasig) – »so hoch wie Sie-bald; Nessln vor allem. Aber ooch Hederich. Und an der Seite schteht . . . . .« (er beugte sich, überlegend, etwas vor. (Und hätte mich beinahe bezischt ! »'zeihung –« murmelte er.) Dann) : »Hier ruht –« brach wieder ab, und machte ein Karpfenmaul. »Ich will nich lügn,« sagte er zögernd. Entschlossen : »Nee, doch nich : von ‹in GOtt› schtand nischt dabei. – Jedenfalls ‹Forstmeister von & zu. Inmittn der von ihm geschaffenen Wälder.› Und dann ebm noch –« (er hob bedeutsam den angeschmutzten Zeigefinger) : »‹erschossen von ruchlosen Wilderern, in der Dämmerung des Soundsovieltn› : und das war doch *genau der Tack,* an dem Wir da hieltn ! – Ich seh' mich um, so knakkt's & tollt's im Abgeschtorbenen. Und muß mein Bekanntn beim Arm anfassn : da schteht, genau mittn uff der een'n Schneise, 'n rotes versoffenes Gesicht, mit schwarzer Ohrnklappe : sah aus, wie 3 Kommunistn ! – Der Mond natürlich,« fügte er besänftigend hinzu; »immerhin. Der flucht ooch gleich, mein Bekannter, ‹Potz Bannreitel & Laßreis !›. Ich will ooch nich dahintn bleibm, und sag : ‹O HErr der Oxhofte !›. Und da schtehn wa nu; und wissen doch tatsächlich nich, welches der unnötich vieln Nicht-Wegsale wir nu weiter fahrn solln; *so*'ne gute Karte hatten wir nich. – Opwol keen Wort geegn Varta !« schaltete er, in seiner sinnlosen Exaktheit, hier ein.

»Und nu komm wa zu Ihrer Frage,« sagte er wohlwollend.»Wir begebm uns wieder die 20 Meter durch die dicke grünscheckje Demmerunk zurück, und schteign ein. Erst die Dam'm – die vor lauter Beleuchtunk schonn waxfladnblasse Gesichter habm; ob'm mit 'ner dunklen Franse dran : Jeder gippt seiner zur Beruhijunk 'n Kuß –« (er schmatzte verwildert-onomatopöisch, luftbüchsig : ‹Pff!›) – »als Letzter *ich*. Und da, eh'ich mich hin setz', sag ich zu mei'm Bekanntn: ‹Du,› sag' ich & zeig'ich : ‹fahr da runter. Und vorsichtich : laß dem HErrn Wagn etwas sein'n Willn.›«.

Schwieg. Und maß mich, gebläht & kurfürstlich, à la ‹Das hetzDe nich gedacht!›. / »Und auf dieses – ich will Ihnen entgegenkommen : ‹Erlebnis› – hin, nehmen *Sie* sich die Freiheit, dem größten lebenden Dichter der Menschheit – –!«. »Moment!« sagte er drohend, (und sein Strahl knisterte dicht neben mir im Getreide; ich wich & wankte nicht!) : »Wir kwattschn bloß von Forkner. – HamSe keene Angst –« beruhigte er : »ich treff Sie nich : dazu iss mir mein Wasser viel zu schade.« Griff schnell nach vorn, an die messingne Eichel; und schon stäubte es fein & zärtlich über die Hollunder.

»Woll'n Se's nich weiter, bis zu Ende, hörn?« fragte er unzufrieden : »Wie wa uns selbstredend verfahrn; nischt wie Rehbökke & Euln? Uff eenmal sind wa a'm Teich! Gans schwarzes schlappes Wasser; mondfaul schtehn de Beume drummrumm; weit drübm gurgelt der Apfluss –« (er machte es, schlaff-geschlossnen Geäugs, sofort mit dem Munde nach : »Bubbubbubbubbu...« – Wahnsinn! Eine Afterwelt, das hier; verdreht & gräßlich!) : »Da wer'n unsre Frauen verrükkt : ‹Wi wolln badn!›. Ziehn sich aus; ruttschn rinn ins Wasser, in Büstenhalter & Schlüpfer; und schwimm' Achtn um'nander. Mein Bekannter fängt ooch an, an der Hose zu nestln, und geht hinter'n Schtrauch. : ‹Du schprichst ma aus der Blase›, versetz ich, höflich wie immer –« (er sah doch unsicher einmal zu mir herüber; und ich nickte ihm, grimmig & ablehnend, zu :!) – »gehe hin & tue desgleichn. Und wie wa wieder zurückkomm', und unsern Undin'n, fast gedankenlos, zu-kukkn : falln Ihn'n doch uff eenmal 6 Schüsse :!!:!!!! – Op Die uns etwa für ‹Wildentn› gehaltn habm?, weeß ich heute noch nich. Jednfalls fang'n wa an zu kreischn, beezettweh zu bölkn. Die komm'm rausgekrabblt. Wir schtoppn se ins Auto rein, nakkt & naß wie se sint –« (er wischte sich langsam mit der Zungenspitze um den (garantiert fuselduftenden) Mundsaum. / ‹Pornografie›! : ich bin im Bild über Dich, Du! / Man muß sich das richtig vorstellen : 2 triefende schutzlose Frauen, nur im Büstenhalter, in ein nächtiges Auto zu schieben-drücken-stopfen! Und so-Einer beabsich-

256

tigte dann womöglich – ich hatte davon munkeln hören – das ‹Angria›
der Brontë's zu übersetzen, ein Brontë-Saurier : das *darf* nicht geschehen ! Verleger aller Länder vereinigt Euch ! / Er, versonnen) :
»Wir zokkln weiter; und machn uns schonn mentaliter gefaßt, im
Wagn zu übernachtn –« (hier unterbrach uns ein nah-ferner Ruf. – :
»Schwarz & Weiß & Mul & Min !«. My godfather – was bedeutete denn
das wieder ? Auch er horchte, unverkennbar beunruhigt, hin; und redete
hastiger) – :»da seh'ch'n Licht, halbrechz voraus. ‹Und wenn Du mir
100 Vorhäute von Rezensenntn bötest,› sag ich : ‹aber da fahrn wa jetz
druff zu !›. Er läßt zwar 'n Motor brumm'm, unwillich, ‹zwischn 2
Bergn brummt 1 Bär› – Sie, der macht Dinger mit sei'm Kappitän ! Der
läßt den förmlich redn; man weeß genau, was er sich so dengt –
schteuert aber in die Richtunk. Es dauert lange; endlich haltn wa doch
vor irgndwas Gefleegtm-Schmiedeeisernem. : Sofort komm' zwee
Kerle in Uniform rausgeschtürzt !«. (Er meinte, wie sich sogleich &
einwandfrei ergab, ‹Livree›; und auch darin tat sich sein unzulänglicher
Wortschatz kund, daß er die Gebärdensprache über Gebühr mit heranziehen mußte). »Mit Windlichtern in'n Händn. Verneign sich andauernd
vor mir –« (er machte es selbstverständlich, noch während des Sprechens, schon wieder mit, und schnitt hofmännische Frazzen) –»und
sagn ‹Durchlaucht›; und nochma ‹Durchlaucht›. Und mir *wirt* ooch
schonn gans erbprinslich im Gemüt, als müßt'ich demnächst mal Irgndjemand an-herrschn. Halt aber, als ehr'nhafter Prolletarijer natürlich an
mich; und sag bloß, gans samftmütich : ‹Meine Herren; Se irren sich.›
Wink mei'm Bekanntn zu, daß der 'ne Zie"rette rausreichn soll – ich
rooch ja nich – und Der flucht zwar leise; hällt aber eene ins Fenster. Ich
nehm se'm ap, und geb se weiter. Und der zünd't se ooch gleich an seiner
Halblaterne an – die sind ja obm offn, die Dinger, ja ? – und bemerkt,
währnd er unsern Rauch ausatmet, zu dem Andern hin : ‹Er iss es wieder
nich.› Da kommt Der ooch näher; und hat'n Vollbart, Sie, wie der
Könich von Neu-Zembla, so –« (er hielt die freie Linke in halbe
Brusthöhe) –»rechz & linx noch in 'ne Schpizze ausgezogn; so daß ich
unwillkürlich 'n kleen'n Diener mach', und dazu sag : ‹GOtt erhalte
Franz den Kaiser.› Mein'n Bekanntn drinne hör'ich ooch 'n Kopp
schüttln –«. : »Wieso konnten Sie das *hören* ? !« unterbrach ich ihn
verzweifelt; »Und sehen doch wohl auch schwerlich : es war doch
inzwischen bestimmt so gut wie finster !«. »Bei Dem hört man das,«
erwiderte er unbefangen : »das gippt so'n Knakkn im Genick, wenn
Der'n Kopp heftich bewegt – 's hätt'aber weiter nischt zu bedeutn, hat
der Arzt gesagt. – Immerhin hällt er freiwillich noch'n Schtäbchn raus;

257

ich geb's dem Haarmenschn weiter, und Der nimmt's ooch; schteckt sich's irgndwo rein, und fängt dann an, mit seiner Lichtlilje zu zieln : da sah man erst, *wie blau* Der war ! Wisiert, & wankt; schteckt uff eenmal mit'm halbm Gesicht obm drinne, und schonn schtinktz nach verbranntm Haar ! : ‹Äi verrfluchtchän –› merkt er gans gemütlich an; war also aus Ostpreussn; und nachdem wir – ich & der andre Lackei – uns vom Lachn erholt habm, halltn wir ihm Jeder eene Seite von sei'm Bart zurück; und Der entflammt sich seine Attika, und schmaucht vergnüglich. Vor uns, gans hoch obm in der Luft, hebts an, wie Kettngerassl, und 'ne Uhr will anschein'nd schlagn : flattern die Beedn doch sofort mit'n Arm', und schreien ‹Kukkuk› mit – so richtich gehässich, ja ? ; 'four for the quarters & twelve for the hour' : ‹Kukkuk ! : Kukkuk !› – Zuschtände wie bei'n Nopandern ! Na, ich wedl aus Höflichkeit ooch 'n bissl mit'n Henndn, und sag mein ‹Kukkuk›; und fang dann an : ‹Wir hättn gerne 'n nächstn fahrbarn Weg nach Haidkrug gewußt –‹. Da hör'ich, wieder, *noch* schwerere Schritte; und 'ne tüpische Haushälterinn kommt uff uns zu, so'n richt'jer Dragoner : zwee'nhalp Zentner, schwartzgraue Borschtn unter der Neese, 300-Watt-Oogn. Und mein Bekannter – der schwer-anfällich für den Tüüp iss; 'türch reinplatonisch, aber Frau'n unter Fuffzich intressiern Den überhaupt nich – macht gleich'n Schwaan'-Halls zum Fenster raus, und züngelt förmlich und will was sagn. Da brüllt se aber schonn : ‹Haun Se ap ! Ich hab Se beobachtet ! Diese Lohndiener tun sowieso nur das Notwendichste : Se sint hier bei 'm Land-Tax-Apgeordnittn !›. – Für'n Unbeteilichtn max natürlich gefressn ausgeseh'n habm.« Er biß sich kopfschüttelndlächelnd die Lippe, und ließ den hydrocephalen Schädel längere Zeit pendeln. »Sie sind-ä – Kommunist ?« fragte ich, so leichthin-sachlich wie möglich, das, was mir meine Gewährsmänner sattsam angedeutet hatten. Er schob die Unterlippe so weit vor, wie ich es anatomisch nicht für möglich gehalten hätte. : »*Noch nich.*« sagte er ruhig; fügte auch schwermütig hinzu : »Den Kommunistn SPD; der SPD Kommunist.« Schritt sinnend, ‹Den Guelfen Ghibelline›, zum nächsten clover-patch; (und ich, schändlich-parallel, am Zaun nebenher – entwürdigend !).

»Ich hätte gern einmal den Hülfsapparat gesehen, dessen Sie sich beim Übersetzen bedienen. – : Darf ich *nun* eintreten ? !« fragte ich ungehalten. »Nee !«, entgegnete er grob, und zog ein letztes Mal die Flasche aus dem Hosensack : »Ich bin zu groß, um andere Trinkgenossen zu haben, als die Ferkadan –« erläuterte er; dann, drohend : »Ihr Maß iss ooch allmählich voll.« »Und *Ihres* gleich leer,« versetzte ich furchtlos, und wies auf das Buddelchen. »Nich schlecht,« würdigte er mich kaltblütig; hob das Gerät an den Lästermund, schlukkte süchtig den Rest and burped. Dann : »Was heeßt hier ‹Apparat› ? : Den altn Muret-Sanders; mehr braucht'n doll Mätscher nich.« »*Nicht* Ihren allerneuesten, *ganz* großen Langenscheidt?« fragte ich höhnisch. Aber er verneinte würdig : »Ich hab ma de Buchschtabm A bis K verglichn & ausgezählt,« sagte er unerregt, »da verhält sich, wohlwollnd gerechnet, das Wortmaterial der altn Ausgabe zu dem der neuen wie 11 zu 7. – Natür'ch hab'ich den neuen *ooch.*«; (zuckte aber doch wieder die Achseln über dieses Standardwerk). »Und sonst nichts ?« (ich, schlau bohrend; ich brauchte ja Material zu seiner Hinrichtung) : »Keinen Webster ?«. »Websters hab'ich Zwee-e – Dreie eig'ntlich : een' von 1854 – für Cooper, der mir lieber iss als Ihr Forkner; zumindest zum Übersetzn – und den neustn von 61 ooch.«, überdrüssig : »Aber das brinkt Alles nischt ! Nee-nee : ich lob mir mein' altn Muret-Sanders.« / »Besitzen Sie irgendein Wörterbuch der Deutschen Sprache ?«. (Hier wurden wir unterbrochen; die unsichtbare Stimme rief abgemessen-kuckucksuhrig : »Blanka : Silberbart ! – : Blanka : Silberbart !« –). Er schüttelte beruhigend den Kopf : »Sie meint uns nich,« sagte er geheimnisvoll : »*noch* nich.« Drehte den Oberleib auf unsicheren Beinen, und brüllte gehorsam über's Gelände : »Nich hie-ier ! !«. Wandte sich dann wieder mir zu : »'n Adelung,« sagte er giftig : »Sonst noch was ? !«. – »‹Adelung› –«, wiederholte ich mechanisch : *den* Namen hatte ich mein lebtag noch nicht aus dem Munde Moderner-Nachschlagender vernommen ! (Oder konnte es eine Falle sein ? Er sollte ja notorisch von – daß ich das jetzt aber nicht verwechsle : kriminellen oder kriminalistischen ? – Vorfahren abstammen. Adelungadelung – ich kam & kam nicht drauf.....)

: »Halt ! Halt !«. Denn er hatte, während ich sinnend stand, die Hand konzentriert über den Augen, sich zu drücken versucht. (Wie war gleich die Regel meines venerablen Oxford-Don's für Interviews gewesen ? : ‹Die Zunge lupfe man entweder durch Alkohol; oder aber, indem man den Betreffenden klug reizt.› Und da Der-hier, was Alkohol anbelangt, nicht mehr beeinflußbar schien, blieb nur die Alternative) :

: »Wieso haben Sie derart mediokre Arbeit geliefert, wo Sie doch – wie mir von gut-unterrichteter Seite mitgeteilt wurde – *zwanzig-tausend-Mark Honorar* ein-strichen ?«. – : Hei ! Das hatte gesessen ! Schon kam er aus dem Hintergrund seines Gartens wieder hervorgaloppiert, (und der Schlauch natterte feuerrot hinter ihm her – hatte ihn in die Hand gebissen, wie's schien; das ist recht). : »So ein verlog'ner Hunnt !« brüllte er; seine Augen schossen versoffene Blitze (oder nein, doch nicht;

dazu war es zu matt : ‹Wetterleuchten› höchstens) seine Zunge mullte &
fuchtelte : »Wer war der Kerl ? !« . Sein Strahl streifte mich um 1 Haar;
aber da es sich diesmal unverkennbar um eine echte Erregung handelte,
schwieg ich; beziehungsweise äußerte nur boshaft-anschürend : »Doch;
doch. « »Mensch ! – : keene *Zwee*-Tausnd !« röhrte er erbittert. (Ähä :
circa 18 Hundert demnach. Int'ressant. – Nun, mehr als genug für die
Pfuscherei : frech einen ‹HErrn Wagen› zu erfinden, bloß weil *er* 'mal
mit dem Auto von X nach Y gefahren worden war !). / An dieser Stelle
wies mir meine Begleiterin ein Uhrengesicht durch die Führerscheibe :
‹Zeit zum Aufbruch !›. Und ich nickte kurz & entschlossen zu ihr hin : !;
(wir waren unsre Arbeitskraft schließlich noch ernsthafteren Dingen
schuldig. – : »Ottello ! : Zureichnder Gru-hund !« hörte ich die
Frauenstimme neuerlich rufen : das gab den Ausschlag.)
      : »Ich komme. –«. / Genug. (Ja, über-genug!)

4

Vor der Allerbrücke in Celle – während wir harrten, daß der JEAN
DARM, aus seinem hochgestielten gläsernen Vogelbauer heraus, uns den
Permit zum Weiterfahren erteile – sprach ich das erste Mal wieder. : »Ist
Ihnen etwa-zufällig bekannt, Miß, was im Deutschen der Ausdruck
‹XALDNIPTER› bedeuten könnte ? Oder ‹PIRORAKEMES› ? – Sie sind ja
immerhin auch schon seit 45 in diesem Land-hier.« »Ou, Dr. Mac
Intosh –« erwiderte sie, (und lächelte ergeben mit der ganzen rechten
Gesichtshälfte; während die linke sorglich den tüdesk-wirren Verkehr
überwachte) »uenn *Sie* das nicht uissen : Uer dürfte sich dann woul zu
erdreisten uagen !«. DER HERR WAGEN ich nickte ihr gemessen hin : Gut.
(*Sehr* gut sogar : weiß sich auszudrücken. / Der Vater Rektor in
Cranmer, Essex; Verfasser der ‹Mittwochabend-Predigten für das ganze
Jahr On Justification by Faith›, klarer Denker das, kein SWEDENBORGIA-
NER, sondern beste middle-class-family. Vielleicht.)
    Die Sonne sank endgültig. (Das heißt : über Great Britain würde sie
noch hoch stehen; ganz andrer Boden eben.) Wir fuhren mitten in die
HErrgottspracht hinein GOTT ERHALTE FRANZ DEN KAISER. Und sie
leuchtete neben mir, DURCHLÄUCHTIG, angestrahlt, DIE LICHTLILIE, ihre
langen Zähne funkelten wie rotes Elfenbein. (Vielleicht sollte man : die
Mutter Eliza, geborene Michelson. 1 Vorfahr bei Marston Moor nicht-
gefallen; natürlich auf der richtigen Seite, 'the lane along the front was
held by skirmishers' : noon, das müßte sich ja nachprüfen lassen.

Vielleicht sollte man doch NUR IM BÜSTENHALTER INS AUTO die Verworfenen : ob mich der Bube mit Erfindungen wie NOPANDER & FERKADAN nur hatte foppen wollen ?*) *War* es möglich, daß die Ruchlosigkeit eines immerhin-auch-Schriftstellers ergo doch irgendwie dem Geiste Verhafteten, EIN SCHTROMER WIE SE UNTER ALLN MARY-DIANEN ZU FINDN SIND, *so* weit gehen konnte ? !).

Ich wandte mich energisch zu meiner liebreizenden Führerin (‹37› : eigentlich genau das richtige Alter für eine Jungfrau SEIT NOAH BEI DER MARINE WAR vielleicht sollte man doch mal DOLL TEERSCHIET ob der Frechling, durch mich & wie ich mich vorstellte, angeregt, den Schwan vom Avon selbst so nahe dem Jubiläumsjahr parodierte ‹völlige Abwesenheit jeglicher Ehrerbietung› jaja und sowas trägt Menschenantlitz nun es war auch danach !). : »Steuern Sie, bitte, an den Straßenrand – : Ich habe Ihnen etwas zu sagen . . .«. / Sie lenkte, gleichzeitig verwirrt & sicher, unter einen frühen Birnbaum, der bereits rötlichste Früchte anzusetzen begann. Zwang den Motor, leiser-schöner zu brabbeln. Und sah mich an AUS LIEBE ZUN WISSENSCHAFTN während der letzt-rote Sonnenabschnitzel hinter der Baumlinie ver-duftete UND ANSONSTN EBM BLOSS DIESE ENDLOSMANNSHOHEN KIEFERN-SCHONUNGN (DIE SICH PÖ A PÖ ANSCHIKKN NOCH ENDLOSER ZU WERDN : Wir waren allein. Alles wandelte sich ins Großbritannische; und deutsche Gegenstände wurden humanen Beobachtern nichtmehrwahrnehmbar.)

: »Ä-hämm. – Miß Whytefoot. – Wollen Wir Uns prüfen ?. – : Ob Sie die Meinige werden können ?«. /. –. –. – –

Sie schaute mich an, selig & unverwandt. Der Unterkiefer klappte Ihr auf die Brust-Harfe. Süß & zäh, halb Austen halb Brontë, stammelte ihr flammiges Gesicht (oder war es der Sonnenskalp DICHT VORM PHALL ?). Sie hob die Handklammern – und wagte es, und packte sie mir auf die Schultern – : »Ou, Dr. Mac Intosh – !« sagte sie, noch ganz ungläubig ob so vielen Glücks.

–. – – –. / – – : »?«– ».« / – : »? ?« – – »...«– / : ! ! ! ! ! ! ! ! ! ! ! ! ! ! ! ! ! !

---

*) Doch wohl nicht. – Nach einer Auskunft des mir befreundeten Arabisten ST. A. RICHMOND handelt es sich um eine Anspielung auf jenen König von H'îra, Gedhîmet Elebresch, der aus Stolz mit Niemand trank, als mit den beiden Sternen Ferkadan (im kleinen Bären), denen er, so oft er selbst 1 Schale trank, 2 auf den Boden ausgoß – daß ich diesem letzteren Teile des Ritus mit nichten entsprechen sah, bedarf wohl keiner besonderen Erwähnung.

(Schier finster geworden in der KNUTSCHKUGEL SCHUMMRICH eben. / "You are so very clever –" Sie, immer wieder, IN DER HAND'N GANS KLEEN' POSSIERLICHN HAMMER – –).

* * *

7

Zur Sache. –

Meine Theorie besagt, in kurzem, dieses : der Übersetzer eines x-sprachigen Buches in die Sprache y wäre tunlichst auszuwählen

a) nach Alter & Geschlecht : muß er doch, von Kindheitserinnerungen einmal nicht-abgesehen, über etwa die gleiche biologische Spannkraft verfügen.

b) nach Querschnittsbelastung, d. h. einem Quotienten ‹Größe durch Gewicht› : es geht nicht an, daß ein Mann (Frau) 2 Meter groß, 2 Zentner schwer, das Buch eines (einer) Anderen 1 Meter 50 groß, 2 Zentner schwer, übersetze : der Eine weiß dort mit den Kräften nicht wohin, wo der Andere ‹keine Luft !› kriegt.

c) nach Gesinnung & sozialem Hintergrund : das im marxistischen Klassenhaß erzogene Arbeiterkind wird in die Schilderung eines gepflegten Milieus unweigerlich neidische gehässige Töne hineintragen; der kahlschädlige Atheist bei Wiedergabe schlichter gottergebener Gesinnungen, sei es bewußt oder unbewußt, satirische Formulierungen bevorzugen.

d) nach Bildungsgang & Wortschatz : die liebenswürdigen feinen Obertöne gelehrter Anspielungen – dem denkenden Leser oft ganz neue, ungeahnte Perspektiven andeutend, wenn nicht gar aufreißend – fallen, unter den tintigen Händen Viertelsgebildeter, unverstanden, bzw. durch ihren plump abgesägten Dialekt unkenntlich gemacht, wirkungslos auch auf das beste Erdreich.

e) Falls es sich um einen lebenden Autor handelt, ist die (ehrerbietige !) Fühlungnahme mit ihm ein fundamentales Erfordernis, zu erwähnen schier läppisch überflüssig (sollte man meinen !) : nur so lassen sich Unklarheiten (beim Übersetzer !) beseitigen; (und jener Dienende spitze fleißig Bleistift & Ohren, wenn der Meister zu sprechen anhebt !). / (Darf ich hier hinzufügen : daß *ich,* sollte meine Untersuchung der Benda'schen SHAKESPEARE-Übertragung dereinst verdeutscht werden, meine Übersetzer *nicht* leichten Kaufs sich durchschlängeln lassen werde ! ?).

f) Zur Erreichung dieses erwünschtesten Zieles – schreien ja, man wird es meiner nicht uneindrucksvollen Schilderung sattsam entnommen haben, wahrhaft kocytische Mißstände zum zumal deutschen Himmel ! – schlage ich die Errichtung von Übersetzerzentren unter Beaufsichtigung durch staatlich-akademische Organe vor. Der Verleger, der ein angelsächsisches Werk erwarb, wendete sich künftig einfach an besagtes Institut; wo, vermittelst Lochkarteien & Sortiermaschinen, nach den Kriterien a bis d, der betreffende pensionsberechtigte Kongeniale mechanisch ermittelt würde; der dann – für Punkt e müßte offiziell gesorgt werden – sich unverzüglich, frugal & fleißig an seine Arbeit begübe. – So stellt sich mir die bedrohliche Situation dar, so das Antidot.

Wollte GOtt, daß mein Vorschlag auf internationaler Ebene befolgt würde ! – : Übersetzerzentren schaue ich mit dem Auge des Geistes; ministeriengroß; wimmelnd von Wortbeamten, dynamisch-gottgläubigen, funkelnd vor Intelligenz & Verantwortungsgefühl, Nachschlagewerke in den unermüdlichen Händen, ebenso charaktervoll wie bibliothekenerzeugend ! (Man vergebe mir meine Schwärmerei; aber wenn ich jenes Exemplars homo-nix-sapiens gedenke – jenes schlauch-reitenden Lazzi-Jargonisten, mit fussligem Munde, jedweder ernsthaften Diskussion koboldhaft ausweichend – oh Oxenfurt & reine Lüfte ! – ich breche diesen unerquicklichen Dornfortsatz des Themas besser ab.)

(Als ich Bessie – meiner Verlobten also – diese & ähnliche Gedankengänge vortrug, lauschte sie mir, ohne mich zu unterbrechen (unschätzbare Eigenschaft !), vielmehr beständig nickend & mit immer schimmernderen Augen. Und da ich, begeistert, selbst-hingerissen, mein Porträt eines idealen Übersetzers mit den – zugegeben, indecent – words schloß : »Ich will ihn zeugen !«; errötete sie lieb; kaute eine zeitlang; und erwiderte dann – ich mußte mich zu ihr hinabbeugen, um ihr Flüstern zu verstehen – : »Ich uill ihn gebähren. –« / Und nun wäre jedes weitere Wort eine Entweihung !). –

Schlusswort der Schriftleitung. / Um selbst in einem so betrüblich klaren Fall das audiatur et altera pars – diesen Fundamentalgrundsatz jeder unabhängigen Zeitung, also auch den unsrigen – unverbrüchlich zu wahren, wurden dem im Vorliegenden abgeschilderten Übersetzer die Punkte a bis f zur Stellungnahme zugesandt – er antwortete, wie von ihm gewohnt, nicht. Da die Objektivität es jedoch unabweislich erheischte, den sehr beachtenswerten, von höchstem kulturellen Verantwortungsbewußtsein getragenen Ansichten des Dr. Mac Intosh, nunmehr auch die seinigen zu konfrontieren, nahmen wir, – unter beträchtlichen Opfern an Zeit & Spesen; aber die Wahrheit über Fastalles ! – Verbindung mit einem seiner (ganz wenigen : seine Kontaktarmut ist ebenso bekannt, wie medizinisch bezeichnend) integreren Bekannten auf; dem es dann, unter Aufwendung unsäglicher Geduld auch gelungen ist, ihm beiläufig, in großen & unregelmäßigen zeitlichen Abständen, unter dem Tarnmantel der ihm einzig geläufigen richtungslosen Plaudereien, Antwortähnliches zu entlocken. Und wenn unsere geehrten Leser dergestalt auch auf geformt-verbindliche Auskünfte zu verzichten haben werden, waren die so gewonnenen Aussagen doch allzu decouvrierend, als daß wir sie vorenthalten dürften – hier sind sie :

zu a) »Wenn ich Kuper übersetz', müßt ich demnach 180 Jahre sein, was ?«

zu b) »Kweer-Schnitz-Belastunk iss gut ! – Villeicht wer'ich bei'n Brontës ja nochma Junkfrau ?.«

zu c) »Wenn'n Milljonär schriebe, würz aber kostschpielich, den Betreffendn zu ‹schtimm'm›. Oder 'n Schwuler : hab'ich Dir übrijns schon ma von Bad Frimmersen erzählt ? Von dem Bademeister neulich ? . . . . .« (Hier sei er wieder in eine seiner endlos–verworrenen & -verwirrenden Geschichten abgeirrt – irgendwas von ‹Windmühlen›.)

zu d) »Kwattsch. Verschteht sich doch Alles von alleene : fuffzich Prozent aller Übersetzungn sind sogar besser wie's Orri-ginal.«

zu e) Hier sei er lebhaft geworden, und habe sich verschworen, er würde ‹den Teufel tun !› : »Ich laß ma doch nich von irgnd so'm Auslennder in mein' deutschn Tekkst reinkwassln ! Dem Dscheuss hätt'ich filleicht was erzählt, mit sei'm Deutsch-Geschtotter : ‹es ist eine Hundesleben›, oh carry me home to die : und Sowas wollt' *mir* womöglich vorschreibm, wie meine Übersetzunk zu lautn hat, gelt ja ? ! Oder wenn Ee'm mit Sippzich seine kleen' schüchternen

Blaß-Femmien & Liebes-Zehn'n aus'n fümmundzwanzijer Jahrn dann ‹verwerflich› erschein'n; und er möchtz am liebstn nich wahr habm, daß er ooch ma ne Nummer geschobm hat; und will jetz, uff'm Umweg über meine Übersetzunk, ‹Verbesserungn› anbringn : Nischt wird draus !« / Nach einigem weiteren Herumsitzen auf der Verandabrüstung, und mehr Brummen, habe er seine diesbezüglichen Ansichten abschließend also zusammengefaßt :
»Neenee : Schützt die Übersetzungn – ooch schonn die zweetn Ufflagn – vor ihren Au-Toren ! : ‹Wott iss rittn iss rittn›.«
zu f) »Das müßte arg schön sein.« –
Allgemein habe er dann noch kritisiert, wie das – seiner Ansicht nach wichtigste – Problem überhaupt nicht berührt worden sei : »'s Honno-rar natürlich ! Das'ss ooch so was, was die Verleger *nie* lern'n : wenn se 3 Tausnd Mark für 'ne Übersetzunk blechn, kriegn se 'ne 3-Tausnd-Mark-Übersetzunk; wenn se 6 Tausnd schmeißn, eene für 6 Tausnd : dann kann ich neemlich de doppelte Zeit dran wendn !«. Auf das vorsichtige Bedenken seines – verständlicherweise ungenannt bleiben wollenden – Bekannten : daß die meisten ‹Künstler› unter sotanen Umständen dann eben wohl doch nur die für 3 herstellen, und für die übrigen 3 schlicht faulenzen würden : ob *die* Gefahr nicht nahe läge ?, habe er kaltblütig erwidert : die läge freilich verdammt nahe.

ERSTVERÖFFENTLICHUNGEN

KÜHE IN HALBTRAUER :
in ‹konkret›, Nr. 23 / 24, Dezember 1961

DIE WASSERSTRASSE :
in *Kühe in Halbtrauer*
Karlsruhe: Stahlberg 1964

WINDMÜHLEN :
in ‹konkret›, Nr. 22, November 1960

GROSSER KAIN :
in ‹konkret›, Nr. 5, Mai 1962

SCHWÄNZE :
in ‹konkret›, Nr. 17, September 1961

DER SONN' ENTGEGEN ... :
in ‹konkret›, Nr. 11, Juni 1961

KUNDISCHES GESCHIRR :
in *Kühe in Halbtrauer*
Karlsruhe: Stahlberg 1964

DIE ABENTEUER DER SYLVESTERNACHT :
unter dem Titel *Abenteuer eines Philologen in der Sylvesternacht*
im Hessischen Rundfunk, 2. Programm, 23. August 1964, 22 h – 23 h 30

CALIBAN ÜBER SETEBOS :
in *Kühe in Halbtrauer*
Karlsruhe: Stahlberg 1964

‹PIPORAKEMES!› :
in ‹konkret›, Nr. 10, Oktober 1962